Elinor Burkett, Fra
Das Buch der Scha

SERIE PIPER

Zu diesem Buch

James Porter, ein katholischer Priester, steht wegen wiederholten Kindesmißbrauchs vor Gericht. Was 1993 die amerikanische Öffentlichkeit schockierte, ist kein Einzelfall. Weltweit vergehen sich immer wieder Kirchenleute an ihren Schutzbefohlenen. Doch empörend sind nicht allein die Vergehen, sondern auch das skandalöse Verhalten der Amtskirche, die verschweigt, deckt und vertuscht, statt die Opfer zu schützen. Die renommierten amerikanischen Journalisten Burkett und Bruni haben zwei Jahre lang recherchiert. Ihr erschütternder Bericht hat nach seinem ersten Erscheinen auch im deutschsprachigen Raum Diskussionen über dieses dunkle Kapitel der Kirche entfacht.

Elinor Burkett, promovierte Historikerin, wechselte nach dreizehn Jahren Lehrtätigkeit an der Universität zum Journalismus. Ihre engagierten Reportagen wurden mehrfach ausgezeichnet. 1991 Nominierung für den Pulitzerpreis.
Frank Bruni, Journalist. Für seine Beiträge zum Thema Kindesmißbrauch und Homosexualität in der Kirche erhielt er zahlreiche bedeutende Publizistikpreise.

Elinor Burkett
Frank Bruni

Das Buch der Schande

Kinder und sexueller Mißbrauch in der katholischen Kirche

Aus dem Amerikanischen von
Sabine Steinberg

Piper München Zürich

Ungekürzte Taschenbuchausgabe
R. Piper GmbH & Co. KG, München
Januar 1997

Titel der amerikanischen Originalausgabe:
»A Gospel of Shame«, Viking Pinguin/USA,
Inc., 1993

Umschlag: Büro Hamburg
Simone Leitenberger, Susanne Schmitt, Andrea Lühr
Umschlagabbildung: Andrea Lühr
Fotos Umschlagrückseite: Jerry Bauer (Elinor Burkett) und
Craig Porter (Frank Bruni)
Satz: Pustet, Regensburg
Druck und Bindung: Clausen & Bosse, Leck
Printed in Germany ISBN 3-492-22248-X

Für Miguel Chinchilla, 1961–1993, dessen Geschichte der Anlaß zu diesem Buch und dessen Zivilcourage Ermutigung war. Sein tiefer Glaube beinhaltete das Beste des Katholizismus.

Und für Leslie Bruni – nicht nur eine Supermutter, auch eine wunderbare Frau und der beste, treueste Freund.

DANKSAGUNGEN

Die Recherchen und das Schreiben dieses Buches wären unmöglich gewesen ohne die außergewöhnlich gute Mitarbeit von vielen Personen, von denen unzählige ihre Geschäftstermine verschoben, um uns ihre Ansichten mitzuteilen und ihre Zeit zu widmen.

Vor allen anderen möchten wir als erstes den Dutzenden von Opfern danken, die uns ihre Herzen öffneten, uns die intimsten Details ihres Lebenslaufes anvertrauten und eine Unmenge von Fragen beantworteten, deren Anzahl ihnen lächerlich erschienen sein muß. Besonderer Dank gilt Dennis Gaboury für seine Vorstellungen, Träume und seine Beredtheit, für seine Fahrten durch North Attleboro und besonders dafür, daß er uns die bemerkenswerten Männer und Frauen vorstellte, deren Alpträume den sexuellen Mißbrauch durch einen Priester namens James Porter einschlossen.

Wir möchten auch gern den Justizbehörden – Kriminalbeamten, Staatsanwälten und Richtern – im ganzen Land danken, die uns halfen. Herzlichen Dank auch dem *P.M.S. Club* in Phoenix: Laura Reckart, Susan Lindley und Paula Anderson. Das nächste Mal bezahlt Frank die Zigaretten.

Unser Dank gilt auch den vielen Anwälten, die uns ihre Zeit opferten und uns Einsicht in ihr Material und ihre Aufzeichnungen gestatteten. Zwei Anwälte sollen besonders genannt werden: Bruce Pasternack, der Elinor mit dem Konzept der »respektvollen Umarmung« bekanntmachte, und J. Minos Simon, der uns wirklich und wahrhaftig erlaubte, drei Fünfzig-Pfund-Kisten mit seinen Akten übers Wochenende mit in ein Hotelzimmer zu nehmen.

Teile dieses Buches hätten ohne den Mut und die Offenheit

von sechs Priestern, die Kinder sexuell mißbraucht haben, nicht geschrieben werden können. Sie gewährten uns Interviews und steuerten zu unserer Arbeit einzigartige Informationen bei. Wir danken ihnen allen und besonders Vater Ned.

Dutzende von Experten haben uns dabei geholfen, die komplexen Probleme, die Kindesmißbrauch in der römisch-katholischen Kirche verursacht, in den rechten Rahmen zu rücken. Unser besonderer Dank gilt Richard Sipe für stundenlange faszinierende Gespräche voller Charme und Witz.

Wir möchten auch den Bischöfen danken, die einwilligten, für dieses Buch befragt zu werden. Wir haben 188 darum gebeten. Zwölf haben den Sprung ins kalte Wasser gewagt. Ihre Ansichten waren unschätzbar wertvoll für uns.

Dann gab es noch Freunde, Familienangehörige und Kollegen, deren Unterstützung und Beitrag wir auch nicht unerwähnt lassen wollen.

Unter unseren Reporterkollegen gilt besonderer Dank Karen Springen vom Chicagoer Büro der Illustrierten *Newsweek* für die wöchentliche Lieferung von Ausschnitten aus Regionalzeitungen; Jeff Hiday vom *Providence Journal*, weil er uns mit Material dieser Zeitung versorgte, und ganz besonders David Crumm von der *Detroit Free Press*. Jemanden, der so klug, großzügig und ein so guter Freund ist, findet man nur sehr selten.

Dank auch den Verlegern des *Miami Herald* und der *Detroit Free Press*, weil sie uns den Urlaub gaben, der nötig war, um dieses Buch fertigzustellen.

Beim *Miami Herald* gibt und gab es besondere Redakteure, Reporter und Rechercheure, deren Beiträge sich direkt und indirekt in diesem Buch widerspiegeln. Danke John Doussard, Gene Miller und Bill Greer, weil sie Elinor die Fähigkeit vermittelten, mit ihren Ideen Schritt zu halten. Danke auch an Liz Donovan und Gay Nemetti, weil sie die beste und großzügigste Zeitungsbibliothek im ganzen Land leiten.

Auch bei der *Detroit Free Press* gibt es Menschen, deren

Talent, Ermutigung und Freundschaft dieses Buch bereichert haben. Unser Dank gilt Ron Dzwonkowski für seine unzähligen Unterrichtsstunden über guten Journalismus und seine sarkastischen Randbemerkungen; Chip Visci für seinen schrulligen Humor und seine großartigen Ratschläge; Chris Kucharski für seine Nachforschungen; Renee Murawski, weil sie so oft die Stellung gehalten hat, und Susan Ager für den Haselnuß-Kaffee, die Kerzen mit dem Fichtennadelduft und die weingetränkten *Pajamaramas*.

Vor dem *Herald* und vor der *Free Press* gab es – zumindest für uns – einen alten Brummbär namens Blood. Nach dem *Herald* und der *Free Press* gibt es Blood immer noch. Wir danken ihm.

Für ihre Hilfe, daß aus einer Idee ein Entwurf und aus einem Entwurf ein Buch wurde, ein Dankeschön an Robert Jones, Lisa Bankoff und Dawn Seferian.

Autoren danken gewöhnlich ihren Ehepartnern – Männern oder Frauen – dafür, daß sie die Betten gemacht, das Essen gekocht und endlose Diskussionen über ein bestimmtes Thema ertragen haben. Nun ja – wir haben beide keine Ehepartner vorzuweisen. Aber wir haben Franks Eltern, Frank und Leslie Bruni, die sogar noch besser sind – und das trotz des *CVJM*-Essens. Und wir danken ihnen.

Elinor möchte gern noch Joel Rapoport, Ivan Bernstein und Robin Haueter besonders danken, weil sie einfach da waren, als es unmöglich schien weiterzumachen.

Frank möchte noch einer Freundin einen besonders herzlichen Dank aussprechen. Ihre konstante Unterstützung, ihr unmöglicher Gazpacho und ihr großer Durst bewahrten ihn viele Monate davor, wahnsinnig zu werden. Patricia (Godzilla) Chargot, du bist die Beste.

INHALT

TEIL I

TEIL II

TEIL III

TEIL I

»Meine Hoffnung ist, daß, wenn Er wiederkehrt,
Er menschlich genug ist, um die Tränen
eines Clowns über die zerbrochenen Spielzeuge
zu vergießen – die einst … Kinder waren.«

Morris L. West, *Die Gaukler Gottes*

1. Kapitel

ALS GOTT NICHT HINSAH

An einem kalten Sonntag in New England im Jahr 1990 saß Frank Fitzpatrick kurz vor Mittag da und starrte – wieder einmal – auf sein Telefon.[1]

Wenn die Uhr zwölf schlägt, werde ich anrufen, schwor er sich. Um zwölf Uhr würde er losschlagen. Er war vor Aufregung bereits viermal zur Toilette gelaufen.

Frank hatte sich diesen Augenblick seit fünf Monaten immer wieder ausgemalt – und ihn immer wieder hinausgeschoben. In dem halben Jahr vor diesen fünf Monaten war er zu sehr damit beschäftigt gewesen, die Telefonnummer ausfindig zu machen, um darüber nachzudenken, was er sagen könnte. Frank war ein guter Detektiv. Er verdiente sogar seinen Lebensunterhalt damit. Aber James Porter war nicht gerade ein ungewöhnlicher Name. Ohne einen zweiten Vornamen, ohne die Nummer der Sozialversicherung und ohne die Hilfe der katholischen Kirche hatte Frank praktisch von Null angefangen.

Aber Frank war ein Besessener. Er hatte seine Suche 1989 begonnen, als plötzlich beängstigende Bilder in seinem Bewußtsein an die Oberfläche gestiegen waren, die seine ständigen Stimmungsschwankungen, seine nagende Furcht und seine Traurigkeit erklärten. Der vierzigjährige Mann führte eine gute Ehe, hatte Karriere gemacht, war Vater von zwei großartigen Söhnen, besaß eine fügsame Katze – und hatte ständig das Verlangen zu weinen.

Er hatte es mit Valium versucht, aber die Tränen flossen weiter. Er hatte es mit einer Therapie probiert, konnte aber nicht die Wurzeln seiner Traurigkeit ergründen. Er hatte sich im Elternschlafzimmer seines Hauses in Cranston, Rhode

Island, verkrochen, aber so auch keine Antworten gefunden. Doch dann plötzlich explodierten sie in einer Reihe von wüsten Bildern und Gefühlen – Erinnerungen an eine Vergangenheit, die er schon vor langer Zeit verdrängt hatte.

Er sah Vater James Porter vor sich – den jungen, charismatischen Priester von St. Mary's in North Attleboro, Massachusetts. Er erinnerte sich an seine Freude, als sein Idol ihn zu einem Spiel im Bostoner Stadion einlud. Er sah verschwommen das seltsame weiße Haus, in das Porter ihn statt dessen brachte. Er schmeckte die komisch gewürzte Hackfleischpastete, die der Priester ihm immer wieder hinschob. Er spürte, wie er benommen von Drogen erwachte, und den Schmerz, den er gefühlt hatte, als Porter auf ihm lag, sich an ihn preßte und ihm wehtat.

Drei Jahrzehnte lang hatte Frank die Erinnerung an jenen Abend in einem verborgenen Winkel seines Bewußtseins verschlossen. Er hatte das getan, was viele Kinder tun, die Opfer von sexuellem Mißbrauch werden: Er hatte einen Vorfall völlig aus seinem Bewußtsein verdrängt, der für ihn keinen Sinn ergab, der seine kindliche Welt mit Entsetzen füllte. Aber als er diesen Winkel seines Bewußtseins öffnete, erwachte gleichzeitig in ihm das wilde Verlangen, Porter zu finden. Er wußte nicht genau, was er tun oder sagen würde, wenn es soweit war. Er wußte nur, daß er es tun mußte.

Zuerst wandte er sich an die Diözese Fall River, der St. Mary's unterstellt war. Im Oktober 1989 teilte er ihnen mit, warum er nach Porter suchte, und bat um Hilfe. Aber man sagte ihm, daß Porter kein Priester mehr sei und sie nicht wüßten, wohin er gezogen sei. »Es ist wahrscheinlich das beste, es in Gottes Hand zu lassen«, riet ihm ein Sekretär des Bischofs. Frank versuchte es statt dessen beim Straßenverkehrsamt von Massachusetts, aber Porter besaß keinen Führerschein dieses Staates. Er überprüfte Wählerlisten, konnte aber Porters Namen nicht finden. In der Bibliothek durchforstete er alte Zeitungen nach dem Namen des Priesters.

Schließlich wurde er fündig: ein kurzer Nachruf auf Porters Vater vom März 1975. Darin stand, daß eines seiner Kinder, ein Sohn namens James, gegenwärtig in Minnesota lebte.

Das Straßenverkehrsamt in Minnesota bestätigte ihm, daß Porter noch immer dort lebte, und gab Frank eine Adresse in St. Paul, einem Vorort von Oakdale. Frank rief die dortige Polizeiwache an und erzählte seine Geschichte. Dort reagierte man befremdet.

»Was sollen wir mit einem Fall anfangen, der vor dreißig Jahren in einem anderen Staat passiert ist?« Danach rief Frank den Bezirksstaatsanwalt in Massachusetts an. Die Reaktion war ähnlich. »Was sollen wir mit einem Fall anfangen, der dreißig Jahre zurückliegt? Von dem uns weder Details noch Beweise vorliegen?«

Also begann Frank, sein Telefon und die Nummer, die ihm die Behörde in Minnesota gegeben hatte, anzustarren. In seinen Gedanken spielte er immer wieder durch, wie das Gespräch verlaufen würde, was es bewirken und wie seine Strategie sein könnte. Dann, um die Mittagszeit jenes Sonntags im Februar 1990, schloß er ein Tonbandgerät an sein Telefon an und wählte die Nummer in Oakdale.

»Ich habe nur eine Frage«, sagte Frank zögernd, nachdem er sich James Porter vorgestellt hatte. »Warum haben Sie so etwas getan?«

»Ich weiß es nicht«, erwiderte Porter. »Wer weiß das schon?« Er lachte.

»Wie viele haben Sie mißbraucht?« fragte Frank ihn.

»Ich weiß nicht. Eine ganze Menge, glaube ich«, antwortete Porter.

»Wissen Sie noch, wer ich bin?« fragte Frank mit belegter Stimme.

»Nein«, entgegnete Porter. »Ich erinnere mich nicht an Namen.«

Dieses Telefongespräch brachte die Lawine ins Rollen, die bewirkte, daß James Porter schließlich ins Licht der Öffentlichkeit gezerrt wurde und die Amerikaner mit dem schlimmsten Fall von Kindesmißbrauch in ihrer Geschichte konfrontiert wurden. Außerdem bewirkte es, daß die Öffentlichkeit erfuhr, wie die katholische Kirche in den USA jahrelang Informationen über Kindesmißbrauch durch Priester entweder unterdrückt oder ignoriert hatte. Der Fall Porter setzte dem ein Ende – genauso wie Porter der vertrauensvollen Unschuld von Frank oder der vielen anderen Kinder, die das Pech hatten, ihm zu begegnen und zu vertrauen, ein Ende gesetzt hatte.

Als seine Vergangenheit bekannt wurde, als das langgehütete Geheimnis von Frank Fitzpatrick und seinen Kameraden von St. Mary's offenbar wurde, konnte man diese unfaßbare Geschichte kaum glauben.[2] Vater Porter hatte ein Kind nach dem anderen mißbraucht. Viele hatten gesehen, wie es anderen »passierte«, und gespürt, daß sie alle in Gefahr waren, doch nur wenige redeten über dieses Geheimnis, und fast keiner erzählte es seinen Eltern. Porter hatte in Klassenzimmern vor allen Schülern Mädchen in den Hintern gekniffen und Jungen mit offenem Mund geküßt, aber die Nonnen und die anderen Priester, die es gesehen haben mußten, taten nichts, um diesem Treiben ein Ende zu setzen. Die wenigen Eltern, die begriffen hatten, was da vor sich ging, hatten den Mißbrauch den Kirchenbehörden gemeldet und waren sicher, daß diese das Richtige tun würden. Aber diese Behörden versetzten Porter einfach in eine neue Gemeinde und ließen ihn weiter mit Kindern arbeiten und seine Spiele treiben.

Als die Wahrheit Jahrzehnte später enthüllt wurde, wurde klar, daß die Verschwörung aus Schweigen und fehlgeleitetem Vertrauen, die es Porter ermöglicht hatte, so vielen Kindern wehzutun, kein Einzelfall war. Sie hatte sich wie ein Geschwür in einer katholischen Kultur verbreitet, die ihre Priester in den Augen ihrer Gemeindemitglieder zu Göttern erhob und so die besonders schutzlosen Kinder zwangsläufig der Ausbeutung durch diese Männer überließ.

Frank Fitzgerald erkannte das genauso wie die anderen

Opfer von Vater Porter, die ihn unterstützten. Dieses schreckliche Wissen ließ sie zu einem Kreuzzug für die Gerechtigkeit aufbrechen, der letzten Endes trotz aller Hindernisse und Widrigkeiten zum Sieg führte und die katholische Kirche in eine tiefe Krise stürzte.

»Vater Porter kommt, Vater Porter kommt.« Diese Warnung erscholl immer dann in den stillen Fluren der Schule von St. Mary's, wenn eines der Mädchen den Priester kommen sah. Danach flohen Dutzende von Mädchen in Röcken, die stets die Knie bedeckten, zur Wand und drückten ihre Rücken gegen die harten, kalten Fliesen. Sie wußten, daß Porter sich nicht heranschleichen und eines der Mädchen von hinten packen konnte, wenn sie ihm nicht den Rücken zuwandten. Wenn sie ihm nicht den Rücken zuwandten, griff er ihnen nicht unter den Rock. Niemand hatte die artigen Schulmädchen der kirchlichen Schule diese Regeln gelehrt. Sechstkläßlerinnen warnten ihre jüngeren Schwestern oder Kusinen nicht – sie wußten es einfach oder wurden aus Erfahrung klug.

Patty Poirier kauerte sich neben ihre beste Freundin Judy White. Die Frankoitalienerin mit den rabenschwarzen Haaren und ihre blonde Freundin bildeten seit ihrem fünften Lebensjahr ein Gespann – Schneeweißchen und Rosenrot. Sie standen sich so nahe, daß sie einander im Alter von elf Jahren das schreckliche Geheimnis anvertrauten, wie Vater Porters Finger sich immer zwischen ihre Beine zwängten und wie seine Zunge sich gewaltsam in ihre Münder schob. Aber sie erzählten es keinem anderen. Es war einfach zu schmutzig, um darüber zu sprechen, zu demütigend.

Fran Rotella floh. Sie hatte ihr eigenes Spezialversteck in einer Nische an der Seite des roten Backsteingebäudes. Dort verbarg sie sich immer, wenn Porter um die Ecke bog. Wie die meisten Kinder in der Schule hatte sie niemandem von ihrem Erlebnis mit Porter erzählt. Es war am Kolumbustag 1960 geschehen, als er sie in dem Krankenhaus besuchte, wo sie sich gerade von den Folgen eines Verkehrsunfalles erholte, und ihr die Nachricht vom Tod ihres Onkels überbrachte. Sie schämte sich entsetzlich dessen, was da geschehen war, und war sich sicher, daß niemand ihr glauben würde. Darum erzählte sie es weder einem Lehrer noch ihren Eltern oder irgendeinem anderen Erwachsenen.

Die Jungen mit ihren Krawatten und den Hosen mit Bügelfalten hatten keine Ahnung davon, was da mit den Mädchen passierte. Doch die meisten hatten genug damit zu tun, auf sich selbst aufzupassen. Porter war überall. Er tauchte beim Baseballtraining auf und griff den Jungen an den Schritt, während er ihnen auf den Rücken klopfte. Er erschien an ihren Geburtstagen im Klassenzimmer, um ihnen feuchte Zungenküsse zu geben – oft in Gegenwart der Nonnen, die stumm blieben. Die Schwestern waren zu schockiert, um zu wissen, wie sie reagieren sollten, und das Ganze war ihnen so peinlich, daß sie noch nicht einmal Worte fanden, es zu beschreiben. Außerdem wußten sie genau wie die Kinder, daß die Priester ihre Vorgesetzten waren. Eine so schwere Anklage würde gewiß auf Unglauben und Mißbilligung stoßen oder ins Lächerliche gezogen werden.

Deshalb konnte es in einer Kleinstadt, die die idyllische Gemeinde der Fünfziger verkörperte, in der jeder seine Nachbarn kannte und alle über jeden Bescheid wußten, ein Geheimnis bleiben: Die Kinder von St. Mary's waren nirgendwo sicher. Weder auf dem Spielplatz noch im Büro des Rektors. Weder am Altar noch im Vestibül. Weder auf den Fluren,in der Sakristei, auf dem Kirchhof noch auf dem Rasen, der die Statue der Jungfrau Maria umgab. Weder im städtischen Schwimmbad noch im kirchlichen Ferienlager. Nicht einmal in ihren eigenen Schlafzimmern.

Pete Calderone erstarrte jedesmal vor Angst, wenn Porter vorbeikam, um seine Eltern zu besuchen oder bei ihnen zu Abend zu essen. Der Junge wußte, daß der Priester in sein Zimmer kommen und ihn mißbrauchen würde, während seine Mutter und sein Vater im Wohnzimmer plauderten. Steve Johnson fürchtete sich vor dem Sommer, wenn Porter mit ein paar Jungen ins Strandhaus seiner Eltern nach Rhode Island fahren und nachts von einem Schlafzimmer ins andere schleichen würde. Manche Jungen wurden regelrecht erfinderisch, um den Ringkämpfen aus dem Weg zu gehen, die Porter zu organisieren pflegte, damit er ihnen zusehen konnte, während er sich befriedigte. Andere gaben vor, krank zu sein, wenn ihre Namen auf dem Terminplan für Porters Ministranten auftauchten. Die Mädchen bekamen Krämpfe, wenn er eine ganze Gruppe in sein Büro rief. Zwei Mädchen mußten sich dann neben Porter stellen, damit er sie befummeln konnte, während ihre Freundinnen leise auf der anderen Seite des Schreibtisches spielten.

1960 war St. Mary's noch eine Kirche, in der die Messe auf lateinisch gelesen wurde, in der die Priester Wesen aus einer anderen Welt in bodenlangen Soutanen und in der die Gemeindemitglieder gläubig und gehorsam waren. Niemand sprach mit den irischen und italienischen Arbeiterkindern über sexuellen Mißbrauch. Wenn keine Babys dabei gezeugt wurden, war Sex eine schmutzige Angelegenheit. Kinder wagten es nicht, darüber Witze zu machen. Teenagern riet man, nicht daran zu denken, geschweige denn, es zu tun.

Da kam James Porter, ein energischer, praktisch denkender junger Mann direkt aus dem Priesterseminar in Baltimore. Er brachte den Jungen auf dem Baseballplatz bei, angeschnittene Bälle zu werfen. Er nahm seine Ministranten zu Ausflügen in den Lincoln Park mit. Er fuhr mit ihnen zum Strand, zu kirchlichen Ferienlagern, zu Spielen der Celtics nach Boston. Er organisierte sportliche Aktivitäten und einen Kinderchor. Er aß oft bei den Männern und Frauen des Gemeinderates. Er bot ihnen an, auf ihre Kinder aufzupassen.

Niemand in North Attleboro wußte, daß Porter in dem Sommer, bevor er in das Priesterseminar eintrat, während eines kirchlichen Ferienlagers in das Bett eines Zwölfjährigen geklettert war und ihn mißbraucht hatte. Kein Kirchenbeamter teilte ihnen mit, daß Porter ein Jahr vor seiner Ordination einem Sechstkläßler auf der Heimfahrt von einem Ballspiel in den Schritt gegriffen hatte. So hießen die Bürger der Stadt den lebhaften Priester in ihren Häusern willkommen und ermutigten ihre Söhne, bei ihm zu ministrieren. Angeregt durch seine jugendliche Art, folgten die Kinder dem Priester, als wäre er ein kirchlicher Rattenfänger. Porter belohnte dieses Vertrauen und diese Ergebenheit, indem er sorgfältig Mittel und Wege ersann, um sich den Kindern allein zu nähern. Er trat mit harmlosen Bitten an sie heran und appellierte sogar an ihr Bedürfnis, ihm zu Diensten zu sein. Dann nutzte er diese Gelegenheiten aus und verging sich an ihnen. Schon eine Woche nach seiner Ankunft in der Gemeinde St. Mary's lud er Paul Merry – einen Fünftkläßler, der gleich neben der Kirche wohnte und Ministrant war – zu Kuchen und Limonade in sein Büro ein. »Ich bin noch ganz steif vom Möbelräumen«, klagte er. Paul war stolz, daß er dem Priester den Rücken massieren durfte. Er wurde auch nicht nervös, als der Priester sich für eine wirkungsvollere Massage auf den Boden legte. Dann drehte sich Porter um, knöpfte seine Hose auf, zog den Reißverschluß herunter und legte Pauls Hand auf seinen Penis. Drei Jahre lang terrorisierte er den kleinen Jungen und verging sich mindestens einmal in der Woche an ihm. Paul war sein erstes männliches Opfer in North Attleboro.

Schon im ersten Monat nach seiner Ankunft war Porter hinter Patty Poirier her. Auf dem Spielplatz warf er ihr lüsterne Blicke zu, und in den Schulfluren befummelte er sie. Eines Tages bat er die Fünftkläßlerin, ihm beim Aufstellen der Spielerliste für Basketball zu helfen. Als sie im Zimmer des Rektors waren, schloß er die Tür ab, nahm seinen Priesterkragen ab, hob sie auf seinen Schoß und befummelte sie. Patty war das erste weibliche Opfer in North Attleboro.

Dutzenden von anderen Kindern wurde bald ein ähnliches Schicksal zuteil. Sie folgten dem Priester gehorsam, wenn er sie an einen verschwiegenen Ort führte, sie anwies, sich neben ihn oder auf seinen Schoß zu setzen, und sie dann entweder befummelte oder vergewaltigte. Sie sahen, daß er stets den Priesterkragen abnahm, bevor er sich an ihnen verging, und glaubten, daß er auf diese Weise unsichtbar für Gott würde. Viele dieser Kinder wurden von Porter immer wieder geholt, bis die Berührung seiner schweißnassen Hände und das Gewicht seines Körpers ein vertrauter Schmerz, ein düsteres Ritual wurden.

Obgleich die meisten vermuteten, daß Porter nur sie mißbrauchte, wußten es doch einige besser. Eines Nachmittags fand eine Gruppe von Basketballspielern der katholischen Jugend ihren Mannschaftskameraden John Robitaille blutend auf dem Boden des Duschraumes. Sie vermuteten, daß Porter ihn gerade zum Analverkehr gezwungen hatte. Aber sie sprachen nie darüber.

Nur wenige versuchten, Porter anzuzeigen. Cheryl Swenson, selbst von Porter mißbraucht, sah ihn eines Tages mit zwei Jungen am Altar stehen – mit offener Hose. Sie lief zu Vater Armando Annunziato und erzählte ihm, was sie gesehen hatte. »Warum mußt du Ärger machen«, brüllte er und warf sie hinaus. Als sie es einer Nonne erzählte, zwang man sie, in der Klasse aufzustehen und sich zu entschuldigen, weil sie so etwas Schlimmes über Vater Porter gesagt hatte.

Einige Kinder waren sich darüber im klaren, daß Porters Priesterkollegen genau wußten, was da vor sich ging, denn andere Priester waren Augenzeugen gewesen waren, als Porter sie mißbrauchte. Einmal war Annunziato hereingekommen, als Vater Porter gerade John Robitaille vergewaltigte. Er fing den flehenden Blick des Jungen auf und ging wortlos hinaus. Ein andermal klopfte derselbe Priester an die Tür des Büros, in dem sich Porter mit Pete Calderone eingeschlossen hatte. »Was geht da drin vor?« fragte Annunziato, als Porter ihn nicht hereinlassen wollte. »Es ist schon spät, alle sollten nach Hause gehen«, meinte Annunziato schließlich. Nachdem er gegangen war, mußte Pete Porter noch einmal mit der Hand befriedigen.

Die meisten Kinder zogen aus der scheinbaren Komplizenschaft der Priester und Nonnen den Schluß, daß es so sein mußte. Sie hatten einfach still zu sein und es zu ertragen. Der Mißbrauch mußte ihre Schuld sein, folgerten die meisten und glaubten, daß irgend etwas an ihnen war, das Porter zum Geschlechtsverkehr verleitete. Priester waren schließlich vollkommen – von Gott erwählt. Das behaupteten zumindest die Nonnen und die Eltern der Kinder ständig.

Daß Dutzende von Kindern trotz ihres Schmerzes das Geheimnis um ihren sexuellen Mißbrauch jahrelang für sich behielten, bezeugt die außergewöhnlichen und vielerorts belegten Schwierigkeiten, die Kinder haben, über den Mißbrauch an ihnen zu sprechen. Sie haben Angst davor, daß ihre Eltern wütend auf sie sein und sie bestrafen und ihre Freunde sie verspotten werden. In den sechziger Jahren waren diese Schwierigkeiten sogar noch größer als heute, weil es damals weder öffentliche Beratungsstellen für mißbrauchte Kinder noch Aufklärung in den Schulen oder Vorträge von Polizisten gab. Aber das Schweigen von St. Mary's bezeugt auch, welche bedeutende Stellung der Priester im Leben dieser Kinder und ihrer Familien einnahm. Ein Priester verwandelte während des heiligen Abendmahls Brot in den Leib des Herrn; ein Priester vergab ihnen ihre Sünden.

»Wie konnte man seinen Eltern sagen, daß Gott einem das angetan hatte?« fragte Patti Kozak, nachdem sie ihr Schweigen gebrochen hatte. Sie hatte dreißig Jahre dazu gebraucht.

Patty Poirier Wilson ging in die Luft, als Judy White Mullet ihr die kurze Anzeige im *Sun-Chronicle* vorlas: »Erinnern Sie sich an Vater Porter?« Nur dieser eine Satz. Aber er genügte.[3]

»Verdammt, da will jemand diesem Scheißkerl eine Party ausrichten!« folgerte sie. Niemals, schwor sich die temperamentvolle Einundvierzigjährige. Niemals werde ich eine Ehrung dieses Vergewaltigers zulassen! Sie ging hinaus, um einen Brief an Frank Fitzpatrick – von dem die Anzeige stammte – zu schreiben und ihm ihre Meinung zu sagen.

»Ich für mein Teil bin sehr vertraut mit Vater Porter und seinen ›Mätzchen‹ – oder besser gesagt, seinem Irrsinn«, schrieb sie. »Dieser Mann war schuld, daß ich meinen Glauben und meine Würde verlor.«

Das war im Oktober 1990. Patty und Judy waren beide verheiratet gewesen, aber inzwischen geschieden. Patty, ehemalige Cheerleaderin und Lehrerin für Behinderte, organisierte immer noch alles in North Attleboro – Pizza-Abende für Sportvereine, Wohltätigkeitsveranstaltungen für Bürgerorganisationen. Judy, staatlich geprüfte Krankenschwester, hatte gleich nach der High-School fluchtartig die Stadt verlassen. Doch inzwischen war sie wieder da, und die beiden waren unzertrennlich. Im Laufe der Jahre hatten Patty und Judy immer wieder darüber gesprochen, daß man Porter ausfindig machen müsse. Aber er hatte North Attleboro 1963 verlassen. Und sie mußten Kinder großziehen und Rechnungen bezahlen.

Jetzt war sein Name im Anzeigenteil der Lokalzeitung aufgetaucht. Patty wollte sich diese Gelegenheit nicht entgehen lassen. Sie schickte Frank ihren Brief. Er rief sie zwei Wochen später an und erklärte ihr, daß er ganz und gar nicht vorhätte, Porter eine Party auszurichten. Vielmehr sei es seine Absicht, Menschen ausfindig zu machen, die ihm dabei helfen würden, Porter vor Gericht zu bringen.

An diesem Abend kam Frank zu Pattys Haus in North Attleboro und erzählte ihr und Judy, daß er schon lange nach anderen Opfern suche. Daß er alte Klassenkameraden angerufen habe, die behaupteten, sie wären nie mißbraucht worden, und daß er einen Mann gefunden habe, den Porter in einer anderen Gemeinde vergewaltigt hatte – was bewies, daß Porter sich auch drei Jahre nach seinem Verschwinden aus der Gemeinde von St. Mary's nicht geändert hatte. Und dann spielte Frank Judy und Patty die Bänder vor, auf denen er heimlich seine Gespräche mit Porter mitgeschnitten hatte:

»Also, ehrlich, wenn ich so zurückblicke, dann habe ich ungeheures Schwein gehabt, daß mich niemand abgezockt hat – Eltern, Justizbehörden oder so«, hörten sie Porter sagen. »Es ist schon komisch, wie das alles geklappt hat. Wundervoll. Besonders mental bei mir.«

Beide Frauen erstarrten, als sie die bekannte Stimme, den beiläufigen Ton hörten. Porter hatte sich überhaupt nicht geändert, dachten sie. Patty war sich immer noch nicht sicher, ob sie sich Franks wütendem, besessenen Kreuzzug anschließen sollte, der zum Ziel hatte, Porter für alle Schmerzen, die er ihnen verursacht hatte, zur Rechenschaft zu ziehen. Doch dann hörte sie, wie Porters körperlose Stimme eine erstaunliche Lüge aussprach. Frank meinte zu Porter: »Ich habe gehört, Sie hätten auch eine Reihe von Mädchen mißbraucht.«

»Nicht daß ich wüßte«, entgegnete der frühere Priester.

Diese dreiste Lüge machte Patty wütend. Es war eine Herausforderung für sie. In diesem Augenblick entschloß sie sich, Frank mit allen Kräften zu unterstützen, und Judy schloß sich ihrer Freundin wie gewöhnlich an. Patty nahm sich nur kurz die Zeit, einen Menschen um Rat zu fragen – ihren siebzehnjährigen Sohn. Er sagte nur: »Schnapp dir diesen Dreckskerl.«

Patty und Frank beherzigten diesen Rat. Anfangs waren sie sich nicht sicher, wie sie es schaffen sollten. Frank hatte es bereits beim Bezirksstaatsanwalt versucht. Nun unternahmen die beiden Frauen einen zweiten Anlauf. Sie hofften, daß der neue Bezirksstaatsanwalt zugänglicher sein würde, besonders weil jetzt drei Personen Anklage gegen Porter erhoben. Sie wurden enttäuscht. Man teilte auch ihnen mit, daß die Delikte verjährt und die Details zu vage wären.

»Aber es gibt Hunderte wie uns«, rief Patty. Ganz instinktiv; nicht, weil sie es wußte.

Der Bezirksstaatsanwalt fragte freundlich: »Aber warum erst jetzt?«

»Weil wir es erst jetzt können«, sagte Patty. »Weil wir erst jetzt dazu imstande sind.«

Aber es ging nicht – noch nicht. Sie spürten, daß sie eine wahre Armee von Opfern brauchen würden, wenn sie Gerechtigkeit wollten. Aber sie waren nur zu dritt. Patty und Judy suchten ihre alten Klassenfotos heraus und fingen an zu suchen. Es war eine schier unlösbare Aufgabe. Manche Menschen, von denen sie sicher wußten, daß sie mißbraucht worden waren, stritten dies ab. Andere gestanden zwar den Mißbrauch ein, behaupteten aber beharrlich, daß sie dadurch keinen Schaden genommen hätten und die ganze Sache lieber heute als morgen vergessen würden. Andere wiederum waren sich bewußt, daß sie ihre gescheiterten Ehen und die leeren Schnapsflaschen diesem Priester verdankten, doch sie wollten trotzdem nicht an die Öffentlichkeit gehen. Ihre Familien, meinten sie, würden in einer streng katholischen Stadt die Ächtung fürchten. Und sie selbst fürchteten um ihre Jobs.

Auch Frank hatte Angst – um sein Geschäft und seine Kinder. Aber noch mehr fürchtete er das erzwungene Schweigen, das ihn dreißig Jahre lang beherrscht hatte. Pattys zweiter Mann wollte nicht, daß sie Frank unterstützte. Aber sie hörte ständig Porters Stimme, die behauptete, daß er nie ein kleines Mädchen angefaßt hätte. Sie stellte sich vor, wie er die heilige Kommunion nahm, ein Privileg, das man ihr wegen ihrer Wiederverheiratung verwehrte. Sie würde keinen Schritt zurückweichen.

Wie aber konnten sie Porter vor Gericht bringen? Ein Bostoner Anwalt, der für seinen erfinderischen Gebrauch der Nachrichtenmedien in spektakulären Fällen bekannt war, riet ihnen: Bringen Sie mir mindestens neun, höchstens fünfzehn Opfer, die gewillt sind, an die Öffentlichkeit zu gehen, und wir bringen die Story ins Fernsehen und auf die Titelseiten der Zeitungen. Danach werden sich noch mehr melden. Der Druck wird steigen. Die Gerechtigkeit folgt auf dem Fuße.

Neun wurde ihre magische Zahl. Monatelang durchkämmten sie alte Jahrbücher. Sie bestürmten ihre Freunde und stritten sich mit den Ehepartnern ihrer Freunde.

Im Frühjahr 1992 hatten sie sechs weitere Männer aus dem Kokon des Schweigens befreit, in den die Opfer sich gehüllt hatten, und *WBZ*, der *NBC*-Ableger in Boston, hatte begonnen, ihre Story zu recherchieren. Der Reporter Joe Bergantino führte ein Telefoninterview mit Porter. Danach kam er Anfang Mai nach North Attleboro, um mit Porters Opfern zu sprechen. Acht wollten verdeckt bleiben, nur Frank war bereit, sein Gesicht der Öffentlichkeit zu zeigen. Aber als Patty ihre Geschichte zu erzählen begann, unterbrach Bergantino sie. »Ihr Gesicht drückt so starke Gefühle aus«, meinte er. »Wenn Sie die den Zuschauern deutlich machen wollen, muß man Sie sehen.« Patty klopfte das Herz bis zum Hals. Ihr Therapeut war der einzige Fremde, der ihre Geschichte kannte. Sie sorgte sich, was ihre Kollegen an der Wrentham State School wohl denken würden. Sie hatte Angst wegen ihrer Kinder.

Ich darf nicht auf halbem Wege stehenbleiben, sagte Patty sich immer wieder. Da draußen sind noch andere Mädchen. Ich muß sie finden. Sie wußte, daß Judy ihrem Beispiel folgen würde. Sie drehte sich zu Bergantino um und sagte: »Zeigen Sie mich.«

Am 7. Mai 1992 wurden auf *WBZ* die Gesichter von Patty, Judy und Frank ausgestrahlt, während Joe Bergantino ihre Geschichte schlicht und klar erzählte. Danach verfolgten 300.000 Fernsehzuschauer die Bandaufnahme seines telefonischen Interviews mit Porter.

»Wie viele Kinder haben Sie mißbraucht?« fragte Bergantino ihn.

»Herrjemine, das weiß ich nicht«, stotterte Porter. Die Tragweite dieser Fragen und seiner Antworten schien ihm seltsamerweise überhaupt nicht bewußt zu sein. Er wirkte erstaunlich gleichgültig. »Nun«, fuhr er fort, »sagen wir, irgendwo zwischen fünfzig und hundert.«

Durch dieses ungeheuerliche Bekenntnis wurde das lange Schweigen der Kinder von St. Mary's endgültig und unwiderruflich gebrochen.

Dennis Gaboury, Justizbeamter in Baltimore, erfuhr von der Enthüllung des Geheimnisses, als seine Schwester ihn aus New Hampshire anrief, um ihm von der unglaublichen Sendung zu erzählen, die sie soeben gesehen hatte. »Auf welchem Sender?« fragte er.

Zu diesem Zeitpunkt hatte Dennis fast fünf Jahre nach Porter gesucht. Er hatte eine Therapie gemacht. Er hatte seiner Familie von dem Nachmittag erzählt, als Porter ihn auf den Boden seines Büros gelegt und vergewaltigt hatte. Er hatte einen Privatdetektiv engagiert, um ihn zu finden. Er hatte zwar seine Erinnerungen wiedergefunden, aber die Hoffnung aufgegeben, seinen Vergewaltiger noch in diesem Leben aufzuspüren.

Dennis rief sofort bei *WBZ* an, um mit einem der neun Opfer in Verbindung zu treten, die in der Sendung namentlich genannt worden waren. Schon fünf Minuten später sprach er mit Frank Fitzpatrick. Und innerhalb von vierundzwanzig Stunden war er in Massachusetts.

Dennis war der erste von zahlreichen Anrufern, die sich bei Frank an jenem Abend meldeten. Nach Dennis kam Steve Johnson, der aus Providence anrief. Danach meldete sich John Robitaille, der fast in den Graben gefahren wäre, als er in seinem Autoradio auf dem Heimweg in Rhode Island die Nachricht hörte. Seit dreißig Jahren hatte er jede Erinnerung an Vater James Porter verdrängt und den Alptraum seiner vielen Vergewaltigungen ganz tief in sich begraben. An diesem Abend bekam sein Schutzwall Risse. Er rief Frank an.

In weniger als vierundzwanzig Stunden waren aus den neun Personen fünfzehn geworden.

Das ganze Wochenende über trafen Anrufe aus Maryland, New Hampshire, Montana und Rhode Island ein – von erwachsenen Frauen und Männern, die wie verängstigte Kinder klangen. Manche hatte er seit dreißig Jahren nicht mehr gesehen. Andere kannte er gar nicht. Sie stammten aus anderen Städten in Massachusetts, aus anderen Gemeinden.

Nach der Enthüllung gaben Porters Opfer rasch hintereinander Interviews. Sie jagten von Providence nach Boston und wieder zurück nach North Attleboro. Berauscht von dem Gefühl, endlich nicht mehr schweigen zu müssen, redeten sie mit jedem, der ihnen Fragen stellte. Die Geschichte von James Porter – dem Priester, der Jagd auf Kinder machte – erschien auf den Titelseiten aller Bostoner Zeitungen und ermutigte noch mehr Opfer, ans Licht der Öffentlichkeit zu treten. Landesweite Fernsehsender zeigten die Gesichter weinender Männer und Frauen etwa vierzig Millionen Zuschauern. Nach einem Interview mit einem Opfer und seinem Vater brach ein Bostoner Nachrichtenredakteur in Tränen aus. *Newsweek*, *People* und die *New York Times* riefen an. Und danach die Redakteure der Sendungen *Prime Time Live*, *60 Minutes*, *Geraldo* und der Talk-Shows von Oprah Winfrey, Phil Donahue und Sally Jessy Raphael.

Am Montag waren aus den neun Opfern fünfundvierzig geworden.

Am Dienstag nachmittag fuhren Patty Wilson, John Robitaille und Dennis Gaboury zur Polizeiwache von North Attleboro, um Anzeige zu erstatten. Viele Satellitenübertragungsfahrzeuge umstanden das kleine Gebäude, und ein Dutzend Reporter wartete auf das Erscheinen der Opfer. Die drei bahnten sich zwischen Mikrofonen und Kameras ihren Weg in das Büro des Polizeichefs, der in St. Mary's ihr Schülerlotse gewesen war. Als sie endlich ihre Aussagen zu Protokoll gegeben hatten, war die Zahl der Reporter so angestiegen, daß die Polizei sie durch die Garage hinausführen mußte.

Zehn Tage später schickte der Bezirksstaatsanwalt zwei Ermittler nach Minnesota, die James Porter befragen sollten. Sie hatten einen Videofilm bei sich, auf dem er die Aussagen der Opfer aus Massachusetts vorlas.

»Das klingt nach dem, was ich damals zu tun pflegte«, gab Porter zu. Doch mit derselben seltsamen Gleichgültigkeit, die er beim Telefoninterview mit Bergantino an den Tag gelegt hatte, behauptete er eisern, daß seine Untaten aufgehört hätten, als er die Priesterschaft verließ.

Bezirksstaatsanwalt Paul Walsh kündigte den Beginn umfassender Ermittlungen an. Bis zu diesem Zeitpunkt hatten sich achtundvierzig Personen gemeldet, die Porter während seines siebenjährigem Aufenthalts im Staat Massachusetts mißbraucht hatte.

Frank Fitzpatrick ist nicht der Typ, der Klassentreffen organisiert. Unordentlich und etwas chaotisch – so eine Art »Columbo« – war er nie der Junge, der im Schülerrat mitarbeitete oder bei Footballveranstaltungen die Mannschaft mitriß. Aber am 20. Mai versammelten sich die Abschlußklassen der Jahrgänge 1961 bis 1965 von St. Mary's in seinem Büro.[4]

Der Grund für dieses Treffen war nicht Nostalgie oder das Auffrischen alter Schulfreundschaften, sondern ein gemeinsamer Peiniger. Obwohl Frank nicht genau wußte, wie viele andere die gleichen Narben wie er trugen – oder wie sie aussahen –, hatte er öffentlich alle Opfer von Porter eingeladen. Wird Danny auch kommen? Und was ist mit Mike oder Betty? fragte sich jede(r) Anwesende. Wer gehört noch dazu?

Einer nach dem anderen kam durch die Tür und blickte in die neugierigen und entsetzten Gesichter der bereits Anwesenden. Rüpel, die einen ganzen Spielplatz terrorisiert hatten, begrüßten traurig jene Schulkameraden, die sie früher schikaniert hatten. Einige, die in der sechsten Klasse innige Freunde gewesen waren, sahen sich nach drei Jahrzehnten wieder und weinten: »Du auch?« Brüder trafen Schwestern, deren Schmerz sie niemals geahnt hatten. Vettern und Kusinen trafen sich: »O nein, das darf nicht wahr sein!« Die Gruppe strömte aus Franks Büro hinaus in den Flur, so groß war sie.

Sie hörten Geschichten, die ihren eigenen ähnlich waren – manche waren sogar noch entsetzlicher. Pete Calderone schaute ungläubig drein, als ein Klassenkamerad erzählte, wie er nach der Vergewaltigung in Porters Schrank eingesperrt worden war, damit niemand sein Schluchzen hörte. Dan Lyons hörte, wie Frauen ihren sexuellen Mißbrauch beschrieben. Und er erinnerte sich, daß er die Mädchen auf dem Schulhof damit geärgert hatte, daß er ihnen die Kleider hochhob. Plötzlich bekam dieser harmlose Kinderstreich einen üblen Beigeschmack. Er ging durch den Raum und sagte dabei: »Es tut mir so leid.«

Patty Wilson begriff plötzlich, warum sie ihr Leben lang Probleme mit Medikamenten und Alkohol gehabt hatte, warum sie sich in Menschenmengen unwohl fühlte und Angst vor allzugroßer Nähe empfand. Sie hörte, wie die anderen Opfer von sexueller Verwirrung, zerbrochenen Ehen, lebenslangen Depressionen, Selbstmordversuchen und Aufenthalten in psychiatrischen Krankenhäusern sprachen. Zum ersten Mal begriff sie – wie jeder andere in diesem Raum – das Ausmaß der Schäden, die Porter angerichtet hatte.

Als das allen klar wurde, verwandelte sich die Trauer der Männer und Frauen in Wut. Emotionen, die sich seit ihrer Kindheit aufgestaut hatten, brachen auf, bewirkten nach all diesen Jahren eine Katharsis durch die Erkenntnis, daß sie nicht allein waren, daß andere sie verstanden. Diesem ersten Treffen folgten regelmäßige Zusammenkünfte, die alle vierzehn Tage stattfanden. Es kamen so viele, daß Franks Büro zu klein wurde und man in ein altes viktorianisches Haus in der City von North Attleboro ausweichen mußte. Mitte Juni waren vierundfünfzig von Porters Opfern aufgetaucht.

Am 2. Juli traten zweiundzwanzig von ihnen samt ihren Familien in einer zweiundvierzigminütigen Sondersendung von *Prime Time Live* auf, die sich mit dem Fall Porter befaßte. Alte Fotografien von kleinen Mädchen in weißen Kommunionskleidern und kleinen Jungen in Ministrantenkitteln untermalten die fesselnden Interviews, die Diane Sawyer mit den Opfern führte. Sie beschrieben, wie ihnen ihre Unschuld von einem Priester geraubt worden war, und sie sprachen über ihre Entschlossenheit, sich Gerechtigkeit zu verschaffen.

Am nächsten Tag gab Bezirksstaatsanwalt Walsh bekannt, daß es seiner Meinung nach keine unüberwindlichen Hindernisse hinsichtlich einer Anklageerhebung gegen Porter gebe, und beauftragte neun Staatsanwälte und drei Ermittler, in Vertretung der mittlerweile fünfundsechzig Opfer Beweismaterial zusammenzutragen. Seine Kollegen in Rhode Island, wo offenbar zwei frühere Schüler von St. Mary's vergewaltigt worden waren, hatten keine guten Nachrichten. In Rhode Island war das Delikt verjährt. Und selbst wenn das nicht der Fall gewesen wäre, so hätte Porter nach den Gesetzen dieses Staates nichts Illegales getan. In den sechziger Jahren wurde Vergewaltigung als erzwungener Geschlechtsverkehr zwischen einem Mann und einer Frau, die nicht mit ihm verheiratet war, definiert. Beide Opfer Porters waren männlichen Geschlechts.

Als ihre Gesichter landesweit in Zeitungen und auf Bildschirmen erschienen, wußten die »überlebenden Opfer Vater Porters« – wie die Gruppe sich inzwischen nannte – nicht, daß ihr Kreuzzug auch das Schicksal von Männern und Frauen berührte, die New England nie gesehen hatten. Sie wußten nicht, daß Porter, nachdem er North Attleboro und Massachusetts verlassen hatte, Priester geblieben war und weiter Kinder mißbraucht hatte. Sie erfuhren erst davon, als Jim Grimm, ein Barbesitzer in Minnesota, seine Lokalzeitung, den *Bemidji Pioneer*, aufschlug und ihre Geschichte las, die auch die seine war. Ein paar Stunden später erhielt Grimm einen Anruf seines alten Freundes Dan Dow, der in *Newsweek* geblättert hatte und auf Porters Foto gestoßen war. Die beiden erinnerten sich an den sexuellen Mißbrauch, der vor mehr als zwanzig Jahren an ihnen in Bemidji geschehen war. Das war erst das zweite Mal, daß sie überhaupt darüber sprachen. Das erste Mal war der Tag gewesen, an dem ihre Väter Porter aus Bemidji verjagt hatten – im September 1970.

Genau wie die Opfer aus North Attleboro hatten Grimm und Dow nie vermutet, daß es auch in anderen Gemeinden, in anderen Bundesstaaten Opfer geben könnte – daß Porter jahrelang ungestraft Kinder mißbrauchen durfte. Bei einer Pressekonferenz in Minnesota am 14. Juli beschrieb Grimm das Wochenende, an dem Porter mit ihm und den anderen Ministranten zu einem Spiel der Twins nach Bloomington gefahren war und mit ihnen in einem Farmhaus in Hastings übernachtet hatte. Während der Nacht hatte Porter einen Jungen nach dem anderen zu sich gerufen.

Als Ausschnitte der Pressekonferenz von Grimm und Dow in Massachusetts gesendet wurden, sahen die Opfer dort fassungslos zu. Die sexuellen Mißhandlungen, die diese Männer beschrieben, und die Angst in ihren Stimmen waren ihnen nur allzu vertraut und erregten bei ihnen Übelkeit.[5]

Am gleichen Tag gab Porter, der sich in seinem Haus in Minnesota verschanzt hatte, durch seinen Anwalt ein knappes Statement heraus. Es war seine erste öffentliche Stellungnahme zur Sache seit der Fall ins Rollen gekommen war. »Ich war in den sechziger Jahren während meiner Zeit als römisch-katholischer Priester ein sehr kranker Mann. Meine Krankheit trieb mich dazu, eine Reihe von Kindern zu mißbrauchen.« Er beharrte erneut darauf, daß ihn das Ausscheiden aus der Priesterschaft völlig geheilt hätte.

Eine Woche später wurde den Opfern in Massachusetts klar, daß das nur eine von Porters Lügen war: Zwei Männer und eine Frau aus Oakdale meldeten sich und erklärten, daß Porter auch sie mißbraucht hätte. Keiner der drei hatte ihn als Priester gekannt. Die Frau kannte ihn als Vater der Kinder, die sie ab und an hütete, und für einen der Männer war er der Nachbar gewesen. Dann meldete sich ein Anwalt in Albuquerque. Er vertrat drei hispanische Jungen, die mißbraucht worden waren, als Porter dort in einem kirchlichen Sanatorium behandelt wurde. Der Anwalt, Bruce Pasternack, erklärte, daß er neun weitere Opfer kenne – eines war mißbraucht worden, während es im Gipsbett in einem Kinderkrankenhaus von Albuquerque lag.

Zu diesem Zeitpunkt waren fast einhundert Opfer in drei Staaten der Öffentlichkeit bekannt. Während dreißig Jahre Lügen und Vertuschungen von der Flutwelle, die ihren Anfang in North Attleboro genommen hatte, hinweggespült wurden, zog eine brennende Frage die nächste nach sich. Wie viele Kinder hatte Porter mißbraucht? Wie lange – und an wie vielen Orten – wußte die Kirche Bescheid und hatte seinem Treiben tatenlos zugesehen?

Bis zum Sommer 1992 wußten nur wenige Eltern in North Attleboro von den Qualen, die ihre Kinder in St. Mary's jeden Tag erdulden mußten. Jene, die bereits in den sechziger Jahren davon erfahren hatten, hatten entweder beschämt geschwiegen oder waren davon überzeugt worden, daß die Kirche sich der Angelegenheit angenommen hatte. Im Frühjahr 1963 hatte eine Mutter zwei Priester in St. Mary's mit den Anschuldigungen konfrontiert, die ihr zwölfjähriger Sohn gegen Porter vorbrachte. »Ich werde nie wieder die Kommunion aus den schmutzigen Händen dieses Mannes empfangen«, sagte sie immer wieder.

Beide Männer versicherten ihr, daß Porter sich in Behandlung befände. Als sie sich dadurch nicht beruhigen ließ, hatten beide ärgerlich erwidert: »Was wollen Sie denn – den Mann kreuzigen?«

Ein paar Monate später wandte sich Henry Viens, ein Gemeinderatsmitglied, an eine höhere Stelle, nachdem er erfahren hatte, daß sein Neffe Pete Calderone mißbraucht worden war. Als der Kanzler der Diözese Fall River ihm versprach, man werde Porter zu einer Behandlung zwingen, vertraute Viens darauf, daß seine Kirche ihn nicht im Stich lassen würde.

Erst neunundzwanzig Jahre später entdeckte er, daß der Kanzler ihn angelogen und man Porter einfach nur in eine andere Gemeinde versetzt hatte. Erst neunundzwanzig Jahre später entdeckte er, daß sein Neffe Pete nicht das einzige

Opfer war – daß auch Viens eigene Tochter Patty mißbraucht worden war.

Als im Laufe des Sommers 1992 ganze Familien an die Öffentlichkeit traten, wurde die stillschweigende Duldung, die die Kirche Porters langjährigem Kindesmißbrauch entgegenbrachte, anhand von Erinnerungen, Memoranden und verdrängten Fakten Stück für Stück offenbar. Kirchenbeamte hatten die erste Klage über Porter bereits vor seiner Ordination bekommen. Sie hatten ihn insgesamt mindestens achtmal aus Gemeinden versetzt, nachdem Klagen aktenkundig geworden waren. Aber sie hatten ihn nie von Kindern ferngehalten, nie die Polizei verständigt, nie Eltern gewarnt, nie seinen Opfern Beistand angeboten und nie versucht, ihn aus der Priesterschaft zu entfernen.

Der Bischof von Fall River erhielt im März 1964 das erste Mal Kenntnis von Porters »Neigungen«, als sein Kanzler – der später Kardinal und Erzbischof von Boston wurde – ihn endlich darüber informierte, daß Porter dreißig bis vierzig Kinder in St. Mary's mißbraucht hatte.

Bischof James Connolly schickte den Priester heim zu seinen Eltern, wo er sich besinnen und beten sollte. Ein paar Monate später wurde der Priester von der Polizei in New Hampshire verhaftet, weil er sich an einem Dreizehnjährigen – laut Aktennotiz des Bischofs war der Junge »kein Katholik« – vergangen hatte. Man schickte ihn zur Behandlung in das Wiswall Hospital in Wellesley. Die Behandlung schloß auch Elektroschocktherapie ein. Im September 1965 erklärte sein Arzt, daß Porter soweit geheilt wäre, und er wurde nach New Bedford in die Gemeinde St. James versetzt, um dort als Krankenhauskaplan zu arbeiten. Schon nach ein paar Monaten bildete er Ministranten in New Bedford aus, und ein paar Wochen später mißbrauchte er sie.

Als weitere Klagen eingingen, schickte Connolly Porter wieder nach Hause. Aber ein Freund, der eine Gemeinde in der Nähe leitete, bat Porter, zu ihm zu kommen. Dort mißbrauchte Porter wieder Kinder, und im April 1967 wurde er in eine Heilanstalt für seelisch gestörte Priester in Jemez Springs, New Mexico, eingewiesen, die vom Orden der Diener des Heiligen Geistes, den Parakleten, geführt wird.

Dort bestand »begründete Hoffnung« für die Heilung von Vater Porter, wie der Abt des Ordens dem Bischof im Juli berichtete. Drei Monate später schrieb Bischof Connolly einen Empfehlungsbrief für Porter an den Erzbischof von Santa Fé, in dessen Diözese der Priester auf Arbeit hoffte. Er erwähnte darin zwar Porters »Probleme« mit Jungen, beschrieb aber ausführlich dessen Freundlichkeit und Pflichtbewußtsein. »Ich unterstütze guten Gewissens seine Bewerbung«, endete der Bischof, dem zu diesem Zeitpunkt bereits Berichte aus mindestens vier Gemeinden vorlagen, in denen Porter Kindesmißbrauch vorgeworfen wurde.[6]

Porter vertrat dann einen Priester in der Gemeinde Unserer Lieben Frau der Immerwährenden Hilfe in Truth or Consequences, New Mexico. Dort verging er sich an mindestens sechs Kindern. Er erhielt eine befristete Stelle in Houston und mißbrauchte weitere Kinder. Daraufhin wurde er wieder nach New Mexico versetzt und vergriff sich dort erneut an Kindern.

Im August 1969 wurde er in die Nervenheilanstalt der Parakleten in Minnesota eingewiesen. Danach gab man ihm eine Pfarre in Bemidji. Dem Bischof von Crookston wurde mitgeteilt, daß Vater Porter einen Nervenzusammenbruch erlitten hätte. »Während er sich in den Klauen der Krankheit befand, hatte er ein paar moralische Probleme, die anscheinend auf seine Krankheit zurückzuführen waren, so daß man ihn dafür nicht verantwortlich machen kann«, informierten Kirchenbeamte den Bischof. Aber dieser Aussage schloß sich die Beschwichtigung an: »Seit seiner Genesung scheint er seine früheren Probleme bewältigt zu haben.«

Doch dem war nicht so. An einem Freitag im Jahr 1970 konfrontierten die Väter von Grimm und Dow die Kirche mit der Klage ihrer Söhne, daß Porter sie seit Monaten mißbraucht habe. Der Priester wurde gleich am nächsten Tag aus der Gemeinde entfernt. Erst da gab man Porter den Rat, die Priesterschaft zu verlassen – und der Rat kam nicht von einem Bischof, sondern von einem Therapeuten.

Als er sein Gutachten an offizielle Kirchenstellen weiterleitete, warnte Vater Fred Bennett vom Orden der Diener des Heiligen Geistes, den Parakleten, nicht nur vor Porters Problemen, sondern auch vor dem Schaden, den der Kindesmißbrauch von Priestern bei Kindern anrichten kann, und den Gefahren, die es mit sich bringt einen solchen Priester weiter im Kirchendienst zu belassen. »Die Priesterschaft beinhaltet besonders auf der Gemeindeebene unweigerlich Arbeit mit Jugendlichen«, schrieb Bennett. »Darüber hinaus ist ein Priester in der Lage, Beziehungen zu Jugendlichen einzugehen, ohne daß Eltern oder anderen Erwachsenen der Verdacht käme, daß etwas nicht stimmt, weil der fragliche Mann ein Priester ist.

Menschen leiden im Verlauf ihres Lebens unter psychischen Problemen, deren Ursprung anscheinend in sexuellen Annäherungen durch Personen gleichen Geschlechts während ihrer Kindheit zu suchen ist. Ich habe Grund zu der Annahme, daß die traumatischen Folgen solcher Erlebnisse vielleicht sogar noch verstärkt werden, wenn es sich bei dem Erwachsenen um einen Priester handelt.«[7]

Doch kirchliche Stellen leugneten bis gegen Ende der achtziger Jahre, daß sie derartige Warnungen vor Porter oder anderen Priestern erhalten hatten.

In seinem Gesuch um Laisierung im Jahr 1973 bestätigt Porter indirekt Bennetts Ausführungen über die Gefahren der Priesterschaft. Ich »pflegte mich hinter dem Priesterkragen zu verstecken und glaubte, er wäre ein Schutzschild für mich«, schrieb er an Papst Paul VI.

Der Papst gab dem Gesuch statt. Nach vierzehn Jahren als Priester – und Kinderschänder – verlor James Porter am 5. Februar 1974 das Recht, sich »Vater« nennen zu lassen.

Als sein Lebenslauf Stück für Stück von Porters Opfern enthüllt wurde, richtete sich ihre Wut mehr und mehr auf den Verrat der Kirche. Sie konnten noch verstehen, daß ein einzelner Mensch - sogar ein Priester - so krank und geistesgestört sein konnte, daß keine Therapie mehr half. Aber sie konnten nicht begreifen, daß offizielle kirchliche Stellen den Ruf und die Karriere eines solchen Menschen auf Kosten der Kinder geschützt hatten, die ihr Leben lang unter seinen Verbrechen leiden sollten.

Sie wollten wissen, warum Vater Annunziato geschwiegen hatte - selbst nachdem er mit eigenen Augen gesehen hatte, wie Porter sich an ihnen verging. Er konnte dazu nicht Stellung nehmen, denn der Mann, der nie darüber gesprochen hatte, konnte nicht mehr reden: Er litt an Kehlkopfkrebs und lag im Sterben. Die meisten anderen Beschützer von Porter waren tot. Bischof Sean O'Malley, der ein paar Monate nach dem Auffliegen von Porters Geschichte ernannt worden war, gab zu bedenken, daß Bischof Connolly unter schweren Depressionen gelitten hätte, die sein Urteilsvermögen beeinträchtigt haben mochten. Das rührte die Opfer überhaupt nicht. Sie schworen, die Kirche für den Schaden an den unzähligen Kindern, die nach der ersten, zweiten, dritten Klage mißbraucht worden waren, haftbar zu machen.

Sie verlangten finanzielle Entschädigung für die jahrelangen Therapien, den Drogenmißbrauch, die gesundheitlichen Probleme, die Krankenhausaufenthalte und die ehelichen Katastrophen. Die Kirche stellte sich auf den Standpunkt, daß jedem Opfer nur 20.000 Dollar zustünden, weil die Verfassung von Massachusetts der Haftung wohltätiger Einrichtungen Grenzen setzt. In einem Leitartikel fragte der *Boston Globe*, ob die Kirche sich wohl guten Gewissens auf dieses Gesetz berufen könne. Er bekam keine Antwort darauf.

Die Vergleichsverhandlungen der Opfer mit dem Bischof begannen. Sie benahmen sich wie brave katholische Jungen: respektvoll und höflich. Die Nonnen wären stolz auf sie gewesen. Doch als Porters Geschichte vollständig offenbar wurde und Bischof Sean O'Malley sich auf die Armut der Kirche berief, waren sie mit ihrer Geduld am Ende. »Hören Sie doch mit dem Scheiß auf«, sagte Dan Lyons verärgert zu O'Malley und stellte die drastische Frage: »Wieviel ist es denn wert, sechsmal von einem Priester in den Arsch gefickt zu werden, was glauben Sie?« Anschließend schickte er O'Malley Auszüge der gerichtsmedizinischen psychiatrischen Gutachten, in denen die Schädigung der Opfer in allen Einzelheiten beschrieben wurde. Und er drohte damit, diese Gutachten an jede Zeitung, jede Illustrierte und jeden Fernsehsender im Land zu schicken. »Eine interessante Bettlektüre, nicht wahr?« fragte er den Bischof.[8]

Je mehr Opfer Porters das Trauma des Mißbrauchs überwanden, desto mutiger und gewitzter wurden sie. Ihre Zusammenkünfte an jedem zweiten Freitag in dem viktorianischen Haus in der Elm Street entwickelten sich zu Sitzungen, in denen Strategien ausgetüftelt wurden. Sie bestimmten einen Vorstand. Sie gründeten Arbeitskreise, die sich mit den juristischen Aspekten und den Medien befaßten. Und sie übten weiter Druck auf die staatlichen Behörden aus, um die strafrechtliche Verfolgung Porters voranzutreiben. Sie erschienen regelmäßig und sorgfältig plaziert immer wieder in den Abendnachrichten oder in Talk-Shows. Doch den größten Druck übten sie auf den Bezirksstaatsanwalt aus – er wurde mit Eingaben, Telefonanrufen und offenen politischen Drohungen bombardiert.[9]

Walsh bat um Geduld und erklärte, daß er rechtlich in doppelter Hinsicht gebunden sei. Erstens durch das Verjährungsgesetz von Massachusetts, das die Frist auf sechs Jahre nach dem Zeitpunkt des Verbrechens festsetzt – wenn der mutmaßliche Verbrecher allerdings den Staat vor Ablauf dieser Frist verläßt, wird die Frist unterbrochen. Walsh mußte also präzise ermitteln, zu welchem Zeitpunkt Porter Massachusetts verlassen hatte. Er sah sich auch dem Problem gegenüber feststellen zu müssen, welche Vergehen Porters juristisch zu ahnden waren. Schließlich war Anfang der sechziger Jahre sexueller Mißbrauch von Kindern nicht ungesetzlich. Niemand hatte auch nur im Traum daran gedacht, ihn in den Straftatenkatalog aufzunehmen.

Den ganzen Juli und August hindurch machte Walsh deutlich, daß keinesfalls mit einer raschen Entscheidung von seiner Seite zu rechnen war. Immer wieder versuchte er, Porters Opfer zu beruhigen, und erinnerte sie daran, daß die Verbrechen in die Zeit von Eisenhowers Präsidentschaft zurückreichten. Am 8. September erklärte er unverblümt: »Ich glaube nicht, daß Zeit hier wesentlich ist.« Er beharrte darauf, daß es doch weitaus schlimmer wäre, »wenn wir die Fälle vor Gericht brächten und verlören«.

Walshs vorsichtige Gangart und seine maßvollen Äußerungen stießen bei Porters Opfern, die bereits seit Jahrzehnten auf Gerechtigkeit warteten, auf wenig Verständnis. Frank Fitzpatrick griff den Bezirksstaatsanwalt öffentlich an und warf ihm vor, daß er nur Angst hätte, die Stimmen »des harten kompromißlosen Kerns der Verteidiger der Priester« zu verlieren. Fran Rotella Battaglia schäumte gegenüber der Presse: »Wenn man von einem gewählten Staatsbeamten so herumgeschubst wird, hat man das Gefühl, immer wieder Opfer zu sein.«

Am 17. September 1992 teilte Walsh den Medien zum wiederholten Mal mit, daß er immer noch nicht bereit sei, das Verfahren zu eröffnen.

Fünf Tage später rief er seine Ermittler und Staatsanwälte an einem Sonntagnachmittag in sein Büro. Sie hatten sich durch die Strafanzeigen von zweihundert Männern und Frauen gekämpft und die Aussagen von fast siebzig Klägern immer wieder studiert. Fünfunddreißig Anklagen hatten sie – entweder aus Mangel an Beweisen oder weil die Verjährungsfrist abgelaufen war – verworfen. Sie hatten fünf Stunden lang ihre Präsentation von zweiunddreißig Fällen vor der Anklagejury, die am nächsten Morgen unter Ausschluß der Öffentlichkeit zusammentreten würde, geprobt. Es würden keine Zeugen aufgerufen werden. Keine befreundeten Reporter waren verständigt worden. Niemand wußte, was Walsh vorhatte.

Am gleichen Tag schickte Walsh einen stellvertretenden Bezirksstaatsanwalt, der der Polizei von North Attleboro zugeteilt war, in Begleitung von Polizeibeamten nach Oakdale in Minnesota, damit sie Porter im geeigneten Moment festnehmen konnten.

Am Montagnachmittag wurde gegen James Porter Anklage wegen Vergewaltigung, Körperverletzung, Sodomie und unnatürlichen Geschlechtsverkehrs erhoben. Um zwölf Minuten nach drei schritten die Gesetzeshüter aus Massachusetts zusammen mit der Polizei von Oakdale zur Verhaftung des Angeklagten. Porter machte gerade Einkäufe und wurde etwa eine Meile von seinem Haus entfernt festgenommen. Der ehemalige Priester weinte. Während er den ersten Abend seines Lebens hinter Gittern verbrachte, versammelten sich Porters Opfer in North Attleboro bei Pete Calderone und feierten.

Zu diesem Zeitpunkt hatten neunundsiebzig Menschen in Massachusetts, New Mexico und Minnesota zivil- oder strafrechtliche Klage gegen James Porter erhoben. Walsh sagte, daß ihm zweihundert Anzeigen vorlägen. Die Behörden in Minnesota wußten von weiteren zweiundzwanzig.

Am nächsten Tag erschien Porter ungekämmt und mit heraushängendem Hemd zu seiner Auslieferungsverhandlung in Minnesota. Zum ersten Mal war er offenbar nervös, denn er unterzeichnete die Auslieferungsvereinbarung auf der falschen Zeile. Noch an diesem Abend transportierte man ihn unter strengen Sicherheitsvorkehrungen in einem Flugzeug der US-Marshals nach Boston und überführte ihn dann nach New Bedford, wo er vor Gericht gestellt werden sollte.

Am Mittwochmorgen füllten vierzig seiner Ankläger die vier Bankreihen, die man für sie im Gerichtssaal aufgestellt hatte. Sie blickten nervös auf die Tür, die sich rechts neben dem Richtertisch befand. »Wenn ich Porter heute sehe, werde ich ihn anschauen«, sagte Pete Calderone zu den anderen und wappnete sich innerlich für den ersten Blick, den er nach dreißig Jahren auf Porter werfen würde. »Ich werde ihn ansehen. Heute werde ich keine Angst mehr vor ihm haben. Ich hatte vor dreißig Jahren Angst vor ihm. Ich hatte Angst vor ihm als Teenager und als Erwachsener. Heute werde ich keine Angst mehr vor ihm haben.«

Die Uhr im Gericht schlug neunmal. Drei Minuten später erschien Porter in Begleitung von zwei Gerichtsbeamten und in Handschellen. Er sah seine Opfer verstohlen an, als der Gerichtsbeamte sachlich die sechsundvierzig Anklagen wegen Vergewaltigung und Sodomie verlas, die man ihm zur Last legte. Sie erwiderten grimmig seinen Blick, als er sechsundvierzigmal sein »nicht schuldig« wiederholte. Er mußte insgesamt mit 317 Jahren Gefängnis rechnen.

Porter trug ein blaues Hemd mit offenem Kragen, ein graues Jackett, dunkle Hosen und Slipper. Selbst als Renée Dupuis, die stellvertretende Bezirksstaatsanwältin von Bristol County, beschrieb, wie er Kinder »in der Gemeinde, in der Sakristei, in ihren Elternhäusern, in seinem Auto und an verschiedenen anderen Orten« vergewaltigt hatte, wirkte er nach außen hin gleichmütig und gelassen. Er saß mit gesenktem Kopf und verschränkten Händen da, als sie ihn der Nötigung zur Masturbation, Fellatio und Sodomie beschuldigte, und berichtete, wie er die Kinder – von denen manche erst zehn Jahre alt gewesen waren – mit der Androhung von Gottes Zorn zum Schweigen gebracht hatte.

Als Porter abgeführt wurde, weinten seine Opfer und fielen sich um den Hals. Dennis Gaboury lächelte und sagte: »Das ist wie ein Rendezvous mit dem Schicksal.«

2. Kapitel

OFFENBARUNG

DIE AUSWIRKUNGEN und die Bedeutung der Entlarvung von Vater James Porter sind gar nicht hoch genug einzuschätzen. Als diese Geschichte im Laufe des Jahres 1992 in den Abendnachrichten wie eine groteske Seifenoper aufgerollt wurde, fühlten sich Hunderte Opfer anderer Priester im ganzen Land durch das Beispiel von Porters Opfern ermutigt. Sie taten es ihnen gleich und gingen an die Öffentlichkeit, um ihre Vergewaltiger zu entlarven und Gerechtigkeit von der Kirche zu verlangen. Sie verklagten deren Diözesen und griffen ihre Bischöfe in wütenden – oft tränenreichen – Interviews im Fernsehen an. Die führenden Männer der römisch-katholischen Kirche in den USA hielten besondere Sitzungen ab, um ihre Reaktion auf den stetig eskalierenden Skandal abzustimmen – sie behaupteten einerseits, nichts davon gewußt zu haben, und versprachen andererseits schnelles Handeln.

Die Geschichte Porters war auch aus einem anderen Grund bedeutsam. Indem sie den Kindesmißbrauch durch Priester – Männer, die traditionsgemäß höchstes Ansehen in der Gesellschaft genießen – aufdeckte, gab sie den amerikanischen Eltern endgültig die Bestätigung, daß die jüngsten Enthüllungen über das Ausmaß und die Allgegenwart des sexuellen Kindesmißbrauchs der Wahrheit entsprachen und daß ihre bisherigen Annahmen, wem sie ihr Kind anvertrauen konnten oder nicht, falsch waren. Das brachte alles ins Wanken. War denn nichts mehr heilig? War denn nicht einmal mehr eine Kirche frei von Gefahr und Korruption? War kein Kind – sogar wenn es einen Ministrantenkittel trug – mehr sicher?

Dieses Buch widmet sich allen drei Fragen. Es enthält die Berichte von unzähligen amerikanischen Katholiken, denen ihre Unschuld von eben der Institution geraubt wurde, der sie ihre Seelen anvertraut hatten. In den neunziger Jahren wußten amerikanische Kinder, daß sie keine Bonbons von Fremden annehmen oder in die Autos seltsamer Männer einsteigen durften. Aber nur wenigen hatte man eingeschärft, daß sie den Umarmungen eines Priesters nicht trauen konnten. Auch ihre Eltern waren naiv und hingen zäh, fast verzweifelt dem Glauben an, daß zumindest eine Institution eine weiße Weste hatte. Das Gegenteil wurde ihnen bald bewiesen.

Katholische Priester hatten nicht nur Tausende von Kindern mißbraucht; die Kirche, die ihnen die ehrfurchtgebietende Macht zu segnen und zu vergeben verliehen hatte, hatte sie auch noch jahrzehntelang gedeckt. Konfrontiert mit der Wahl zwischen Gerechtigkeit für die Opfer und Gnade für die Priester, die Kinder mißbrauchten, hatten sich die Kirchenoberen stets für das letztere entschieden. Betet, befahlen sie den Priestern, die vom Wege abwichen. Bereut. Und wenn die Priester das taten, wurden sie in andere Gemeinden versetzt, wo sie weiter Kinder mißbrauchen konnten.

Bischöfe, die doch eigentlich dem Beispiel Jesu folgen und die Schwachen und Hilfsbedürftigen unterstützen sollten, verdrängten ihre Verantwortung als Seelsorger und verhielten sich statt dessen wie gute Manager: Sie vertuschten die Geschichte. *Du sollst keinen Skandal machen* schien das Gebot zu sein, das ihr Handeln bestimmte. Wenn sie Eltern gegenüberstanden, die durch das, was man ihren Kindern angetan hatte, erschüttert und verstört waren, logen sie. Wenn die Lügen nichts fruchteten, dann verschleppten sie entweder die ganze Angelegenheit oder schüchterten die Gemeindemitglieder ein, die doch eigentlich ihrer Obhut anvertraut waren. Die Kirchenoberen schienen hoffnungslos in Lügen verstrickt zu sein – sie bestritten die Vorwürfe, die die Opfer vorbrachten, den großen Schaden, der ihnen zugefügt worden war, die Schwere der psychischen Krankheit, an der die Täter litten, ja sogar das Ausmaß dieses Problems innerhalb des Klerus.

Es war ein absoluter Vertrauensbruch – und es war nicht nur ein Phänomen des zwanzigsten Jahrhunderts. So wie die Großväter im wilden Westen ihre Enkelkinder mißbraucht oder Gentlemen aus dem Süden mit ihren Töchtern geschlafen hatten, haben sich Priester seit Jahrhunderten an Kindern vergangen – und zwar schon lange bevor Kolumbus nach Amerika segelte. Papst Alexander VI., der Vater von Lucrezia Borgia, feierte den endgültigen Sieg der Spanier über die Mauren nicht mit einer Messe im Petersdom, sondern mit einem Fest auf dem Platz davor. Wein floß reichlich, Frauen aus den elegantesten Bordellen der Stadt boten ihre Dienste feil, und Kinder wurden freigiebig unter den Bischöfen und Priestern weitergereicht, die den letzten Triumph der Christenheit mit einem sexuellen Bacchanal feierten.

Mitte des achtzehnten Jahrhunderts entblößte sich Vater Johann Arbogast Gauch, ein Pfarrer im deutschen Fürstentum Fürstenberg, vor den Mädchen der Stadt und befriedigte sich an den Jungen. Seine Missetaten nahmen erst ein Ende, als ein neuer Herrscher ihn in den Kerker werfen ließ. Fälle von sexuellem Kindesmißbrauch durch den Klerus finden sich selbst gelegentlich in Gerichtsprotokollen aus dem Amerika des neunzehnten Jahrhunderts. Das sagt zumindest Mark Chopko, Berater der amerikanischen Bischofskonferenz.[1]

Aber bekannte Fälle wie der Gauchs waren selten. Gewöhnlich findet man nur versteckte Andeutungen über den Kindesmißbrauch von Priestern in historischen Texten oder in Romanen, die die Wirklichkeit widerspiegeln. In dem Roman *Die Nonne* aus dem achtzehnten Jahrhundert erzählt der französische Philosoph Denis Diderot die Geschichte eines jungen Mädchens, das von einer Angehörigen des Klerus mißbraucht wird. In *Aves sin nido*, einem 1889 erschienenen Roman der peruanischen Autorin Clorinda Matto de Turner, wird der sexuelle Mißbrauch von Indiokindern durch den katholischen Klerus als einzigartiges Beispiel für die Ausbeutung von Naturvölkern dargestellt.[2]

Aber die meisten Fälle wurden nie bekannt, weil die Kirche keine strafrechtliche Verfolgung ihrer Priester zuließ. Sie wurden im Geheimen von Kirchengerichten abgeurteilt. Wir können nicht in die Archive gehen und die Akten aller Fälle lesen. Wir wissen nur, daß Verbrechen an Kindern als Sünden gegen Gott behandelt wurden und daß die Opfer irgendwie unerheblich erschienen.

Selbst wenn die Archive zugänglich wären, würde die Wahrheit möglicherweise immer noch nicht offenbar werden. Über sexuellen Kindesmißbrauch durch Priester – oder andere Personen – wurde nicht gesprochen, weil solche Vorfälle nur selten als Verbrechen angesehen wurden. Noch vor hundert Jahren war Geschlechtsverkehr mit einem Kind über elf in den meisten westlichen Ländern nicht ungesetzlich – in manchen Ländern ist er heute noch legal. Kindheit, wie wir sie kennen und wie wir sie definieren, ist eine moderne Erfindung. In früheren Zeiten waren Kinder kleine Erwachsene, die in Fabriken arbeiteten, um ihren Anteil zum Unterhalt der Familie beizutragen, die für kleine Diebereien ins Gefängnis wanderten und die oft von jedem Erwachsenen, dem danach war, zur sexuellen Befriedigung benutzt wurden. In den reichen und mächtigen Familien wurden noch unentwickelte kleine Mädchen verheiratet, um Einfluß und Vermögen der Familie zu mehren. Kleine Jungen wurden von älteren Herren unter die Fittiche genommen – eine Praktik, die man beschönigend »Liebeserziehung« nannte.

Das alte römische Gesetz enthält strenge Strafen für Ehebruch und Analverkehr, Vergewaltigung und Verführung. Aber sexuelle Handlungen an Kindern, die scheinbar einverstanden waren, waren nicht strafbarer als Geschlechtsverkehr mit Erwachsenen, die ihre Zustimmung gaben. Erst im achtzehnten Jahrhundert gelangte man langsam zu der Erkenntnis, daß Kinder keine kleinen Erwachsenen, sondern etwas Zarteres seien. Im weiteren Verlauf wurden Kinder als präsexuelle, fast asexuelle Wesen definiert. Da sie körperlich noch nicht ausgereift waren, nahm man an, daß sie von sexueller Begierde unberührt wären. Aber selbst da waren die Schutzmaßnahmen unter modernen Gesichtspunkten unzulänglich. Als zum Beispiel Vater Gauch ins Gefängnis geschickt wurde, ging er nicht allein. Auch seinen Opfern gab man die Schuld an dem, was geschehen war, und warf sie monatelang in unterirdische Verliese, wo die Jungen gnadenlos ausgepeitscht wurden. Es war fast eine Reform, als Queen Victoria das legale Alter für Prostitution anhob - von neun auf dreizehn Jahre. Der erste Kinderschutzbund wurde erst 1884 gegründet - sechzig Jahre nach Gründung des Tierschutzvereins.[3]

Niemandem in den Vereinigten Staaten war wirklich bewußt, in welchem Ausmaß Kinder von Erwachsenen sexuell mißbraucht wurden, als Anfang der siebziger Jahre dieses Jahrhunderts die einzelnen Staaten den Therapeuten, Ärzten und Behörden eine Meldepflicht für sexuellen Mißbrauch auferlegten. Seit mehr als einem Jahrhundert hatten Psychiater an den Erzählungen der Opfer über sexuellen Mißbrauch in der Kindheit gezweifelt und - wie Freud - an der Behauptung festgehalten, daß es sich um neurotische Frauenphantasien handelte. Als es dann plötzlich die Meldepflicht gab, wurde ihr großer Irrtum überdeutlich. Aus einem Rinnsal wurde ein reißender Strom: Waren es in den siebziger Jahren noch 12.000 Fälle pro Jahr, stieg die Zahl bis 1985 auf 150.000 Fälle an. Die Polizei schätzte, daß nur acht Prozent der Fälle unglaubwürdig waren.

Aber die Tatsache, daß es auch Priester gab, die Kinder mißbrauchten, blieb ein Geheimnis, das in den Archiven der Diözesen - und in der Erinnerung gläubiger Katholiken - sorgfältig gehütet wurde. Der Bischof von Detroit, Thomas Gumbleton, erinnert sich an zwei Priester, die ihn offenbar mißbrauchen wollten, als er in den vierziger Jahren die Oberschule des Bistums Detroit besuchte. Im nachhinein wurde ihm das klar. Auch der Erzbischof von Milwaukee, Rembert Weakland, kam in der Oberschule zum ersten Mal mit diesem

Problem in Berührung, als ein Priester beim Mißbrauch von Kindern ertappt wurde.[4]

Priester wußten zwar, daß manche ihrer Mitbrüder Kinder mißbrauchten, schwiegen aber aus Kollegialität. Bei Bischöfen beschwerten sich zwar aufgebrachte Eltern, aber sie wurden nur beschwichtigt. Mitte der achtziger Jahre wurden in einem Zeitraum von drei Jahren 130 Priester wegen Problemen im sexuellen Bereich am St. Luke Institute in Suitland, Maryland, statistisch erfaßt, und bei siebzig fand man heraus, daß sie sich zu Kindern hingezogen fühlten. Kein Bericht über dieses Problem drang zu den Gemeindemitgliedern, die vielleicht in Gefahr schwebten.[5]

Wenn wir heutzutage überhaupt eine Ahnung davon haben, was zwischen manchen Priestern und ihren jungen Schützlingen vorgeht, so ist das auf ein paar typisch amerikanische Phänomene zurückzuführen, die bislang totgeschwiegene Vorgänge in öffentliche Skandale verwandelt haben. Es ist ein Volkssport geworden, jemanden zu verklagen, denn die Amerikaner sind zu der Überzeugung gelangt, daß sich durch Geld jeder Schaden an Körper und Geist ausgleichen läßt. Patienten verklagen ihre Ärzte, Studenten ihre Professoren, Arbeitnehmer ihre Arbeitgeber. Als sich zu ihnen gläubige Katholiken gesellten, die gewillt waren, die Männer zu verklagen, die den Leib Christi austeilten, wurde das Schweigen unwiderruflich gebrochen.

Es begann im Südwesten Louisianas. Am 6. Februar 1986, einem Donnerstagmorgen, betrat der zwölf Jahre alte Scott Gastal den Zeugenstand im Amtsgericht von Abbeville und schilderte, wie Vater Gilbert Gauthe den Penis des Jungen in seinen After eingeführt hatte – es war das erste Mal in der Geschichte des Landes, daß die Verbrechen eines Priesters öffentlich gemacht wurden. Zu diesem Zeitpunkt wußte ganz Louisiana bereits, daß Scott nur eines unter Dutzenden von Opfern des populären Priesters gewesen war, der die Jungen aus der Gemeinde zu Radtouren durch die Bayous mitgenommen und mit seiner mitreißenden Energie frischen Wind in das hinterwäldlerische Cajun Country gebracht hatte. Gauthe war bereits wegen Mißbrauchs von mindestens siebenunddreißig Jungen zu zwanzig Jahren Zwangsarbeit verurteilt worden. Scott Gastal legte mit seinem flüsternd vorgetragenen Bericht nicht nur Zeugnis über die Perversionen eines einzelnen Priesters ab. Dieser Fall vermittelte einen ersten schockierenden Eindruck davon, wie die Kirchenoberen auf Klagen über Kindesmißbrauch reagiert hatten: Sie hatten den Täter wiederholt versetzt.[6]

Die Kirchenoberen versuchten, den Fall Gauthe und das Versagen der Diözese von Lafayette als Einzelfall abzutun. Sie argumentierten, daß es sich schließlich nur um einen Priester unter achtundfünfzigtausend handle. Aber nicht einmal einen Monat nach der Festsetzung von Gauthe zeigten fünf indianische Schwestern Vater John Engbers an, einen Priester, der in der gleichen Diözese wie Gauthe gearbeitet hatte.[7] Danach kam die Wahrheit über Vater Lane Fontenot ans Tageslicht: Der Priester aus Louisiana war 1983 in eine Heilanstalt für Priester geschickt worden, nachdem eine Familie gedroht hatte, ihn wegen Kindesmißbrauchs verhaften zu lassen. Noch während Scott Gastals Zeugenaussage lief, wurde Fontenot, der immer noch Priester war, in Seattle verhaftet, weil er sich an fünf Jungen, die er auf der Nancy-Reagan-Station des diakonischen Krankenhauses seelsorgerlich betreute, vergangen hatte.[8]

Es handle sich nur um drei Priester und einen schlechtberatenen Bischof, erklärte die Kirche. Aber diese Behauptung wurde Stück für Stück widerlegt, als im ganzen Land gegen Priester Anzeigen erstattet wurden und Gerichtsverfahren anliefen. Ein Anwalt, Jeffrey Anderson aus St. Paul, Minnesota, begann sich auf Fälle zu spezialisieren, in denen Diözesen es versäumt hatten, kriminelle Priester aus den Gemeinden zu entfernen. Die Verteidigungslinie der Kirche brach völlig zusammen, als ein weiteres Phänomen – ebenfalls ausgesprochen amerikanisch – auftauchte, das viele der intimsten Geheimnisse der Nation – Kindesmißbrauch durch Priester eingeschlossen – an die Öffentlichkeit zerrte. Die USA waren zu einer Nation von selbsternannten Opfern geworden, die an die Öffentlichkeit gingen, um ihre Wunden zu heilen. Opfer von Vergewaltigung, Inzest, sexuellem Kindesmißbrauch und zahlreicher anderer Perversionen boten sich täglich in den Talk-Shows von Oprah oder Geraldo, Sally Jessy oder Phil dar. Dazu ermutigt, sich selbst als stolze Überlebende zu sehen, entblößten sie ihr Innerstes einer gebannt lauschenden Nation, der wohl kaum bewußt war, daß der Preis für eine Stunde Unterhaltung die Zerstörung einer weiteren Illusion war.

Jahrelang hatten sich die Opfer des Kindesmißbrauchs durch Priester davor gescheut, öffentlich darüber zu sprechen. Auf einer Pressekonferenz der nationalen katholischen Bischofskonferenz 1989 in Baltimore meldete sich zum ersten Mal außerhalb des Gerichtssaals ein Opfer zu Wort. Der Mann verbarg sich hinter einem Vorhang und benutzte das Pseudonym Damian de Vuester. Die Mutter eines weiteren Opfers tarnte sich mit einer schwarzen Perücke, blauen Kontaktlinsen und einem falschen Namen.[9]

Doch in den folgenden Jahren traten immer mehr Opfer unter ihrem richtigen Namen in den Talk-Shows am Nachmittag auf. Die amerikanischen Bischöfe wanden sich und schäumten vor Wut. Sie beharrten immer noch darauf, daß Kindesmißbrauch durch Priester selten wäre – es gäbe zu wenig Fälle und sie wären zu abartig, um eine solche Aufmerksamkeit zu rechtfertigen. Selbst die Zeitung des Vatikans – *L'Osservatore Romano* – nahm ihnen dieses Argument nicht ab. In einem Leitartikel, in dem auch gefordert wurde, endlich etwas gegen diesen »entsetzlichen, besorgniserregenden und beschämenden« Mißbrauch zu unternehmen, stand: »Eine ganze Serie solcher Vorfälle als gelegentliche Entgleisungen von geistesgestörten oder kranken Menschen zu bezeichnen heißt, ein Problem, dessen Ausmaße ständig zunehmen, zu entdämonisieren.«[10]

Während der achtziger und zu Beginn der neunziger Jahre erhielten Amerikaner im ganzen Land gelegentlich Einblick in dieses Problem. 1985 erfuhren Zeitungsleser in Illinois alles über Vater Alvin Campbell, der für seinen Dienst in Vietnam einen Tapferkeitsorden erhalten hatte, aber später aus der US-Armee ausscheiden mußte, weil man ihn beschuldigte, einen Jungen mißbraucht zu haben. Campbell wurde dann einer Gemeinde in Illinois zugewiesen, wo er vier Jahre lang Jungen und Mädchen der achten Klasse mißbrauchen konnte, ehe man ihn wieder anklagte. Anstatt ihn der Polizei zu übergeben, wurde Campbell von seinen kirchlichen Vorgesetzten zur »Erholung« nach Hause zu seiner Mutter geschickt. Schließlich wurde er zum Pfarrer der katholischen Kirche St. Maurice in Morrisonville ernannt, wo er mindestens vierzehn Jungen im Alter von elf bis sechzehn Jahren mißbrauchte, die er mit dem Versprechen, ihnen Videospiele, Uhren, Radiowecker und Fahrräder zu kaufen, in sein Wasserbett lockte.[11]

1987 erfuhren die Menschen in Nebraska von Vater Paul Margand, der zwei Ministranten mißbraucht hatte – einen sogar während einer privaten Religionsstunde. Margand hatte dem Jungen befohlen, sich auf den Rücken zu legen und zu beten. Dann hatte er sich auf ihn gesetzt, während er ihm Fragen über Moses stellte.[12]

Zwei Jahre später entdeckten polnische Katholiken in Minnesota eine neue – und beängstigende – Seite an Vater Robert Kapoun, einem ihrer beliebtesten Priester. Für sie war er bisher nur der nette Mann im Priesterkragen gewesen, der in der Polkakapelle das Akkordeon spielte, eine ganze Polka-Messe geschrieben und achtzehn Polka-Platten aufgenommen hatte. Aber nun wurde bekannt, daß der »Polkapater«, wie man ihn in weitem Umkreis nannte, 1973 einem zwölfjährigen Ministranten, der, verwirrt durch seine erwachende Sexualität, bei ihm Rat suchte, bei der Linderung seiner sexuellen Nöte geholfen haben sollte – in der Sakristei vor der Messe, in seinem Elternhaus, in seinem Wagen und im katholischen Seminar am Ort.[13]

Im gleichen Jahr erfuhren die Menschen in North Carolina die schmutzigen Geheimnisse von Vater Anthony Corbin: Der Priester gestand, daß er mit einem Jungen aus der achten Klasse Geschlechtsverkehr gehabt hatte. Corbin hatte seinem Opfer einen Lendenschurz angezogen, damit er Jesus am Kreuz ähnelte.[14] Im Jahr darauf, 1990, erhielten die Bürger von Georgia einen Eindruck davon, wie die Kirche mit Priestern umging, die Kinder mißbrauchten. Vater Anton Mowat, ein britischer Priester, der in diesem Bundesstaat arbeitete, war aus den Vereinigten Staaten geflüchtet, nachdem die Polizei wegen Kindesmißbrauchs gegen ihn ermittelte. Sein Prozeß wurde um einundzwanzig Monate verschoben. In dieser Zeit versuchten die amerikanischen Behörden seinen Aufenthaltsort herauszufinden. Obwohl seiner Heimatdiözese Northampton, England, bekannt war, daß er sich in einem Turiner Kloster aufhielt, gab man US-Beamten dort die Auskunft, daß über seinen Verbleib nichts bekannt sei. Später gab man zu, daß man es versäumt hätte, die Erzdiözese Atlanta von der bekannten »Vorliebe« des Priesters für Jungen zu informieren.[15]

Am Ende des Sommers 1992 hatte jeder Amerikaner, der *CNN* oder die *ABC*-Fernsehnachrichten sah oder die *New York Times* las, zumindest von einem Menschen erfahren, der in seiner Kindheit von einem Priester mißbraucht worden war. Ein Problem, das anscheinend in einzelne Puzzlestücke zerteilt war – in einem Jahr eine Vergewaltigung in New Jersey, im nächsten ein Kindesmißbrauch in New Mexico – fügte sich zu einem geschlossenen Bild, als die unzähligen Opfer von Vater James Porter an die Öffentlichkeit gingen. Die Frauen und Männer aus North Attleboro, New Bedford und Fall River in Massachusetts waren gebildet und konnten sich ausdrücken. Als ihnen klar wurde, daß die Kirchenbehörden tatenlos zugesehen hatten, wie Porter immer mehr Kinder in vier Staaten mißbrauchte, dokumentierten sie auf eindrucksvolle Weise, daß Gilbert Gauthe eher die Regel als die Ausnahme war und daß die Reaktion der Diözese von Lafayette ein typisches Beispiel dafür war, wie Kirchenbehörden im ganzen Land mit Priestern, die Kinder mißbrauchten, verfuhren.

Die Flutwelle der Fälle schien unerschöpflich zu sein. 1985 kamen dreißig Fälle mit etwa hundert Opfern zur Anklage. Sie wurden im stillen (manche würden sagen, diskret) beigelegt – von den Gerichten ebenso wie von den Medien. 1992 war aus dem kleinen Rinnsal ein reißender Strom geworden, über den viel berichtet wurde:

Im Januar wurde Vater Wilson F. Smart von einem Mann aus Montana verklagt, weil der Priester ihn vergewaltigt und nackt fotografiert hatte, als er noch Ministrant war. Nach dem Geschlechtsverkehr pflegte Smart (der auch noch Gruppenführer bei den Pfadfindern war) den dreizehnjährigen Jungen zur Beichte in eine Nachbarstadt zu fahren.

Im Februar stand Vater Bruce Ball in Wisconsin vor Gericht, weil er einen zwölfjährigen Jungen während einer Unterrichtsstunde in seinem Pfarrhaus unsittlich berührt hatte.

Im März zeigte eine Frau aus San Diego Vater Victor Ubaldi an, weil er sie im Alter von elf bis fünfzehn Jahren unzählige Male mißbraucht hatte.

Im April wurde Vater Patrick Kelly für alle Zeiten aus dem Staat Kalifornien ausgewiesen. Der einundsiebzigjährige Priester war nach Irland geflohen, als man ihn anklagte, ein neunjähriges Mädchen, das er zu Hause besuchte, unsittlich berührt zu haben.

Im Mai wurde die Diözese von Phoenix von einem Ehepaar verklagt, das Vater Mark Lehman vorwarf, seine drei Kinder mißbraucht zu haben. Der Priester war bereits im April zu zehn Jahren Gefängnis verurteilt worden, weil er mehrere Kinder seiner Gemeinde mißbraucht hatte. Dazu gehörte auch eines der drei Geschwister.

Im Juni bekannte sich Vater Richard Lavigne aus Shelburn Falls, Massachusetts, der Vergewaltigung von Kindern in zwölf Fällen schuldig, nachdem er monatelang behauptet hatte, die Anschuldigungen wären Teil einer Verschwörung gegen ihn, die eine örtliche katholische Sekte, die sich von seiner Gemeinde abgespalten hatte, anzettle. Lavigne war auch Hauptverdächtiger, als 1972 der Mord an einem Ministranten untersucht wurde. Er wurde wegen Kindesmißbrauchs zu einer Gefängnisstrafe verurteilt, aber aus Mangel an Beweisen nie des Mordes angeklagt.

Im Juli wurde Vater James Monaghan, ein Priester im Ruhestand, des sexuellen Mißbrauchs an einem siebenjährigen Mädchen aus Sacramento angeklagt. Der Mißbrauch hatte wiederholt stattgefunden, wenn der Gemeindepfarrer das Kind in die Küche mitnahm, um ihm Kekse zu schenken.

Im August wurde Vater Myles Patrick White in Illinois verhaftet. Die Anklage lautete auf Verführung Minderjähriger. Im Bundesstaat Indiana lief bereits ein Verfahren gegen Vater White. Dort war sein sexueller Mißbrauch von Jungen entdeckt worden, als er ein Videoband mit der Aufnahme einer örtlichen Parade dem Flohmarkt des Lions Club stiftete.
Als der Käufer des Videos sich die Parade ansah, wurde ihm auch eine dreißigminütige Aufnahme vom Geschlechtsverkehr Whites mit einem Jungen mitgeliefert. Der Priester hatte offenbar vergessen, die Szene zu löschen. Als die Polizei ins Pfarrhaus kam, um ihn festzunehmen, versuchte der Priester gerade mit Hilfe von Farbverdünner und einer Schere Schnappschüsse von nackten Jungen zu vernichten.

Im September bekannte sich Vater Ronald Provost schuldig, Jungen im Alter von sieben bis zehn Jahren nackt fotografiert zu haben, um sich sexuell zu befriedigen. Als die Polizei sein Pfarrhaus in Barre, Massachusetts, durchsuchte, fand man Fotografien von nackten Jungen, die bis ins Jahr 1977 zurückdatierten.

Im Oktober wurde Vater Daniel A. Calabrese für schuldig befunden, in seinem Pfarrhaus in Poughkeepsie, New York, den Analverkehr bei einem Minderjährigen erzwungen zu haben, und zu neunzig Tagen Gefängnis verurteilt. Nach der Urteilsverkündung tadelte Bezirksstaatsanwalt William V. Grady öffentlich den New Yorker Erzbischof Kardinal John O'Connor, weil er Klagen über Calabreses seltsames Benehmen ignoriert und ihn auch noch zum Leiter der katholischen Jugendorganisation von Duchess County ernannt hatte.

Im November wurde Vater David Malsch des sexuellen Mißbrauchs an einem vierzehnjährigen lernbehinderten Jungen in Wausau, Wisconsin, angeklagt. Der Priester hatte mit dem Jungen zwei Tage in einem Motel gewohnt, ihn im Pool unsittlich berührt, ihm Alkohol verabreicht und auf ihrem gemeinsamen Zimmer Nacktfotos von ihm gemacht.

Im Dezember brach über Vater David A. Holley wegen des sexuellen Mißbrauchs an Kindern in New Mexico eine Flut von Strafverfahren herein. Genau wie James Porter war Holley zur Behandlung in das Sanatorium der Parakleten in New Mexico geschickt worden, nachdem man ihn beschuldigt hatte, in Worcester, Massachusetts, Kinder mißbraucht zu haben. Anschließend wurde er nach Alamogordo, New Mexico, versetzt, wo er sich an mindestens zehn Jugendlichen verging. Vor seiner Versetzung in den Ruhestand im Jahr 1989 hatte Holley als Kaplan am Antonius-Krankenhaus in Denver gearbeitet. Holley war der fünfte Priester – und der fünfte

Absolvent des Behandlungsprogramms der Parakleten –, der in New Mexico des Kindesmißbrauchs angeklagt wurde.

Zur Jahreswende 1992/93 kam es für die Leiter der römisch-katholischen Diözesen im Land noch schlimmer. Ende Januar versuchten Beamte des Sheriffs von Prince George County, Maryland, Vater Holley zu verhaften, gegen den gerade in New Mexico Anklage erhoben worden war. Da sie aus New Mexico die Information bekommen hatten, daß Holley sich zur Zeit im St. Luke Sanatorium, der ersten Adresse des Landes für psychisch gestörte Priester, in Behandlung befinde, riefen die Beamten das Sanatorium an, erhielten aber die Auskunft, daß der Priester sich nicht dort aufhalte. Als sie jedoch nicht lockerließen und erneut von Angestellten des Sanatoriums abgewimmelt wurden, drohte schließlich einer der Beamten damit, die Presse davon in Kenntnis zu setzen, daß das Sanatorium gesuchten Verbrechern Unterschlupf böte. Erst da erlaubte man den Beamten, nach Holley zu suchen, den sie dann unter einer Treppe versteckt fanden. Es war nicht das erste Mal, daß das Büro des Sheriffs sich über mangelnde Unterstützung durch das Personal von St. Luke beklagen mußte: Ein Priester hatte sich dort zwei Jahre lang seiner Festnahme entziehen können.

Als die Story an die Presse durchsickerte, versuchte der Leiter von St. Luke, dem Büro des Sheriffs die Schuld in die Schuhe zu schieben und behauptete, die Beamten wären mit zweiundzwanzig Streifenwagen unter Sirenengeheul und mit Kameraleuten von *Cable News Network* im Schlepptau vor dem Sanatorium vorgefahren. Aber es fand sich kein Zeuge, der diese Geschichte bestätigt hätte.[16]

Anfang Februar nahm die Krise, die der Kindesmißbrauch durch Priester ausgelöst hatte, in der Diözese von Joliet, Illinois, solche Ausmaße an, daß Bischof Joseph Imesch sich gezwungen sah, eine Ansprache auf Band aufnehmen und seinen 500.000 Schäfchen am Sonntag in der Messe nach der

Kommunion vorspielen zu lassen. »Es ist schrecklich für mich, zu Ihnen über die Tragödie des sexuellen Kindesmißbrauchs zu sprechen«, erscholl die Stimme des Bischofs aus den Lautsprechern, »genauso schrecklich, wie es für Sie ist, davon zu hören. Wir leben in Zeiten, die unseren Glauben und unser Vertrauen in unsere heiligsten Werte und Institutionen erschüttern. Überall, wo man hinkommt, hört man von sexuellem Kindesmißbrauch und seinen schrecklichen Auswirkungen auf die Opfer, ihre Familien und die Gemeinde. Besonders entsetzt und betroffen bin ich, wenn ich höre, daß manche unserer Priester solcher Taten beschuldigt werden.«

Imesch muß wohl in einer kurzen Zeitspanne öfter »entsetzt und betroffen« gewesen sein: In den fünf Jahren, die der Ansprache vorangingen, hatte er sechs Priester aus ihren Gemeinden entfernt, nachdem sie beschuldigt worden waren, Kinder mißbraucht zu haben. In den vorausgegangenen zwölf Monaten waren es vier gewesen. Allein im Monat zuvor waren drei Gerichtsverfahren gegen seine Diözese eröffnet worden – alle mit der Begründung, daß die Kirche Menschen, die erwiesenermaßen Kinder mißbraucht hatten, Schutz bot. Kurz bevor sein Hirtenwort über die Lautsprecher der Kirchen lief, hatten die Anwälte der Diözese bei einem Richter am Ort eine einstweilige Verfügung gegen den Anwalt beantragt, der zwei der Verfahren in Gang gesetzt hatte.

Anfang März leistete sich die Kirche einen Affront, der selbst viele ihrer stranggläubigen Mitglieder entsetzte: Vater Armando Annunziato – der Priester, den man beschuldigte, Augenzeuge von Porters Verbrechen gewesen zu sein und sie ignoriert zu haben – wurde zum Monsignore befördert. Porters Opfer und ihre Familien stellten in der Presse und in der Öffentlichkeit die Frage, ob man Annunziato wohl damit für jahrzehntelanges Schweigen belohnen wolle.

Schließlich zwang Ende März der Skandal um den Kindesmißbrauch den Erzbischof von Santa Fé zum Rücktritt. Robert Sanchez, Amerikas erster hispanischer Bischof, wurde Amerikas erster Bischof, dem sein Fehlverhalten gegenüber wiederholten Vorwürfen wegen Kindesmißbrauchs durch Priester seiner Diözese zum Verhängnis wurde. Länger als ein Jahr war Sanchez untätig geblieben, während zahlreiche Gerichtsverfahren gegen das Erzbistum eröffnet wurden, ein beschuldigter Priester aus dem Land floh und zwei weitere verurteilt wurden. Schließlich gingen fünf erbitterte Frauen an die Presse und enthüllten ihre sexuellen Beziehungen zu Sanchez. Der Erzbischof verschwand aus dem öffentlichen Leben und trat zurück, bevor die abstoßenden Einzelheiten landesweit durch Mike Wallaces Sendung *60 Minutes* bekannt wurden.

»Warum gerade wir?« kommentierten Vertreter der Kirche die wachsende Berichterstattung über Priester, die Kinder mißbrauchten. Warum wurde nicht über Ärzte, Leiter von Pfadfindergruppen und Lehrer, die Kinder unsittlich berührten, berichtet? Und römisch-katholische Priester seien schließlich nicht die einzigen religiösen Amtsträger, die ihre jugendlichen Gemeindemitglieder mißbrauchten – darauf wiesen die führenden Vertreter des katholischen Klerus des Landes regelmäßig und beharrlich hin. Manche mutmaßten, daß hier vielleicht Gegner des Katholizismus am Werk wären, daß die katholische Kirche unfairerweise herausgegriffen würde, daß man ihre guten Taten einfach ignoriere und nur noch über den Skandal berichte.

Die Antworten auf einige dieser Fragen liegen auf der Hand. Sexueller Kindesmißbrauch durch Lehrer, Leiter von Pfadfindergruppen, Trainer und Erzieher ist ein schweres, scheußliches Verbrechen. Aber der Mißbrauch des Vertrauens durch einen geweihten Priester trifft ins Mark der Kinderseele – die geschlagenen Wunden sind noch viel tiefer.

»Für Menschen im allgemeinen und Kinder im besonderen ist ein Mitglied des Klerus ein Vertreter Gottes«, sagt Mike Lew, der Autor von *Victims No Longer*, einer zukunftsweisenden Untersuchung über männliche Opfer von sexuellem

Kindesmißbrauch. »Und wenn der Vertreter Gottes ein Kind sexuell mißbraucht, ist das fast so, als wäre man sogar bei Gott nicht mehr geborgen – und ich spreche darüber, wie das Kind persönlich es erlebt.«

Weniger offensichtlich ist, warum der katholischen Kirche von den Gerichten und den Medien soviel Aufmerksamkeit zuteil wurde, während die verschiedenen protestantischen Kirchen und jüdische Glaubensgemeinschaften nahezu unbeachtet blieben. Denn klar ist, daß die katholische Kirche nicht das Monopol auf sexuellen Kindesmißbrauch hat. Obwohl unzählige Spekulationen angestellt werden, sind einfach keine gesicherten Zahlen über katholische Priester, die Kinder mißbrauchen, vorhanden. Sehr konservative Schätzungen berufen sich darauf, daß etwa zweihundert Priester wegen Kindesmißbrauchs vor Gericht gestanden haben oder noch stehen. Aber das ist nur ein Bruchteil der Fälle, die den Kirchenbehörden zu Ohren kamen. Niemand weiß, wie viel mehr es gibt, weil Vertreter der Kirche abstreiten, irgendwelche zentralen Aufzeichnungen zu besitzen. Aber Bischöfe, in deren Diözesen es nur ein oder zwei Priester gab, gegen die wegen Kindesmißbrauchs ermittelt wurde, sprechen offen über die drei, vier, fünf oder sechs Fälle, die sie unter der Hand geregelt haben. Sie sind sich durchaus bewußt, daß sie nichts über die vielen – wahrscheinlich die meisten – Fälle wissen, die nie an die Öffentlichkeit kommen.[17]

Die realistischsten Schätzungen gehen davon aus, daß zwei Prozent der katholischen Priester im Lande die Tat deshalb begehen, weil sie sich ständig zu Kindern hingezogen fühlen, und daß weitere vier Prozent solche Neigungen gelegentlich oder in zweiter Linie verspüren. Die höchste Schätzung für protestantische Geistliche beläuft sich etwa auf die Hälfte – zwei bis drei Prozent. Während das Drama um Porter seinen Lauf nahm, wurden fünf andere Geistliche aus Massachusetts des sexuellen Kindesmißbrauchs angeklagt: zwei römisch-katholische Priester, ein episkopaler, ein Unitarier und ein

Priester der polnischen katholischen Nationalkirche. Im Oktober trat einer der prominentesten Pfarrer der Episkopalkirche, Reverend Wallace Frey, zurück, nachdem man ihn des Mißbrauchs von zehn männlichen Teenagern angeklagt hatte. Die führenden Vertreter der protestantischen Kirchen haben dieses Problem nie geleugnet. Im November 1991 stand Bischof Herbert W. Chilstrom, der Leiter der lutherischen Kirche von Amerika, vor dem Kirchenrat und verkündete: »Obgleich die große Mehrheit unserer Gläubigen und Pfarrer in der evangelisch-lutherischen Kirche Personen von hoher Integrität und strenger Moral sind, müssen wir uns auch mit der sehr realen Tatsache auseinandersetzen, daß es in der Kirche mehr Kindesmißbrauch gibt, als wir bislang angenommen haben.«

Die katholische Kirchenleitung dagegen beharrte darauf, daß das Problem in der katholischen Kirche nur deshalb schlimmer aussähe, weil sie die größte christliche Kirche sei. Sie könnte damit sogar recht haben. Aber weder die Methodisten noch die Episkopalen sahen sich gezwungen, rund um die Uhr eine Hotline für Beschwerden einzurichten, wie es die Erzdiözese von Chicago tun mußte. Und es waren nicht protestantische, sondern katholische Gläubige, die sich zur Gründung von Selbsthilfegruppen wie *Victims of Clergy Abuse Linkup* (VOCAL) oder *Survivors Network of Those, Who as Children Were Abused by Priests* (SNAP) veranlaßt sahen.

Sicher konzentrierte sich die Öffentlichkeit deshalb so stark auf die katholische Kirche, weil die scheinbar laxe Behandlung des Kindesmißbrauchs durch ihre Amtsträger in starkem Gegensatz zu den strengen Moralvorstellungen steht, die die Kirche von ihren Gläubigen verlangt und auch versucht, in der Gesellschaft durchzusetzen – vor allem in bezug auf Abtreibung, Geburtenkontrolle und Homosexualität. »Die römisch-katholische Kirche ist in Fragen der Sexualität eine Art Diktator gewesen, die jedem vom Elfenbeinturm des Zölibats aus vorschrieb, wie er sich in seinem Sexualleben zu verhalten habe«, sagt Dr. J. A. Loftus, Jesuit, Psychiater und Leiter von

Southdown, einem Behandlungszentrum für katholische Geistliche in der Nähe von Toronto. »Die Öffentlichkeit war geradezu dazu gezwungen, aufmerksam zu werden, als unsere zölibatären Priester als Kinderschänder entlarvt wurden.«[18]

Viele katholische Priester lieferten weise Erklärungen, warum gerade ihre Kirche herausgegriffen wurde. »Die katholische Kirche ist die größte Glaubensgemeinschaft, aber auch aufgrund des Zölibats die geheimnisvollste«, meint Vater Stephen Rossetti, der Herausgeber von *Slayer of the Soul*, einer 1990 erschienenen Sammlung von Essays über Priester, die Kinder mißbraucht haben. »Das ist meiner Meinung nach der Nimbus der Kirche, und wenn man da Pädophilie ins Spiel bringt, versetzt das jedem einen Schock. Dazu kommt noch, daß wir einfach von Priestern erwarten, daß sie bessere Menschen sind, einen höheren moralischen Standard haben. Sie sind Symbole des Glaubens und nun wird das Verabscheuungswürdige mit dem Göttlichen vermengt.«[19]

Ihre besondere Rolle garantierte Priestern auch eine Art von kirchlichem Schutz, die ein protestantischer Geistlicher nie beanspruchen könnte. Wenn ein presbyterianischer Pfarrer ein Kind unsittlich berührt hat, könnte kein Landeskirchenamt die Klage unter den Teppich kehren und ihn blitzschnell in eine andere Gemeinde versetzen. Seine Gemeinde würde ihn schnellstens feuern. Aber katholische Priester arbeiten nicht für ihre Gemeinden – sie arbeiten für ihre Bischöfe. Diese Bischöfe haben wiederum die Macht, Beschwerden unter der Hand zu regeln, Probleme »geographisch« zu lösen, indem sie die Priester in neue Gemeinden versetzen. Und sie können den Laien, die er betreut, die Vergangenheit des Priesters verschweigen.

Für gläubige katholische Familien war es ein noch größerer Schock, daß die Bischöfe sich weigerten, ihnen ihre leidvolle Geschichte zu glauben, oder sich einfach auf den Standpunkt stellten, daß sie für ihre Priester nicht verantwortlich wären. Wenn man sie verklagte, weigerten sie sich, die Personalakten ihrer Priester herauszugeben oder Anfragen über Beschwerden, die sie bekommen hatten, zu beantworten. Sie argumentierten damit, daß solche Forderungen die freie Religionsausübung beeinträchtigten. Diese Reaktion – oder besser: diese fehlende Reaktion – der Kirchenoberen entfachte fast immer mehr Empörung – und größere öffentliche Aufmerksamkeit – als der Mißbrauch selbst.

Schließlich und endlich stand die katholische Kirche allein am Pranger, weil sie einfach im Umgang mit diesem Problem miserable Arbeit leistete. Sowohl Kirchen der Vereinigten Methodisten wie auch die Baptisten haben Untersuchungen durchgeführt, um das Ausmaß des Problems in ihren Reihen abzuschätzen – die katholische Bischofskonferenz der USA behauptet aber weiterhin hartnäckig, daß sie nicht einmal Unterlagen über die bekannten Fälle besitzt. Die Presbyterianer forderten detaillierte Lebensläufe von Pastoren an, die versetzt worden waren, und überprüften sie – die Katholiken versetzten einfach die Priester, von denen bekannt war, daß sie Kinder mißbrauchten. Die Unitarier gaben ihren Gemeindemitgliedern Anweisungen, wie man Beschwerden über Geistliche, die Kinder mißbraucht hatten, abfaßte; die evangelisch-lutherische Kirche nahm ein Disziplinarverfahren in ihre Verfassung auf. Doch die meisten katholischen Bistümer agierten weiter hinter verschlossenen Türen.[20]

Die katholische Kirche verschanzte sich – oder nahm Zuflucht – hinter einer Mauer von Lügen wie nur selten eine Institution – sei sie nun weltlich oder religiös. Noch 1992 schien der Leiter des besten kirchlichen Sanatoriums für psychisch gestörte Priester den Ernst der Lage nicht erfaßt zu haben. »Es wäre klug, die Übertreibungen der Viktimologen zu vermeiden«, schrieb Vater Canice Connors vom St. Luke Institute im Mai dieses Jahres in der Illustrierten *America* – das war die gleiche Woche, in der in Massachusetts der Fall James Porter bekannt wurde. »Wir haben es hier nicht mit der Dynamik der Vergewaltigung, sondern mit der weit subtileren

Dynamik der Überredung durch einen Freund zu tun. Während wir mit den Opfern und über die Opfer sprechen, müssen wir uns ständig bewußt sein, daß das Kind zuweilen liebevoll an den Täter zurückdenkt.«

In einem Memorandum, das im Januar 1993 an Mitglieder einer kirchlichen Arbeitsgruppe zum Thema des sexuellen Kindesmißbrauchs verteilt wurde, ging Vater Connors sogar noch weiter, indem er die gesellschaftlichen Vorurteile gegenüber Kinderschändern mit den gesellschaftlichen Vorurteilen gegenüber Alten, Obdachlosen und Aids-Patienten verglich. »Geht die Leitung der katholischen Kirche in den Vereinigten Staaten nicht in die gleiche Richtung, wenn sie pädophile Priester einfach ausschließt?« fragte er.

Viele argwöhnten, daß die amerikanischen Bischöfe sich auch deshalb so still verhielten, weil sie einerseits keine Direktiven aus Rom erhielten und andererseits den Zorn des Papstes fürchteten, falls es zum Skandal käme. Doch Rom behauptete, daß sexueller Kindesmißbrauch ein amerikanisches Problem sei und man gefälligst auch dort damit fertigwerden müsse. Das war eine dreiste Lüge, die nur dadurch gestützt wurde, daß in anderen Ländern gegen relativ wenige Priester Verfahren wegen sexuellen Kindesmißbrauchs liefen.

Die Tatsache, daß Dutzende von Priestern, die in den USA wegen dieses Deliktes angeklagt wurden, aus dem Ausland stammten[21] – aus England, Mexiko, Irland, Sri Lanka oder Italien – weist darauf hin, daß das Problem weltweit vorhanden ist. Die Erzbistümer von Melbourne, Australien und Wellington, Neuseeland[22], gaben das Problem höchst eindrucksvoll zu, indem sie amerikanische Experten einfliegen ließen, die ihnen helfen sollten, Strategien im Umgang mit sexuellem Kindesmißbrauch zu entwickeln. Vorfälle in Kanada beweisen ganz klar, daß sexueller Kindesmißbrauch von Priestern ein Problem mit internationalen Dimensionen ist. In der Provinz Neufundland – eine Insel, die so abgelegen ist, daß sie sogar eine eigene Zeitzone hat – zwang ein Skandal wegen Kindesmißbrauchs durch Priester Erzbischof Alphonsus Penney, im Juli 1990 seinen Rücktritt anzubieten. Die Geschichte war für die 120.000 Katholiken Neufundlands ein endloser Alptraum. Im Verlauf von zwei Jahren wurden sieben ihrer hundert Priester und zwei ehemalige Priester wegen sexuellen Mißbrauchs an kleinen Jungen verurteilt. Alle Täter waren beliebte und prominente Männer.[23]

»Wie konnte das nur geschehen?« fragte Vater Kevin Molloy, der Sprecher des Erzbistums. »Wie konnte es so lange unentdeckt bleiben?«

Die Antwort auf diese Frage brachte peinliche Enthüllungen über den zuständigen Bischof zutage: Es war nicht unentdeckt geblieben. Erzbischof Penney war über die Anschuldigungen gegen neufundländische Priester bereits seit 1979 informiert. Nachdem Priester, Polizisten und Sozialarbeiter ausgesagt hatten, daß sie wiederholt Beschwerden bei ihm eingereicht hätten, bezeichnete eine Untersuchungskommission Penneys Verhalten als »minimale Reaktion«.

In einer Provinz nach der anderen wurden Anfang der neunziger Jahre kanadische Priester als Kinderschänder entlarvt. Die kanadische Bischofskonferenz sah sich gezwungen, nicht nur eine weitere Sonderkommission einzurichten, sondern sich auch zu überlegen, wie sie mit dem Problem fertigwerden könnte.

Daß sich sexueller Kindesmißbrauch durch Priester in den meisten anderen Ländern nicht zu einem Skandal auswuchs, liegt nicht daran, daß er dort nicht vorkommt, sondern an kulturell bedingten Unterschieden in bezug auf Offenlegung und strafrechtlicher Verfolgung solcher Vorfälle. Aber als das katholische Fernsehen der Niederlande es wagte, ein Special über den wachsenden Skandal von sexuellem Kindesmißbrauch durch Priester in den Vereinigten Staaten auszustrahlen, riefen mehr als zweihundert Opfer von Amsterdam bis Rotterdam beim Sender an, um Geschichten über Kindesmißbrauch durch Priester zu erzählen.[24]

Doch Europäer schützen und verteidigen das Wohlergehen ihrer Kinder nicht so engagiert wie die Amerikaner. Vater Rossetti glaubt auch, daß sie ihre schmutzige Wäsche nicht gern in der Öffentlichkeit waschen und mehr dazu neigen, sexuelle Beziehungen zwischen Erwachsenen und Kindern zu tolerieren. »Als Europäer hält man uns wahrscheinlich für einen Haufen Puritaner, die völlig besessen von Menschenrechten und ganz und gar sexualfeindlich eingestellt sind«, meint er.[25]

Doch schließlich und endlich ist der wichtigere Punkt der, daß die Art und Weise, wie Kinder zu Opfern von Priestern werden – und wie die katholische Kirche diesen Mißbrauch leugnet und verdrängt – eine Realität spiegelt, die dem Alltag der amerikanischen Gesellschaft entspricht. Kinder sind zum Teil deshalb so häufig Opfer von sexuellem Mißbrauch, weil man ihnen nicht beigebracht hat zu erkennen, daß ein allseits geachteter Erwachsener, der ihnen mit scheinbar echter Zuneigung begegnet, ihnen irgendein Leid zufügen kann. Kinder werden auch weiter Opfer werden, weil der anerzogene Respekt, mit dem sie bestimmten Erwachsenen – ihren Lehrern, Ärzten und Vätern zum Beispiel – begegnen müssen, ihnen nicht erlaubt, jemals zu erzählen, was diese Menschen ihnen antun. Und die Erwachsenen, die sie doch eigentlich beschützen sollten, sind durch ihre Skepsis und ihr Wunschdenken auf beiden Augen blind. Sie weigern sich zu erkennen, daß Orte und Menschen, denen sie vertrauen, möglicherweise Gefahr und destruktives, kriminelles Verhalten in sich bergen könnten. Sie wollen einfach eine Realität verdrängen, die sie verwirrt und ängstigt.

»Fragwürdiges, vielleicht sogar perverses Verhalten von Menschen, die doch die höchsten kulturellen Güter verbreiten sollen, schaut man sich nicht gern genauer an«, sagt Reverend Margaret Graham, eine Pfarrerin der Episkopalkirche[26], die auch Präsidentin des nationalen Komitees für die Verhütung von Kindesmißbrauch ist. Sie weist darauf hin, daß es sich bei den Vergehen der Priester und den Versäumnissen der katholischen Kirche um kein isoliertes Phänomen handelt – es fällt nur besonders ins Auge und macht besonders wütend. »Unter der Rubrik, wie man Kinder heil und gesund durch diese Jahre bringt, heißt es bei uns: ›Schau nach rechts und links, bevor du über die Straße gehst.‹ – ›Nimm von Fremden keine Süßigkeiten.‹ Aber nie stand darin: ›Traue deinem Gemeindepfarrer nicht über den Weg.‹ Das war einer der wenigen sicheren Orte. Also wollte man das nicht sagen. Das ist, als ob man sagte, daß es nirgendwo Sicherheit gibt – in keinem Haus, an keinem Ort, bei keinem Menschen. Und wenn man so etwas sagen muß, ist das schrecklich. Es ist furchtbar, so etwas seinen Kindern sagen zu müssen.«

Die meisten Erwachsenen ziehen es vor, sich mit dem Märchen zu trösten, daß ein Kinderschänder ein sexbesessener Perverser mit gelben Zähnen und Körpergeruch ist, der hinter Büschen lauert und hilflose Kinder anfällt. Also jemand, auf den man mit dem Finger zeigen und dem man zurufen kann: »Ich weiß, was du für einer bist.« Es ist ein tröstliches Märchen, eine klare Trennung von Gut und Böse. Es ist verführerisch, denn es nimmt einem keine Illusionen. Aber nichts könnte weiter von der Wahrheit entfernt sein.

Kinderschänder können ebenso gutgekleidete, gutverdienende Menschen wie Tagediebe sein. Sie können verheiratet sein und Kinder haben oder alleinstehend und ohne jede Bindung sein. Dr. Nicholas Groth, ein Psychologe, der im Laufe seines Berufslebens mehr als zweitausend Kinderschänder behandelt hat, gibt unverhohlen zu: »Wenn Sie mir die Charakterprofile von hundert Menschen geben würden, dann könnte ich Ihnen unmöglich sagen, wer davon Kinder mißbraucht. Das gibt es in allen Schichten und Bereichen.«[27]

Die große Mehrheit der Kinderschänder – man spricht von etwa 85 Prozent – sind für ihre Opfer keine Fremden, sondern Erwachsene, die ihnen vertraut und Bestandteil ihres Lebens sind. Gerade, weil sie sich zu Kindern hingezogen fühlen, ergreifen Kinderschänder oft Berufe wie Lehrer, Trainer, Kinderarzt. Sie sind die Rattenfänger in ihrer Umgebung, die von den Kindern verehrt und von den Eltern wegen ihrer Großzügigkeit, ihrer Geduld und ihrer Fähigkeit, mit Kindern umzugehen, gepriesen werden. So meinen moderne Forscher, daß sowohl Lewis Carroll, der *Alice im Wunderland* schrieb, als auch Sir James Barrie, der *Peter Pan* verfaßte, sich deshalb so gut in die Vorstellungswelt von Kindern einfühlen konnten, weil diese sie sexuell und gefühlsmäßig anzogen.

Es ist viel wahrscheinlicher, daß Kinderschänder ihre Opfer mit Aufmerksamkeit und Zuneigung – so wie es dem Werbeverhalten von Erwachsenen entspricht – zum Geschlechtsverkehr bringen und nicht mit Gewalt. Sie testen das Gelände sorgfältig mit leichten Berührungen und subtilen Andeutungen. Sie wissen, daß viele Kinder darüber schweigen werden, weil sie nicht wollen, daß die besondere Behandlung und die Geschenke aufhören. Sie wissen, daß die meisten nichts erzählen werden, weil sie sich schämen und Angst davor haben, daß ihre Eltern wütend werden könnten.

Es ist kein Zufall, daß es »der Kinderschänder« heißt, daß dieses Wort also männlichen Geschlechts ist, denn die überwiegende Mehrheit sind Männer. Die meisten Experten schätzen, daß in mehr als neunzig Prozent der Fälle von sexuellem Kindesmißbrauch Männer die Täter sind, wenngleich diese Aussage zur Zeit in Frage gestellt wird. Manche Experten sind inzwischen der Meinung, daß die Zahl der Täterinnen unterschätzt wurde, was auf kulturell bedingte Klischees zurückzuführen ist. Die sexuelle Berührung durch einen Mann wird als solche angesehen, während sie bei einer Frau möglicherweise als zärtliche Fürsorge gilt. Der Geschlechtsverkehr zwischen einem Mann und einer Fünfzehnjährigen gilt als Mißbrauch; wenn dagegen eine Frau mit einem fünfzehnjährigen Jungen schläft, wird das als Initiation, sogar als besondere Gunst betrachtet.

Doch nicht alle Menschen, die Kinder mißbrauchen, sind gleich. Forscher haben oft versucht, sie in verschiedene Kategorien einzuordnen, und zwar basierend auf den Gründen, aus welchen sie mit Kindern schlafen. Zwei Hauptgruppen stechen hervor. Die eine besteht aus Erwachsenen, die in erster Linie von ihren Altersgenossen angezogen werden, aber gelegentlich - gewissermaßen »spontan« - Kinder mißbrauchen. Das kann passieren, wenn diese Personen unter ungewöhnlichem Streß stehen, große Einsamkeit oder Wut empfinden, oder wenn Alkohol oder Drogen ihr Urteilsvermögen trüben und sie die Grenzen des gesellschaftlich akzeptablen Verhaltens überschreiten lassen.

Die andere Hauptgruppe sind Erwachsene, die in erster Linie von Kindern angezogen werden. Sie setzen sich nicht hin, wägen ihre Optionen ab und entscheiden dann, daß Kinder erregender sind. Sie fühlen sich einfach zu blonden, zehnjährigen Jungen oder Mädchen hingezogen - so wie andere Erwachsene von üppigen Brünetten oder muskelbepackten Surfern angezogen werden. Da sie wissen, daß dieses Verlangen nicht akzeptabel und strafbar ist, befriedigen sich manche durch Kinderpornos und auf dem Kinderstrich. Aber andere bauen beständige romantische Beziehungen auf, deren Ende absehbar ist, weil das Kind immer älter und größer wird. Sie empfinden Zärtlichkeit. Und sie lieben - auf ihre Art. Die häufig tatsächlich krankhafte sexuelle Anziehung, die sie empfinden, ist so stark wie sonst auch und genauso schwer zu überwinden.

»Sie empfinden Emotionen, die Sie und ich normalerweise als wunderbar bezeichnen würden«, meint Dr. Fred Berlin, Professor der Medizin an der Johns-Hopkins-Universität und vielleicht der führende Fachmann Amerikas auf dem Gebiet der sexuellen Störungen. »Es gibt dort Zuneigung, Kameradschaft, das Verlangen, Liebe durch sexuelle Intimität auszudrücken. All diese wundervollen Gefühle - mit dem Unterschied, daß sie hier einem Kind gelten.«[28]

Sie haben nicht die Absicht, jemandem Schaden zuzufügen, und es ist ihnen oft nicht bewußt, daß sie es tun. Manche

Fachleute behaupten, es wäre nur deshalb so, weil die Täter so narzißtisch, so mit sich selbst beschäftigt seien, daß sie nicht einschätzen können, welche Auswirkungen das für andere hat. Andere meinen, daß sie ihre Neigung vor sich rechtfertigen, um sich ihre Selbstachtung bewahren zu können. Sie reden sich ein, daß Kinder Sex wollen oder ihnen unbedingt beigebracht werden muß. Sie reden sich ein, daß Kinder Gleichgestellte sind. »Wir werden oft deshalb so wütend auf Pädophile, weil sie im Leben anderer Menschen solche Probleme verursachen«, erklärt Berlin. »Doch das ist dasselbe, als wäre man einem Blinden böse, weil er nicht sehen kann.«[29]

Das Wort *Pädophile* trifft nur auf manche der Kinderschänder zu, die ein primäres Interesse an Kindern haben. Pädophilie ist eine Geisteskrankheit, deren Symptom das andauernde Interesse eines Erwachsenen an präpubertären Kindern ist – also Kindern unter dreizehn. Die meisten Fachleute halten diese Krankheit zwar für behandelbar, sind aber der Meinung, daß eine Heilung im Grunde nicht möglich ist: Ein Pädophiler kann zwar lernen, seinem Verlangen nicht nachzugeben, aber er kann niemals das überwinden, was im Grunde seine sexuelle Orientierung ist.

Doch viele der »Kinderschänder« in diesem Buch wurden von pubertierenden Jugendlichen im Alter von dreizehn bis fünfzehn Jahren angezogen. Ein Konsens der Fachleute darüber, ob dieses Verlangen und diese Taten eine ganz eigene sexuelle Anormalität – die man als *Ephebophilia* bezeichnet – darstellt oder eine unreife, unzulässige Partnerwahl, steht noch aus. Doch trotzdem war es sexueller Kindesmißbrauch, denn sie nutzten ihre Position als Erwachsene aus, um Minderjährige in möglicherweise zerstörerische Sexualbeziehungen zu zwingen. Weil die Begriffe »sexueller Kindesmißbrauch« oder »Kinderschändung« eine ungeheure Spannbreite an Situationen und Tätertypen abdecken, und weil sie die Täter nicht in bestimmte Schubladen stecken, werden diese Begriffe in diesem Buch am häufigsten verwendet.

Die wissenschaftliche Erforschung der Motive und Verhaltensweisen von Kinderschändern ist noch so neu, daß jede ernsthafte Diskussion zu diesem Thema mehr Fragen aufwirft als Antworten gibt. Werden Kinderschänder – ganz gleich, ob es sich nun um Pädophile, Ephebophile oder Erwachsene, die nur sporadisch mit Kindern Geschlechtsverkehr haben, handelt – durch die Macht, die sie über Kinder haben, erregt? Oder ist ihr Antrieb eher rein sexueller Natur? Was sind die Ursachen für Pädophilie oder Ephebophilie? Manche Experten sind der Meinung, daß dies angeboren sei, daß ein genetischer Makel oder ein psychisches Ungleichgewicht sie zu einer Neigung verdamme, die heutzutage sowohl als kriminell als auch als unmoralisch gelte. Andere Fachleute wiederum glauben, daß Kinderschänder »gemacht« würden. Sie zitieren fragwürdige Zahlen, die besagen, daß mehr als die Hälfte aller Täter selbst sexuell mißbraucht wurde und jetzt versucht, dieses Geschehen aufs neue zu durchleben oder zu rächen. Und einige wenige Experten sehen in diesen Kinderschändern sogar eine Bestätigung der These Sigmund Freuds , daß Menschen ohne hemmende Moral sich von allem und jedem sexuell angezogen fühlten. Kinderschänder sind demnach Menschen, die kultureller Konditionierung widerstehen, keine Tabus kennen oder sich den gesellschaftlichen Regeln nicht fügen wollen. Irgendwann in ihrem Leben werden sie sexuell auf Kinder fixiert und leben das ihr Leben lang aus.

Doch die Fachleute diskutieren auch andere Möglichkeiten. Vielleicht wurde die sexuelle Entwicklung der Täter durch eine verfrühte Berührung mit Sex geschädigt. Oder sie wuchsen in einer Umgebung auf, in der das Geschlechtliche übermäßig unterdrückt wurde. Vielleicht sind sie auch – aus welchem Grund auch immer – einfach so unreif, daß sie sexuell gesehen immer noch zwölf oder vierzehn Jahre alt sind und sich so als Erwachsene die gleichen Partner aussuchen, die sie in diesem Alter eben gehabt hätten.

Ein weiteres Geheimnis, das die Forscher beschäftigt, ist

die Frage, warum verschiedene Typen von Tätern ein Geschlecht dem anderen vorziehen. Bei Tätern, die sich in erster Linie zu Erwachsenen hingezogen fühlen und nur gelegentlich Geschlechtsverkehr mit Kindern vollziehen, sind die Opfer oft weiblichen Geschlechts. Aber bei »richtigen« Kinderschändern sind die Opfer häufiger männlichen Geschlechts. Trotzdem sind die Männer in dieser zweiten Gruppe – falls sie noch eine sexuelle Beziehung zu Erwachsenen unterhalten – mit größerer Wahrscheinlichkeit heterosexuell und nicht homosexuell. Und manche Männer in dieser Gruppe mißbrauchen sowohl Jungen als auch Mädchen. Ihnen bedeutet das Alter ihrer Opfer mehr als das Geschlecht.

Es gibt nur wenige gesicherte Ergebnisse. Eines ist, daß es weit mehr Opfer von sexuellem Kindesmißbrauch gibt, als es die Gesellschaft bis jetzt wirklich wußte. In der verläßlichsten Statistik – einer Telefonumfrage der *Los Angeles Times*, an der 2.626 Erwachsene aus den USA teilnahmen – gaben 27 Prozent der befragten Frauen und 16 Prozent der Männer an, daß sie als Kinder sexuell mißbraucht wurden.[30]

Die andere Wahrheit ist, daß Erwachsene, die einmal ein Kind mißbraucht haben, es immer wieder tun – manchmal Dutzende von Malen. Diese Lektion lernte die Kirche nur mit größter Mühe. Gemäß dem göttlichen Gebot, Gnade vor Recht ergehen zu lassen, haben die Kirchenoberen immer wieder den Bitten der Priester um eine zweite Chance und die Gelegenheit, durch Gottes Gnade der Versuchung zu widerstehen, nachgegeben. Sie haben geglaubt, daß eine Krankheit durch Gebete verschwinden kann. Indem sie die wenigen sicheren Erkenntnisse, die Spezialisten ihnen anbieten konnten, ignorierten, haben sie Tausende von Kindern der Gefahr ausgesetzt, zu Opfern zu werden – und die katholische Kirche Amerikas in die schwerste Krise ihrer Geschichte gestürzt.

3. Kapitel

ENTWICKLUNG

Die Nachricht, daß Kindesmißbrauch durch römisch-katholische Priester weitverbreitet ist, erregte nicht nur deshalb so große Aufmerksamkeit, weil sie zeigte, daß Kinderschänder im allgemeinen als Wölfe im Schafspelz auftreten können, sondern auch, weil sie allem widersprach, was Menschen besonders von katholischen Priestern erwarteten. Diese Männer galten in unserer Gesellschaft in höherem Maße als andere Geistliche als verkörperte Rechtschaffenheit und Selbstlosigkeit, als Ideal, dem andere nur nacheifern konnten. Ihnen ging der Ruf voraus, daß sie fleischliches Verlangen überwunden hatten. Und noch mehr – sie dienten einer Kirche, die als Zuflucht und Trost, als Hort des Friedens inmitten der Alltagsstürme galt. Doch viele Amerikaner erfuhren 1992, daß Hunderte – vielleicht sogar Tausende – von Priestern Kinder mißbraucht hatten. Auf den ersten Blick schien das völlig absurd. Unglaublich.

Doch in Wirklichkeit war es vorprogrammiert.

Es mußte einfach zu der Krise wegen sexuellen Kindesmißbrauchs in der katholischen Kirche kommen. Durch die Kirchenstruktur – die Art von Männern, die sich berufen fühlten, Priester zu werden, den Druck, der auf ihnen lastete, den Status, den sie bekamen, und durch die Hierarchie, die sie deckte – waren die Konflikte vorprogrammiert, und es war sehr wahrscheinlich, daß es sich dabei auch um Sex drehen würde. Ebenso wahrscheinlich würde es um Ausbeutung der Schwachen und Wehrlosen gehen, und diese Bezeichnungen treffen auf niemanden besser zu als auf Kinder.

Die katholische Kirche spricht nicht davon, daß Menschen sich für den Beruf des Priesters entscheiden, sondern daß sie zum Priester berufen werden. Nach katholischer Theologie beruft Gott diese Männer. Daher ist ihre Ordination zum Priester weniger eine Berufswahl als eine spirituelle Bestimmung. Priester werden nicht gemacht – sie werden geboren.

Aber menschliche Beweggründe sind unendlich komplex und die menschliche Wahrnehmungsfähigkeit unendlich fehlerhaft. So hat man guten Grund anzunehmen, daß auch andere, weltlichere Kräfte die Priesterschaft formen. Manche Männer folgen dem Ruf nicht, weil die Bedingungen des Priesterlebens ihnen nicht gefallen. Andere fühlen sich berufen, weil eben diese Bedingungen ihnen zusagen. Wie bei jedem Beruf entspricht die Zusammensetzung der Priesterschaft bis zu einem gewissen Grad den Anforderungen des »Jobs«.

Die Bedingungen des Priesterlebens sind abschreckend, besonders in einer Gesellschaft, die in dem Lebensstil, zu dem die Priester verpflichtet werden, immer weniger Sinn und Zweck sieht. Ein Mann, der Priester wird, muß – zumindest zum großen Teil – dem Reichtum abschwören. Er muß gewillt sein, außerhalb der Gesellschaft zu stehen und in einem Kloster oder allein in einem Pfarrhaus zu leben. Doch vielleicht ist das Schlimmste von allem, daß er sich zum Zölibat verpflichten muß. Er darf nie mit einer anderen Person sexuell intim werden, heiraten und eine eigene Familie gründen.

Die meisten Männer, die Priester werden, akzeptieren diese Bedingungen, weil für sie die Bedeutung des Priesteramtes dessen Einschränkungen kompensiert oder nebensächlich erscheinen läßt. Aber manche werden oft unbewußt auch deshalb Priester, weil die besonderen Opfer, die andere abschrecken, ihnen überhaupt nicht so schwer erscheinen.[1]

Die Verpflichtung zum Zölibat – wahrscheinlich der hervorstechendste Wesenszug des katholischen Priestertums – ist ein perfektes Beispiel. Der Zölibat wurde nicht von Jesus Christus oder den Aposteln eingerichtet, sondern von katholischen Bischöfen im zwölften Jahrhundert. Sie kamen zu dem Schluß, daß Priester sich eigentlich von den Freuden des Fleisches loslösen und die so gewonnene Energie dem Dienst an Gott und der Erlösung der Menschheit widmen sollten. Aber trotz dieses erhebenden Grundprinzips ist der Zölibat ein harter Brocken. Katholische Diözesen in den Vereinigten Staaten und auf der ganzen Welt sind voller ehemaliger Priester, die ihrem Amt entsagt haben, um zu heiraten; Seminaristen, die kurz vor ihrer Ordination aufhörten, weil sie den Zölibatszwang nicht ertragen konnten; tiefgläubige Katholiken, die den Gedanken, Priester zu werden, schon früh verworfen haben, weil diese Verpflichtung ihnen untragbar erschien.

Wer legt dann die Gelübde ab? Sicherlich viele Männer, für die der Zölibat wichtig und bedeutend ist – so wie es die Kirchenoberen definiert haben. Aber andere finden den Zölibat an und für sich attraktiv. Sie laufen vor dem Sex davon. Aufgewachsen in einer strikten katholischen Ethik, die ungezügeltes sexuelles Verlangen als das verwerflichste menschliche Bedürfnis kennzeichnet, setzen sie Fleischliches mit Schwäche gleich. Und in manchen Fällen fühlen sie bestimmte sexuelle Regungen – wie das Verlangen nach Kindern –, die als abartig, als Sünde und Teufelswerk gebrandmarkt sind.

Richtige Pädophile wissen meist schon sehr früh über ihre Neigung Bescheid – laut einer Studie wissen es mehr als die Hälfte bereits vor dem achtzehnten Lebensjahr. Entgegen der weitverbreiteten Auffassung, daß solche Menschen kein Gewissen hätten, schämen sich doch viele ihrer Empfindungen und werden von ihnen verunsichert. Manche verdrängen sie tief ins Unterbewußtsein. Andere mühen sich bewußt, ihre Neigung zu bekämpfen.

Wenn nun solch ein Mann katholisch und religiös ist, scheint der Eintritt in die vom Zölibat geprägte Lebensweise des Priestertums die ideale Lösung zu sein – eine Bindung an die Heiligkeit, die die Dämonen in Schach zu halten verspricht. Dr. John Money, einer der weltweit bedeutendsten Sexualforscher, schrieb 1987: »Diese zukünftigen Priester treten zum Teil deshalb ins Priesterseminar ein, weil sie glauben, daß sie durch die Religion ihre sexuellen Begierden, gegen die sie ja ankämpfen, beherrschen können.«[2]

Etwa fünfundfünfzig Priester, die die Schlacht gegen ihr sexuelles Verlangen nach Kindern geführt und verloren haben, wurden bis heute in der Menninger-Klinik in Topeka, Kansas, einer der besten psychiatrischen Kliniken des Landes, behandelt. Der Leiter der Klinik, Dr. Glen Gabbard, sagt: »Das Verblüffendste ist die große Zahl derer, die diesen Beruf ergriffen haben, um mit diesem Trieb fertigzuwerden. Der Trieb, Kinder zu mißbrauchen, dieses sexuelle Bedürfnis, tritt nicht aus heiterem Himmel nach Eintritt in die Priesterschaft auf. Dieser Trieb ist bewußt, unterbewußt und unbewußt bereits vorhanden, wenn sie sich für diesen Beruf entscheiden. Sie haben nun das Gefühl, daß dieser Trieb überwältigend und schwer zu beherrschen ist. Deshalb glauben sie, daß vielleicht die Struktur der Kirche und die Verpflichtung zum Zölibat ihnen irgendwie dabei helfen wird, diesen Trieb zu unterdrücken. Es handelt sich nämlich um Menschen, die im Grunde moralisch empfinden und ihre Triebe zu beherrschen versuchen, um nicht unmoralisch zu handeln.«[3]

Gabbards Beobachtungen werden in so großem Maße von den Experten auf diesem Gebiet geteilt, daß inzwischen sogar einige führende katholische Theologen sich dazu durchgerungen haben, diese Theorie für plausibel zu halten. »Es könnte sehr gut sein, daß ein Mensch mit diesem verborgenen psychosexuellen Problem in ein Priesterseminar flüchtet und glaubt, daß er es so sublimieren könnte«, meint der Erzbischof von Omaha, Daniel Sheehan.[4] »Ich vermute, es könnte Schwierigkeiten geben, wenn ein Mensch glaubt, sich in der zum Zölibat verpflichteten Priesterschaft verstecken zu können.« Bischof Kenneth Untener aus Saginaw, Michigan, drückt es sogar noch unverblümter aus: »Wenn man eine Lebensweise anbietet, die eine etwas andere Einstellung zur Sexualität beinhaltet, wird man wahrscheinlich auch mit einer größeren Anzahl von sexuell Abartigen in Berührung kommen.«[5]

Für solch einen Menschen bedeutet die Zölibatsverpflichtung kein so großes Opfer wie für einen Mann, der sich sexuell zu Altersgenossinnen hingezogen fühlt. Dieser Mann kann sich ein Leben außerhalb der Priesterschaft vorstellen, in dem seinen Bedürfnissen Rechnung getragen und er dennoch geachtet wird. Er würde sicher nicht ein allgemein akzeptiertes Leben gegen das eines Priesters eintauschen. Niemals heiraten können und nie Vater werden – diese Schlagworte werden am häufigsten genannt, wenn man den Preis des Zölibats definiert. Aber der Mann, dessen sexuelle Phantasien sich auf Kinder beschränken, kann nicht damit rechnen, in einem beschaulichen, normalen Leben seine Bedürfnisse zu erfüllen. Wenn ihm sein Handikap voll oder teilweise bewußt ist, eröffnet ihm der Zölibat die Möglichkeit, ein Leben ohne Sex zu führen, das niemand je hinterfragen wird. Falls er sein Verlangen so sehr unterdrückt hat, daß es ihm nicht länger bewußt ist, scheint die Entscheidung für den Zölibat nur noch eine Formalität zu sein. Sex interessiert ihn ja sowieso nicht. Auf diese Weise wird seine Abstinenz sogar noch gewürdigt.

Tatsächlich sind Würde und Achtung oft besonders wichtig für Menschen, die fürchten, sie nicht zu verdienen. Der Mann, den es nach Kindern gelüstet und der seinen Trieb als unmoralisch empfindet, sucht die Bestätigung seiner Rechtschaffenheit, die der Eintritt in die Priesterschaft sichert. »Die Ordination als Mittel zur Reduktion der Schamgefühle«, nennt es Mark Laaser, ein ehemaliger Pfarrer der Unitarier, der Geistliche mit sexuellen Störungen behandelt. »Meiner Meinung nach findet das meist unbewußt statt«, fügt Laaser sofort hinzu. »Aber ich glaube, dieser Mythos, daß man als Geistlicher ein wundervoller Mensch ist und auch so handelt, ist sehr stark. Eine Menge Menschen werden meiner Meinung nach deshalb Geistliche, weil sie glauben, daß sie dann geachtet und geliebt werden und daß sie sich dann auch selbst mögen werden, weil sie doch für andere da sind.«[6]

Laut Laaser glauben manche Männer und Frauen, daß der

reine Akt der Ordination eine mystische Verwandlung in Gang setzt, die ihre Triebe erstickt. Eine protestantische Pfarrerin wechselte vor ihrer Ordination laufend ihre Sexualpartner. Nachdem sie dem Klerus angehörte, erwartete sie, daß ihre sexuelle Gier verschwinde. Aber das Gegenteil geschah. Es wurde sogar mit der Zeit schlimmer. Sie begann Sexklubs in Manhattan zu besuchen, wo sie und andere ledergewandete Zeitgenossen ihre sadistischen und masochistischen Bedürfnisse befriedigten. Als sie schließlich eine Therapie bei Laaser anfing, sagte sie ihm, daß sie eigentlich nur noch einmal ordiniert werden müßte. Sie meinte, daß es »das erste Mal nicht gegriffen« hätte.

Aber die katholische Priesterschaft kann gefährlich werden – selbst für Männer, die weder gestört sind, noch andere Probleme haben, wenn sie ihre Gelübde ablegen. Bis vor etwa zwanzig Jahren traten Jugendliche, die Priester werden wollten, bereits häufig während der High-School ins Priesterseminar ein, manchmal schon im Alter von zwölf Jahren. Selbst jene, die sich erst in der Collegezeit oder später dazu entschlossen, kamen gewöhnlich von streng katholischen Schulen. Da sie sich schon so früh auf dem Weg zum Priesterberuf – und zum Zölibat – befanden, hörten sie bereits als Teenager auf, sich mit Mädchen zu verabreden – falls sie es überhaupt je getan hatten. Nur wenige machten die gleiche psychosexuelle Entwicklung durch wie andere Männer. Deshalb suchten sie im späteren Leben, als ihre unerfüllten sexuellen Bedürfnisse sie veranlaßten, das Zölibatsgelübde zu brechen, Beziehungen zu Menschen, die sich emotional auf der gleichen Stufe befanden. Und diese Partner waren Teenager.[7]

Schließlich förderte das Priesterseminar nicht gerade sexuelle Reife. Das Ziel bestand darin, Männer auf das Zölibatsgelübde vorzubereiten und dafür zu sorgen, daß keine Beziehung entstand, die sie von diesem Weg abbringen könnte. Höhergestellte Geistliche bezeichneten Frauen als Versucherinnen, die nach Parfum dufteten, schmeichelnd redeten und nichts als Ärger im Sinn hatten – gewissermaßen eine ganze Armee von Evas im Paradies. Seminaristen war es oft verboten, mit anderen Frauen als ihren Müttern oder Schwestern im Auto zu fahren. Wenn zwei Männer sich allein zurückzogen, war das verdächtig. Obwohl das Wort Homosexualität nur selten oder gar nicht benutzt wurde, wurde die Möglichkeit eines solchen Verhaltens im Regelwerk mancher Seminare durchaus berücksichtigt. Wenn zum Beispiel zwei Seminaristen zu oft allein im Gespräch oder beim Spaziergang angetroffen wurden, wurden sie ermahnt. Wenn ein Seminarist Besuch in seinem Zimmer hatte, mußte die Tür offenbleiben.

Diese große Wachsamkeit nahm in den letzten zwei Jahrzehnten spürbar ab. In dieser Zeit begannen auch Ältere ins Seminar einzutreten. Inzwischen entschließt sich nur ein winziger Bruchteil der Anwärter bereits während der High-School zu diesem Schritt – die meisten treten erst nach dem College ein. Trotzdem herrscht in vielen Seminaren und vielen katholischen High-Schools und Colleges, aus denen sie kommen, noch eine Atmosphäre verklemmter Sexualfeindlichkeit und lauernder Versuchung. Und das wird von einer Sexualethik begleitet, die jedes gesunde Verständnis für physische Intimität zwischen zwei Erwachsenen von vornherein unterbindet. Die katholische Kirche vertritt noch immer die Ansicht, daß der Geschlechtsverkehr in erster Linie der Zeugung von Kindern dient und daß sexuelle Kontakte außerhalb der Ehe Sünde sind. Der Psychotherapeut und Ex-Priester Richard Sipe erzählt gern folgende Anekdote: Der Leiter eines Priesterseminars – heute ist er Bischof – wurde einmal von seinen Schülern gefragt, warum Masturbation eine Todsünde sei. Er erwiderte: Wenn es keine wäre, würden Männer nicht heiraten und Kinder zeugen.

Die Seminare lehrten eine Ethik der Verleugnung und Repression. Diskussionen über Sexualität waren von allgemeiner Zurückhaltung, Verlegenheit und sogar von Abscheu geprägt. Seminaristen verstauten ihre sexuellen Gefühle im hintersten

Winkel ihres Geistes und versiegelten sie – sie waren verboten, befremdend und bedrohlich. Nach der Kirchenreform in den sechziger Jahren, die durch das Zweite Vatikanische Konzil durchgeführt wurde – im allgemeinen kurz Vatikan II genannt –, führten viele Seminare den Unterricht über die meisten der zehn Gebote in Englisch durch. Aber für die beiden Gebote, die die Sexualität betreffen, blieb die Unterrichtssprache weiterhin Latein, nämlich für die Gebote: »Du sollst nicht ehebrechen« und »Du sollst nicht begehren deines Nächsten Weib«. In den letzten Jahren haben viele Seminarleiter versucht, Sexualkunde als Unterrichtsfach einzuführen. Sie gingen dabei von der Prämisse aus, daß es für zukünftige Priester gesünder wäre, ihre sexuellen Gefühle zu prüfen, damit sie wissen, was sie eigentlich aufgeben. Manche dieser Pioniere wurden zurückgepfiffen, mundtot gemacht, geächtet. Priester, die sich fragen, wie sie mit den unausbleiblichen sexuellen Trieben fertigwerden sollen, werden mit einem Rat bedacht, der Nancy Reagans Lösungsvorschlag zum Drogenproblem entspricht: Sag einfach nein![8]

Priestern fehlt es nicht nur auf sexuellem Gebiet an Reife. 1971 stellte der Psychologe Eugene Kennedy, einer der prominentesten katholischen Wissenschaftler, in einer Orientierungsstudie über die Persönlichkeitsmerkmale amerikanischer Priester fest, daß 57 Prozent der befragten 218 Priester nicht alle Stadien des Reifeprozesses zum Erwachsenen durchlaufen hatten und in ihrer psychischen Entwicklung stehengeblieben waren. Er bemerkte, daß sich die mangelnde Reife nicht nur auf sexuelle Gefühle beschränkte, sondern auch die eigene Identität und die Fähigkeit zu zwischenmenschlichen Beziehungen nur schwach ausgebildet waren. Obwohl die Studie über zwanzig Jahre alt ist, glaubt Kennedy, daß man heutzutage zu ähnlichen Ergebnisse gelangen würde. Er ist der Ansicht, daß Priester auf vielerlei Art übermäßig vor den Härten des Lebens beschützt werden, und daß man sie daran hindert, starke, intime Bindungen, die persönliche Kompromisse verlangen – wie es etwa in einer Ehe der Fall ist –, einzugehen. Wenn sie erst einmal ordiniert sind, ist ihnen der Job fürs Leben sicher. Eine Haushälterin oder ein Gemeindemitglied kocht ihnen das Essen und kümmert sich um die Wäsche. Der Priesterkragen sichert ihnen eine Achtung und Zuneigung, die in keinem Verhältnis zu ihren Leistungen stehen.[9]

Die besonderen Einschränkungen, mit denen diese Männer leben müssen, führen vielleicht dazu, daß Kinder von eben diesen Männern sexuell mißbraucht werden. Ihre Bindung an den Zölibat und die häusliche Isolation unterdrücken ihre sexuellen Empfindungen – in extremen Fällen merken sie nicht einmal, daß sie welche haben –, so daß diese Impulse sich heimlich einschleichen. So wird zum Beispiel ein reifer Erwachsener eine attraktive Vierzehn- oder Fünfzehnjährige sehen und unbestimmte sexuelle Erregung verspüren. Aber da dieser Erwachsene ja dieses Gefühl kennt und weiß, daß es bessere Möglichkeiten gibt, es zu stillen, wird er es ganz schnell vergessen. Ein Priester hingegen, der sich seiner Sexualität nur wenig oder gar nicht bewußt ist, wird vielleicht gar nicht erkennen, was er da empfindet – das behaupten zumindest viele Therapeuten, die Priester, welche Kinder mißbraucht hatten, begutachtet oder behandelt haben. Der Priester erkennt vielleicht gar nicht, daß das Umarmen eines Teenagers nicht platonisch ist. Ihm ist unter Umständen nicht bewußt, wo die Grenze zwischen akzeptablem und inakzeptablem Verhalten verläuft, und er weiß nicht, wann er sie überschritten hat. »Sie kennen ihr sexuelles Innenleben nicht«, sagt Sipe, der gleich hinzufügt, welche Regel die Kirche für die Priester aufstellt, nämlich »daß man kein Verlangen haben darf, denn wenn man es hat, lebt man es auch aus. Das ist schrecklich primitiv. Es hat zur Folge, daß einige Priester Masturbation oder überhaupt jedes orgasmusähnliche Gefühl für eine Todsünde halten. Das Wasser steigt also bildlich gesprochen immer höher, schwappt über – und dann ist der Sexualtrieb nicht mehr zu beherrschen.«[10]

Ein Priester ist auch durch seine Einsamkeit anfälliger. Obwohl sein Leben mit Messen, Beerdigungen, Taufen und Hochzeiten angefüllt ist, bleibt der Priester bei all diesen Zeremonien ein Außenstehender. Er führt sie durch und nimmt nicht daran teil. Er führt kein richtiges häusliches Leben. Ihm ist keine wirkliche, körperliche, offene Intimität mit einem anderen Menschen gestattet. Und wenn er abends ins Bett geht, gibt es niemanden, der mit dem Priester seine Freuden teilt, ihn tröstet oder ihn umarmt. Er ist ganz allein. Bei manchen Priestern wird das Bedürfnis nach Nähe überwältigend, und diese Sehnsucht schlägt schnell ins Sexuelle um.

»Meine geistlichen Brüder in der römisch-katholischen Kirche tun mir leid, weil ich glaube, daß sie sehr einsam sind«, sagt Reverend Margaret Graham, Pfarrerin der Episkopalkirche und Vorsitzende des Komitees gegen den Kindesmißbrauch. »Trotz des Meßgewands, des Priesterkragens und des Kreuzes sind auch sie von Gott geschaffen und zur Einsamkeit verdammt. Ihre Gelübde treiben sie in die Isolation. Suchen sie vielleicht deshalb zwischenmenschliche Kontakte auf eine Art und Weise, die völlig unangemessen ist?«[11]

Vincent Bilotta, ein Psychologe aus Massachusetts, der Priester behandelt hat, die Kinder mißbraucht haben, meint: »Zu viele Männer sind – mit den besten Absichten – geweiht und dann ins kalte Wasser geworfen worden. Viele haben Priesterseminare absolviert, die repressiv und sexuell dysfunktional waren. Sie finden heraus, daß die Entwicklung, die man ihnen versprochen hat, nie stattfinden wird. Sie führen ein unstetes Leben, wandern von Gemeinde zu Gemeinde und leben mit Menschen zusammen, mit denen sie nichts gemein haben. Sie leben unter außergewöhnlichem Streß, und wie bei jedem Menschen, der unter Streß steht, wollen auch ihre Körper Entspannung finden. Und da sind dann diese Kinder, die bewundernd zum Priester aufblicken, ihm direkten Zugang zu einer emotionalen Beziehung verschaffen.«[12]

Daß manche Priester diese Kinder als Sexualobjekte

mißbrauchen, zeigt nur, wie sehr sie in ihrer eigenen Entwicklung zurückgeblieben sind. Wenn Kennedy recht hat, dann sind sie selbst immer noch Kinder. Ihre letzte Erinnerung an Werbung und Liebeserlebnisse geht vielleicht in ihre eigene Teenagerzeit zurück, die Zeit, bevor sie den Entschluß faßten, Priester zu werden. Deshalb sucht sich ein Priester, wenn er sich einer Vierzehnjährigen zuwendet, eigentlich nur jemanden, der sexuell auf der gleichen Stufe steht wie er, und bei dem er sich am wohlsten fühlt. »Dieser Junge oder dieses Mädchen repräsentiert für ihn wahrscheinlich das Erwachen der Sexualität – etwas, das der Priester nie nachvollzogen hat«, meint Dr. Nicholas Groth, einer der größten Experten der USA auf dem Gebiet des sexuellen Kindesmißbrauchs.[13]

Geschlechtsverkehr mit Jugendlichen ist meist am wenigsten mit Risiko oder Vorbereitungen verbunden. Wenn ein Priester einem oder einer Erwachsenen gegenüber sexuelle Annäherungsversuche macht, wird der oder die Erwachsene mit größerer Wahrscheinlichkeit darüber sprechen und sich von priesterlichen Ermahnungen zum Stillschweigen nicht einschüchtern lassen. Wenn ein Priester mit einem einzelnen Erwachsenen sehr viel Zeit verbringt, könnten sich die Gemeindemitglieder durchaus fragen, ob ihr Pfarrer wohl eine Liebschaft hat. Aber wenn der Pfarrer einen Teenager unter seine Fittiche nimmt – besonders einen Jungen –, dann ist er nur der väterliche Freund und Seelsorger und kommt seiner Rolle als Mentor der Jugend nach.

Sexuelle Beziehungen zu Jugendlichen sind auch deshalb ziemlich risikolos, weil Halbwüchsige nicht in der Position sind, allzugroße Forderungen zu stellen oder Druck auf den Priester auszuüben. Ein erwachsener Partner hingegen könnte plötzlich fordern, daß die sexuelle Beziehung publik gemacht und legalisiert wird. Ein Jugendlicher wird das wohl kaum tun. Dr. Judith Becker, eine Psychologin aus Arizona, hat mehrere Priester, die Kinder mißbraucht hatten, begutachtet: »Sie wissen irgendwie, daß eine Beziehung zu einem Teenager nie eine Verpflichtung zum Zusammenleben in sich birgt – und nie ein Grund sein wird, die Gelübde zu lösen. Irgendwie sahen sie darin nie eine Bedrohung ihres Priestertums.«[14]

Alle diese Faktoren, gekoppelt mit der Macht des Zölibats, der auf jene Menschen wie ein Magnet wirkt, welche unerwünschten Sexualtrieben entfliehen wollen, garantieren, daß ein bedeutender Teil der 53.000 römisch-katholischen Priester in Amerika Kinder sexuell mißbrauchen wird. Aber wie groß wird dieser Anteil sein? Sipe ist der einzige, der ernsthaft versucht hat, diese Frage zu beantworten. Auf der Grundlage einer Art sexuellen Bestandsaufnahme von 2.700 Priestern, die er von 1960 bis 1992 durchführte, schätzt er, daß zwei Prozent der Priester des Landes – grob geschätzt 1.050 – echte Pädophile sind. Weiterhin meint er, daß vier Prozent – also zirka 2.100 – Männer sind, die in gewissen Situationen Kinder mißbrauchen könnten, denn irgendwann in ihrem Leben hatten sie sexuellen Kontakt mit Minderjährigen. Man kann nicht sagen, inwiefern diese Prozentzahlen typisch für die gesamte männliche Bevölkerung sind oder ob sie den Zahlen bei anderen Berufsgruppen entsprechen, denn selbst Experten wissen nicht, wie viele Kinderschänder es wirklich gibt.[15]

Doch solche Vergleiche lenken nur von wichtigeren Fragen ab. Ganz gleich, ob die Prozentzahlen mit denen der gesamten Bevölkerung übereinstimmen oder nicht – Priester, die Kinder mißbrauchen, richten einen einzigartigen und tragischen Schaden an. Ihre Vertrauensstellung verschafft ihnen Zutritt zu Kindern und ihren Familien und – auch den nötigen Einfluß auf sie. Katholiken suchen ihren Priester auf, wenn sie am verletzlichsten und emotional gewissermaßen nackt sind – dann, wenn sie ihre Sünden beichten. Sie entblößen ihre Seele vor dem Pfarrer, weil man darauf zählen kann, daß er vor allen anderen Mitmenschen Verständnis aufbringen und Vergebung gewähren wird. Und außerdem ist er durch das Kirchengesetz zum Schweigen verpflichtet. Ihm kann man absolut vertrauen.

Deshalb kann ein Priester also unzählige Stunden in der Gesellschaft von Kindern zubringen. Zweitkläßler erhalten bei ihm Kommunionsunterricht. Ältere Kinder werden von ihm auf ihre Firmung vorbereitet. Heranwachsende Jungen hören ihm andächtig zu, während er ihnen alles beibringt, was sie wissen müssen, um Ministranten zu werden, die die Messe vorbereiten und dann neben ihm stehen oder knien werden.

Ein Priester kann auch noch weitere persönliche Beziehungen zu Kindern seiner Gemeinde aufbauen – er ist für sie da, wenn sie Kummer haben. Er nimmt an ihrem Familienleben teil. Er kommt abends vorbei, um mit der Familie zu Abend zu essen, beteiligt sich an Gesprächen über das Zeugnis des Kindes und bekommt seinen Teller Eintopf. Er spricht das Tischgebet. Nach dem Essen geht er hinauf, um die Kinder ins Bett zu bringen. Dann lächeln Mami und Papi, denn der Pfarrer wird mit den Kindern das Nachtgebet sprechen.[16]

In Dutzenden von Fällen von Kindesmißbrauch durch Priester konnte er nur in so großem Umfang geschehen, weil Eltern ihnen die Kinder in Situationen anvertrauten, in denen sie sonst wohl nur einen engen Verwandten zugelassen hätten. Sie erlaubten, daß das Kind Stunde um Stunde im Schlafzimmer des Pfarrhauses zubrachte, weil sie glaubten, daß an einem Ort, der in der Nähe des Altars liegt, keine Gefahr droht. Sie gestatteten, daß ihr Kind Tagesausflüge oder Campingreisen mit dem Pfarrer unternahm.

Dieses Vertrauen verschafft dem Priester Gelegenheiten zum Mißbrauch, die niemandem sonst gegeben sind. Aber erst seine Macht und sein Einfluß ermöglichen es ihm, diese Gelegenheiten so gut auszunutzen, seine Opfer zum Geschlechtsverkehr zu verführen und sich ihres Schweigens zu versichern. Weil die meisten Kinder von Erwachsenen nicht zum Geschlechtsverkehr gezwungen, sondern dazu überredet werden, hängt es maßgeblich von ihrer Meinung über die Integrität und Autorität eines Erwachsenen ab, wie leicht sie sich manipulieren lassen.

Viele Katholiken betrachten Priester als Mittler zwischen Gott und den Menschen, als Männer, die mit einem Fuß auf der Erde und mit dem anderen im Himmel stehen. Im Lateinischen werden Priester als *Alter Christi* bezeichnet – der Vertreter Christi. Laut Gary Schoener, Psychologe in Minneapolis, der viele Opfer sexuellen Kindesmißbrauchs durch Priester kennt oder behandelt hat, kommt es häufig vor, daß die Opfer die Priester aus ihrer kindlichen Sicht als engelsgleiche, himmlische Wesen beschreiben. Ein weibliches Opfer erzählte ihm, daß man ihr beigebracht habe, zu dem Priester zu gehen, falls sie je einen Engel und einen Priester zusammen auf der Straße treffen würde. Denn der Priester stünde Gott näher.[17]

Ein Priester verkündet die Botschaft Gottes – in Form des Evangeliums – während der Messe vom Altar. Aber sogar wenn er die Kanzel verläßt, wird er immer noch als moralisch unfehlbar angesehen. Seine Worte haben ein besonderes Gewicht. Wenn ein Priester also bei einem Kind sexuelle Annäherungsversuche unternimmt und diesem Kind – wie es Kinderschänder immer tun – versichert, daß alles völlig normal wäre, so ist er überzeugender als ein Lehrer, ein Fußballtrainer oder der Leiter einer Pfadfindergruppe.

»Je höher das Maß an Vertrauen und Autorität ist, desto leichter ist ein Kind zu beeinflussen«, meint Gail Ryan vom Kempe Center in Denver, Colorado, die sich auf die Therapie von Opfern spezialisiert hat. »Und beim Klerus handelt es sich um ein sehr hohes Maß an Autorität. Geistliche können sich auf Gott berufen. Viel höher geht es gar nicht mehr. Damit kann man genausoviel Druck ausüben, wie wenn man jemanden mit einer Pistole bedroht.«[18]

Und da Kinder Priestern gegenüber wehrlos sind, ist es höchst unwahrscheinlich, daß sie sie je anzeigen werden. Kinder schweigen oft, wenn sie den Menschen, der sie mißbraucht, gernhaben, wenn es sich um jemanden handelt, der seine Taten mit Fürsorge bemäntelt – und der Priester hat hier den gleichen Stellenwert wie ein Elternteil. Kinder schweigen oft auch, wenn sie von einer sehr geachteten Person mißbraucht werden, weil sie höchstwahrscheinlich das Gefühl haben, alles wäre ihre Schuld. Und Kinder schweigen oft, wenn sie spüren, daß die Person, von der sie mißbraucht werden, von den Erwachsenen in ihrer Umgebung so verehrt wird, daß niemand ihnen die Wahrheit glauben würde – das kommt sicher besonders bei Kindern vor, die von einem Priester mißbraucht werden.

»Wenn alle behaupten, dieser Mensch wäre wundervoll, dann ist das wie in dem Märchen *Des Kaisers neue Kleider*«, meint Mike Lew, der Autor von *Victims No Longer*, einem der wenigen Bücher über sexuell mißbrauchte Jungen. »Es führt dazu, die eigene Wahrnehmung der Realität zu hinterfragen.« Manche dieser Kinder sind nach seiner Aussage ausgeschimpft, vielleicht sogar bestraft worden, als sie bei anderer Gelegenheit der Religion oder dem Priester nicht genug Respekt entgegengebracht hatten. »Ich glaube, daß ein Kind schon bald weiß, daß es den Mund halten muß«, sagt Lew.[19]

Diese Fakten treffen nicht nur auf Priester, sondern auf jeden Geistlichen zu, der Kinder sexuell mißbraucht. In einem Selbsthilfebuch für pädophile Geistliche beschreibt ein protestantischer Pastor, der eine Gefängnisstrafe wegen Kindesmißbrauchs verbüßte, die Macht und den Respekt, die den Mißbrauch erst ermöglichten, auf wahrhaft gruselige Weise. »Ich nutzte die Macht und das Vertrauen, um von den Jungen ihre Geheimnisse zu erfahren, und nutzte dieses Wissen aus, um meinen Trieb zu befriedigen«, schreibt er. »Niemand ahnte auch nur, daß ihr geliebter Pfarrer ein Kinderschänder war. Mein Stiefsohn – drei Jahre lang war er eines meiner Opfer – versuchte verzweifelt, mich zu entlarven. Aber niemand glaubte ihm – auch nicht außerhalb der Gemeinde. So mächtig war ich kraft meines Amtes. Die Kirche und meine Gemeinde glaubten mir und nicht ihm.«[20]

Schließlich und endlich gehören Priester, die Kinder mißbrauchen, einer Institution an, die auf beispiellose Weise unfähig ist, das Problem offen und entschlossen anzugehen und sicherzustellen, daß diese Priester nie wieder ein Kind mißbrauchen. Die Beziehung der Gemeindemitglieder zur Kirche ist nicht von der Art, daß sie Glaubwürdigkeit einfordern können. Die Beziehung der Kirche zu ihren Priestern ist auch nicht so gestaltet, daß sie ihnen gegenüber entschlossen handeln könnte. Der Charakter der katholischen Kirche und der Männer, die sie leiten, steht in vollkommenem Gegensatz zu einer schnellen, öffentlichen Reaktion auf ein Problem wie den sexuellen Kindesmißbrauch durch Geistliche.

Die katholische Kirche und die Kultur, die sich in ihrem Umfeld entwickelt hat, lehrt ihre Gläubigen Demut und Gehorsam. Während die Synoden der Gläubigen anderer Kirchen alle paar Jahre zusammentreten, um die neue Kirchenpolitik zu formulieren, haben die Katholiken kein Mitspracherecht. Während die meisten protestantischen Gemeinden ihre Pfarrer selbst einstellen und auch entlassen, müssen die katholischen Gemeinden den Priester akzeptieren, den das zuständige Bistum ihnen zuweist. Wenn sie vermuten, daß ihr Priester ein Kinderschänder ist, oder sie aus irgendeinem anderen Grund mit ihm unzufrieden sind, können sie zwar den zuständigen Bischof informieren, aber nicht selbst die Entlassung des Priesters veranlassen. Wenn ein Bischof beschließt, einen Priester, der Kinder mißbraucht, in eine andere Gemeinde zu versetzen, haben die Mitglieder dieser Gemeinde keine Ahnung davon. Sie können nicht die Personalakte des Priesters anfordern – und sie würden wahrscheinlich auch nie danach fragen. Sie sind nicht darauf eingestellt.

Gläubige, die unzufrieden mit den Praktiken der Kirchenoberen sind, können nur wenig dagegen unternehmen. Und obwohl auch gläubige Katholiken durchaus für sich bestimmte Dogmen ablehnen können, würde es ihnen widerstreben, deswegen aus der Kirche auszutreten. Anders als bei den Protestanten und im Judentum, verkündet und nährt die katholische Kirche den Glauben, daß sie die allein seligmachende

Kirche ist. Das ist ein Monopol, auf das die Öffentlichkeit keinen Einfluß hat.[21]

Während also im letzten Jahrzehnt immer mehr Fälle von Kindesmißbrauch durch Priester ans Tageslicht kamen, fiel es den zuständigen Bischöfen – Oberhäupter ihrer Diözesen und nur dem Papst verantwortlich – zu, die Sache in die Hand zu nehmen. Sie waren nicht die Richtigen für diese Aufgabe. Das Problem berührte zwei Gebiete, auf denen sie sich extrem unwohl fühlten – Sexualität und Psychologie. Sobald man ihnen mitteilte, daß der und der Pfarrer ein zwölfjähriges Mädchen oder einen zwölfjährigen Jungen unsittlich berührt hatte, mußten die meisten Bischöfe sich zuerst mit ihrer eigenen Skepsis und Prüderie auseinandersetzen. Als Männer Gottes und nicht der Wissenschaft waren sie schlecht darauf vorbereitet, die Tragweite des Problems zu erkennen, und sahen es statt dessen als moralische Verfehlung an. Wenn ein Priester beichtete und bereute und sich kurz in ein Kloster zurückzog, um sich zu besinnen, nahm der Bischof oft an, daß der Priester nicht rückfällig werden würde. Er gab dem Priester eine zweite Chance und behandelte ihn nach dem Grundsatz, daß alle reuigen Sünder Vergebung finden können.[22] Dieses Handlungsmuster spiegelt auch die väterliche Beziehung wider, die zwischen Bischöfen und ihren Priestern besteht. Die meisten Bischöfe sehen ihre Pflicht darin, die Priester zu schützen und für sie zu sorgen, und nicht darin, sie zu mögen oder abzulehnen. Sie respektieren das Amt, das diese Männer innehaben, und lassen sie nur sehr widerwillig fallen.[23]

Den Entscheidungen der Bischöfe liegt auch noch die ungemeine Loyalität gegenüber der Kirche zugrunde, deren Bild nie befleckt, deren Autorität nie in Frage gestellt und deren Gläubigen nie Grund zum Unglauben gegeben werden darf. Das erreichen sie, indem sie jeden Skandal vermeiden. Als also den Bischöfen zu Ohren kam, daß Priester ihrer Diözesen Kinder sexuell mißbraucht hätten, schrillten die Alarmglocken und die Visiere wurden geschlossen. Wenn überhaupt, dann sprachen sie mit den Opfern unter vier Augen. Die Priester nahmen sie unter Ausschluß der Öffentlichkeit ins Gebet. Und niemals wandten sie sich an die Justizbehörden oder bezogen sie gar mit ein. Dadurch schützten sie diese Priester vor öffentlicher Bloßstellung und Bestrafung und gestatteten ihnen weiterzuarbeiten. »Priester können alles tun, was ihnen gefällt, und darauf vertrauen, daß sie damit durchkommen«, wütet Pater Andrew Greeley, ein bekannter katholischer Schriftsteller, Soziologe und Kritiker der Amtskirche.[24]

Wenn die Bischöfe nicht handeln, kann sich nichts ändern. So funktionieren die Dinge in einer Hierarchie, in der alle Macht ganz oben liegt und nur wenig nach unten durchsickert. Die katholische Kirche ist ein klassisches Beispiel für eine streng hierarchische Institution – was ihr vorrangiges und vielleicht größtes Problem ist. Das schafft ein Klassensystem – der Bischof steht über dem Priester, der Priester über dem normalen Mann, der Mann über der Frau, der Erwachsene über dem Kind. Privilegien und Achtung werden aufgrund einer Rolle und nicht aufgrund von Verdiensten zugeteilt. »Die da unten« lernen absolute Loyalität gegenüber ihren Oberen. »Die da oben« haben das Gefühl, ein Anrecht auf diese absolute Loyalität ihrer Untergeordneten zu haben. Das ganze System ist wie geschaffen für den Mißbrauch und bildet eine unüberwindliche Hürde für jeglichen Versuch, Mißstände abzuschaffen.[25]

»Es würde ihnen schwerfallen, eine Situation zu schaffen, die noch anfälliger für sexuellen Kindesmißbrauch wäre«, bemerkt ein Psychologe aus Minneapolis, der – wie Schoener – Kinderschänder im Priesterrock und ihre Opfer untersucht hat. »Man könnte die Situation nur schwer noch idealer gestalten.«

Richard Sipe richtet die gleiche Botschaft an die Kirchenoberen – mit dem Unterschied, daß seine Sprache bildhafter ist. »Jemand muß ihnen klarmachen«, meint er, »daß sie sich auf einem sinkenden Schiff befinden.«[26]

TEIL II

»Wenn wir sprechen, haben wir Angst,
daß unsere Worte gegen uns verwendet werden,
und wenn wir nicht sprechen,
haben wir immer noch Angst.«

Audre Lorde

4. Kapitel

LASSET DIE KINDER ZU MIR KOMMEN

Rose Martinez' Familie lernte Vater Jason Sigler kennen, als sie von Albuquerque nach Las Vegas im Norden von New Mexico eilten, wo Roses Mutter im Sterben lag. Als sie sich um die todkranke Frau versammelten, trat ein hellhäutiger Priester an ihr Bett, strich ihr mit heiligem Öl das Kreuzeszeichen auf die Stirn und vergab ihr ihre Sünden.

Am nächsten Tag saß die ganze Familie Martinez dichtgedrängt in der ersten Reihe der kleinen Kirche der Stadt, während sie sich zur Totenmesse bis auf den letzten Platz füllte. Vater Jay stieg auf die Kanzel und verkündete ihnen Gottes frohe Botschaft. Seine Brille mit den dicken Gläsern und sein schütteres Haar gaben ihm ein onkelhaftes Aussehen. Er sprach von Gottes Gnade und dem ewigen Leben. Er linderte die Trauer der Familie Martinez.[1]

Dankbar öffneten sie ihm ihr Haus – und ihre Herzen. In den folgenden Monaten und Jahren scheute Vater Jason Sigler nie die stundenlange Fahrt nach Albuquerque, um zum Dank für Rose Martinez' hausgemachte Bohnen Trost zu spenden. Die Familie Martinez erwiderte die Besuche. Bei der Sonntagsmesse in Vater Jays Kleinstadtgemeinde strahlten Rose und ihr Mann Luis vor Stolz, wenn Vater Jay ihre Familie lobend hervorhob. Ihr Sohn Tim stand neben ihm in seinem Ministrantenkittel und durfte dem Priester zur Hand gehen.

Rose steckte ihrem guten *Padre* zehn Dollar zu, wenn sie etwas übrig hatte. Sie schnitt ihm die Haare und massierte seinen Rücken. Sie war gern in seiner Nähe. »Er war sauber und ordentlich«, sagt sie. »Er roch sauber. Er roch wie ein Heiliger.«

Im Gegenzug vergaß Vater Jay nie einen Geburtstag oder einen Festtag der Familie. Blumen für Rose. Karten für Tim. Der Priester schien den kleinen Jungen besonders gern zu mögen. Immer wenn Tim ins Zimmer kam, leuchteten die Augen des Priesters auf. Wenn der Junge ging, folgten ihm die Blicke des Priesters. Tims Eltern freuten sich darüber. Vielleicht war der Junge etwas Besonderes. Vielleicht würde er auch einmal Priester werden.

Im Frühjahr 1977 lud Vater Jay den dreizehnjährigen Jungen zu einem einwöchigen Urlaub ein. Seine Eltern waren sehr geschmeichelt – ihr Sohn war wirklich ein Erwählter. In den siebziger Jahren hätte niemand in New Mexico Bedenken gehabt, den Sohn in Begleitung eines Priesters wegfahren zu lassen – das schien ebenso sicher zu sein, als hätte man ihn in Gottes Hände gegeben.

Die beiden fuhren zusammen durch die kaum besiedelten Berge im Norden New Mexicos. Ab und zu hielt der Priester in Gemeinden an, die er früher betreut hatte, und besuchte Gemeindemitglieder, die er getraut und deren Kinder er getauft hatte. Eines Nachmittags, als der Priester und der Junge eine der schmalen Straßen entlangfuhren, die sich an den Hängen der hohen, schroffen Canyons entlangschlängelten, legte Vater Jay seine Hand auf Tims Knie. Dann auf seinen Oberschenkel und dann auf seine Lenden.

Tim erstarrte. Er konnte nicht glauben, was da vor sich ging. Von einem Priester erwartete man so etwas nicht. Nach ein paar Augenblicken zog Vater Jay seine Hand zurück. Tim atmete erleichtert auf und beschloß, so zu tun, als wäre nichts geschehen.

Ein paar Wochen später fuhr Tim nach Las Vegas, um eine Woche bei seinem Großvater zu verbringen. Der alte Mann war einsam, denn seit dem Tod seiner Frau war schon fast ein Jahr vergangen. Aber als Tim ankam, hatte Vater Jay bereits dafür gesorgt, daß der Junge im Gästezimmer des Pfarrhauses schlief.

In der ersten Nacht, als Tim bereits schlief, schlich Vater Jay leise durch den langen Flur im ersten Stock des Pfarrhauses und war ängstlich bemüht, den anderen Priester, der im Erdgeschoß schlief, nicht aufzuwecken. Er betrat Tims Zimmer. Der Junge erwachte, als er den Mund des Priesters an seinem Penis spürte. Die Verblüffung machte ihn sprachlos. Er lag einfach da und täuschte Schlaf vor, bis Vater Jay fertig war und wieder in sein Zimmer ging.

In den darauffolgenden Monaten pflegte Vater Jay während der Woche nach Albuquerque zu kommen, um mit Tim weiterhin sexuelle Kontakte zu pflegen. Der Priester achtete dabei genau auf Roses und Luis' Arbeitszeiten. Er wußte immer, wann er den Jungen allein zu Hause vorfinden würde.

Tim erzählte nie etwas von dieser ersten Nacht im Pfarrhaus – oder von den heimlichen Besuchen des Priesters in den sechs Jahren ihrer sexuellen Beziehung. Er sagte nichts, als Vater Jay mit ihm ins Badezimmer seines Elternhauses ging und ihn bat, ihn mit dem Mund zu befriedigen. Er erzählte nichts von den Küssen, die der Priester und er bei seinen Besuchen in Las Vegas tauschten.

Vater Jay sagte zu dem Jungen: »Das bleibt unter uns. Das ist etwas ganz Besonderes. Gott würde es billigen.« Und Tim glaubte ihm. »Nicht einmal hat er mich dazu gezwungen«, erzählt er heute. »Er machte mich stolz. Er vergaß nie meinen Geburtstag. Außerdem – in einer Gemeinde, die glaubt, daß Priester auf dem Wasser wandeln könnten, kann man nicht herumlaufen und erzählen, daß ein Priester etwas Falsches tut.«

Es ist die alte Geschichte. Landauf, landab hatten Familien den Männern mit Priesterkragen vollkommen vertraut – und diese Männer nutzten das Vertrauen aus.

Opfer von sexuellem Kindesmißbrauch werden nicht willkürlich von Priestern aus der großen Masse von Jugendlichen ausgewählt, die sie in den Sonntagsmessen segnen oder denen sie bei Hochzeiten, Taufen und Beerdigungen begegnen. Die mißbrauchten Kinder tragen fast immer die gestärkte Uniform einer konfessionellen Schule und Ministrantenkittel, sozusagen als Vorbereitung auf die Priesterschaft. Sie machen samstags im Pfarrhaus Telefondienst, leiten katholische Jugendgruppen und träumen in vielen Fällen davon, einmal selbst die Gelübde abzulegen.

Die meisten sind Kinder von vorsichtigen, oft übermäßig besorgten Eltern, die stets früh zu Hause sein müssen und strikt kontrolliert werden. Trotzdem schicken diese Eltern ihre Kinder mit ihrem Beichtvater auf Ausflüge oder lassen sie im Pfarrhaus übernachten. Sie kommen aus Familien, die zwar Psychologen meiden, aber ihre Kinder vertrauensvoll zum Gemeindepfarrer schicken, damit er ihnen unter vier Augen »die Leviten liest«. Sie hängen einfach dem naiven Glauben an, daß Priester heilige Männer sind, die stets Schutz und Trost bieten.

Die Mißbrauchten sind Kinder von Mitgliedern des Pfarrgemeinderats, von Katecheten, von Laienpriestern und von Helfern bei den unzähligen kirchlichen Veranstaltungen, die aus einer Gemeinde erst eine Gemeinschaft machen. Priester sind willkommene, geehrte Gäste dieser Familien. Und sie werden wie vollwertige Mitglieder dieser Familien behandelt. Die Eltern vertrauen ihnen die intimsten Geheimnisse und ihre kostbarsten Besitztümer an – ihre Kinder.

Die Opfer sind die Söhne jener Frauen und Männer, die die katholische Kirche Amerikas erst mit Leben erfüllen. Und es sind die Töchter. Kein Mythos hält sich hartnäckiger – und richtet mehr Schaden an – als der, daß die meisten Kinderschänder homosexuell und die meisten Opfer kleine Jungen sind. Schließlich ist Pädophilie ganz und gar nicht von einer homo- oder heterosexuellen Orientierung Erwachsener abhängig. Und die zuverlässigste Schätzung über Kindesmißbrauch in der Gesamtbevölkerung geht davon aus, daß 71 Prozent der Opfer männlicher Täter weiblichen Geschlechts sind. »Sexueller Kindesmißbrauch hat mit Homosexualität genauso viel zu tun wie Vergewaltigung mit Heterosexualität«, meint Richard Sipe, der Therapeut und ehemalige Priester aus Baltimore.

Diese Zahlen verschieben sich natürlich bei den Opfern von Priestern, denn Priester haben eher Zugang zu Jungen als zu Mädchen. Schließlich ist es Mädchen offiziell noch verwehrt, neben Priestern am Altar zu dienen. Aus den Gerichtsakten der Fälle, in denen Priester angeklagt wurden, läßt sich ersehen, daß Mädchen im wesentlichen verschont blieben.

Doch auch diese Zahlen ändern sich bereits, meint Gary Schoener, Psychologe in Minneapolis, der sowohl Priester als auch Opfer im Auftrag des Erzbistums St. Paul-Minneapolis untersucht. Schoener sagt, daß er persönlich mehr weibliche als männliche Opfer kennengelernt hat, aber daß der Mißbrauch von Mädchen öfter totgeschwiegen wird.[2] »Die Familien junger Männer wollen eher Blut sehen«, sagt er und betont, daß die Vergewaltigung eines Jungen als weitaus schlimmer angesehen wird. Denn das Kind ist dann mit dem Makel der Homosexualität behaftet, und das in einer Kultur, die Homosexualität als Todsünde betrachtet. Außerdem, so Schoener weiter, neigen Mädchen eher dazu, den Schaden zu verinnerlichen – sie bestrafen sich körperlich und psychisch selbst. Jungen hingegen leben ihr Trauma durch Gewalt und Aggression gegen andere aus. Der Schaden ist besser zu erkennen. Die Tendenz, gerichtlich vorzugehen, ist also viel größer. Schoener glaubt auch, daß Anwälte der Meinung sind, sie könnten eher die Zivilklagen von Jungen gewinnen. Kinderschänder, die Jungen mißbrauchen, neigen weniger zur Monogamie – und haben daher mehr Opfer, deren Zeugenaussagen verwendet werden können. Schließlich weist Schoener darauf hin, daß »niemand Jungen beschuldigt, verführerisch zu sein. Das ist sexistisch. Und verdammter Unsinn.« Aber die Annahme, daß Mädchen ihren eigenen Mißbrauch »erbitten« oder provozieren, ist so weit verbreitet, daß ihre Fälle vor Gericht schwerer zu gewinnen sind.

Der Mythos vom homosexuellen Kinderschänder ist gefährlich. Selbst Eltern, denen die Möglichkeit bewußt ist, daß ihr Priester Interesse an ihren Söhnen zeigen könnte, denken sich nichts dabei, wenn sie ihre Töchter auf die Klosterschule oder zu einer kirchlichen Party schicken.

Anthony Fontana hätte dies beinahe auf die harte Tour selbst erfahren müssen. Fontana, Anwalt in Lafayette, Louisiana, hatte seine Illusionen über die Reinheit von Priestern bereits 1985 verloren, als die ersten Opfer von Vater Gilbert Gauthe zuerst auf seinem Fernsehschirm und dann in seinem Büro erschienen. Während er sich darauf vorbereitete, Gauthe und das zuständige Bistum vor Gericht zu bringen, vertiefte sich Fontana in die Forschungsergebnisse zum Thema Kindesmißbrauch. Da er selbst früher Ministrant und aktiver Katholik war, wurde er ganz krank, als er mitansehen mußte, wie die schmutzigen Einzelheiten über Gauthe und die Art, wie ihn die Kirche schützte, ans Tageslicht kamen.

Aber es schrillten keine Alarmglocken, als seine Frau aus dem Kunstunterricht seiner Tochter Renee kam und berichtete: »Vater John meint, Renee wäre richtig begabt.«

Fontana strahlte vor Stolz, obwohl er fand, daß die Zeichnungen seiner Achtjährigen aussähen wie die Kritzeleien jedes Kindes. Aber was verstand er schon von Kunst?

»Vater John meint, Renee sähe aus wie ein Engel und hätte so rosige Wangen«, berichtete Fontanas Frau ein paar Abende später. Wieder strahlte Fontana vor Stolz. Diesmal war er sogar einer Meinung mit dem Priester.

»Vater John möchte Renee malen«, sagte seine Frau als nächstes. Wieder strahlte Fontana.

»Er sagte genau das, was Eltern hören wollen«, sagt Fontana heute. »Ich wußte mehr als viele andere über Pädophilie, und ich bin von Natur aus ein Zyniker – aber ich merkte nichts. Ich sah nicht, wie er sich an meine Tochter heranmachte.«

Er begriff es erst, als ein Fremder in sein Büro kam und ihm die schreckliche Geschichte von Bonnie Butaud Bonin, einer Chitimacha-Indianerin aus Cypremort Point, erzählte. Diese abgelegene Gemeinde in den Küstenmarschen von Louisiana wird regelmäßig von Hurrikans heimgesucht. 1957 machte der Hurrikan Audrey das Haus, das Bonnies Vater gebaut hatte, dem Erdboden gleich. Die Familie suchte Zuflucht im Pfarrhaus der Gemeinde St. Helen's in Louisa. Ihr Retter hieß Vater John. Vater John Engbers.[3]

Der holländische Priester, der 1949 in Louisiana ordiniert worden war, sah gut aus und wirkte auf die fünfundzwanzig Familien, um die er sich in Cypremort Point kümmerte, sehr weltmännisch. Es war eine abgelegene Gemeinde, und Vater John, der malte und fotografierte und in seinem Pfarrhaus klassische Musik spielte, wirkte wie ein Exote. »Für uns war er kein Mensch, sondern der verlängerte Arm Gottes, Unseres Vaters«, sagt Bonnie. Bonnies Mutter Martha war da keine Ausnahme. Jeden Tag schickte sie eines ihrer elf Kinder nach der Schule ins Pfarrhaus, damit es dem Pfarrer bei der Hausarbeit helfe. Jeden Abend wanderte sie mit einem Säugling auf dem Arm hinüber in die Kirche, um ihm vor der Messe alles zurechtzulegen und das Essen zu kochen.

Als Bonnie acht Jahre alt war, hob Vater John sie auf den Schoß, um ihr von einem Problem zu erzählen, daß er hatte. Manchmal müßte er Gemeindemitglieder in sexuellen Fragen beraten, wüßte aber selbst nicht gut darüber Bescheid. Er wüßte nicht, wie es sei, wenn man an bestimmten Stellen berührt würde, erzählte er dem Mädchen, während seine Hand in ihre Unterhose glitt. Sie wäre von Gott erwählt worden, ihm bei der Entdeckung fleischlicher Gelüste zu helfen, sagte er, während er ihre Vagina streichelte.

»Er erklärte, Gott würde verlangen, daß es unser Geheimnis bliebe«, erinnert sich Bonnie. »Ich war verängstigt und schämte mich, für so ein schlimmes Los ausersehen worden zu sein. Aber ich akzeptierte stumm mein Geschick.«

Sie wehrte sich nicht gegen Vater John. Aber sie bat Gott um Hilfe. Sie setzte sich gerade und sauber gekleidet in die erste Kirchenbank und betete: »Sieh mich an, Gott. Du hast hier einen Fehler gemacht. Ich bin ein liebes Mädchen.«

Zweimal in der Woche ging Bonnie ins Pfarrhaus, um ihren Teil an Hausarbeit für Pfarrer John abzuleisten. Immer wenn die Dämmerung hereinbrach, endeten ihre »Pflichten« stets auf die gleiche Weise – entweder auf Vater Johns Schoß oder in seinem Bett. Als ihre Brüste sich entwickelten, konnte der Priester auf neue Entdeckungsreisen gehen. Bonnie weiß nicht mehr genau, wie alt sie war, als Vater John anfing, sich ihr nackt zu zeigen. Aber sie erinnert sich noch genau, wann sie das erste Mal seinen Penis reiben mußte. Da war sie gerade zwölf geworden.

Zwei Jahre später wandte sie sich, alarmiert durch Spuren von Menstruationsblut in ihrem Höschen, an ihre zwölfjährige Schwester, mit der sie das Bett teilte.

»Vater John tut mir weh«, gestand sie Lois.

»Mir auch«, entgegnete Lois.

Die beiden Schwestern gingen zu ihrer Mutter, die Vorsitzende des Damenkomitees für den Altarschmuck war, das kürzlich vom Bischof für die Verdienste um die Kirche geehrt worden war. Die Mutter wurde furchtbar wütend und schrie: »Ich ziehe wohl hier nur einen Haufen Huren groß!« Sie fragte nie nach den Einzelheiten. Sie ging nie zu dem Priester. Sie hatte nur Angst davor, daß ihre Töchter es ihrem Mann, einem notorischen Trinker mit jähzornigem Temperament, erzählen könnten. Er hätte ja den Priester verletzen können, wenn er es erfuhr. Martha Butaud wiederholte einfach das, was sie ihren Töchtern ihr ganzes Leben gepredigt hatte: Frauen waren zum Leiden geboren. Sie schickte ihre Kinder weiter zu Vater John und in die Kirche.

Als der Anwalt Fontana Jahre später diese Geschichte hörte, überkam ihn wilde Angst. Er nahm seine Tochter Renee sofort aus Engbers Zeichenkurs und schwor, dafür zu sorgen, daß Vater John aus der Priesterschaft ausgeschlossen würde. Und als er Bonnie kennenlernte, stellte er ihr eine Frage, die sie nie in Erwägung gezogen hatte: »Was ist mit Ihren anderen Schwestern?«

Bonnies Antwort kam wie aus der Pistole geschossen: »Auf keinen Fall, nur Lois und ich waren betroffen!«

Aber um sicherzugehen, rief sie gleich, als sie heimkam, das Nesthäkchen der Familie, Chantelle, an. »Ich muß dir eine ganz einfache Frage stellen«, sagte sie. »Antworte nur mit ja oder nein. Hat Vater John dich angefaßt?«

»Ja«, erwiderte Chantelle.

»Wie alt warst du da?«

»Es fing an, als ich drei war.«

Als nächstes fragte Bonnie ihre Schwester Shirleen. Sie antwortete das gleiche. Shirleen wollte ihr nicht genau erzählen, was Vater John ihr angetan hatte. Sie berichtete nur, daß sie ein Spiel gespielt hätten, in dem sie Pinocchio und er Gepetto gewesen wäre. Er hätte an ihrem Körper »herumgeschnitzt«.

Da ihre Schwester Marguerite schwanger war, wollte Bonnie sie erst nach der Entbindung befragen, weil sie sie nicht aufregen wollte. Aber sie schäumte vor Wut, denn Marguerite hatte vor, ihr Baby nach Vater John zu nennen. Am Tag nach der Geburt des Babys fuhr Bonnie ins Krankenhaus. »Hat er dich auch angefaßt?« fragte Bonnie. Marguerite bejahte. Und sie berichtete, daß sie genau wie ihre Schwestern geglaubt hätte, sie wäre die einzige. Sie nannte ihren Sohn Jeremy.

Bonnie hat den Großteil ihres bisherigen Lebens damit verbracht, die Wunden zu heilen, die der Mißbrauch bei ihr hinterlassen hat. Sie verließ ihr Elternhaus mit achtzehn Jahren und heiratete den erstbesten Mann, der sie aus den Marschen – und von Vater John – wegbringen würde. Sie hatte nur ein Ziel: »Ich sagte zu Gott: ›Ich werde dir beweisen, daß ich zu etwas anderem gut bin, als Hure zu sein.‹ Engbers nannte mich zwar nie eine Hure. Aber als ich älter wurde, wußte ich, was ich gewesen war. Ich habe fünfundzwanzig

Jahre damit zugebracht, Gott zu beweisen, daß ich mehr bin als das.«

Jennifer Kraskouskas weiß zwar, daß sie keine Hure ist, aber sie ist sich immer noch nicht sicher, was sie ist. Katholisch erzogen und mit dem Gebot »entweder bleibst du bis zur Heirat Jungfrau oder du bist eine Hure« aufgewachsen, wurde sie in einen seelischen Zwiespalt gestürzt noch ehe sie alt genug war, um ihren ersten BH anzuziehen.[4]

Sie ist inzwischen neunzehn und kann sich nicht damit trösten, daß sie im Namen Gottes oder nach Gottes Plan mißbraucht wurde. Anders als viele andere Opfer kann sie sich nicht sagen, daß sie keine andere Wahl hatte, weil ihr Peiniger sie oder ihre Familie bedroht hatte. Und anders als anderen Opfern hatte man ihr nie damit gedroht, daß der Teufel sie holen würde, wenn sie nicht mitmachte.

Vater Robert Kelley bediente sich zwar seines Priesterkragens, um sich in ihre Familie einzuschleichen. Aber er verführte sie nicht mit Hilfe von Religion oder durch Drohungen. Sondern mit einer E.T.-Puppe.

1983 kam Vater Kelley als Priester neu nach Gardner, Massachusetts. Er war ein dynamischer Mann, der selbst einen Geizhals dazu bringen konnte, den Klingelbeutel zu füllen. Zur Willkommensparty seiner Gemeinde brachte er Dutzende von heliumgefüllten Luftballons mit. Wenn er Kinder aus der Gemeinde in China-Restaurants führte, sprach er Kauderwelsch und behauptete, es wäre Chinesisch. Wenn er mit ihnen in ein Café ging, schüttete er Salz in die Zuckerdose und warf in den Kasten für Verbesserungsvorschläge Zettel mit Sätzen wie: »Ihr Essen verursacht bei mir Blähungen.« Er raste mit einem hellblauen japanischen Sportwagen durch die Stadt.

Er mochte damals um die Vierzig gewesen sein, hatte aber genau die gleiche Wellenlänge wie die neunjährige Jennifer. So nahm er neunzig Minuten Fahrt nach Providence, Rhode Island, in Kauf, um bei ihren Schwimmwettkämpfen zuzuschauen, und nach der Sonntagsmesse brauste er nach Cape Cod, um den Tag bei ihrer Familie zu verbringen.

Er war eine wahre Landplage für Jennifers Eltern, denn er erschien immer kurz vor dem Abendbrot, lud sich selbst zu Geburtstagsfeiern ein und tauchte auf den Urlaubsreisen der Familie immer irgendwie auf. Einmal heftete er sich bei einer Reise zum Prince Edward Island an ihre Fersen und behauptete, daß er nach New Brunswick weiterfahren wolle, um Freunde zu besuchen. Doch er blieb die ganze Zeit in dem gemieteten Blockhaus der Kraskouskas. Voller Respekt traten ihm Jennifers Eltern ihr Bett ab und schliefen auf der Couch.

Natürlich beklagten sie sich nie. »Wir waren dazu erzogen worden, Priester zu achten. Daher betrachteten wir es als Ehre, einen Priester im Haus zu haben«, erzählt Jackie Kraskouskas. Ihr Mann Tony fügt hinzu: »Wir haben uns sogar gefragt, ob wir wohl fromm genug wären, um mit diesem Mann zusammen zu sein.«

Jennifer war zu jung, um sich Sorgen um Frömmigkeit zu machen. Ihr Hauptinteresse galt Stofftieren. Sie konnte nie genug davon kriegen. Und Vater Kelley trug diesem Wunsch Rechnung. Er schenkte ihr Stofftiere – einen Drachen, einen Affen, einen dunkelbraunen und einen hellbraunen Teddy. Nach jedem Schwimmwettbewerb vergrößerte ein neues Schmusetier die Menagerie auf Jennifers Bett.

Und dann war da noch E.T. Er war Jennifers Liebling, ihr besonderer Freund, der sie vor der Welt beschützte. Sie pflegte ihn überall mit hinzunehmen und sprach für ihn mit einer besonderen Stimme – ihrer E.T.-Stimme. Dann war er eines Tages verschwunden. Vater Kelley eilte zu seiner Rettung herbei und klebte Suchzettel in der Umgebung von Jennifers Schule an. Aber als E.T. gerettet wurde – aus der Badewanne eines Nachbarhauses –, waren seine Überlebenschancen schlecht. Ihr Vater versuchte, den triefenden Außerirdischen mit den blauen Knopfaugen zu retten, indem er ihn auf eine glühende Herdplatte legte. Doch da verbrannte er.

Vater Kelley bemühte sich, einen Ersatz herbeizuschaffen. In den Spielzeugläden von Gardner fand sich nichts. Schließlich fuhr er bis nach Maine, um der kleinen Jennie eine Enttäuschung zu ersparen. Vater Kelley schnallte E.T. an einem Fallschirm fest und ließ ihn vom Dach des Hauses herunterfliegen. Er brachte auch Rosinen mit – die er »eingelegte Rehlosung« nannte – und verfütterte sie an den Außerirdischen. Jennifer und der Priester spielten mit E.T. und redeten dabei in ihrer selbst erfundenen außerirdischen Geheimsprache. »E.T. war wie ein Symbol – vielleicht des Geheimnisses, das wir miteinander teilten«, meint Jennifer heute.

Spätabends, wenn Jennifer längst in ihrem Zimmer war, schlich sich Vater Kelley zu ihr ins Zimmer und mißbrauchte sie. »Zuerst begann er damit, mich dort zu berühren, wo man kleine Mädchen nicht anfassen sollte«, erzählt Jennifer. »Er behauptete, er täte das nur, weil ich sein Liebling wäre. Nach einer Weile mußte ich ihn so berühren, wie er mich anfaßte.« Der Priester sagte stets das Richtige. »Sex ist okay«, meinte er zu dem Mädchen. »Gott sieht das gern.«

Jennifer glaubte ihm nicht. Und auch er schien nicht so ganz davon überzeugt zu sein. »Er pflegte mich anzusehen und zu sagen: ›Du kannst durch mich durchsehen, du weißt die Wahrheit‹«, berichtet Jennifer. Und das tat sie. Ihr war bewußt, daß Gott sie nicht erwählt hatte. »Ich wußte, daß ich mit Gott irgendwann Ärger bekommen würde«, erklärt sie.

Jennifer wußte wirklich nicht, wie sie widerstehen sollte. Kelley war ihr Freund, ihr Kumpel. Wie viele Triebtäter war auch er eine vertraute und liebevolle Person in ihrem Leben. Wie viele Opfer war sie zu jung – und stand ihm emotional zu nahe –, um ihrer Beziehung Grenzen zu setzen. An manchen Abenden versuchte sie das Licht anzulassen, wenn sie schlafenging, weil sie glaubte, daß er es im Schein der Lampe »nicht tun würde«. Aber immer wenn er ins Zimmer kam, knipste er das Licht aus und meinte dabei sanft: »Wenn du mich nicht siehst, wird es leichter für dich sein.« An anderen

Abenden baute sie sorgfältig alle ihre Stofftiere um sich herum auf – sie vergrub sich buchstäblich unter Plüsch. Aber Vater Kelley warf sie alle herunter und versprach ihr, sie wieder an ihren Platz zu legen, wenn er fertig war.

Zuweilen leistete sie überhaupt keinen Widerstand. »Das, was er tat, tat zwar manchmal weh, aber es fühlte sich auch gut an«, sagt sie heute verwirrt und beschämt zugleich – eine Mischung, die typisch für Opfer dieser Art von Mißbrauch ist. Vater Kelley näherte sich ihr zärtlich und liebevoll, ganz und gar nicht so, wie es ein Kinderschänder in ihrer Vorstellung tun würde. »Es fühlte sich gut an. Es war verwirrend.«

Während ihre Freundinnen darüber tuschelten, welcher Junge in der Schule wohl mit welchem Mädchen Zungenküsse tauschte, und während ihr Vater die katholische Schule mit Spenden unterstützte, machte sich Jennifer darüber Sorgen, ob sie vielleicht mit dem Kind eines Priesters schwanger war. Doch ihre Monatsblutung hatte noch nicht eingesetzt. Sie war zu jung, um zu verstehen, welche Bedeutung das hatte.

Manchmal war Jennifer geradezu glücklich über die Aufmerksamkeiten, mit denen Vater Kelley sie überschüttete. »Mir gefiel das Gefühl, die Favoritin zu sein«, gesteht sie. Aber in anderen Augenblicken war Vater Kelley einfach lästig. »Ich hatte das Gefühl, nirgendwo vor ihm sicher zu sein«, sagt sie. »Ganz gleich, wo ich hinging – meine Eltern sagten ihm immer, wo ich war.«

Tony und Jackie Kraskouskas wunderten sich nie darüber, warum Vater Kelley dauernd nach Jennifer suchte. Wenn er spätabends in ihrem Haus die Treppe hinaufging, vermuteten sie, daß er heimlich eine Zigarette rauchen wollte – sie waren beide Nichtraucher. Sie kannten ihn nur als moralischen Menschen, der berüchtigt war wegen seiner Tiraden gegen den Kramladen am Ort, weil dort auch Pornographisches verkauft wurde. Deshalb hatten sie nie etwas dagegen, wenn er Jennifer und ihre Schwester abholte, um mit ihnen eine Kunstausstellung zu besuchen oder einen Spaziergang zu machen.

Obwohl Vater Kelley sich später des Mißbrauchs schuldig bekannte und ins Gefängnis geschickt wurde, wird Jennifer immer noch von der quälenden Erinnerung verfolgt, wie zärtlich es zwischen ihr und dem Priester zuging. Wie viele junge Opfer, die verführt und nicht gewaltsam gezwungen wurden, hat sie immer noch Probleme damit, sich als Opfer einer Vergewaltigung zu sehen. »So hat er sich mir nie genähert«, sagt sie. »Er war zärtlich, nicht grob.«

Vater Terrence Pinkowski war weder zärtlich noch grob zu dem vierzehnjährigen Ed Morris. Er leitete seinen Schützling mit fester Hand, wie es sich für einen guten Seelsorger gehört.

Wie vielen jungen Katholiken hatte man auch Morris beigebracht, sich in Augenblicken größter Not und tiefster Verwirrung und mit grundlegenden Problemen an einen Priester zu wenden. Als sein Bruder dann im Juli 1976 von einem Betrunkenen überfahren wurde, war es nur natürlich, daß Morris sich an einen Priester wandte. Vor der Tragödie war Morris zwar ein guter, aber kaum ein angepaßter katholischer Junge gewesen. Er stand morgens früh auf, setzte sich aufs Rad und fuhr zur Messe. »Ich wollte immer gut sein«, sagt er. »Ich wollte immer fromm sein.« Aber nach dem Tod seines Bruders wandte er sich mit neuer Inbrunst der Kirche und der Religion zu. Er brauchte Schutz. Er brauchte Trost. Und er suchte beides in der Gesellschaft von Vater Terrence.[5]

Schon bald fuhr Vater Terrence den Jungen nach den Gebetsstunden nach Hause und schmeichelte sich bei Eds großem irischen Familienclan im Nordosten Philadelphias ein. Er taufte Eds jüngere Brüder und Schwestern. Er aß fünfmal in der Woche bei ihnen zu Abend. Er fuhr mit der Familie in Urlaub. Er wurde ein so fester Bestandteil ihres Lebens, daß Ed, als er Jahre später versuchte, sein Bild aus dem Fotoalbum der Familie zu entfernen, merkte, daß er das nicht tun konnte, ohne die Zeugnisse von unzähligen Familienereignissen zu vernichten.

Eds Mißbrauch begann als Vorbedingung für die Absolution. Der Jugendliche beichtete unreine Gedanken und die Sünde des Stolzes. Vater Terrence wies ihn an, Selbstbeherrschung zu lernen. Wie Ed sich erinnert, war die Lektion sehr simpel: Der Priester masturbierte Morris oder legte sich auf ihn und rieb ihre Geschlechtsteile aneinander. Stets hörte er kurz vor Eds Ejakulation auf. »Desensibilisierung« nannte Vater Terrence diese Buße. »Ganz gleich, ob du einmal als Priester oder als verheirateter Mann vor den Altar trittst, das wird dir helfen«, erinnert sich Ed an Vater Terrences Worte. »Du bist etwas Besonderes. Du bereitest Gott Freude. Aber es gibt eine dunkle Seite an dir, die du lernen mußt zu beherrschen.«

Ed widmete sich fieberhaft der Sorge um sein Seelenheil. Er besuchte Bibelstunden und Gebetsstunden. Er verfaßte zusammen mit Vater Terrence einen Vertrag, in dem er gelobte, lieber zu sterben als eine Todsünde zu begehen. Jeden Tag »beichtete« er Vater Terrence und tat »Buße«. – »Ich wollte ein heroischer Heiliger werden«, bekennt er heute.

Ed verfolgte dieses Ziel fünf Jahre lang: in der Kapelle der Erzbischof-Ryan-High-School und in der Zelle des Klosters, in dem Vater Terrence lebte, im Beichtstuhl und in Autos, in einem gemieteten Bungalow in Ocean City, New Jersey, und sogar im Haupthaus von Vater Terrences Franziskanerprovinz in Green Bay, Wisconsin. »Als ich neunzehn war, kannte ich jeden verschwiegenen Parkplatz in der Stadt, war aber immer noch Jungfrau«, erzählt er.

Wie andere Triebtäter, die ihre Autorität benutzen, um Kinder – oder sogar Erwachsene – zu mißbrauchen, sorgte Vater Terrence sorgfältig dafür, daß er die Kontrolle über seinen Schützling behielt. Wenn Ed zu einer Verabredung ausging, folgte Vater Terrence ihm. Wenn er anfing, zuviel Zeit mit einem Mädchen zu verbringen, wurde der Priester regelrecht hysterisch, bestand darauf, daß er »beichtete«, und brachte ihm dann wieder bei, was Selbstbeherrschung hieß. »Er pflegte sich rittlings auf mich zu setzen, legte sich dann auf mich, rieb sich an mir und kitzelte mich«, berichtet Ed. »Wenn ich sagte, daß ich es nicht mehr aushalten könne, meinte er, daß sei nur mein irischer Stolz, und machte weiter.«

Eines Nachts, als sie in dem Wagen des Priesters auf einem dunklen Parkplatz hinter dem Kloster der Schwestern vom Heiligen Sakrament saßen, fuhren sechs Polizeiwagen mit Blaulicht vor. Ein Polizist zerrte Vater Terrence aus dem Wagen, während Morris sich bemühte, seine Hose wieder anzuziehen.

»Bist du in Ordnung, Junge?« fragte der Polizist Ed.

»Klar«, erwiderte er. »Wir sind nur hergefahren, weil wir einen ruhigen Ort suchten, an dem er meine Beichte hören konnte.«

Der Polizist schien zwar skeptisch, fuhr aber dann weg.

Eds Vater, ebenfalls Polizist in Philadelphia, war ähnlich vertrauensselig, wenn Vater Terrence sich bis elf Uhr abends in seinem Haus aufhielt und dann noch weitere drei Stunden mit Ed in seinem Auto zubrachte.

Als Ed siebzehn war, brach er endlich den Kontakt zu Vater Terrence ab. Zu diesem Zeitpunkt war Ed erwachsen und reif genug, um sich nicht mehr der Autorität des Priesters zu beugen. Ed war zu dem Schluß gekommen, daß das, was sie zusammen getan hatten, seine Chance, ein Heiliger zu werden, für alle Zeiten zerstört hatte. Aber er versuchte, seine Seele wiederzufinden, die Vater Terrence ihm seiner Meinung nach gestohlen hatte. Er versuchte es mit dem Priesterseminar, aber er war zu verbittert, um sich in der Gesellschaft von Priestern wohlzufühlen. Er probierte es mit dem Gebet, aber er war seinem Glauben zu entfremdet, um dadurch Frieden zu finden.

»Ich habe das Gefühl, als hätte ich eine verbotene Affäre mit dem Teufel gehabt«, erklärt er, »und dürfte jetzt nicht mehr Gott nahe sein.«

5. Kapitel

FALSCHE VORBILDER

Bei einem spielerischen Ringkampf berührte Vater Ned zaghaft den Penis eines Zwölfjährigen und tat so, als würde er unabsichtlich an das Hinterteil eines dreizehnjährigen Ministranten stoßen, als sie nach der Messe gemeinsam Ordnung schafften. Er hoffte, die Jungen würden nicht merken, daß er sie absichtlich berührt hatte, und versuchte, die Gewissensbisse wegen dieser Vorfälle zu verdrängen. Wenn er abends ins Bett ging, spielte er die kurzen Körperkontakte in seiner Phantasie noch einmal durch und masturbierte dabei, bevor er einschlief.[1]

Bald wurde er dreister. Und als er sich in seinem ersten Jahr als Priester mit weiteren Familien anfreundete, kam er Kindern noch näher. So ergaben sich immer öfter Gelegenheiten. Ein Ehepaar, das ihn besonders gern mochte und ihn häufig zum Abendessen einlud, hatte einen Sohn, der das ideale Alter für Vater Ned hatte – dreizehn Jahre. Er balgte sich mit dem Jungen herum; er berührte ihn »zufällig«. Und einmal ging er zur Schlafenszeit nach oben, um ihm gute Nacht zu sagen. Dabei streichelte er den Bauch des Jungen und ließ seine Hand tiefer rutschen, bis sich zwischen den Beinen des Jungen etwas regte.

Seine Phantasien wurden konkreter, intensiver. In seiner Lieblingsphantasie stellte er sich vor, daß er zufällig zwei oder drei Jungen begegnen würde, die unsicher an ihren Genitalien herumspielten. »Nein«, sagte er ihnen, »ihr macht das ganz falsch.« Er machte sie zu seinen Schülern und brachte ihnen bei, wie man oralen Sex praktiziert. Einen anderen wies er an, sich nach vorn zu beugen, damit er in seinen Anus eindringen konnte.

Einer von Vater Neds Ministranten war ein Dreizehnjähriger, dessen Vater zu viel trank und ständig an ihm herumnörgelte. Der Junge sehnte sich nach Zuneigung. Vater Ned redete mit ihm, machte mit ihm Fahrradtouren und gestattete ihm, sich im Pfarrhaus aufzuhalten. Der Junge begann ihn zu lieben und ergriff – soweit Vater Ned sich erinnert – öfters beim Geschlechtsverkehr die Initiative. Sie schliefen im Pfarrhaus zusammen und sogar im Elternhaus des Jungen, wo Vater Ned sich auf ihn legte und sich an seinem Bein befriedigte, während der Junge auf einer Liege auf der Veranda lag. Seine Eltern befanden sich im Haus.

Viele Jahre später fing Vater Ned an, die Morgenzeitung anders zu lesen. Gleich nachdem er sie bekam, blätterte er die Todesanzeigen auf, suchte nach dem Namen des Jungen und betete, daß er ihn nicht dort finden würde. Er hatte kürzlich gehört, daß der Junge – inzwischen ein junger Mann – Aids hatte. Fragen und Schuldgefühle peinigten Vater Ned: Rührte die Krankheit daher, weil der Junge wahllos Sexualpartner gesucht hatte, und war diese Promiskuität eine Folge des Mißbrauchs? Ist es meine Schuld? Wie werde ich das, was ich tat, jemals wieder gutmachen können?

Zu diesem Zeitpunkt saß Vater Ned bereits im Gefängnis und büßte seine Verbrechen mit sechs Monaten Haft. Er hatte Hunderte von Stunden in einer Therapie zugebracht, seine Taten und Motivationen zerpflückt und versucht, den Sinn des Ganzen zu ergründen. Nur durch sein Gewissen gezwungen, hatte er sich bei den Familien seiner Opfer entschuldigt. Und er hatte geweint – weniger um sich selbst und den Trieb, der wie ein Dämon über ihn gekommen war, sondern um die Jungen und deren Familien, deren Schmerz er nie würde lindern können.

Heute tut Vater Ned alles, was in seiner Macht steht, um seine Taten abzubüßen. Das Gefängnis war schlimm, aber es reichte ihm nicht. Er weiß nicht, ob es je genug sein wird. Er spricht offen vor Bischöfen und anderen Priestern über den

Seelenzustand von Kinderschändern und bezieht sich dabei auf seine eigenen Erfahrungen. Er hält Vorträge auf kleinen Kongressen von Kirchenmännern und Psychologen, obwohl er dadurch sein ganzes Privatleben vor den Amtskollegen seiner Diözese ausbreiten muß. Mit der Wiedergabe seiner Geschichte in diesem Buch war er einverstanden – unter der Bedingung, daß sein Name und bestimmte Daten seiner Biographie geändert würden. Aber er war gewillt, alles zu erzählen, was er getan hat – ganz gleich, wie sehr er sich dessen schämt oder wie abstoßend es wirken mag –, weil es anderen vielleicht helfen könnte, Triebtäter zu verstehen und den Mißbrauch zu bekämpfen.[2]

Er sagt, man müßte begreifen, daß ein Mann gottesfürchtig, extrem fürsorglich – ja sogar ein Priester – sein kann und trotzdem nicht in der Lage ist, seine Triebe in Schach zu halten, die ihn dazu treiben, Kinder sexuell zu mißbrauchen. »Ich war der charmante Priester«, erklärt er. »Ich war der Held. Äußerlich sah ich blendend aus, aber innerlich war ich ein sehr kranker Mann. Ich litt unter einer psychischen Krankheit, die so sehr von einem Besitz ergreift, daß sie rationales Denken und Moralvorstellungen einfach wegfegt. Ich verging mich an meiner eigenen Moral. Ich verging mich an allem, wofür ich stehe, und an allem, worüber ich predigen könnte. Ich habe auf alles geschissen.«

Als man ihn öffentlich bloßstellte und ihn zwang, seinen Taten und ihren Folgen ehrlicher und schmerzlicher als je zuvor ins Gesicht zu sehen, brach Vater Ned vor Scham fast zusammen. »Niemand konnte mich so sehr hassen, wie ich mich selbst gehaßt habe. Wenn man mir bei der Urteilsverkündung gesagt hätte, man würde mich auf rote Ameisen legen, hätte ich erwidert: ›Okay. Tut es. Bis sie mich bei lebendigem Leibe auffressen.‹«

Es fällt den meisten Menschen leicht zu begreifen, wie verletzlich Kinder sind, die Opfer von Priestern werden. Sie verstehen auch, wie Kinder von Männern mit immenser moralischer Autorität verführt und zum Schweigen gebracht werden. Aber die meisten Menschen können ganz und gar nicht begreifen, wie diese Männer Gottes Wort von der Kanzel herab verkünden und trotzdem so großen Schaden anrichten und Schmerz verursachen können. Sicher – überall in der Gesellschaft, in jedem Beruf gibt es Kinderschänder. Aber Priester? Wie können sie die Soutane tragen und trotzdem dieses Verbrechen begehen? Wie können sie den symbolischen Leib Jesu segnen und dann einen Jungen oder ein Mädchen an Leib und Seele so verletzen?

Sie können das tun, weil ihre sexuellen Störungen weitaus stärker sind als jedes Gefühl für das, was richtig oder falsch ist. Weil ihre Triebe ihr Gewissen ausschalten. Weil die Verdrängung stärker wirkt als jede Scham. Und bei den meisten dieser Kinderschänder ist das Priestertum ein Teil des Problems. Vielen ist ihre Sexualität kaum bewußt und auch nicht, welchem Druck sie durch ihre Triebe ausgesetzt sind. Ihre Einsamkeit und ihre Entfremdung von sexueller Nähe treibt sie zwangsläufig zu unreifem und zerstörerischem Sexualverhalten.

Vater Martin, der seine Einwilligung zu einem Interview für dieses Buch nur unter der Bedingung gab, daß sein richtiger Name nicht genannt würde, war überzeugt davon, daß er überhaupt keine sexuellen Gefühle hatte. Allein der Gedanke an Sex machte ihn verlegen – und auch jedes Wort oder Bild, das ihn daran erinnerte. Wenn er während der Messe das Ave Maria betete, wurde er bei dem Satz »Und gesegnet sei die Frucht deines Leibes, Jesus« immer rot und zuckte zusammen. »Das Wort ›Leib‹ regte mich auf«, sagt er. »Ich habe mich immer darüber gewundert, wieso dieses Wort in einem Gebet vorkommt.«[3]

Ihm ist bis jetzt noch nicht völlig klar, woher diese Verklemmtheit rührt. Doch er führt sie auf seine Kindheit in Irland zurück, wo er in einer konservativen, frommen, mittelständischen Großfamilie aufwuchs. Seine beiden lebhaftesten Erinnerungen an sexuelles Erwachen oder Erregung sind von Angst geprägt. Er berichtet, daß er mit sechs Jahren zum Arzt mußte, weil er immer noch einnäßte. Als der Arzt seinen Penis festhielt und die Vorhaut zurückschob, wäre er vor Scham fast gestorben. Als Fünfzehnjähriger bekam er während eines Gesprächs seiner Freunde über Sex eine Erektion. Seine Mutter sah die Ausbeulung in seinen Shorts. Sie erkannte nicht, was es war, griff danach und fragte: »Was hast du da in deiner Tasche?« Als sie ihren Irrtum bemerkte, ging sie einfach weg, ohne ein Wort zu sagen. »Ich wünschte mir damals, die Erde würde sich auftun und mich verschlingen«, erinnert sich Vater Martin.

Er erinnert sich an keinerlei sexuelle Gedanken, als er älter wurde. Als er kurz vor seinem High-School-Abschluß ein katholisches Einkehrwochenende besuchte und ein Jesuit für das Priesteramt warb, verschwendete Vater Martin keinen Gedanken daran, ob er ein zölibatäres Leben ertragen könnte. Das war schließlich bereits sein Alltag. Es schien sein Schicksal zu sein. Im nächsten Jahr trat er ins Priesterseminar ein.

Die Priester dort warnten die jungen Seminaristen vor den Versuchungen des Fleisches. Er hörte zu und nickte. Die jungen Männer sprachen selten über Sex, aber wenn sie es taten, verwirrten ihn ihre Sehnsüchte. Ein Freund meinte einmal: »Es muß tröstlich sein, eine Frau im Arm zu halten und zu lieben.« – »Tröstlich?« dachte Vater Martin. »Beim Sex geht es doch nur ums Bumsen!«

Nach seiner Ordination wurde er einer Gemeinde in den Vereinigten Staaten zugeteilt. Das Priesteramt gefiel ihm so gut wie alles andere – Leidenschaft hatte in seinem Gefühlsleben keinen Platz. Er tat seine Arbeit und blieb für sich. Nach ein paar Jahren bewarb er sich um eine Stelle in Südamerika, weil er einen Tapetenwechsel brauchte.

Er traf dort gegen Ende der sechziger Jahre ein. Die ersten sieben Jahre verliefen ereignislos. Doch dann wurde er einer

Gemeinde zugeteilt, die einen Kinderhort betrieb, in dem mehr als ein Dutzend Kinder unter zehn Jahren betreut wurden. Die Frauen, die den Hort leiteten, meinten, daß viele der Kinder vaterlos seien und es sicher schön fänden, wenn er sie besuchen würde. Immer wenn er kam, liefen die Kinder zu ihm, zerrten an seinem Arm und kletterten auf seinen Schoß. Er liebte die Zutraulichkeit und Wärme. Er hatte kein großes Geschick darin, erwachsene Freunde zu finden, und war körperlich so unsicher, daß es ihn schon nervös machte, wenn er jemandem die Hand gab. Bei den Kindern fühlte er sich nicht gehemmt. Er fing an, jeden Tag bei ihnen vorbeizuschauen.

Besonders mochte er einen achtjährigen Jungen, den er immer ganz fest an sich drückte, wenn er ihn auf dem Schoß hatte. Als sie sich eines Tages umarmten, griff Vater Martin nach der Hand des Jungen und legte sie auf seinen Penis. Der Junge war weder erstaunt noch aufgeregt. Also wiederholte Vater Martin es an anderen Tagen. Er legte auch seine Hand auf die Hose des Jungen. Irgendwie waren diese Berührungen für ihn zärtlicher und nicht sexueller Natur. Er dachte gar nicht darüber nach, daß das, was er tat, falsch sein könnte.

Vater Martin hatte sich in der Nähe von Frauen stets zurückgehalten, weil er wußte, daß Priester manchmal von ihnen in Versuchung geführt wurden. Er wußte auch, daß manche Priester sich von anderen Männern angezogen fühlten. Aber die Möglichkeit, daß die Berührung eines Kindes körperliche Erregung zur Folge haben könnte, war ihm nie in den Sinn gekommen. Und er war seiner eigenen Sexualität so entfremdet, daß er nicht erkennen konnte, wohin es führen würde, wenn er die Kinder streichelte, tätschelte und umarmte. »Es dämmerte mir einfach nicht«, sagt er. »Es klickte nicht. Ohne daß es mir bewußt war, überschritt ich die Grenze. Ich ging von liebevoller Zuneigung zur Sexualität über und erkannte es nicht einmal.«

Doch bald schon begriff er es, weil ihm bewußt wurde, daß er diese Begegnungen mit Kindern ersehnte und herbeiführte.

Er hatte etwas in sich losgetreten, das er nicht beherrschen konnte. Er befummelte neunjährige Jungen. Zehnjährige Jungen. Elfjährige Jungen. Im Verlauf eines Jahrzehnts berührte er alles in allem fünfzig Jungen im Alter von sieben bis siebzehn Jahren unsittlich. Mit ein paar hatte er sogar oralen Sex und mit einem sogar analen Sex. Er versuchte es auch mit unsittlichen Berührungen bei Mädchen, aber sie schienen weniger empfänglich dafür zu sein. Vater Martins Psychiater glaubt, daß Mädchenkörper dem schüchternen und sexuell unerfahrenen Priester zu fremd waren und daß das Berühren eines Mädchens ihm irgendwie offener und beschämender sexuell erschien als das Berühren eines Jungen.

Manchmal betete Vater Martin um Hilfe und entschloß sich aufzuhören. Aber das gelang ihm nie. Häufiger versuchte er seine Taten einfach zu verdrängen. Das war leicht, denn der Mann, den diese sexuellen Vorfälle erregten, erschien ihm wie ein vollkommen Fremder – ein ungeladener Gast im Leben Vater Martins. In den Wochen und Monaten, die zwischen den einzelnen Vorfällen verstrichen, vergaß Vater Martin diesen Mann – der aber immer wieder Besitz von ihm ergreifen konnte, wenn Vater Martin nicht aufpaßte.

In den achtziger Jahren erzählte ein Junge Vater Martins vorgesetztem Priester, was da vor sich ging. Als der Vorgesetzte Vater Martin zur Rede stellte, gestand er alles. Dem Vorgesetzten blieb der Mund offenstehen. »Ich bin schockiert«, sagte er völlig fassungslos. Und in diesem Augenblick begriff Vater Martin das, was er sich nie klargemacht hatte: »Was ich getan habe, *ist* schockierend.«

Vater Martin wurde in seine Diözese in den Vereinigten Staaten zurückgeschickt und nie für seine Verbrechen zur Verantwortung gezogen. Er ist jahrelang in Therapie gewesen. Sein Bischof bat ihn zwar nicht, die Priesterschaft zu verlassen, teilte ihm aber mit, daß er nie wieder Gemeindearbeit machen dürfte, und gab ihm eine Stelle als Krankenhauskaplan. Ein paar seiner Kollegen haben die Anweisung, ihn zu überwachen, und er paßt auch selbst auf sich auf. Er hat immer noch nicht gelernt, seine sexuellen Gefühle oder Bedürfnisse zu ergründen, und befürchtet, daß sie unbewußt wieder von ihm Besitz ergreifen könnten. Das Thema Sex macht ihn immer noch sehr verlegen. Er sagt, die einzigen sachlichen Gespräche zu diesem Thema hätte er während seiner Therapie und den Interviews zu diesem Buch erlebt. »Und jetzt möchte ich etwas sagen«, erklärt er, »was ich noch keinem anderen Menschen gesagt habe. ›Ich bin geil.‹ Nicht, daß ich jetzt im Augenblick so empfinde. Das ist nicht so. Sondern ich habe ja gesagt, daß ich noch zu keinem anderen Menschen diese Worte gesagt habe. Ich hatte nie das Gefühl, daß man sie aussprechen könnte – daß man sie aussprechen und darüber reden könnte.«

Vater Martins Verklemmtheit mag außergewöhnlich groß sein, doch das kommt bei Priestern häufiger vor. Therapeuten, die pädophile Priester behandelt haben, sagen, daß viele ohne jegliche sexuelle Erfahrung und ohne richtig aufgeklärt worden zu sein, diesen Beruf ergriffen haben. Sie glaubten, daß ihr Zölibatsgelübde jedem sexuellen Bedürfnis ein Ende machen würde.

Dr. James Pedigo, ein Psychiater aus Philadelphia, berichtet von einem Priester, der davon so überzeugt war, daß er nichts in seinem Verhalten je als sexuell interpretierte. Etwa zweimal im Monat bemerkte der Priester beim Urinieren noch eine andere Flüssigkeit. Er brachte das nicht in Verbindung mit Sex. »Er hatte einen besonderen Namen dafür, nannte es so eine Art Durchfall«, erzählt Pedigo. »Er wußte nie im voraus, wann das passieren würde. Ihm ist überhaupt nicht bewußt, was in seinem Inneren sexuell abläuft. Er wußte nur, daß dieser Vorgang anders war als Urinieren – es kam stoßweise heraus. Er bemerkte noch nicht einmal, daß er eine Erektion hatte – bis ich ihn danach fragte.«[4]

Laut Pedigos Aussage bekam der Bischof des Priesters so viele Beschwerden über dessen Verhalten kleinen Jungen gegenüber, daß er den Priester viermal von einer Gemeinde in die nächste versetzte. Wurde der Priester zur Rede gestellt, zeigte er stets ehrliche Reue. Als man ihn beschuldigte, seinen Neffen beim Duschen masturbiert zu haben, entgegnete er, daß er Grund gehabt hätte zu glauben, der Junge wäre von jemand anders sexuell mißbraucht worden. Er hätte nur nachgeschaut, ob die Hoden beschädigt seien. Als man ihn beschuldigte, drei Halbwüchsige ins Pfarrhaus geführt und sie dort gezwungen zu haben, ihre Hosen fallenzulassen, antwortete er, daß er Grund zu der Annahme gehabt hätte, die Jungen würden Heroin spritzen. Er wollte nur nachprüfen, ob ihre Penisse Einstichspuren aufwiesen.

Während manche Priester unter einer zerstörerischen sexuellen Hemmung leiden, sind andere sexuell sehr unreif. Das wird in der vom Zölibat geprägten Priesterschaft nie in Frage gestellt, denn im Grunde wird hier die Botschaft vermittelt: Bleib in deiner Entwicklung einfach stehen. Wenn man nicht gerade weit gekommen ist, ist diese Botschaft gefährlich, weil man sich immer noch an einem Punkt befindet, an dem man sexuell sehr neugierig ist und seine Sexualität kaum beherrschen kann.

Das war ganz sicher bei Vater Mark Lehman der Fall, einem Priester aus Phoenix, Arizona, der sich schuldig bekannte, drei Mädchen aus seiner wohlhabenden Gemeinde mißbraucht zu haben. Er wurde 1992 zu zehn Jahren Gefängnis verurteilt. Damals war er gerade dreißig Jahre alt.[5]

Als Vater Mark im Alter von sechsundzwanzig Jahren in die Gemeinde St. Thomas kam, bot er einen hinreißenden Anblick. Sein jungenhaftes Äußeres war so anziehend, daß die Staatsanwaltschaft Zweifel hegte, ob er bei einem Schwurgerichtsprozeß schuldig gesprochen würde. Sie fürchteten, daß die jüngeren Frauen der Jury den Wunsch haben könnten, sich mit ihm zu verabreden. Ältere Frauen würden in ihm den Sohn sehen und den Wunsch verspüren, für ihn zu kochen. Und in der Tat – während des Prozesses kamen manchmal die

Sekretärinnen der Staatsanwaltschaft in den Gerichtssaal, weil sie den gutgebauten, athletischen Körper des Priesters bewunderten. Wer hätte je geglaubt, daß so ein Mann sich an kleinen Mädchen vergreifen würde?

Doch manche Eltern fingen gleich nach seinem Eintreffen an, sich über Vater Mark zu wundern. Im Umgang mit Erwachsenen wahrte er stets Distanz und trat ihnen zurückhaltend und ruhig gegenüber. Doch bei Kindern schwand seine Reserviertheit. Er tollte mit ihnen auf dem Spielplatz der Gemeindeschule herum, kitzelte sie und schwenkte sie durch die Luft. Bei Schulbällen tanzte er mit zwölf- und dreizehnjährigen Mädchen. Sie fühlten sich so wohl in seiner Gesellschaft, daß eine ihm eines Tages aus Spaß ein Kondom überreichte. Vater Mark ging damit zur Toilette, kam nach ein paar Sekunden wieder heraus und rief: »Es ist nicht lang genug.«

Vater Mark war ein kleiner Junge, und er war, was Sex anging, auch genauso unsicher. In einer Risiko-Beurteilung, die während des Prozesses von Psychologen durchgeführt wurde, gab er zu, daß ihn seine mangelnde sexuelle Erfahrung – er hatte nie Geschlechtsverkehr gehabt – so verlegen gemacht hätte, daß er manchmal Lügen erzählte. Er befürchtete, andere Menschen könnten glauben, daß er abnormal wäre. Er befürchtete, daß andere Erwachsene ihn nicht mochten. Er befürchtete, daß sein Penis zu klein sei.

Und obwohl er sich zu erwachsenen Frauen ebensosehr hingezogen fühlte wie zu jungen Mädchen, wurden die Mädchen Opfer seiner jähen sexuellen Annäherungsversuche. So lief er ins Schlafzimmer eines Mädchens, lüftete ihre Bettdecke, berührte ihr bloßes Hinterteil und stürzte wieder hinaus. Beim Kitzeln betastete er die Hinterteile und die Brüste der Mädchen. Er besaß auch Fetische. Einmal durchwühlte er das Kleidungsangebot für einen Kirchenbasar und fand eine Unterhose. Er benutzte sie, um sich zu erregen, masturbierte und legte sie dann wieder zurück auf den Haufen.

Ein psychologisches Gutachten wies darauf hin, daß Vater

Mark nie eine gesunde, reife Haltung gegenüber der Sexualität entwickelt hatte – ein Problem, das noch durch seinen Entschluß, Priester zu werden, verstärkt wurde. »Offenbar hätten die Probleme dieses jungen Mannes vermieden werden können, wenn er während der Zeit im Priesterseminar mehr diskreten Unterricht und vielleicht ein paar Erlebnisse genossen hätte«, schrieben die Gutachter. »Ihm mangelt es an jeglichem Verständnis für die psychosexuelle Entwicklung während der Pubertät – er begreift sie nicht einmal.«

Eine andere Fallgrube der Priesterschaft, die Priester sehr leicht zu sexuellem Kindesmißbrauch verleitet, ist die Einsamkeit, die der Zölibat mit sich bringt. Da sie allein leben und keine Liebesbeziehung eingehen dürfen, fehlt ihnen die intime Nähe, die andere Männer erleben. Mit den Jahren können Priester so sehr von dem Gefühl der Vereinsamung überwältigt werden, daß auch ihr Urteilsvermögen leidet. Sie greifen sich aus ihrer Umgebung die Menschen heraus, die am leichtesten verfügbar sind – und manchmal sind das eben Kinder.

Vater Charles[6] (Name geändert) hatte das Gefühl, völlig von den Männern und Frauen seiner Gemeinde entfremdet zu sein. Sie hatten Familien, führten ein aktives Leben, und wenn sie von Zeit zu Zeit mit ihm redeten, stellten sie nur Forderungen oder baten ihn um etwas. Er tat ständig etwas für andere, aber niemand tat etwas für ihn. Die einzigen Gemeindemitglieder, die Zeit und Muße hatten, einfach im Gemeindehaus zu sitzen und zu plaudern, waren Kinder.

Eines Tages kam ein fünfzehnjähriger Junge, dem Vater Charles besondere Aufmerksamkeit gewidmet hatte, auf ihn zu, umarmte ihn und sagte: »Vater, ich liebe Sie wirklich.« Der Priester fühlte eine Wärme in sich aufsteigen, die er nie zuvor empfunden hatte. »Niemand hatte mich jemals so umarmt und mir gesagt, daß er mich liebt«, erzählt er und fügt hinzu, daß seine Eltern sehr förmlich und distanziert gewesen seien. »Das war ein sehr einschneidendes Erlebnis in meinem

Leben. Und ich mußte dazu dreißig Jahre alt werden. Können Sie sich das vorstellen?«

Vater Charles glaubt nicht, daß dieses Erlebnis der Auslöser für eine Neigung zu Jungen war, die nicht vorher schon bei ihm vorhanden war. Er vermutet, daß diese Neigung schon immer in seinem Inneren schlummerte und plötzlich erwachte, weil es keine andere menschliche Nähe in seinem Leben gab. »Danach habe ich dieses Gefühl immer wieder ersehnt. Ich fing an, die Zuneigung von jüngeren Menschen zu suchen, und wurde davon abhängig. Ich weiß nicht genau, wann die Sexualität dazukam, aber sie kam dazu.«

Er begann mit ein paar der vierzehn- und fünfzehnjährigen Jungen, mit denen er sich anfreundete, oralen Sex zu praktizieren. Er wußte, daß das falsch war, doch er war durch sein Verlangen so gelähmt, daß er nicht mehr aufhören konnte. Zur gleichen Zeit verzehrte ihn die Wut über die Anforderungen und Opfer, die das Leben als Priester von ihm verlangte. »Es hatte so viele Bedürfnisse gegeben, die unerfüllt geblieben waren, so viele Enttäuschungen, so viele Schmerzen und so viele Zurückweisungen, daß man sie gar zählen kann«, sagt er. »Ich vermute, daß ich nach zwanzig Jahren in einer Gemeinde das Gefühl hatte, niemand würde sich um mich scheren.«

Schließlich wurde er überführt und verbrachte ein paar Jahre im Gefängnis. Sein Bischof besuchte ihn und ließ ihm die Wahl: Wenn Sie die Priesterschaft verlassen, werde ich Ihnen Unterhalt für die nächsten beiden Jahre bezahlen, sollten Sie sich weigern, dann wird es nicht sehr erfreulich für Sie werden. Vater Charles ging. Zur Zeit besucht er in einem anderen Staat eine Fachhochschule und versucht sich im Alter von siebenundfünfzig Jahren ein neues Leben aufzubauen. Er ist nicht in der Lage, neben seinem eigenen Schmerz zu erkennen, welchen Schaden er anderen zugefügt hat. Er schimpft auf die katholische Kirche, weil sie ihm nicht aufgeholfen hat, als er am Boden war. Er gibt der Priesterschaft die Schuld an seinem Fall. Er behauptet, sein Psychiater hätte ihm einmal gesagt: »Sie machen mich sehr traurig, denn Sie sind ein Mensch, der sich für die Kirche aufgeopfert hat.«

Andere Priester, die Kinder mißbrauchen, finden Wege, um sich einzureden, daß ihr Tun weder schädlich noch sündhaft ist. Kinderschänder sind sehr geübt in solchen geistigen Kunststücken, und bei Geistlichen ist das kein bißchen anders. Im Gegenteil – Priester, die Kinder mißbrauchen, ziehen oft religiöse Ideale und Symbole heran, um sich selbst davon zu überzeugen, daß ihr Tun im Einklang mit ihrer Frömmigkeit steht. Manche von ihnen entwickeln eine Definition des Zölibats, die sich von derjenigen der Kirche unterscheidet. Sie behaupten, daß nur der Geschlechtsverkehr mit einer Frau oder überhaupt mit einem Erwachsenen ihr Gelübde verletzen würde. Sie zwingen ihre Religion in den Dienst ihrer Abnormalität.

Vater Robert Kirsch hatte sich eine vollständige Theologie für das, was zwischen ihm und Susan Sandoval geschehen war, zurechtgelegt. Das Mädchen aus New Mexico sagte im Prozeß aus, daß der Priester sie zwischen ihrem vierzehnten und achtzehnten Lebensjahr wiederholt sexuell mißbraucht hätte. Susan sagte, sie hätten Geschlechtsverkehr gehabt. Vater Bob meinte, es wäre etwas ganz anderes gewesen.

»Vielleicht war es eher eine ›respektvolle Umarmung‹«, gestand er bei einer Aussage 1992 – mehr als fünfzehn Jahre nach Ende des Mißbrauchs. Vater Bob erklärte dann, was er damit meinte. Geschlechtsverkehr, sagte er, fände nur dann statt, wenn ein Mann eine Frau leidenschaftlich umarme und in sie ejakuliere. Ja, sicher hätte er auf Susan gelegen. Ja, er hätte seinen Penis in ihre Vagina eingeführt. Aber es hätte dabei »keine Leidenschaft, keine Küsse, nichts, einfach nichts gegeben«, sagte er. Und er hätte nicht ejakuliert.

»Ich glaube nicht, daß das Geschlechtsverkehr ist«, meinte Vater Bob. »Wir nennen das eine ›respektvolle Umarmung‹. Das ist eine sehr ruhige Umarmung. Es ist nicht das, was man gemeinhin als sexuellen Akt bezeichnet.« Das wäre auch kein

Bruch des Zölibats, sagte er, weil Zölibat nur bedeuten würde, daß man nicht heiraten dürfe. Und obwohl die katholische Kirche Sex außerhalb der Ehe als Sünde verdammt, konnte Vater Bob hier nichts Sündiges entdecken. »Sex wäre es. Aber eine ›respektvolle Umarmung‹ ist etwas ganz anderes«, erklärte er. »Ich würde es nicht als Sünde betrachten, nein. Und das habe ich zu entscheiden, nicht Sie, weil ich die Definition geprägt habe.«[7]

Schwester Georgene Stuppy bemäntelte ihren Kindesmißbrauch ebenfalls mit religiösen Rechtfertigungen. Schwester Georgene[8] – die übrigens jedes Fehlverhalten leugnet – ist anscheinend die einzige katholische Nonne, die je in den Vereinigten Staaten des Kindesmißbrauchs angeklagt wurde. Doch manche Experten glauben, daß es bei Kindesmißbrauch durch Nonnen eine hohe Dunkelziffer gibt – wie bei Kindesmißbrauch durch Frauen in der Gesellschaft überhaupt. Außerdem würden selbst die kindlichen Opfer den Mißbrauch nicht als solchen erkennen. Kenneth Lanning, der Experte des FBI für sexuellen Kindesmißbrauch und ehemaliger Zögling von Klosterschulen, fragt sich, ob sich hinter dem berüchtigten Hang von Nonnen zur körperlichen Züchtigung nicht ein gewisser Grad von sexuellem Sadismus verbirgt.[9] »Ist es eine Disziplinarmaßnahme, wenn jemand ein Lineal nimmt, ein Kind auf das Pult drückt und es mit dem Lineal züchtigt?« fragt Lanning. »Ist es körperliche Mißhandlung? Oder ist es sexueller Mißbrauch? Meiner Meinung nach könnte jede der drei Möglichkeiten zutreffen.«

Schwester Georgenes Taten wurden 1990 in einem Zivilprozeß aufgedeckt, den eine Frau aus Minnesota angestrengt hatte. Gegen Ende der siebziger Jahre, als die Klägerin in der achten Klasse gewesen war, hatte Schwester Georgene angefangen, sie regelmäßig unzüchtig zu berühren und an ihren Brüsten zu saugen. Dies hatte sie über einige Jahre hinweg getan.

Schwester Georgene gab die unzüchtigen Berührungen und

das Saugen an den Brüsten zu. Aber sie schien ehrlich darüber verwirrt zu sein, daß die Anwälte, die sie befragten, diese Dinge als sexuelle Handlungen betrachteten. »Es tut wirklich weh, wenn Sie das als sexuellen Kontakt bezeichnen«, meinte Schwester Georgene, »aber ich weiß, daß man das wohl so nennen muß.« Die Nonne erklärte, daß sie und das Mädchen einfach nur spirituelle Gefährtinnen auf einer »gemeinsamen Seelenreise« gewesen wären. Durch die eine hätte die andere Gottes unendliche Liebe entdeckt.

Schwester Georgenes Briefe an das Mädchen – wilde Liebesbeteuerungen, unterstützt durch herzförmige Zeichnungen – bezeichnen das Mädchen abwechselnd als Geschenk und Mittler von Gott, als Mutter Gottes oder als Personifikation Jesu. In einem Schreiben schilderte die Nonne einen Traum, in dem sie Gott durch das Mädchen erfuhr: »Du nahmst meine Hand, drehtest sie um und strecktest meinen Arm aus, so daß ich SEIN Gesicht berühren konnte, und dann war irgendwie SEIN Gesicht auch dein Gesicht. Ich spüre noch in meinen Fingern die Wärme und Weichheit deines Gesichts. Zuerst ist dein Gesicht trocken, und dann gleite ich mit meinen Fingern buchstäblich über ein Meer von Tränen.«

Die Nonne schrieb, daß das Mädchen ihr »liebster schmerzensreicher Heiland« wäre, und erklärte, daß sie beide, bedrängt durch den Schmerz in der Welt, bald das Leiden Jesu Christi erleben würden. Spirituelle Ankündigungen und religiöse Anspielungen treten gehäuft auf nahezu jeder Seite von Schwester Georgenes umfangreichem Briefwechsel mit dem Mädchen auf. Selbst wenn sie Gott nicht erwähnte, kann man ihre Gefühle für das Mädchen nur mit dem Wort »schwärmerisch« bezeichnen. Nachdem das Mädchen eine Klasse verlassen hatte, in der Schwester Georgene unterrichtete, schrieb die Nonne: »Wenn ich dein Pult zur Seite schiebe, muß ich mich immer hinunterbeugen und es küssen.«

Bei manchen Kinderschändern sitzt die Krankheit so tief, daß sie keine theologische oder intellektuelle Verteidigung ihres Verhaltens konstruieren können. Deshalb leugnen sie einfach ihr Problem, wodurch es aber nur verstärkt wird. Das war ganz sicher bei Vater James Porter[10] der Fall, jenem Kinderschänder im Priesterrock, der – so weit bis jetzt bekannt ist – den größten Schaden angerichtet hat.

Die Geschichten, die seine Opfer – mindestens 125 Jungen und Mädchen in vier Staaten – erzählen, zeigen einen Kinderschänder von unersättlicher sexueller Gier und unerschöpflichem Trieb. Nichts hielt ihn auf. Weder wiederholte Beschwerden bei seinen Vorgesetzten, die ihn daraufhin in eine neue Gemeinde oder einen anderen Bundesstaat versetzten. Noch die vielen Male, die er in psychiatrische Behandlung eingewiesen wurde. Nicht einmal die dreizehn Monate Elektroschocktherapie. Und nichts schreckte ihn ab. Wiederholt hat er sich an einem Kind vergriffen, während dessen Eltern nichtsahnend im Zimmer nebenan saßen. Wiederholt mißbrauchte er ein Kind, während ein anderer Priester an die Tür klopfte und fragte, was die Schreie bedeuteten.

Aber wenn er nicht gerade Kinder jagte oder mißbrauchte, wirkte er wie ein ausgeglichener Mensch. Viele Bekannte erinnern sich gern daran, wie Vater Porter Kinder aus der Nachbarschaft im Stockball unterwies. Für andere ist er in ihrer Erinnerung ein schlagfertiger, lebhafter und liebenswerter Mensch. Seine Verbrechen haben ihn anscheinend nie belastet, und der Schmerz, den er verursachte, war ihm nicht bewußt, denn er strahlte jeden an – sogar wenn man ihm seine Taten vorhielt.

»Ich fühle mich viel besser und komme gut voran«, schrieb er 1964 an seinen Bischof, nachdem man ihm Kindesmißbrauch vorgeworfen und ihm befohlen hatte, sich Urlaub zu nehmen. »Wie Sie sich vorstellen können, war ich vielen Versuchungen ausgesetzt, aber dank Gottes Gnade bin ich gut mit ihnen fertiggeworden.« Am nächsten Tag mißbrauchte Vater Porter laut den Kriminalakten aus dem Jahr 1992 zwei weitere Kinder.

Als der Privatdetektiv Frank Fitzpatrick aus Rhode Island, der in den sechziger Jahren von Vater Porter mißbraucht worden war, ihn im Frühling 1991 in Minnesota anrief, schien der damalige Ex-Priester sogar noch besserer Stimmung zu sein. »Das hat man doch schon vor Jahren geregelt«, meinte er bezüglich seiner sexuellen Probleme und fügte hinzu, daß er nach seinem Ausscheiden aus der Priesterschaft, seiner Heirat und der Gründung einer Familie aufgehört hätte, Kinder zu mißbrauchen. »Es ist schon komisch, wie alles gelaufen ist. … Das reine Wunder, daß ich nie Schwierigkeiten bekam … Noch heute ist es für mich und meine Familie das reine Wunder.« Ein Jahr später wurde er in Minnesota wegen Mißbrauchs einer Jugendlichen, die seine Kinder 1987 gehütet hatte, verurteilt.

Doch trotzdem muß Vater Porter als die Ausnahme von der Regel angesehen werden. Die meisten Kinderschänder mißbrauchen weniger Opfer. Die meisten nähern sich den Kindern voller Zuneigung, und viele lieben diese Kinder, denen sie eigentlich nicht wehtun wollen, wirklich. Viele empfinden auch tiefe, manchmal sogar schmerzliche Reue.

Als Vater Paul Henry Leech 1984 in Rhode Island wegen Mißbrauchs eines Teenagers seiner Gemeinde angezeigt wurde, wurde ihm plötzlich ganz klar, was er getan hatte. Und auch einer der Zwänge, die ihn dazu getrieben hatten, wurde ihm bewußt: Er war selbst als Teenager mißbraucht worden. Voller Schuldgefühl rang er sich dazu durch, die Eltern seiner Opfer zu besuchen, damit sie erfuhren, daß ihre Söhne mißbraucht worden waren und Hilfe brauchten. Eine Mutter, die er nach dem plötzlichen Tod ihres Mannes seelsorglich betreut hatte, erzählte den ermittelnden Polizisten, daß Vater Paul ihr nicht nur seine Taten gestanden habe. Er habe sie auch gebeten, ihn wissen zu lassen, ob er ihr eine Hilfe gewesen wäre, ob er irgend etwas Gutes an ihr getan hätte, das die bösen Taten ausgleichen könnte. Er schien sich verzweifelt an den Glauben zu klammern, daß es so war.[11]

Mindestens drei Priester, die des Kindesmißbrauchs angeklagt waren, haben Selbstmord begangen. Einer, ein Benediktinermönch, dem ein Prozeß wegen sexuellen Mißbrauchs an einem zwölfjährigen Ministranten bevorstand, verließ die Abtei St. Bernhard in Cullman, Alabama, zu seinem üblichen Morgenspaziergang und schoß sich in den Kopf. Neben seiner Leiche lag ein Abschiedsbrief: »Meine Freunde, der Schuldiggesprochenen schämt man sich, die Toten sind schnell vergessen. Also nehme ich mir die Freiheit, lieber eine tote Erinnerung als ein lebendes Symbol und eine Schande für die Kirche und meine Brüder zu sein. Mir fehlt nicht der Glaube. Im Gegenteil, ich glaube fest daran, daß ER mir gnädig sein wird, obwohl ich voreilig zu der Überzeugung gelangte, daß meine Zeit gekommen ist. ER ruft mich nach Hause.«[12]

Monsignore William Reinecke hinterließ keinen Abschiedsbrief. Niemand kann sicher sagen, warum er Selbstmord beging. Aber zwei Tage vor seinem Selbstmord, am 9. August 1992, besuchte ihn ein Mann aus seiner Vergangenheit: Joseph McDonald, Geschäftsführer des Vereins für geistige Gesundheit in Nord-Virginia. McDonald berichtet, er hätte dem Priester gesagt, daß er sich daran erinnern würde, wie Vater Reinecke ihn vor gut zwanzig Jahren während seiner Ministrantenzeit mißbraucht hätte. Er erzählt, daß er Reinecke auch gesagt hätte, seiner Meinung nach wäre der Priester – der inzwischen zum Kanzler des Bistums Arlington in Virginia aufgestiegen war – völlig ungeeignet, mit Kindern zu arbeiten. Reinecke entschuldigte sich und fragte ihn, ob sie noch einmal miteinander sprechen könnten, wenn er von einer Klausur zurückkäme, die am nächsten Tag anfinge. McDonald gab Reinecke daraufhin seine Visitenkarte.[13]

Reinecke kehrte aus der Klausur nie zurück. Seine Leiche wurde am 11. August auf einem Feld in der Nähe von Berryville, Virginia, nahe bei der Abtei vom Heiligen Kreuz gefunden. Er hatte sich in den Kopf geschossen. Nach seinem Tod erklärte ein weiterer Mann öffentlich, daß Reinecke ihn als Jungen mißbraucht habe. Andere Männer mit ähnlichen Schicksalen haben sich an Selbsthilfegruppen und Justizbehörden gewandt.

Vater Ned, der Priester, der jeden Tag die Todesanzeigen liest, dachte auch an Selbstmord. Als man ihn vor Würdenträgern der Kirche als Kinderschänder bloßstellte, hatte er das Gefühl, daß sein Leben als Priester, überhaupt sein Leben vorbei wäre. Schmerz und Schuldgefühl erstickten ihn fast. Immer wieder fragte er sich: Warum? Warum war er nicht stärker gewesen? Warum hatte Gott nicht seine Opfer und ihn gerettet? Warum hatte er in sich immer dieses brennende Verlangen nach Jungen gespürt?

Dieses Verlangen hatte ihn seit seiner Kindheit begleitet. Als er dreizehn war, spielte er mit anderen Dreizehnjährigen Doktorspiele. Als er sechzehn war spielte er immer noch mit Dreizehnjährigen diese Spiele. Als er neunzehn war, hatte er damit aufgehört, aber nur, weil ihm klar wurde, daß diese Spiele als Sünde und Perversität angesehen wurden. Das Verlangen war ihm geblieben. Seine stärksten sexuellen Phantasien drehten sich um kleine Jungen.

Die Scham war überwältigend. Heute fragt er sich, ob es nicht zum Teil diese Scham war, durch die er sich zur Priesterschaft hingezogen fühlte. »Diese zwei Kräfte waren so stark – Scham und Selbsthaß auf der einen Seite und das große Verlangen nach der Priesterweihe auf der anderen«, erklärt er. »Einerseits dieses schreckliche Geheimnis und andererseits dieses großartige Ziel. Ich fühlte mich immer so gut, wenn ich mein Priesteramt ausübte. Es war so, als ob man meine Person für würdig befunden hätte.«

Während seiner Ausbildung im Priesterseminar half er einem Gemeindepriester bei der Jugendarbeit. Er fuhr mit Kindern zelten. Er balgte mit ihnen bei Sportwettkämpfen herum. Die Bilder, die er mit in seine Zelle nahm, schürten die Phantasien, zu denen er masturbierte. Er tröstete sich mit dem Gedanken, daß er ja zumindest nicht versuchte, die Phantasien in die Tat umzusetzen.

Der Tag seiner Ordination war der schönste in seinem Leben. Ein paar Dutzend Verwandte und viele gute Freunde nahmen daran teil. Manche hatten sogar einen dreistündigen Flug in Kauf genommen, um dabei zu sein. Sie saßen inmitten Hunderter andächtiger Zuschauer in der großen Kathedrale, deren Mauern mit schimmerndem Blattgold verziert waren. Sie sahen ihn voller Bewunderung an. Diesen kurzen Augenblick lang hielt er sich für einen der glücklichsten Männer auf der Welt. Er war selig.

Nur ein paar Wochen nach der Einweisung in seine erste Gemeinde erkrankte der Gemeindepfarrer schwer. Vater Ned war nun allein. Kirchenfunktionäre boten ihm zwar an, Hilfe zu schicken, sagten aber auch, daß sie es ihm durchaus zutrauten, die Gemeinde allein zu leiten. Vater Ned wagte es und arbeitete zehn, zwölf, vierzehn Stunden am Tag. Die Gemeindemitglieder staunten über ihn und sagten es ihm auch. »Das war ein tolles Gefühl«, erzählt er. »Ich fühlte mich wie ein Held.«

Aber er stand dadurch unter enormem Streß, was nach seiner Meinung der Grund dafür war, daß seine Triebe ihn einfach »kalt« erwischten. Als er mit einem Kind aus der Gemeinde herumbalgte, legte er seine Hand auf dessen Lenden. Als er einen Ministranten nach einer gut gelungenen Messe lobte, tätschelte er dessen Hintern. Er war dankbar dafür, daß er während der Messe ein langes, wallendes Meßgewand tragen durfte, denn es verbarg die Erektion, die er manchmal bekam, wenn er mit den Ministranten in der Sakristei zusammen war.

Je öfter er sie berührte, desto schwerer fiel es ihm, sich zu beherrschen. »Es setzte eine Gier frei«, erinnert er sich. »Jetzt reichten mir die Phantasien nicht mehr. Das ist wie – also Masturbation macht ja auch keinen Spaß mehr, wenn man erst einmal Geschlechtsverkehr hatte, oder?«

Niemand schien seine Affinität zu Jungen zu bemerken. Und wenn es doch jemand tat, so schöpfte er keinen Verdacht. Wer würde denn so etwas von einem ungemein gutaussehenden, einsachtzig großen Priester glauben, dessen Stern schnell aufging? »Mich umgab ein Heiligenschein, der offenbar alle blendete«, sagt er. Aber Vater Ned durchschaute sich selbst. Und manchmal, wenn ein Gemeindemitglied zu ihm kam und seine Arbeit lobte, dachte er: Wenn du wüßtest! Wenn du wüßtest, daß ich meine Hände in die Hosen deiner Kinder gesteckt und von ihnen beim Masturbieren phantasiert habe!

Es verfolgte ihn. Als er einmal während der Messe auf der Kanzel stand, schaute er hinunter und blickte in das süße Gesicht eines Ministranten, der still betete, und dachte: Hier ist dieser hübsche, vertrauensvolle Junge, der zu mir aufschaut, weil ich die Sakramente in diesem religiösen Ritual austeile. Ich möchte, daß er mich achtet, und nicht, daß ich ihn für meine Begierden benutze. Ich muß mich daran erinnern, wer er ist und was ich bin.

Dann nahm er sich vor, aufzuhören, und betete zu Gott um Hilfe. Er brach sein Versprechen. Danach fühlte er sich unwürdig und wurde depressiv. Und er suchte schnelle Erlösung von seinen Schmerzen durch seine Lieblingsdroge: das Berühren von Jungen und sexuelle Phantasien darüber. Der Teufelskreis war wieder in Gang gesetzt.

Die meisten seiner Berührungen waren oberflächlich und als Spiel getarnt. Er berührte nur zwei Jungen unsittlich, und auch diese Berührungen geschahen in schnellen, flüchtigen Gesten. Aber es gab einen Jungen, bei dem er weiter ging. Sie trafen sich häufig, um über die Probleme zu sprechen, die der Junge zu Hause hatte. Sie gingen zusammen spazieren. Sie küßten sich. Sie befriedigten sich gegenseitig mit der Hand. Und sie praktizierten oralen Sex.

Nach fünf Jahren in dieser Gemeinde beschlossen Vater Ned und das Bistum, daß er seine Ausbildung vervollkommnen sollte. Er wurde für eine leitende Funktion in der Kirche aufgebaut. Seine Gemeindemitglieder besorgten ein Faß Bier und Bratwürste und richteten zu seinem Abschied ein Grillfest auf der Gemeindewiese aus. Aber dann, nur ein paar Wochen bevor er gehen sollte, wurde er zum Generalvikar bestellt.

Als er in dessen Büro kam, sah Vater Ned, daß auch der Kanzler der Diözese anwesend war. Sein Magen krampfte sich zusammen. Der Generalvikar reichte Vater Ned einen Brief, den der Junge, mit dem er sexuell am weitesten gegangen war, an den Priester geschrieben hatte. Die Eltern des Jungen hatten den Brief gefunden, ehe er abgeschickt wurde. Als Vater Ned den Brief las, verschlug es ihm den Atem. Der Junge schrieb, wie sehr ihm Vater Ned fehlen würde und welche körperlichen Freuden sie geteilt hätten.

»Ist das wahr?« fragte der Generalvikar Vater Ned.

In Vater Neds Kopf überschlugen sich die Gedanken. Der Junge war gestört und wirkte nicht glaubwürdig. Vielleicht konnte Vater Ned irgendwie aus dieser Sache herauskommen. Doch dann merkte er, daß er das gar nicht wollte. Er konnte sein Geheimnis nicht länger für sich behalten. Es zerriß ihn.

»Ja«, erwiderte er. »Es ist wahr.« Er weinte.

Er wurde angeklagt, bekannte sich schuldig und saß seine Gefängnisstrafe ab. Über seine Verurteilung berichteten die Lokalzeitungen und der lokale Fernsehsender. Daher erwarteten ihn seine Mitinsassen bereits, als er ins Gefängnis kam. »Vater Kinderschänder!« johlten sie. Sie rissen Witze über die Kinder anderer Häftlinge, die katholische Schulen besuchten, und fragten laut, ob sie wohl sicher wären. Vater Ned ließ die Mahlzeiten ausfallen, um nicht mit ihnen zusammensein zu müssen. Er las in der Bibel und grübelte über die Passagen nach, in denen von Gottes Vergebung für die Sünder die Rede war. Konnte Gott ihm vergeben?

Nach seiner Entlassung entschied seine Diözese, daß er nur Priester bleiben könnte, wenn er einen Posten in der Verwaltung annahm und sich von Gemeindearbeit fernhielt. Er konnte in einem Pfarrhaus leben, durfte aber keine Messe lesen. Also setzte er sich an Sonntagen auf die Couch in seinem Zimmer, stellte den Kelch und ein paar Hostien auf den Couchtisch und feierte allein die heilige Kommunion. »Das ist der Leib Christi«, sagte er und hielt eine Hostie hoch. Doch niemand war da, der »Amen« sagen konnte.

Er ging regelmäßig zur Therapie. Anfangs erwartete er, daß man ihm genau sagen würde, wie er sein Problem lösen könnte. Statt dessen erkannte er, daß er nie geheilt werden würde. Daß er ein echter Pädophiler war. Sein Verlangen würde ihn nie verlassen. Er lernte, daß es sich wie beim Alkoholismus verhielt: Die Krankheit verschwand zwar nicht, konnte aber beherrscht werden. Er brachte sich bei wegzuschauen, wenn er attraktive junge Burschen auf der Straße sah, und nahm immer Freunde aus der Selbsthilfegruppe mit, wenn er irgendwohin gehen mußte, wo er wahrscheinlich vielen kleinen Jungen begegnen würde. Er lernte, sich seiner Gefühle nicht zu schämen, sondern Verantwortung dafür zu übernehmen, wie er damit umging.

Er versuchte Buße zu tun. Er schrieb an die Paare, deren Söhne er mißbraucht hatte, um ihnen zu sagen, daß es ihm leid täte. Er bot an, seinen Opfern von Angesicht zu Angesicht gegenüberzutreten, falls das ihre Heilung unterstützen würde. In seinem Brief an das Paar, mit dem er so gut befreundet gewesen war, schrieb er: »Ich würde ans Ende der Welt reisen, wenn es einen Weg gäbe, den Schaden ungeschehen zu machen.« Das Paar antwortete nie, aber ein paar Jahre später begegnete er zufällig der Frau. »Es tut mir leid«, sagte er zu ihr. Freundlich erwiderte sie: »Mir tut es auch leid, daß wir es nie über uns gebracht haben, mit dir zu sprechen.«

Von seiner Reue beeindruckt, fand die Kirche sogar einen Ort, an dem er die heilige Kommunion wieder zusammen mit anderen einnehmen konnte – ein Nonnenkloster. Die Nonnen dort hatten Schwierigkeiten, Priester zu finden, die ihnen täglich die Messe lasen; die Mutter Oberin willigte ein, es mit Vater Ned zu versuchen. Während seiner ersten Messe schlug

Vater Ned das Herz bis zum Hals. Er verwechselte ein paar Sätze in der Liturgie, und seine Hände zitterten, als er den symbolischen Leib Christi hochhielt, der sich plötzlich so zerbrechlich anfühlte wie ein rohes Ei. Aber Freude erfüllte ihn. »Tief unten in meiner Seele sang es: ›Ja! Das ist es, was zählt!‹«

Nur die Mutter Oberin wußte über Vater Neds Vergangenheit Bescheid. Nachdem er ein paarmal die Messe gelesen hatte, rief er die Nonnen zusammen und erzählte ihnen seine Geschichte. Nachdem er geendet hatte, waren sich alle einig, daß sie ihn als Priester behalten wollten. Eine Nonne kam still zu ihm und flüsterte: »Vater, in diesem Raum sind alle möglichen Lebensgeschichten versammelt. Ihre ist nicht die einzige, die von Kampf, Schmerz und Sünde erzählt.«

Schritt für Schritt eroberte Vater Ned sein Leben neu und fand seine Selbstachtung wieder. Er erzählte fast jedem in seinem Leben – Freunden, Mitarbeitern, dem Hausmeister im Pfarrhaus – von seinen Taten und den Trieben, die ihn dazu verleitet hatten. Er wollte es überall verbreiten. Nie wieder wollte er Geheimnisse haben.

Seine Konsequenz und seine Wandlung beeindruckten sogar seine Vorgesetzten, die anfangs entsetzt über seine Taten und wütend über den Schmerz und die Schande gewesen waren, die er seiner Kirche bereitet hatte. »Was er getan hat, war schrecklich«, meint der Generalvikar der Diözese. »Aber das ist nur ein Teil dieses Mannes. Er hat nicht versucht, vor seinen Taten davonzulaufen, oder so getan, als hätte er nichts Ernstes verbrochen. In seinem Willen, alles aufzuarbeiten, was mit ihm geschehen ist, kann ich Gott erkennen. Ich sehe in ihm das Wirken von Gottes Gnade.«

Nach mehreren Jahren Therapie hatte Vater Ned das Gefühl, er wüßte jetzt genug über seine Triebkrankheit, um andere darüber aufzuklären. Seinen ersten Vortrag hielt er vor einer Gruppe Psychiater und Psychologen, den zweiten vor einer Gruppe von kirchlichen Würdenträgern – viele davon

Katholiken –, die mehr über Geistliche, die Kinder mißbrauchen, erfahren wollten.

Er saß gemeinsam mit einem Mann, der als Teenager mißbraucht worden war, auf dem Podium. Der Mann sprach zuerst. Als Vater Ned aufstand, um seinen Vortrag zu halten, war er sich nicht sicher, wie man das aufnehmen würde. Er hatte das Gefühl, als trüge er ein Brandmal auf der Stirne. Aber er tat sein Bestes, um zu erklären, wie seine Triebe seine Vernunft hinweggefegt hätten und daß er eigentlich nie jemanden hatte verletzen wollen. Er sprach über seine Reue und seinen Schmerz.

Seine Worte rührten mehrere katholische Geistliche so sehr, daß sie die Frage stellten, ob man Männer wie ihn eigentlich so streng behandeln müsse. Mußte man sie wirklich hinter Schloß und Riegel setzen und ihnen für alle Zeit die Gemeindearbeit verbieten? Ja, antwortete Vater Ned ihnen. »Ersparen Sie dem Täter nichts«, sagte er und erklärte, daß alles, was er verloren, und jeder Preis, den er bezahlt hätte, ihm als gerechte Strafe für all das Unrecht erschiene, das er begangen habe.

Als Vater Ned geendet hatte, kam das Opfer, das vor ihm gesprochen hatte, zu ihm, und schaute ihm in die Augen. »Wir sind uns eher ähnlich als verschieden«, meinte der Mann und umarmte Vater Ned. »Wir sind beide verletzte Menschen.«

6. Kapitel

DAS SCHWEIGEN DER LÄMMER

KINDER, DIE MISSBRAUCHT WURDEN, laufen nur selten heim zu ihren Müttern und erzählen davon. Es gibt unzählige Gründe für ihr Schweigen. Sie stehen unter Schock. Sie schämen sich. Sie haben Angst – sowohl vor dem Schmerz, den sie ihren Eltern zufügen, als auch vor der Rache der Täter, die ihnen vielleicht gedroht haben. Und Therapeuten meinen, daß sie in vielen Fällen einfach verwirrt sind: Wie kam es, daß manche Berührungen so angenehme Empfindungen auslösten? Ist es meine Schuld, daß das geschehen ist?[1]

Experten meinen, daß Kinder es sehr wahrscheinlich dann erzählen, wenn der Täter ein Fremder ist, jemand, der in keinerlei Beziehung zu ihrem Leben steht. Aber wenn der Täter eine geliebte Person ist – ein Elternteil, ein Onkel, ein Priester –, scheinen sie instinktiv zu wissen, daß sie einen sehr hohen Preis bezahlen müssen, wenn sie es erzählen: Wird Mami anfangen zu weinen und Papi mich anbrüllen? Werden meine Vettern weiter zum Spielen herüberkommen? Können wir weiter in die Kirche gehen? Wird Gott mich weiter lieben?

Wenn der Täter eine so geachtete und geehrte Person ist wie ein Priester, haben Kinder noch weitere Gründe zu schweigen. Die Aussagen und das Beispiel des Pfarrers haben so viel Gewicht, daß Kinder plötzlich anfangen, sich zu fragen, ob das, was geschehen ist, wirklich so schlecht war. Ihre Scham ist tiefer, ihre Ängste sind grundlegender. »Er ist so ein frommer Mann, ich muß wirklich eine Hure sein«, denken die Opfer. »Gott wird mir nie vergeben. Ich bin für alle Zeiten verdammt.« Manchmal werden sie durch offene Drohungen eingeschüchtert. Ein Priester in Kalifornien brachte sein achtjähriges Opfer mit der schrecklichen Drohung »Halt den Mund, sonst wird dich der Teufel holen« zum Schweigen.

Andere Opfer scheinen instinktiv zu spüren, daß ihnen niemand glauben wird. Wie könnte der Pfarrer so etwas getan haben! Und kein Sterblicher, dem man es erzählen könnte, hat mehr Macht als der Pfarrer. Er ist mächtiger als die Eltern, mächtiger als alle anderen – nur Gott steht noch über ihm. »Überlegen Sie sich doch einmal, welchen Eindruck es auf ein Kind macht, wenn es während der Woche mißbraucht wird und sonntags in der Kirche sieht, wie seine Eltern sich verbeugen, knien, beten, die Sakramente erhalten und dem Pfarrer höflich dafür danken, daß er sich ihrer annimmt«, schrieben fünf Psychologen aus Lafayette, nachdem sie fünfzehn Kinder befragt hatten, die von einem Priester sexuell mißbraucht worden waren. »Solche Vorfälle veranlassen ein Kind zu dem Glauben, daß solche sexuellen Übergriffe von seinen Eltern gebilligt wurden. Wenn ein Kind im Beichtstuhl mißbraucht wird und gleich danach die Absolution erhält, so hat das naturgemäß ungewöhnlich starke Schuldgefühle zur Folge.«

Alle diese Zwänge ließen Calvin Mire, ein Opfer des bewußten Priesters aus Louisiana, schweigen. Aber der Grund, warum sich der Neunjährige von Vater Gilbert Gauthe angezogen fühlte, war weniger kompliziert. Vater Gilbert war in den Augen seiner jugendlichen Gemeindemitglieder einfach der coolste Priester auf Gottes Erde. Er fuhr mit einem Cross-Rad durch die Marschen an Louisianas Küste, brauste in einem schwarzen Sportwagen mit CB-Funk über die Straßen und schoß Enten vom Dach seines Pfarrhauses.[2]

In kleinen Dörfern wie Esther und Louisa, wo die meisten Priester tatterige, strenge alte Männer gewesen waren, wirkte Vater Gauthe wie ein Rockstar. Calvin pflegte samstags an der Uferpromenade zu stehen, Benzin zu zapfen und den Priester samt der Horde Jungs zu beobachten, die in seinem Blockhaus in den Marschen übernachtet hatten. Er sah zu, wie sie in einem Boot heranfuhren und Unmengen von Enten auf den Kai warfen. »Ich hätte alles getan, um dazuzugehören«, erzählt Calvin. »Es war der Traum jedes Kindes. Er hatte mich richtig scharf darauf gemacht, zu ihm zu gehen.«

Calvin strengte sich besonders an, wenn er an den Wochenenden Ministrant bei Vater Gauthe war. Er hielt seinen weißen Kittel sauber und bemühte sich, den Altar nach der Messe wieder sorgfältig herzurichten. Doch die anderen Kinder sagten, daß das nicht für den Eintritt in Vater Gauthes Paradies reichen würde – er würde eine Untersuchung über sich ergehen lassen müssen.

»Kein Problem«, antwortete Calvin rasch. »Meine Mom wird mich zum Arzt bringen.«

»Auf keinen Fall«, erwiderten sie. »Er selbst muß die Untersuchung bei dir machen.«

Eines Morgens nach der Acht-Uhr-Messe kam Calvins große Chance. Er hatte gerade die Kerzen ausgeblasen und den Kelch vom Altar genommen, als Vater Gauthe ihn ins Hinterzimmer rief und ihm mitteilte, daß er anscheinend vertrauenswürdig genug wäre, um in die Bande im Camp aufgenommen zu werden. Danach geleitete ihn der Priester zu einem Beichtstuhl und führte die »Untersuchung« bei ihm durch – wobei er abwechselnd den Jungen bat, ihm zu vertrauen, und ihm drohte, seiner Familie etwas anzutun, falls er redete.

Calvin Mire rannte nicht nach Hause und gestand seiner Mutter, daß er gerade vom Gemeindepfarrer mißbraucht worden war. Er griff nicht nach dem Telefon und wählte den Notruf. Jahrelang erzählte er keinem, wie Vater Gauthe die Ministranten unter dem Vorwand, ihre Kittel zu richten, unzüchtig berührte. Er sagte keinen Ton über den Gruppensex, den Vater Gauthe als Einführungszeremonie bei den »Kolumbusrittern« mit ihnen praktizierte.

Calvin gesellte sich zu den Dutzenden von Jungen in den Sümpfen von Louisiana, für die Vater Gilbert Gauthes Sex-

Lektionen – »Mit Mädchen herumzumachen ist schlecht, mit Jungen zu schlafen ist gut« – zu einem Geheimnis wurde, über das sie noch nicht einmal untereinander zu sprechen wagten. »Er unterzog uns buchstäblich einer Gehirnwäsche, indem er uns dauernd predigte und predigte, was richtig und was falsch war«, berichtet Mire. »Ich war so durcheinander, daß ich nicht wußte, was richtig war. Meine erste Erfahrung mit einem Mädchen hatte ich im Alter von zehn Jahren. Er ging auf mich los und behauptete, ich müsse bereuen.«

Es gab noch viele andere Gründe, warum Calvin nichts erzählte. Vater Gauthe hatte ihm gedroht, ihm oder seiner Familie Schaden zuzufügen, wenn er etwas erzählte. Und in der Macho-Welt des ländlichen Louisiana konnte ein Junge nicht einfach herumlaufen und gestehen, daß er einem Kerl erlaubt hatte, mit ihm zu schlafen – selbst dann nicht, wenn er erst zehn und der andere über dreißig war. Auch dann nicht, wenn er Ministrant und der andere Priester war. Das wäre unmännlich gewesen. Genau das drückte auch Calvins älterer Bruder aus, als das Geheimnis endlich publik wurde: »Ich hätte ihm einen Arschtritt versetzt, wenn er's bei mir probiert hätte.«

Aber vor allem wurde Calvin durch die Tatsache, daß er sich an keinen wenden konnte, zum Schweigen gebracht. Schließlich war Vater Gauthe als Priester die höchste menschliche Autorität in Calvins Hierarchie. »Zuerst kommt Gott«, erklärt er, »dann die Priester. Danach deine Eltern und am Schluß du selbst. Ich konnte mich nicht an meine Mutter wenden, weil Vater Gauthe über ihr stand.«

Calvin hätte wahrscheinlich nie jemandem etwas davon erzählt, wenn nicht eines Tages ein Anwalt aus Abbeville bei seinen Eltern angeklopft hätte. Damals rückten gerade ein paar junge Männer mit Geschichten über Vater Gauthes lüsterne Spielchen heraus. Mit Hilfe von alten Ministrantenlisten suchten Anwälte und Ermittler nach weiteren Opfern.

»Ich glaube, Ihr Sohn ist mißbraucht worden«, teilte der Anwalt Anthony Fontana Mrs. Mire mit. Sie hatte zwar den

Fall Gauthe im Fernsehen verfolgt, bezweifelte aber, daß ihr Junge betroffen war. Calvin ist so ein Großmaul, dachte sie. Er hätte es mir erzählt. Aber nur um sicherzugehen, sprach sie ihren damals achtzehnjährigen Sohn darauf an, als er heimkam. Und Calvin brach endlich sein Schweigen und gestand, daß auch er mißbraucht worden war.

Den meisten der anderen Opfer, die Anklage erhoben, hatte das Bistum Lafayette rasch großzügige Entschädigungen angeboten. Doch Calvin wurde gezwungen, vor Gericht auszusagen. Beim Bistum hatte man den Eindruck, sein Fall wäre nicht so schwerwiegend, weil er offenbar keinen so großen Schaden davongetragen habe. Jetzt mußte er völlig fremden Menschen das Geheimnis offenbaren, das er so viele Jahre für sich behalten hatte. Genau das hatte er durch sein Schweigen zu vermeiden versucht – und zwar seit seiner ersten »Untersuchung« in Vater Gauthes Beichtstuhl.

»Stellen Sie sich doch einmal vor, ein zwölfjähriges Mädchen steht in einem weißen Rock in einer Menschenmenge und bekommt ihre Periode«, erzählt er, wenn er beschreibt, wie er sich vor Gericht fühlte. »Das ist Scham pur. Scham total. Und genauso fühlte ich mich. Alle starrten mich an. Ich weinte. Ich weinte mir die Augen aus. Und ich mußte Wörter wie Penis und Anus benutzen. Ich bin nicht daran gewöhnt, solche Wörter auszusprechen. So bin ich nicht erzogen worden.«

Die Ehrfurcht, die die katholische Kirche in Kindern erweckt, die vor dem Kruzifix auf Gottes Altar inmitten von Kerzen und Weihrauch knien, läßt sich kaum ermessen. Ebenso verhält es sich mit der Ergebenheit, die diese Ehrfurcht in ihnen auslöst. Sie lernen, daß der Zorn Gottes über die Sünder kommen wird. Ihr Lehrer ist der Gemeindepfarrer, der sie vor dem Bösen warnt und von ihnen Buße für ihre Sünden verlangt. In ländlichen Gemeinden mit überwiegend spanischstämmigen Einwohnern, wo der Katholizismus eine lange Tradition hat, wo die Achtung vor den Älteren eine heilige Regel ist, sind Priester buchstäblich Stellvertreter Christi.

Waren alle Priester dieser Welt ehrfurchtgebietende Gestalten, so schien Vater Robert Kirsch in den Augen der jungen Susan Sandoval übernatürliche Kräfte zu besitzen. Eines Tages stürmte der Priester voller Wut über eine Anordnung seines Vorgesetzten aus dem Pfarrhaus und begann unflätig zu schimpfen: »Zur Hölle mit der Kirche! Zur Hölle mit ihr!« Susan erstarrte. Sie wußte, daß Vater Bob sich an der Grenze zur Häresie befand.[3]

»Zur Hölle mit der Kirche!« brüllte er noch einmal, warf ein Kreuz auf den Boden und trampelte darauf herum. Susan wartete auf den Blitz vom Himmel. »Nichts geschah«, erzählt sie leise. »Er wurde nicht vom Blitz getroffen. Da wußte ich, daß er größer als Gott war.«

Susan wußte auch, daß sie nie jemandem erzählen durfte, daß Vater Bob und sie miteinander schliefen. Vater Bob war allmächtig. Sie war gerade fünfzehn Jahre alt.

Susan war in der klatschsüchtigen Kleinstadt Abiquiu ohnehin zum Stillschweigen erzogen worden. »Kaum sagte man einen Ton, schon wurde darüber getratscht«, erklärt sie. Dreihundert hispanische Familien lebten in einer Gemeinde, die so katholisch war, daß niemand sich darüber wunderte, daß Susans Mutter der Hochzeit ihres Sohnes fernblieb, weil seine Braut schon einmal verheiratet gewesen war.

Vater Bob kam nach Abiquiu, als Susan zwölf war. Er steuerte sein eigenes Flugzeug – man nannte ihn den »fliegenden Priester«. Er bestand darauf, Spanisch zu sprechen (obwohl sein Brooklyner Akzent die Worte ziemlich verfälschte), weil es die Sprache der Liebe sei. Er fuhr in seinem Kleinlaster durch die hügelige Landschaft und benutzte die Ladefläche als Altar für Taufen. Er flog durch den Staat – und das Land –, organisierte Missionstreffen und sammelte Geld für arme Gemeinden in den Bergen.

Vater Bob fing an, Susan zu umwerben, als sie vierzehn war –

er schickte ihr Liebesbriefe, Gedichte und kleine Geschenke. Sie besitzt immer noch ganze Kartons mit Briefen von ihm. Als sie fünfzehn war, begannen sie miteinander zu schlafen. Und als sie siebzehn wurde, gab er ihr einen Ring »Gold und Granate, ein Symbol für ewige Liebe«, erzählt sie. Mit vierunddreißig trägt sie ihn immer noch an einer Kette um den Hals. »Ich trage ihn wie ein härenes Büßerhemd als Erinnerung an meine Dummheit.«

Vater Bob versicherte sich ihres Schweigens nicht nur durch Bitten und Drohungen, sondern auch mit subtileren Mitteln. So verlieh er ihrer Beziehung die höchsten Weihen, indem er sie mit der Verbindung zwischen dem heiligen Franziskus und der heiligen Clara verglich – den archetypischen platonischen Seelengefährten der katholischen Legende.

Er erinnerte sie ständig daran, daß ihre besondere Beziehung zerstört werden würde, wenn man darüber sprach. »Unser magischer Schutzschild würde zerbrechen«, pflegte er ihr zu sagen.

Vater Bob war arbeitswütig, ständig blaß und erschöpft. Er vergaß zu essen und seine Kleider zu wechseln. »Er schien förmlich darauf zu warten, daß ein Unglück passierte«, erinnert sich Susan. Dauernd beklagte er sich, daß er sich um alles und jeden kümmern müßte – »wenn ich eine Frau wäre, würden mir die Titten bis zu den Knien hängen«, lautete sein Lieblingsseufzer. Er flehte sie an, sich um ihn zu kümmern, damit er weitermachen konnte. Susan begriff das: »Wenn ich diesen Priester im Stich ließe, würde ich die ganze Gemeinde im Stich lassen. Er mußte doch weiter für sie da sein.«

Er schrieb ihr lange Briefe, in denen er ihr erklärte, daß sie ihn für immer und ewig lieben müßte, daß sie Schuld auf sich laden würde, wenn sie ihn verließe. In einer dieser endlosen Episteln schrieb er: »Ich bin mir jetzt sicherer als je zuvor, daß wir einander noch lieben werden, wenn alle Menschen, die wir jetzt kennen, aus unserem Leben bereits verschwunden sind. Der heilige Paulus lehrt uns, daß *el amor nunca se muere* (die Liebe stirbt nie). Eine Frau hat mir erzählt, daß sie ihren Mann ›früher einmal‹ geliebt hätte. Nun, *para mi*, entweder liebt sie ihn IMMER NOCH oder sie hat es nie getan … Glaubst du das nicht auch? Ich bin sicher, daß du es tust, meine liebste Susan!«

Susan konnte sich weder von Vater Bob lösen noch ihr Geheimnis enthüllen. »Er wurde Gott, der Spender des Lebens, der alles möglich machte«, sagt sie. »Auf seine verdrehte Art sorgte er für mich. Ich besaß keinen Glauben. Er war der Glaube.«

Als Susan sich in den Mann verliebte, den sie später heiraten sollte, teilte sie dem Priester mit, daß sie jetzt nicht mehr miteinander schlafen könnten. Sie hätte nie gedacht, daß ihm das etwas ausmachen würde. Schließlich waren sie doch in erster Linie Seelengefährten. Sie irrte sich. Es war das Ende ihrer Beziehung.

Wenn Susan heute darüber nachdenkt, wodurch sie zu einem Opfer wurde, und was sie all diese Jahre schweigen ließ, erschreckt sie die Dimension der unausgesprochenen gesellschaftlichen Konventionen, die ihren Mißbrauch überhaupt erst möglich gemacht haben. »Wir sind Schafe, die darauf warten, zur Schlachtbank geführt zu werden«, meint sie. »Unser Respekt vor der Privatsphäre, unsere Achtung vor Älteren und unsere Loyalität der Kirche gegenüber machen uns unglaublich hilflos. Wenn ich meiner Tochter vermitteln will, wie sie nicht zum Opfer wird, muß ich sie lehren, sich ein wenig von den hispanischen Traditionen zu lösen.«

Manchmal schweigen Opfer auch, weil sie sich einfach nicht mehr an die Tat erinnern. Ihr Verstand hat sie völlig gelöscht. Dieses Phänomen wird *Verdrängung* genannt und tritt dann auf, wenn das Hirn etwas Entsetzliches unterdrückt, das die Psyche nicht verarbeiten kann. Dieser Vorgang gründet nicht auf einer bewußten Entscheidung, sondern ist ein Schutzmechanismus gegenüber einem Vorfall, der so schrecklich oder erschütternd ist, daß er die betroffene Person an den Rand des Wahnsinns zu bringen droht.[4] Kinder, die bei einem Unfall des Schulbusses die Verstümmelung und den Tod von Klassenkameraden miterlebt haben, vergessen einfach die Einzelheiten. Die Joggerin, die 1989 im Central Park von einer Jugendbande vergewaltigt und zusammengeschlagen wurde, kann sich nicht an den Überfall erinnern. Das Unterbewußtsein scheint den Entschluß zu fassen: »Wenn ich mich nicht daran erinnere, ist es nie geschehen«. So Mike Lew, ein Psychologe, der das Phänomen der Verdrängung immer wieder bei Opfern von sexuellem Kindesmißbrauch beobachtet hat. »Und wenn es nie geschehen ist, muß ich nicht damit fertigwerden.«

Am häufigsten tritt die Verdrängung bei den Opfern auf, die von einer vertrauten Person, wie zum Beispiel einem Priester, mißbraucht wurden. Dieses Abblocken ermöglicht es den Opfern, weiter in die Kirche zu gehen und jedem Glaubenszweifel auszuweichen. Dies erhält die Stabilität der Familie, die sonst unweigerlich zerbrechen würde.

Diese Art von Verdrängung funktionierte fast zwanzig Jahre bei David Clohessy[5] aus St. Louis. Seiner Erinnerung nach war seine Kindheit ziemlich ereignislos verlaufen und scheinbar nur von Traumata geprägt, mit denen jedes Kind fertigwerden muß. Doch alles änderte sich an einem Abend im Jahr 1988, als er mit seiner Verlobten ins Kino ging, um sich den Film *Nuts* – Durchgedreht – anzusehen. Clohessy erzählt: »Wenn jemand vor dem Kino eine Umfrage gemacht und gefragt hätte: ›Kennen Sie jemanden, der sexuell mißbraucht wurde?‹, so hätte ich das kategorisch verneint.« Nach dem Film konnte Clohessy diese Antwort nie mehr geben.

Während er im Kino saß und zuschaute, wie Barbra Streisand die Rolle einer Prostituierten verkörperte, die als Kind mißbraucht worden war, wurde er seltsam unruhig und rutschte auf seinem Platz hin und her. Als er und seine Verlobte später etwas essen gingen, war er immer noch nervös und konnte sich nicht auf ihre Unterhaltung konzentrieren.

In dieser Nacht war er innerlich zu aufgewühlt, um zu schlafen. Seine Verlobte hielt ihn im Arm und bemühte sich, mit ihm zusammen wach zu bleiben. Um zwei Uhr nachts brach er in Tränen aus, als eine Reihe von bruchstückhaften Erinnerungen ihn heimsuchte. Er erinnerte sich, wie er auf der Ladefläche eines Kleinlasters lag, der an einem See mitten im Wald parkte. Es fiel ihm ein, daß er sich bei dem Mann, der ihn dorthingebracht hatte, über Magenschmerzen beklagte. Und er hörte im Geist, wie die Stimme dieses Mannes – Vater John Whiteley, sein Gemeindepfarrer und ein enger Freund der Familie – zu ihm sagte: »Vielleicht geht es dir dadurch besser«, während er über Davids Magen streichelte und dann zögernd seine Genitalien anfaßte.

David sagte zu seiner Verlobten: »Was diesem kleinen Mädchen in *Nuts* passierte, ist auch mit mir geschehen.«

In den folgenden Wochen und Monaten kamen mehr Erinnerungen an die Oberfläche. David erinnerte sich an zahllose Ausflüge und Urlaube mit dem Priester: Skifahren in Colorado, Camping in Arkansas. Und er erinnerte sich daran, daß es bei vielen dieser Ausflüge immer wieder zu unsittlichen Berührungen und Analverkehr gekommen war. Er wußte nie, wann neue Bruchstücke in seinem Gedächtnis auftauchen würden, die ihn zum Weinen brachten und eine tiefe Depression bei ihm auslösten. Er fühlte sich dieser neuen Unsicherheit in seinem Leben schutzlos ausgeliefert. Er suchte die Hilfe eines Therapeuten, bei dem er den verborgenen Schmerz ergründete, sich ihm stellte und ihn überwand. Er blätterte die Ansichtskarten durch, die er seinen Eltern von den Ferienreisen mit dem Priester geschickt hatte, und zwang die Erinnerung daran in sein Gedächtnis zurück: Ist dort etwas geschehen? Hat mich Vater John da mißbraucht?

Bis heute hat er sich an etwa ein Dutzend Vorfälle erinnert, bei denen Vater John ihn zwischen seinem zwölften und fünfzehnten Lebensjahr wiederholt mißbraucht hat. Er glaubt, daß das alles ist, will sich aber nicht darauf festlegen. »Ich möchte nichts Unbewiesenes behaupten«, erklärt er. »Ich möchte nicht eines Nachts von einer neuen Erinnerung kalt erwischt werden.«

Selbst nachdem David die verschütteten Erinnerungen freigelegt hatte, fiel es ihm nicht leicht, über seinen Mißbrauch zu sprechen. Er wußte, daß er damit seine Umgebung und besonders seine Familie zutiefst schockieren würde. Seine Eltern waren fromme Katholiken, die Vater John häufig zum Essen eingeladen hatten, als David noch ein Kind war. Sein Bruder war Priester in der Diözese Jefferson City, Missouri, geworden, wo die Familie früher gelebt hatte und wo Vater John immer noch wirkte.

Über ein Jahr lang erzählte David keinem Mitglied seiner Familie, was vorgefallen war. Dann fuhr er an einem Freitagabend nach der Arbeit sechs Stunden von St. Louis nach Indiana, wo seine Eltern lebten. Die ganze Fahrt über klopfte ihm das Herz bis zum Hals. »Ich war höllisch nervös«, erinnert er sich. »Ich tankte sogar auf, bevor ich ankam, damit ich sofort wieder ins Auto steigen und nach St. Louis fahren konnte, falls sie es schlecht aufnehmen würden.«

Am Samstag mittag war er dann bereit. »Ich muß es beim richtigen Namen nennen«, ermahnte er sich laufend. Er kämpfte mit den Tränen, als er sich vor seine Eltern hinsetzte und erklärte: »Vater John hat mich sexuell mißbraucht.« Das Gesicht seiner Mutter wurde aschfahl. Sie preßte eine Hand auf ihr Herz. David versuchte sie gleich zu beschwichtigen. »Mir geht es heute gut, macht euch keine Sorgen«, versicherte er seinen Eltern. »Ich mache gerade eine Therapie. Mir ist klar, daß ihr es nicht wissen konntet. Ich möchte nicht, daß ihr euch schuldig fühlt. Das ist eine Ewigkeit her, und niemand wußte damals etwas über sexuellen Kindesmißbrauch.« Sein Vater stand auf und ging hinaus in den Hof, um Hundekot zu beseitigen – den einzigen Unrat, den er entfernen konnte.

Das war der Anfang einer schleichenden Entfremdung von seiner Familie, und es war nur die erste Prüfung für Davids

Entschlossenheit, seinen Mißbrauch bekanntzumachen. Als er im August 1991 vor Gericht die Diözese von Jefferson City, Missouri, verklagte, meldeten sich in den lokalen Nachrichten zahlreiche kritische Stimmen zu Wort, die bemängelten, daß er seinen Namen verschwiegen hatte. Man fand es unfair, den Namen des Priesters zu nennen, während die Identität des Klägers im dunkeln blieb. David fühlte sich gezwungen, an die Öffentlichkeit zu treten. Seine Eltern, die dagegen gewesen waren, daß er Anzeige erstattete oder an die Öffentlichkeit ging, zogen sich immer mehr zurück und distanzierten sich von ihm. Sein Bruder Kevin, der Priester, teilte ihm mit: »Von jetzt an sollten wir besser nicht mehr miteinander sprechen.«

Seither hat David an keiner Weihnachtsfeier und keinem Thanksgiving bei seiner Familie mehr teilgenommen. Seine Eltern rufen ihn nur selten an. »Ich glaube, sie stehen unter Schock«, sagt er. »Ich glaube, sie schämen sich. Und ich glaube, sie haben große Schuldgefühle. Und dazu kommt noch, daß sie nicht billigen, wie ich mit der Sache umgehe.«

David, der inzwischen siebenunddreißig ist, empfindet seine Geschichte als Beispiel für die Zwänge und Hindernisse, die viele Opfer von sexuellem Mißbrauch veranlassen zu schweigen. Sie müssen den Entschluß fassen, daß es wichtig ist, darüber zu sprechen. Sie müssen gewillt sein, Unbehagen bei Familienmitgliedern und Freunden in Kauf zu nehmen. Und sie müssen bereit sein, sich öffentlich als Opfer von sexuellem Mißbrauch zu bekennen – ganz gleich, wieviel von ihrer Intimsphäre dadurch geopfert wird.

Als sein Name in Zeitungen auftauchte, fragte sich David gelegentlich, ob die Eltern in seiner Nachbarschaft ihn jetzt wohl argwöhnisch beäugen würden. Schließlich wurde immer wieder in den Zeitungen und im Fernsehen behauptet, daß die meisten Kinderschänder selbst als Kinder mißbraucht worden sind und daß ein solcher Mißbrauch möglicherweise diese Verbrechen begünstigt.

Aber er bereut keine der Entscheidungen, die er traf, nachdem seine Erinnerung zurückgekehrt war. Heute sagt er: »Ich bin mir sicher, daß Mißbrauch im Verborgenen gedeiht.«

Cristine Clark[6] mußte oft an Vater Ed Stefanich denken. Sie konnte ihn wohl kaum vergessen. Er nahm ihren Vater durch die Taufe in die katholische Kirche auf und traute ihre Eltern noch einmal. Er lehrte sie den Katechismus, reichte ihr die erste heilige Kommunion, hörte ihre erste Beichte – und gab ihr den ersten Kuß. Das letztere – es geschah, als sie vierzehn war – mußte ihre Schuld gewesen sein, meinte die Siebtkläßlerin aus Joliet, Illinois. Priester taten so etwas schließlich nicht aus eigenem Antrieb.

Also erzählte sie es keinem, weil sie fürchtete, daß sie die Verführerin gewesen war. Und sie schwieg auch, weil es ihr gefiel. Sie schwärmte für Vater Ed ebenso wie für den Rockstar Huey Lewis. Wenn Vater Ed zum Abendessen in ihr Elternhaus kam, konnte sie den Blick nicht von dem großen Priester mit den strahlend blauen Augen und den breiten Schultern lösen.

Am Anfang war das natürlich nur eine Schwärmerei. Deshalb lief Cristine auch weg, als er sie nach der Religionsstunde im Flur der Klosterschule St. Scholastica aufhielt und ihr zuflüsterte: »Ich liebe dich.« Cristine rannte zum nächsten Wasserhahn und kühlte sich die Wangen. Beruhige dich, sagte sie sich. Das hat gar nichts zu bedeuten. Priester reden doch ständig über Liebe.

Als er ihr mit einem Schulbuch einen Klaps aufs Hinterteil versetzte, rannte sie verlegen zur Toilette und schloß sich ein. Das ist Wahnsinn, dachte sie. Wahnsinn, aber schön.

Wenn er ihr beim Religionsunterricht in die Augen blickte oder ihr Küsse zuwarf, wenn er im Auto an ihr vorbeifuhr, empfand sie gelegentlich Schuldgefühle. Aber meistens fühlte sich das schüchterne kleine Mädchen mit der Brille geschmeichelt. »Ich fühlte mich wie etwas Besonderes«, erklärt sie. »Auserwählt.«

Sie war selig, als Vater Ed ihr einen Job im Pfarrhaus gab. Vater Ed und sie waren nun endlich miteinander allein. Es war, als würde man noch Geld dafür bekommen, ein Groupie zu sein. Und plötzlich hatte sie Geld, um sich einen Pullover aus echter Kaschmirwolle zu kaufen. Plötzlich war jemand da, der immer für sie Zeit hatte, der mit ihr sprach und ihr den Rücken streichelte.

An einem Donnerstag saß Cristine im Pfarrbüro, bereitete die Ankündigung für den Sonntag vor und lauschte den Geräuschen des alljährlichen Gemeindefestes, das gerade draußen stattfand. Da trat Vater Ed ein. Er trug Freizeitkleidung – Hose und Hemd. Keinen Priesterkragen. Sein Blick schien sie zu durchbohren.

»Komm her und setz dich auf meinen Schoß«, sagte er. Cristine fühlte sich dort nicht wohl, aber der Priester beruhigte sie, indem er ihr erzählte, was für gute Arbeit sie leistete und wieviel ihm das bedeutete. Als sie versuchte sich ihm zu entwinden, flüsterte er ihr ins Ohr, wie gern er sie mochte. Er drückte sie an sich, küßte sie auf den Mund und streichelte mit den Fingerspitzen ihre kleinen Brüste.

Von nun an fuhr Vater Ed Cristine jeden Morgen in die Schule. Er picknickte mit ihr in Morton Arboretum, ging mit ihr ins Ballett oder ins Restaurant *Maximilian's* in einem Vorort von Chicago, um Shrimps zu essen. An drei Nachmittagen in der Woche ging sie ins Pfarrhaus, um zu arbeiten – das glaubte jedenfalls ihre Mutter. Statt dessen lagen sie einander halbnackt in den Armen. Er erkundete ihren Körper und brachte ihr bei, ihn mit der Hand zu befriedigen.

Vater Ed plante ihre Zukunft in allen Einzelheiten. Wenn sie achtzehn wäre, würde er um ihre Hand anhalten. Er würde die Priesterschaft verlassen und Immobilien und Versicherungen verkaufen. Er würde ein Haus kaufen. Er verfaßte ein Heiratsversprechen, das sie beide unterschrieben. Er sagte, daß sie vor Gott bereits Mann und Frau seien.

Er versuchte, mit ihr den Geschlechtsverkehr zu vollziehen,

meinte aber, sie wäre zu schmal gebaut. Er bat sie, auf ihn zu urinieren und Kot über ihm zu entleeren. Das war die einzige Bitte, die sie ihm nicht erfüllte.

Er kaufte ihr Seidenunterwäsche, Ohrringe mit Diamanten und Rubinen und einen Brillantring. Er eröffnete auf ihren Namen ein Bankkonto und zahlte 620 Dollar darauf ein. Er kaufte ihr sogar einen roten *Pontiac Fiero*, den sie in der Garage des Pfarrhauses unterstellten. Sie war schließlich noch zu jung zum Autofahren.

Als Cristine sich besorgt fragte, ob sie nicht wegen dem, was sie taten, in die Hölle kommen würde, versicherte ihr der Priester, er kenne Gottes Willen. Gott würde ihnen schon Einhalt gebieten, wenn es ihm mißfiele. Aber es waren nicht Vater Eds religiöse Erklärungen, die Cristine davon abhielten, nach Hause zu laufen und alles zu erzählen. Es war die Liebe. Als er Cristine weismachte, daß ihre Mutter ihre Beziehung nicht verstehen würde, weil sie eifersüchtig wäre und ihn für sich selbst haben wollte, glaubte ihm die behütete Vierzehnjährige – und hielt sich von ihrer Mutter fern.

»Ich war nicht durcheinander«, erklärt sie. »Ich war vierzehn, fünfzehn, und ich glaubte, ich wäre verliebt. Er manipulierte mich so perfekt, daß ich glaubte, so wäre alles in Ordnung.«

Einmal wurde Cristine von einer Klassenkameradin beobachtet, als sie Vater Ed in seinem Auto küßte. Sie erzählte es einem Psychologen, der Diakon war. Dieser wiederum gab das an den Bischof weiter, der Vater Ed um eine Stellungnahme bat. Als der Priester den Vorwurf als ein absurdes Gerücht abtat, verfolgte der Bischof die Sache nicht weiter.

Ein paar Monate später bat Vater Ed Cristines Eltern um die Erlaubnis, Cristine heiraten zu dürfen, sobald sie sechzehn sei. Ihre Mutter bekam einen hysterischen Anfall, und ihr Vater verbot Vater Ed das Haus. Cristine und ihrem Priester blieben nur noch heimliche Telefongespräche und verstohlene Küsse an einem geheimen Treffpunkt.

Die Romanze war sowieso fast zu Ende – zumindest für Cristine. Sie sah sich die Jungen in ihrer Schule bereits genauer an und träumte davon, sich mit ihnen zu verabreden. Sie dachte darüber nach, wieviel sie versäumte, wenn sie nicht zu den Schulbällen ging. Als sie in Gedanken Vater Ed untreu wurde, fühlte sie sich schuldig. »Ich glaubte, irgend etwas würde mit mir nicht stimmen, wenn ich nicht bei einem Mann bleiben könnte«, gesteht sie schüchtern.

Schließlich entdeckte Cristines Mutter die versteckten Tagebücher ihrer Tochter. Darin hatte Cristine aufgeschrieben, was Vater Ed und sie an all diesen Nachmittagen im Pfarrhaus getan hatten. Ihre Mutter rief bei der Diözese in Joliet an, und man versicherte ihr, daß man sich um Vater Ed kümmern würde. Sie verwiesen sie an einen Psychologen – es war der gleiche Mann, der vor ein paar Monaten Vater Ed beim Bischof angezeigt hatte. Als er erkannte, daß die Kirche den Priester nicht von dem jungen Mädchen ferngehalten hatte, rief er die Polizei.

Ein paar Tage später standen uniformierte Polizisten vor Cristines Elternhaus. Sie war gerade aus der Schule gekommen. Sie geriet in Panik, rannte schluchzend aus dem Haus und versuchte sich bei Nachbarn zu verstecken. Sie war sicher, daß man sie ins Gefängnis stecken würde.

Die Polizei fand sie. Als sie die Wache betrat, nahm Detective Jim Grady sie in seine Arme und ließ sie sich ausweinen. »Du bist nicht schuld, du bist nicht schuld«, beruhigte er sie. Um allem noch die Krone aufzusetzen, erzählte er ihr von Vater Eds letzter jugendlicher Freundin, die er auch mit Ringen und Heiratsversprechungen überschüttet und zum Sex verführt hatte. Die Ähnlichkeit mit ihrer eigenen Geschichte war so groß, daß es unmöglich eine Lüge sein konnte. Cristine brach zusammen. »Ich fühlte mich betrogen, verraten«, erzählt sie. »Und ich fühle mich noch immer so.«

Cristine Clark brach ihr Schweigen gerade lange genug, um dafür zu sorgen, daß Vater Ed verhaftet, angeklagt, verurteilt und hinter Gitter gebracht wurde. Sie ging von der Schule ab und schloß sich in ihrem Zimmer ein. Nur eines hielt sie aufrecht – die Überzeugung, daß die Kirche Vater Ed einfach versetzt hätte, wenn sie nicht für seine Festnahme gesorgt hätte.

Es gab Augenblicke, in denen die Polizei an bestimmten Aspekten ihrer Geschichte zweifelte – besonders als sie berichtete, Vater Ed wäre so paranoid, daß er stets in jeder Hosentasche einen Revolver trug und dazu noch einen unter seinem Mantel. Sie konnte es ihren Gesichtern ansehen, daß sie dachten: »Vielleicht erfindet dieses Mädchen das alles.« Doch dann durchsuchten sie das Pfarrhaus und fanden Vater Eds Waffenlager: Pistolen, Gewehre und halbautomatische Waffen – insgesamt sechzehn – sowie eine Axt und einen Totschläger, die in seiner Klavierbank versteckt waren. Jeder noch vorhandene Zweifel am Wahrheitsgehalt von Cristines Angaben wurde ausgeräumt, als sie der Polizei die genaue Lage der einzigen Operationsnarbe an Vater Eds Körper mitteilte: unter seinen Schamhaaren.

Während des Vergleichverfahrens versuchte Vater Ed verzweifelt, einer Gefängnisstrafe zu entgehen. Cristine hingegen bestand darauf, daß er hinter Gitter käme. Als er schließlich einwilligte, ein halbes Jahr abzusitzen, akzeptierte sie das nur unter einer Bedingung: Er müsse die Priesterschaft verlassen.

Um ein Verfahren wegen wissentlicher Beihilfe zu vermeiden, bot die Diözese von Joliet Cristine Clark und ihrer Familie 450.000 Dollar an. Als Gegenleistung mußten sie sich verpflichten, alles geheimzuhalten. Cristine versprach, gegenüber den Nachrichtenmedien über ihren Fall zu schweigen und niemals die Höhe der Summe zu verraten, die die Kirche ihr für dieses Schweigen bezahlt hatte. Am 15. April 1988 unterzeichnete sie den Vergleich.

Mit sechzehn Jahren widmete Cristine ihr Leben nur noch dem Vergessen. Sie schloß sich der unmöglichsten Jugendclique an, die sie finden konnte, und verabredete sich nur mit den ausgeflipptesten Jungen. Mit einem von ihnen zog sie nach Kalifornien und gab dort fast ihr ganzes Schweigegeld für Drogen und die Tilgung seiner Schulden aus.

Sie glaubte noch immer, daß alles, was mit Vater Ed geschehen war, ihre Schuld, ihre Sünde wäre. Sie fühlte sich schuldig, weil ihre Mutter nicht mehr in die Kirche ging und ihr Vater beim bloßen Anblick eines Priesterkragens einen Wutanfall bekam. Sie wurde von der Erinnerung verfolgt, daß sie zuviel Angst gehabt hatte, um ihren ersten Kuß zu genießen.

Schließlich verließ sie ihren Freund und lernte 1989 Don kennen. Nicht ganz ein Jahr später gab sie die letzten 17.000 Dollar ihres Schweigegelds für ihre Hochzeit im Balboa Park von San Diego aus. 1990 wurde ihre Tochter Kristen geboren, zwei Jahre später folgte ihr Sohn Brandon.

Langsam wurde Cristine klar, daß Scham nur ausgelöscht werden kann, wenn man sein Schweigen bricht. Sie beschloß, sich der ständig größer werdenden Zahl von Opfern aus dem ganzen Land anzuschließen, die zu dem Schluß gekommen waren, daß ihr Schweigen eine stillschweigende Kollaboration mit der Kirche bedeutete. Denn mit ihrem Schweigen trugen sie dazu bei, daß eine weitere Generation von katholischen Schulkindern mißbraucht wurde. Im Herbst 1992 erklärte sich Cristine Clark bereit – trotz ihres Vertrages mit der Diözese von Joliet –, freiwillig ihre Geschichte zu erzählen, um andere Katholiken, besonders katholische Eltern, über die Hilflosigkeit von Kindern gegenüber Priestern aufzuklären. Ihre Botschaft ist sehr beredt:

»Man hat mir beigebracht, Priester zu achten und ihnen zu gehorchen. Diese Einstellung hat zur Folge, daß Priester alles bekommen können, was sie wollen. Schließlich glaubt jeder, ein Kinderschänder wäre irgend so ein wahnsinniger Perverser, den man leicht erkennen kann. Ich hätte nie geglaubt, daß mein Priester mir so etwas antun würde. Doch jeder Priester kann es tun. Schärfen Sie Ihren Kindern ein, niemandem zu vertrauen – nicht einmal einem Priester.«

7. Kapitel

MEIDET DIE AUSSÄTZIGEN

WENN SCHWEIGEN einen privaten Alptraum hervorbringt, so erzeugt Reden oft einen öffentlichen Alptraum. Kinder nehmen ihren ganzen Mut zusammen, überwinden ihre Scham und sprechen darüber – um zu erkennen, daß sie in ein Minenfeld geraten sind. Vor allem dann, wenn die Person, die sie beschuldigen, so geachtet und geliebt wird wie ein Priester, und wenn die Institution, von der sie Glaubwürdigkeit fordern, so unzugänglich, geheimnistuerisch und so auf ihr Image bedacht ist wie die katholische Kirche.

In nahezu jedem Fall von sexuellem Kindesmißbrauch durch einen Priester haben die Opfer und ihre Familien erfahren müssen, daß sich niemand für ihr Leid interessiert. Weder Mitglieder ihrer Gemeinde, die den leisesten Zweifel an der Tugend eines Priesters als Angriff auf ihren Glauben empfinden und sich weigern, es zu glauben. Noch Kirchenobere, die kostspielige und beschämende Gerichtsverfahren fürchten und deshalb schweigen und die Fälle verschleppen. So wirbeln sie wie Blätter im Wind durch die Luft – alleingelassen und ausgegrenzt von jener Glaubensgemeinschaft, von der sie festen Halt in Zeiten der Not erwartet haben.

Genauso erging es den Familien, die es wagten, den Priester Mark Lehman aus Phoenix, Arizona, wegen sexuellen Kindesmißbrauchs anzuzeigen. Das Strafverfahren, das im Mai 1990 eingeleitet wurde und sich über die nächsten beiden Jahre hinzog, brachte nahezu jedem, der damit befaßt war, nur Tränen und Ärger ein – von den betroffenen Familien über die Freunde, die zusehen mußten, wie sie geschmäht wurden, bis zu den Justizbeamten, die sich so sehr bemühten, der Gerechtigkeit zum Sieg zu verhelfen. »Ich hatte bis jetzt nur vier Fälle, die mich zum Weinen gebracht haben«, berichtet Susan Lindley, eine Ermittlerin der Bezirksstaatsanwaltschaft von Maricopa County, die an dem Fall arbeitete. »Dieser gehört dazu.«

Vater Mark erregte Aufmerksamkeit seit dem Augenblick, als er im Juli 1988 in der Gemeinde St. Thomas eintraf. Er war gerade sechsundzwanzig, wirkte wie ein gutaussehender großer Junge und zeigte jugendlichen Überschwang – einen größeren Kontrast zu den älteren, gesetzten Priestern, die es sonst in der Stadt gab, konnte man sich kaum vorstellen. Die Gemeindemitglieder sprachen oft darüber, wie sehr er mit seinen freundlichen Augen und dem Bart dem Bild glich, das sie sich von Jesus machten. Viele mochten ihn auf Anhieb.[1]

Umso entsetzter war man zirka zwei Jahre später, als langsam durchsickerte, daß sich mehrere Siebtkläßlerinnen der Klosterschule über Vater Mark beschwert hatten. Zwei von ihnen – Amy Hanson und Dawn Barton, beide dreizehn Jahre alt – hatten sich mit ihrer Beschwerde direkt an den Vertrauenslehrer der Schule gewandt. (Bei beiden Mädchen wurde der Name ebenso geändert wie bei anderen Mitgliedern der Familie Hanson und dem Mädchen, das im Buch Anna Ramos genannt wird.)[2]

Amy gab an, daß Vater Mark sie häufig an sich drücken und gelegentlich durch die Kleidung hindurch ihre Brüste betasten würde. Dawn sagte aus, daß Vater Mark sie bei einem Ausflug mit anderen Mädchen in ein Erlebnisbad von hinten gepackt und ihre Brüste betastet hätte. Der Vertrauenslehrer sprach mit Jugendämtern und mit den Eltern einiger anderer Mädchen, die ebenfalls an dem Ausflug ins Schwimmbad teilgenommen hatten. Ein Elternpaar schaltete die Polizei ein, die sofort zu ermitteln begann. Das katholische Bistum von Phoenix suspendierte Vater Mark daraufhin.

Doch die Kirchenleitung tat nichts, um den verstörten Gemeindemitgliedern zu helfen, mit den Vorfällen, über die zunächst nur wenig an die Öffentlichkeit gedrungen war, fertigzuwerden. Die Folge war, daß viele der Gläubigen von St. Thomas diese unerfreulichen Vorgänge als Mißverständnis oder freche Lüge abtaten. Es handelte sich durchweg um gutsituierte, konservative Katholiken, die ihr geordnetes Leben nicht durch einen Skandal gefährdet sehen wollten. Die Grünanlagen rund um die Kirche waren untadelig gepflegt, die Hecken so präzise gestutzt, daß sie aussahen wie Bildhauerarbeit. Bei der Messe warfen die Gemeindemitglieder keine Vierteldollar in den Klingelbeutel, sondern Fünf-, Zehn- und Zwanzigdollarscheine. Ein Priester, der eine Predigt über Gottvertrauen in Streßsituationen hielt, führte als Beispiele Tennis- und Golfstars an – Jack Nicklaus, André Agassi und Monica Seles.

Die Gemeindemitglieder kicherten über die Mädchen, die an dem Ausflug ins Freibad teilgenommen hatten, und meinten, daß sie den attraktiven Vater Mark gewiß provoziert hätten, indem sie vor ihm in ihren Badeanzügen herstolziert und ihm im Schwimmbecken zu nahe gekommen wären. Dawn, erzählten sie hämisch, wäre sowieso ein Flittchen – für ein Mädchen ihres Alters bliebe sie abends viel zu lange weg und wäre außerdem mit zu vielen Jungs befreundet. Und Amy? Sie wäre doch nur die gefügige Marionette ihrer Mutter, die ihrer Tochter eine Lüge in den Kopf gesetzt hätte, um den Gemeinderat zu treffen. In der Gemeinde war man allgemein der Meinung, daß Patty (Amys Mutter) zu eingebildet geworden war und mehr Einfluß in der Gemeinde verlangt hätte, als man ihr zugestehen wollte. Deshalb habe sie sich beleidigt zurückgezogen und Rache geschworen.

Siebzehn Jahre lang war Patty Kirchenmusikerin der Gemeinde gewesen. Zuerst ehrenamtlich, dann als hauptamtliche Leiterin mit Gehalt. Ihre kleine christliche Band – ein Keyboarder, ein Bassist und Patty als Sängerin – war mit den Jahren sehr bekannt geworden und hatte ein paar Platten aufgenommen. Immer wenn ein prominenter Katholik aus dem Bezirk von Phoenix heiratete oder einen Todesfall in der Familie zu beklagen hatte, mußte Patty bei der Messe singen. Viele waren nur deshalb Mitglieder der Gemeinde St. Thomas geworden, weil sie dort regelmäßig sang.

Doch im Dezember 1989 hatte sie plötzlich gekündigt. Und jetzt, sechs Monate später, erzählte ihre älteste Tochter der Polizei irgendwelche Geschichten. Patty hatte ihre Kündigung damit begründet, daß sie mehr Zeit für ihre Familie bräuchte. Aber vielleicht war sie ja auch im Zorn gegangen, mußtmaßten die Gemeindemitglieder. Sie war immer so aufdringlich, so laut. Vielleicht hatte sie angefangen, Forderungen zu stellen, und war in die Luft gegangen, als man sie ihr nicht erfüllte. Als Gemeindemitgliedern das Gerücht zu Ohren kam, daß Pattys zweite Tochter, die elfjährige Maureen, ebenfalls von der Polizei über ihre Beziehung zu Vater Mark befragt wurde, erhielten die Zweifel neue Nahrung. Zwei Kinder in einer Familie? War das nicht seltsam?

Auch ohne das ganze Gerede hatten Patty und ihr Mann mehr als genug zu leiden. Vater Mark hatte sie betrogen und belogen. Sie hatten ihn häufig in ihr Haus eingeladen, weil er gerne ihr Aufnahmestudio benutzte, um Gitarre zu spielen und zu singen. Sie hatten ihre vier Kinder gelehrt, ihn zu achten, weil er die Soutane eines katholischen Priesters trug. Jetzt bekannten Amy und Maureen, daß sie fast das ganze vergangene Jahr Angst vor Vater Mark und seiner Art, sich immer dicht an sie zu schmiegen und sie zu berühren, gehabt hatten. Er hatte ihnen nie die Kleider ausgezogen und war auch nie über Umarmungen oder Tätscheleien hinausgegangen. Aber allein diese Tätscheleien hatten die Mädchen so sehr verstört, daß sie nachts Alpträume hatten.

Doch das schlimmste war, daß die Mädchen geächtet wurden. Freundinnen aus der Gemeinde kamen nicht mehr so oft zu Besuch – ihre Eltern hatten ihnen befohlen, die Familie Hanson zu meiden. Amy hörte sogar, wie ihre Schulleiterin hinter ihrem Rücken über sie klatschte. Patty sah sich gezwungen, ihre Kinder in eine städtische Schule zu schicken. Sie wußte, was die Kinder auszustehen hatten. Auch ihre Freundinnen riefen nicht mehr an, und sie wurde immer seltener um Auftritte in den Kirchen der Umgebung gebeten.

Der Gemeinderat hätte die Lage entschärfen können. Er hätte den Gemeindemitgliedern von St. Thomas mitteilen können, daß die Familien Hanson und Barton mit ihren Anschuldigungen nicht allein standen, daß die Polizei auch Kinder aus anderen Familien befragte und Vater Mark wahrscheinlich sehr viele Opfer gefunden hatte. Statt dessen betonte man noch, daß Vater Mark lediglich das Opfer einer Anklage wäre. In manchen Ohren klang das so, als würden die Mitglieder des Gemeinderats den Vorwürfen keinen Glauben schenken. An einem Sonntag wurde während der Messe das Angebot gemacht, jedem, den die Vorfälle beunruhigt hätten, Rede und Antwort zu stehen. Aber man rief nicht die Eltern zusammen, um sie zu fragen, wie ihre Kinder mit Vater Marks Entlassung umgingen. Man suchte nicht nach Opfern des Priesters, die vielleicht zuviel Angst hatten, um sich zu melden.

Elizabeth Evarts, deren neunjährige Tochter Laura in der zweiten Klasse von Vater Mark auf die erste heilige Kommunion vorbereitet worden war, war so unzufrieden mit den kümmerlichen Informationen aus der Gemeinde, daß sie an einem Sonntag nach der Messe Vater Robert Skagen ansprach. »Stimmt das?« fragte sie ihn und bezog sich damit auf ein Gerücht über weitere Ermittlungen der Polizei. »Dazu darf ich nichts sagen«, erwiderte er. »Der Bischof hat uns gebeten, nicht darüber zu sprechen.«

Doch Elizabeth machte sich um etwas anderes Sorgen. Während des letzten Jahres war ihre Tochter Laura immer depressiver geworden. Elizabeth, eine alleinerziehende Mutter mit einigem Vermögen, hatte zwei Jahre zuvor Laura, die von den Philippinen stammte, adoptiert. Die Eltern des Mädchens waren bei einem Taifun umgekommen. Elizabeth hatte um Laura kämpfen müssen, denn auf den Philippinen war es

Alleinerziehenden nicht erlaubt, Kinder zu adoptieren. Aber Elizabeth wußte, daß Kinder aus armen Ländern selten die Möglichkeit bekamen, ein gutes Leben zu führen, und sie wollte Laura diese Chance geben.

Anfangs hatte sich die Kleine in ihrer neuen Umgebung sichtlich wohl gefühlt. Aber während ihres zweiten Schuljahrs in St. Thomas veränderte sie sich. Sie begann, Radiergummis und Bleistifte von anderen Kindern zu stehlen. Sie erzählte dauernd Lügen. Und als sie eines Tages im Freizeitheim der Franziskaner schwimmen ging, kotete sie ins Schwimmbecken. Als Elizabeth sie fragte, warum sie nicht auf die Toilette gegangen war, sagte Laura: »Da standen zwei Priester. Ich wollte nicht an ihnen vorbeigehen.«

Nach den ersten Berichten über Vater Mark hatte Elizabeth Laura gefragt, ob er sie je an verbotenen Stellen berührt hätte. Laura erwiderte beharrlich, daß er das nie getan hätte. Elizabeth beließ es dabei. Sie meldete Laura in einer anderen Schule an, wo man sich mehr um das Mädchen kümmerte. Aber sie machte sich immer noch Sorgen. Sie hatte genug Psychologieseminare besucht und genug Artikel gelesen, um zu wissen, daß Kinder sexuellen Mißbrauch oft geheimhalten. Litt das kleine Mädchen etwa darunter?

Im Januar 1991 wurde Vater Mark offiziell des sexuellen Mißbrauchs an Amy Hanson angeklagt und bekannte sich schuldig. Die Urteilsverkündung wurde auf den nächsten Monat festgesetzt und dann mehrmals verschoben. Im März erreichte Elizabeth ein alarmierender Telefonanruf von einer Mutter, deren Kinder ebenfalls die Schule von St. Thomas besuchten. Die Frau erzählte Elizabeth, daß der Verwaltungsrat der Gemeinde und die Polizei glaubten, Vater Mark habe mehrere Kinder in Lauras Kommunionsklasse mißbraucht. Die Anruferin drängte Elizabeth: »Sprich noch einmal mit Laura. Sag ihr, daß sie nicht allein ist.«

Zufällig saß Laura gerade neben Elizabeth, als sie dieses Telefongespräch führte. Und nun brach alles aus dem Mädchen hervor: Vater Mark hatte sie oft gebeten, sich auf seinen Schoß zu setzen, mindestens einmal ihre Brüste massiert und danach die Hand an ihre Vagina geführt. Sie hatte zuviel Angst vor Vater Mark gehabt, um früher schon etwas zu erzählen. Aber nun, da er eines Verbrechens angeklagt war und sie die Schule gewechselt hatte, fühlte sie sich sicherer.

Elizabeth rief sofort die Schulrektorin, Schwester Mary Louise Ante, an. Schwester Mary Louise bestätigte, daß die Polizei andere Kinder aus Lauras Klasse befragte, meinte aber, es wäre nicht nötig, Laura hineinzuziehen. »Laura geht schließlich nicht mehr hier zur Schule«, sagte Schwester Mary Louise. »Sie braucht nicht verhört zu werden. Lassen sie es doch dabei.« Völlig sprachlos und schäumend vor Wut legte Elizabeth auf und rief die Polizei an.

Während Elizabeth unter dem Schlag von Lauras Geständnis fast zusammenbrach, wurden die Hansons mit einer weiteren schrecklichen Enthüllung konfrontiert. Die ganze Familie machte inzwischen eine Therapie, und während einer Sitzung bekannte der neunjährige Kevin Hanson, daß Vater Mark auch ihn sexuell mißbraucht hätte. Kevins Bericht war viel entsetzlicher als der seiner Schwestern. Er erzählte, daß Vater Mark ihn immer bat, ihm doch die Gitarre ins Pfarrhaus zurückzutragen, wenn er den Kindern in der Klasse etwas vorgespielt hatte. Auf dem Weg ins Pfarrhaus pflegte Vater Mark Umwege zu machen, damit er ihn mißbrauchen konnte, berichtete Kevin.

Kevin sagte aus, daß der Priester an seinem Penis und seinem Hinterteil gesaugt hätte. Er berichtete, Vater Mark hätte seinen Penis in seinen Anus gesteckt. Einmal, erzählte der Junge, hatte der Priester ihn in einer Toilettenkabine mißbraucht und ihn dazu gezwungen, sich auf die Toilettenschüssel zu stellen, damit für jeden, der hereinkam, nur ein Paar Füße sichtbar war. Der Junge erinnerte sich daran, daß er Angst hatte, auszurutschen und in die Toilettenschüssel zu fallen. Er sagte, der Priester hätte ihm gedroht, seiner Familie schreckliche Dinge anzutun, wenn er etwas erzählte. Das hatte der Junge geglaubt und fühlte sich jetzt in diesem Glauben bestätigt. Denn seit seine Schwestern alles über Vater Mark erzählt hatten, war jeder gemein zu seiner Familie, und die Eltern stritten sich die ganze Zeit.

Im Mai leitete ein Geschworenengericht gegenVater Mark Lehman ein Verfahren wegend sexuellen Kindesmißbrauchs in einem Dutzend zusätzlicher Fälle ein. Dazu zählten auch der sexuelle Mißbrauch von Kevin Hanson, Maureen Hanson, Laura Evarts, Dawn Barton und Anna Ramos, ein Mädchen, das genauso alt war wie Dawn Barton und Amy Hanson. Sie sagte aus, daß Vater Mark sie häufig an intimen Stellen berührt und gekitzelt hätte. Unter dem Druck dieser neuen Fälle zog Vater Mark sein Schuldbekenntnis zurück. Jetzt stand mehr auf dem Spiel. Er bekannte sich nicht schuldig.

Die Opfer und ihre Familien gingen im Juni 1991 vor Gericht. Verhandelt wurde die Kaution von Vater Mark, der sich seit seiner ersten Festnahme die meiste Zeit auf freiem Fuß befunden hatte. Als sie den Gerichtssaal betraten, sahen sie, daß zirka zwanzig Leute gekommen waren, um Vater Mark Beistand zu leisten. Manche stammten aus der Gemeinde. Unter ihnen befand sich auch der Dechant Vater Skagen, der dem Richter bereits geschrieben hatte, daß seiner »moralischen Überzeugung« nach Vater Mark nie wieder eine Straftat begehen würde.

Die Opfer und ihre Familien wurden von Vater Marks Anhängern mit eisigen Blicken empfangen. Gelegentlich hörte man sie unterdrückt murmeln: »Ein Hohn«, »Frevel«, »Lügen«. Eine Psychologin aus dem Büro des Staatsanwalts versuchte, den kleinen Kevin Hanson, der sehr aufgeregt war, zu beruhigen und abzulenken, indem sie ihn bat, Bilder für sie zu malen, und ihm lustige Bemerkungen ins Ohr flüsterte. Als der Junge kicherte, fauchte eine der Parteigängerinnen von Vater Mark ihn an: »Ich halte das für ganz und gar nicht komisch!« Die Psychologin war schockiert über den bösartigen

Ton der Frau und über die feindselige Atmosphäre im Gerichtssaal. So etwas hatte sie noch nie zuvor erlebt.

Patty Hanson trat in den Zeugenstand und forderte, daß man Vater Mark weiter in Haft nehmen sollte, weil ihre Kinder Todesangst vor ihm hätten. Auch Elizabeth Evarts sagte im Zeugenstand aus, daß ihre Tochter Laura Angst hätte. Elizabeth erklärte, daß Vater Mark regelmäßig eine Familie im Nachbarhaus besuche, um für eine Gruppe treuer Anhänger aus der Gemeinde die Messe zu lesen. Elizabeth berichtete, daß man ihn durch ein Fenster sehen könne. Die kleine Laura habe ihn dort gesehen.

Besagte Nachbarin, Ann Malone, saß zusammen mit den anderen Parteigängern von Vater Mark im Gerichtssaal. Sie stand sofort auf und erklärte dem Richter: »Ich wohne bei Mrs. Evarts um die Ecke. Ich weiß nicht genau, ob sie gerade über mich gesprochen hat, aber Vater Mark ist ein sehr enger Freund von uns. Wenn das Gericht es verlangt, wird er nicht mehr in unser Haus kommen. Aber ich habe keinerlei Bedenken, daß er zu uns ins Haus kommt und meine vier Kinder besucht.«

Vater Marks Verteidiger rief jeden, der gekommen war, um Vater Mark Beistand zu leisten, in den Zeugenstand. Die Opfer und ihre Familien erlebten ungläubig und entsetzt, wie auch ihr Pfarrer, Vater Skagen, für ihn aussagte. Vater Mark wurde gegen Kaution auf freien Fuß gesetzt, allerdings unter bestimmten Auflagen. Dazu gehörte, daß er sich dem Haus von Elizabeth Evarts nur bis auf eine Meile nähern durfte. Als Patty Hanson nach der Verhandlung mit ihren Kindern und einer Psychologin noch etwas besprach, ging eine Anhängerin Vater Marks mit wutverzerrtem Gesicht auf sie los. »Was Sie da treiben, ist frevelhaft, einfach frevelhaft!« geiferte sie. Patty brüllte zurück: »Lassen Sie gefälligst meine Familie und mich zufrieden!« Ihr Sohn Kevin klammerte sich an ihr Bein und versteckte sich hinter ihr. Ein Gerichtsdiener stürzte aus dem Saal, um nachzusehen, was das für ein Geschrei war.

Die Familie Hanson zerbrach. Patty und ihr Mann ließen sich scheiden. Von Schmerz gelähmt, hatten sie einander nichts mehr zu sagen, und sie wußten auch nicht mehr, wie sie einander weiter lieben sollten. Zu Beginn der Untersuchung hatten Psychologen und Staatsanwälte sie gewarnt, daß Ehen nur selten eine solche Belastung überstehen würden. »Wir haben nur darüber gelacht«, erzählt Patty. »Unsere Ehe war so gut. Aber dann wuchsen vor uns die Mauern und wollten nicht mehr weichen. Wenn man jemanden anfaßt, den man liebt, bedeutet diese Berührung auf einmal nicht mehr dasselbe wie früher, sondern ist schändlich. Diese Berührung ist deinem Kind widerfahren und ist daher schändlich.«

Die Familie reichte eine Klage gegen das Bistum Phoenix ein. Das machte alles nur noch schlimmer. Sie bekamen häßliche Briefe, in denen sie als widerliche Lügner beschimpft wurden, die sich ihre Anschuldigungen aus den Fingern sogen und ihre Leiden übertrieben, um im Rampenlicht zu stehen und eine Menge Geld zu bekommen. Und nachts wurden sie mit Telefonanrufen und anonymen Morddrohungen schikaniert.

Privatdetektive verfolgten Patty – offenbar versuchten sie irgend etwas zu finden, was die Kirche zur Verteidigung benutzen konnte. Der Ersatzreifen, der hinten auf ihrem Geländewagen montiert war, wurde zerschnitten. Als sie immer depressiver und hysterischer wurde, meinten die Leute nur, das würde beweisen, daß sie von Anfang an geistesgestört gewesen wäre. Wenn sie in der Stadt zufällig Gemeindemitgliedern von St. Thomas begegnete, zischte man: »Blasphemische Hexe.« Trotz dieser Feindseligkeit brachte sie Amy zur Abschlußfeier der achten Klasse in der Schule von St. Thomas, damit das Mädchen ein paar ihrer ehemaligen Klassenkameradinnen wiedersehen konnte. Die beiden wurden kühl empfangen. Eine Lehrerin bat Patty zu gehen, weil ihre Anwesenheit die anderen aufregen würde. Eine Mutter sagte zu Patty: »Sie gehören nicht hierher.«

Die Hanson-Kinder schickten dem Richter, der den Prozeß führte, Briefe, in denen sie über ihre völlige Isolation und ihren großen Schmerz klagten. Amy schrieb: »Ich würde fast alles tun, um wieder bei meinen Freundinnen zu sein, aber ich weiß, daß das nicht möglich ist. Ich wollte, daß Mark wüßte, wie es ist, wenn man seine besten Freunde verliert und sich fühlt, als wäre alles zu Ende.« Maureen schrieb: »Ich liege nachts wach und versuche zu überlegen, wie es wieder aufwärtsgehen könnte. Ich höre, wie mein kleiner Bruder und meine kleine Schwester sich abends in den Schlaf weinen. Danach weint meine Mutter, weil sie weinen. Ich glaube, die Leute sind deshalb so böse auf meine Familie, weil wir einen ›Heiligen‹ verklagt haben.«

Elizabeth Evarts mußte Ähnliches durchmachen. Auch sie erhielt Briefe und Anrufe mit Morddrohungen. Auch bei ihr wurden Autoreifen zerschnitten – am gleichen Tag wie bei Patty Hanson. Und auch sie mußte hilflos zusehen, wie gute Freunde plötzlich aus ihrem Leben verschwanden. Sie konnte es nicht begreifen. Als die Nachricht von Lauras Mißbrauch bekannt wurde, hatte sie eigentlich mit Dutzenden von aufmunternden Anrufen gerechnet. Sie bekam genau fünf. Sie hatte einen Anruf vom Bischof erwartet – oder zumindest von einem Mitglied des Gemeinderats. Aber niemand rief an, um sie zu fragen, was die Kirche wohl für Laura tun könnte. Sie ging nicht mehr in St. Thomas zur Messe, kam aber nach langer Abwesenheit 1991 zu einer besonderen Christmette wieder mit Laura und deren zwei Geschwister hin. Elizabeth bereute es bald. Eine Frau, die sie seit fünfundzwanzig Jahren kannte, saß ein paar Reihen vor ihr. Die Frau grüßte sie nicht, drehte sich aber ein paarmal um und bedachte Elizabeth mit verächtlichen Blicken. Elizabeths älteste Tochter, die dreiundzwanzigjährige Jennifer, fing an zu weinen und fragte ihre Mutter, ob sie nicht gehen könnten. Nein, entgegnete Elizabeth. Sie würden sich nicht verkriechen.

Warum, fragte sich Elizabeth, waren diese Menschen bereit,

unbesehen anzunehmen, daß ein Priester unschuldig sein mußte und seine Ankläger zwangsläufig Lügner waren? Offenbar hatte niemand es für nötig gehalten, mit der Polizei oder der Staatsanwaltschaft zu sprechen. Oder sich die Mühe gemacht herauszufinden, daß Vater Mark in Gesprächen mit Psychologen zugegeben hatte, kleine Mädchen unsittlich berührt zu haben. Auf Elizabeth wirkten sie wie unterwürfige Mitglieder eines Stammes, der um jeden Preis seine Häuptlinge schützt. Als Elizabeth eines Abends nicht einschlafen konnte, nahm sie sich ein Blatt purpurrotes Briefpapier und einen blauen Stift und versuchte, ihre Ernüchterung in Worte zu fassen. »Ich bin irritiert, wütend, erschöpft und enttäuscht«, schrieb sie. »Am meisten habe ich die Katholizität des Ganzen satt - und zwar bis obenhin. Alles ist katholisch - meine Umgebung, meine Nachbarschaft, die Stadt -, und das ist das schlimmste: auch die Mentalität der Leute. Ich habe Angst davor, daß mich die Widerlichkeit und die ständigen Erinnerungen, die mich in diesem schmutzigen Durcheinander umgeben, schließlich unterkriegen werden.«

Unter den Menschen, die den Familien Hanson und Evarts den Rücken stärkten, waren drei Personen aus dem Büro der Staatsanwaltschaft von Maricopa County, die den Fall mit großer Hingabe bearbeiteten - Paula Anderson, Anwältin der Opfer, Susan Lindley, die Ermittlerin, und Laura Reckart, die Anklägerin. Dieses Trio hatte schon bei vielen Fällen von sexuellem Kindesmißbrauch zusammengearbeitet. Sie wußten, in welche Fallen man tappen konnte, besonders wenn es sich bei dem Beschuldigten um einen Menschen handelte, der so prominent und beliebt war wie ein katholischer Priester. Ein paar Jahre vor dem Fall Lehman war ein anderer Priester aus Phoenix, Vater George Bredemann, wegen sexuellen Kindesmißbrauchs verurteilt worden. Obwohl Paula, Susan und Laura diesen Fall nicht bearbeitet hatten, erinnerten sie sich noch gut daran.

Vater George hatte drei Jungen in einem Blockhaus in der

Wüste mißbraucht, das er selbst gebaut und »Das Schloß« getauft hatte. Eine der Familien, die als Nebenkläger auftrat, wurde regelmäßig von Vater Georges loyalen Anhängern und anderen treuen Katholiken des Bezirks angegriffen. Als die Tante und der Onkel sich im Lokalradio zu Wort meldeten, riefen Hörer an und beschimpften sie als Lügner. Die Mutter fuhr eines Tages über eine Straßenkreuzung in der Nachbarschaft und sah dort auf dem Rasen ein weißes Kreuz mit ihrem Namen darauf, als wollte man ihr sagen: »Ruhe in Frieden!« Als alle drei vor Gericht erschienen, mußten sie geschützt werden.

Jetzt erlebten Paula, Susan und Laura, wie auch Vater Marks Opfer von dieser besonderen Art des Terrorismus heimgesucht wurden. Paula, deren Aufgabe es war, Familien, die als Nebenkläger auftraten, zur Seite zu stehen, hatte noch nie erlebt, daß Menschen so bedrängt wurden wie die Hansons, und daß Mitbürger sich so feindselig verhielten wie die Katholiken in Phoenix. Sie machte sich so große Sorgen um die Familie, daß sie eine ihrer Hauptregeln brach – sie gab der Familie Hanson ihre private Telefonnummer.

So viele Kräfte – Kirchenleitung, Gemeindemitglieder, Katholiken aus dem Bezirk – schienen sich gegen die Hansons und die Evarts verbündet zu haben, daß Paula, die selbst gläubige Katholikin ist, eine Heidenangst bekam. Ergriff auch Gott Partei? Während des Prozesses wurde sie von so vielen Unglücksfällen heimgesucht wie nie zuvor. In einem Zeitraum von fünf Wochen verloren ihr Mann und sie ihre sämtlichen Steuerunterlagen; es gab Rohrbrüche in ihrem Haus; ihr Großvater starb; ihr Wagen wurde vom Parkplatz der Kirche, in der sie und ihre Tochter gerade beteten, gestohlen. »Gott straft mich!« schluchzte sie eines Tages bei Susan und Laura im Büro.

Susan und Laura waren eher aufgebracht als niedergedrückt. Je mehr sie in dem Fall Vater Mark ermittelten, desto größer wurde ihre Überzeugung, daß die Leitung der

Gemeinde deutliche Warnsignale ignoriert hatte. Susan und Laura erfuhren, daß etwa ein Jahr vor Vater Marks Festnahme eine Gruppe von Jungen und Mädchen aus der Schule ihn mit dem Spitznamen »Chester, the Molester« (etwa: Chester, der Kinderschänder) belegt hatte. Diese Bezeichnung war der Rektorin, Schwester Mary Louise, zu Ohren gekommen. Daraufhin hatte sie ein paar der Kinder zu sich bestellt und ihnen gedroht, sie von der Schule zu weisen, wenn sie damit nicht aufhörten.

Susan und Laura hatten auch das Gefühl, daß die Gemeindeleitung den Priester deckte – auf Kosten der Kinder, die bereits seine Opfer waren, und der Kinder, die vielleicht noch seine Opfer werden konnten, falls er freigesprochen würde. Die Schlimmste war Schwester Mary Louise. Sie beteiligte sich an dem Krieg gegen die Opfer und die Zeugen der Anklage. Sie behauptete, Patty Hanson sei machthungrig. Sie sagte, Maureen Hanson sei ein versponnener Bücherwurm und in sich gekehrt. Sie verbreitete, Kevin Hanson habe zuviel Phantasie. Doch Susan und Laura fragten sie, warum ein anderer Junge dann Kevins Behauptung, Vater Mark hätte ihn häufig aus der Stunde herausgerufen, bestätigt habe? Schwester Mary Louise erwiderte, der Junge sei ein kleiner Lügner.

»Es war ein Versuch, Zeugen und Opfer einzuschüchtern«, erklärt Laura. »Es war eine St.-Florians-Mentalität. Nie zuvor habe ich bei einem Fall mehr gespürt, daß es eine harte Schlacht werden würde. Es gibt ein Sprichwort: ›Gerechtigkeit muß durch Gnade gemildert werden.‹ Ihre Philosophie scheint zu sein, daß Gerechtigkeit unbedingt vom Glauben verhüllt werden muß.« Laura und Susan waren überzeugt, daß Vater Skagen und Schwester Mary Louise Informationen zurückhielten. Sie fragten sich, ob es vielleicht einen Weg gebe, diese hauptamtlichen Mitarbeiter der Gemeinde wegen Behinderung der Justiz oder weil sie gegen Vater Mark keine Anzeige erstattet hatten zu belangen. Sie waren überzeugt, daß es noch mehr Opfer gab, die entweder zu verängstigt waren, um sich zu melden, oder die man auf andere Weise zum Schweigen gebracht hatte. Manche Eltern aus der Gemeinde gingen nicht einmal ans Telefon, wenn Laura und Susan anriefen. Aber Laura und Susan hatten bereits jetzt mit dem Fall alle Hände voll zu tun. Sie mußten sich ganz darauf konzentrieren, Vater Mark hinter Schloß und Riegel zu bringen.

Ein paar Gemeindemitglieder von St. Thomas, die weiterhin mit den Familien verkehrten und die Beweislage kannten, zeigten sich ebenfalls entsetzt über die Handlungsweise der Kirche. »Nur Gott kann wissen, was in ihren Köpfen vorging, aber meiner Meinung nach ist das ein ganz klarer Fall – sie wollten nur ihre Finanzen, ihren Ruf schützen«, meint Dennis Desmond, ehemaliger Vorsitzender des Schulausschusses der Gemeinde. »In einer solchen Zeit sollte man doch eigentlich die Leute in den Arm nehmen und fragen: ›Wo tut es dir weh, und wie können wir dir helfen?‹ Und nicht zuerst in die Hosentasche nach der Brieftasche fassen. Die Kirche scheint zu sagen: ›Ich sorge zuerst für mich, und du kannst sehen, wo du bleibst.‹ Sie wandten sich von den Opfern ab und behandelten sie wie Lügner. Sie taten, als wäre eine Verschwörung gegen St. Thomas im Gange. Das ist sehr desillusionierend. Ich bin vierundvierzig Jahre alt, suche aber immer noch nach Helden.«

Vater Mark bekannte sich schließlich in drei Fällen – Amy Hanson, Anna Ramos und Laura Evarts – des Kindesmißbrauchs schuldig und nahm dafür eine Gefängnisstrafe von zehn Jahren ohne Chance auf vorzeitige Entlassung in Kauf. Die Staatsanwaltschaft war der Meinung, daß er mehr verdiente, fürchtete aber, daß eine Verhandlung nur die Emotionen bei Vater Marks Parteigängern und anderen Unbelehrbaren schüren würde. Sie hätte auch für die Opfer und ihre Familien eine zu große Belastung werden können.

Aber der Wahnsinn hörte selbst nach Vater Marks Schuldbekenntnis nicht auf. Eine Gruppe von Gemeindemitgliedern beschloß, ihm ein Abschiedsessen auszurichten. Ann Malone war die Gastgeberin. Sie glaubte, daß Elizabeth Evarts bereits ihr neues Haus in einem Vorort bezogen hätte, so daß Vater Mark das Gebot, ihrem Haus nicht näher als eine Meile zu kommen, nicht verletzen würde. Aber Elizabeth war noch mitten im Umzug und wohnte immer noch in dem Haus neben den Malones. Als sie von der Party erfuhr, rief sie im Büro der Staatsanwaltschaft an.

Laura Reckart und Susan Lindley erschraken. Warum wurde das Abschiedsessen eine ganze Woche vor Vater Marks Strafantritt abgehalten? Wollte er etwa dem »Fluchtklub« (so nannten es die Frauen scherzhaft) beitreten? Laura schickte die Polizei zu den Malones, aber die Party war bereits zu Ende. Susan und sie brausten darauf zu Vater Marks Wohnung in einem Vorort, um nachzuprüfen, ob er noch dort war. Und das war der Fall. Aber die Frauen aus dem Büro der Staatsanwaltschaft verließen sich nicht auf ihr Glück. Bis zum Strafantritt des Priesters fuhren Laura, Susan und Paula abwechselnd an Vater Marks Wohnung vorbei, um sicherzugehen, daß er nicht geflohen war. »Wir fühlten uns wie Cops aus einer Fernsehserie«, erklärt Susan.

Erst danach erhielt Elizabeth Evarts den lange erwarteten Anruf von Bischof Thomas O'Brien. Er sprach ihren Namen falsch aus, so daß er klang wie »E-farts«. Er sagte, es müßte ein schöner Abschluß der achten Klasse für »Laurie« sein, daß Vater Mark jetzt ins Gefängnis käme. Elizabeth wies ihn darauf hin, daß Laura erst in die fünfte Klasse ginge. Der Anruf dauerte nicht einmal fünf Minuten.

Im Juni 1992 erstattete Elizabeth Anzeige gegen Vater Mark und die Kirche, die ihn ihrer Meinung nach ständig geschützt hatte. Im Oktober hielten Vater Marks Anwälte sowohl Elizabeth als auch ihrer Tochter eine einstweilige Verfügung unter die Nase, die ihnen unter Androhung einer Klage untersagte, weiterhin Vater Marks Ruf zu schädigen. In der Verfügung stand, daß Elizabeth und ihre Tochter Beschuldigungen »verdrehten und manipulierten«, was zu »rachsüchtiger und böswilliger Verfolgung« führe. Elizabeth war darüber eher amüsiert als wütend. »Wäre es nicht furchtbar, wenn Mark Lehmann und Vater Skagen mit meiner Entschädigungssumme ihren Lebensabend in einem Schlößchen verbringen könnten?« spottete sie. »Ich meine … jetzt wird man auch noch von einem Kinderschänder verklagt! Was denken die sich dabei? Was denken die sich eigentlich?«[3]

Zweifellos denken sie ans Gewinnen. Immer dann, wenn die Kirche sich gegen Anklagen verteidigen muß, hat sie den festen Willen bewiesen, es mit jeder Taktik zu probieren – ganz gleich, wie ekelhaft oder unchristlich sie auch sein mag. Das wurde bereits deutlich, als die Kirche sich das erste Mal mit einer Zivilklage wegen sexuellen Kindesmißbrauchs konfrontiert sah.

Glenn und Faye Gastal waren arme Farmer, die einen kleinen Laden in Abbeville, einem Städtchen im Südwesten Louisianas, führten. Als fromme Katholiken waren sie stolz, als ihr siebenjähriger Sohn Scott Ministrant wurde und viel Zeit bei Vater Gilbert Gauthe zubrachte. Vater Gilbert schien so ein fürsorglicher, gebildeter Mann zu sein. Als Scott für ein paar Tage ins Krankenhaus mußte, besuchte ihn der Priester und brachte ihm ein Spielzeugauto mit. Scott wurde wegen ungeklärten Blutungen aus dem Rektum behandelt.[4]

Im Juli 1983, ein Jahr nachdem Scott Ministrant geworden war, verließ Vater Gilbert Gauthe plötzlich die Gemeinde. Wie fast alle anderen kannten auch die Gastals den Grund nicht. Die Gastals hatten auch keine Erklärung für die seltsamen Veränderungen in Scotts Benehmen. Er schien ständig Angst zu haben. Er wollte nicht mehr zur Kommunion gehen. Und er wollte nicht mehr beten. »Ich konnte ihn nicht dazu bringen niederzuknien«, berichtete seine Mutter später.

Sechs Monate nach Vater Gilberts Verschwinden erzählte eine Freundin den Gastals von dem Gerücht, daß der Priester Kinder mißbraucht hätte. Die Gastals brachten Scott zu einem

Therapeuten, und der Junge begann eine Horrorgeschichte über die sexuellen Praktiken zu erzählen, die der Priester länger als ein Jahr an ihm durchgeführt hatte. Die Gastals waren entsetzt. Sie waren noch entsetzter, als sie zu einem Anwalt gingen, der ihnen sagte, daß er soeben neun ähnliche Klagen gegen Vater Gauthe vertreten und mit einem Vergleich abgeschlossen habe. Die Kirche hatte jeder betroffenen Familie durchschnittlich 450.000 Dollar gezahlt. Aber sie stellte zwei Bedingungen: Zum einen würde die Kirche jede Haftung ablehnen, und zum anderen würden die Fälle ohne jede Publicity niedergeschlagen. Eine ganze Gemeinde war über den Fall Gauthe im dunklen gelassen worden – die Gastals bildeten da keine Ausnahme.

Die Gastals wollten das Geheimnis an die Öffentlichkeit bringen. Diese Überzeugung festigte sich, als sie erfuhren, daß Vater Gilbert bereits in vielen Gemeinden Kinder mißbraucht hatte. Immer wenn jemand sich beschwert hatte, hatte die Kirchenleitung die Sache einfach unter den Teppich gekehrt und Vater Gilbert versetzt. Das mußte aufhören, beschlossen die Gastals. Auch andere Eltern mußten wissen, daß vielleicht auch ihre Kinder schweigend litten. Die Gastals suchten nach einem Anwalt, der bereit war, den Fall vor Gericht zu bringen und alle Medien einzuschalten. Sie fanden J. Minos Simon, einen brillanten, wenn auch etwas pompösen Anwalt mit dem Äußeren einer Dampflok und der rhetorischen Begabung eines Wanderpredigers.

Noch vor der Verhandlung räumte die Kirche ihre Verantwortung ein. Die Auseinandersetzung drehte sich jetzt nur noch um die Höhe der Schadenersatzsumme, die die Kirche bezahlen sollte. Simon ging ihnen an die Kehle und forderte zehn Millionen Dollar. Sein Hauptargument war, die Gastals hätten sich so von der katholischen Kirche entfremdet, daß sie nicht mehr auf Rettung ihrer Seelen hoffen konnten. Die Kirche sollte sie daher für den Verlust des Seelenheils entschädigen.

Bob Wright, der Anwalt der Kirche, mußte sich jetzt Argumente zur Verteidigung einfallen lassen. Aber er wählte eine besonders grausame Strategie. Er beschuldigte in der Verhandlung die Gastals, daß sie ihrem Kind ebenso großen Schaden zugefügt hätten wie Vater Gilbert und deshalb ebenso zu verurteilen wären. In seinem Eröffnungsplädoyer wies er darauf hin, daß Glenn Gastal bereits zum zweiten Mal verheiratet und der kleine Scott Gastal in der Schule ein Jahr zurückgestellt worden sei. Beim Kreuzverhör stellte er die elterliche Fürsorge der Gastals in Frage und warf ihnen Verhaltensweisen vor, die für fromme Katholiken auf dem Land keineswegs ungewöhnlich waren. Wie gründlich hatten sie sich Vater Gilbert angesehen, ehe sie ihren Sohn im Pfarrhaus übernachten ließen? Wie kam es, daß sie ihren Sohn nicht gleich nachdem sie Verhaltensauffälligkeiten bei ihm festgestellt hatten, therapeutisch behandeln ließen?

Wright unterstellte, daß die Gastals gar nicht vor Gericht gegangen wären, wenn ihnen ihr Sohn wirklich so viel bedeute. Denn wenn es so wäre, hätten sie geschwiegen. »Damit an die Öffentlichkeit zu gehen und diesen jungen Mann einer peinlichen Situation und, wenn Sie so wollen, möglicherweise auch dem Spott seiner Freunde und anderer Gemeindemitglieder auszusetzen, hat die Schäden, die dieser junge Mann erleiden mußte, wesentlich vergrößert«, sagte er.

Die Geschworenen waren anderer Ansicht. Nach nur zweistündiger Beratung sprachen sie den Gastals eineinviertel Millionen Dollar zu. Aber nicht jeder in der Gemeinde hatte soviel Mitgefühl. Vor, während und nach der Verhandlung bekamen die Gastals immer wieder die Feindseligkeit anderer Katholiken des Bezirks zu spüren. Die Geschäfte in Glenn Gastals Laden gingen auf einmal so schlecht, daß er schließen mußte. Und an J. Minos Simon schrieb jemand: »Wenn der Junge alt genug ist, um jetzt in den Zeugenstand zu treten, dann war er vor zwei Jahren auch alt genug, um sich gegen Vater Gauthe zu wehren.«

Die Gastals waren nicht die einzigen, deren Kampf um Gerechtigkeit im Fall Gauthe den Haß anderer Katholiken hervorrief. Der Schwester von Raul Bencomo, einem Anwalt aus New Orleans, der andere Opfer von Gauthe vertrat, wurde auf einer Hochzeit von einem Priester ein Zettel zugesteckt, auf dem ein Bibelvers stand. In dem Vers war von Verrätern die Rede.

Der Sieg der Gastals vor Gericht stillte zwar ihr Bedürfnis nach Gerechtigkeit, aber er konnte ihnen nicht ihre Ernüchterung und Verbitterung nehmen. »Sechs Monate lang – seit ich herausfand, daß mein Kind zu den Opfern zählte – blickte ich immer wieder auf die Einfahrt hinaus und glaubte, daß einer der Kirchenoberen kommen würde. Daß einer der Menschen, die mich an das Gute in der Welt glauben ließen, hier vorfahren und alles leichter machen würde.« Und Glenn Gastal fügte hinzu: »Inzwischen sind zwei Jahre vergangen. Bis jetzt ist noch niemand gekommen.«

Opfer und ihre Familien sind nicht die einzigen, die unter Beschuß geraten. Die Kirche scheint entschlossen, jeden anzuschießen, der es wagt, ihren guten Ruf anzutasten. In New Mexico scheint sie auch bei der Wahl der Munition nicht zimperlich zu sein.

»Geldgieriger Jude«, »Priesterhasser« und »Katholikenklatscher« sind nur ein paar der Schimpfworte, mit denen Anwälte, Ermittler und Priester des Erzbistums Santa Fé Bruce Pasternack[5] bedenken. Er ist der Anwalt aus Albuquerque, der die Gläubigen von New Mexico gezwungen hat, der Realität des sexuellen Kindesmißbrauchs durch Priester in ihrem armen, ländlich geprägten Bundesstaat ins Gesicht zu sehen.

Anfang 1991 begann Pasternack beharrlich darauf hinzuweisen, daß New Mexico ein einzigartiges Problem hätte. »Genauso, wie New Mexico die Atommüllkippe der Vereinigten Staaten ist, ist es auch die Müllkippe der katholischen Kirche.«

Diese Aussage scheint übertrieben, aber in Dutzenden von Gerichtsverhandlungen hat Pasternack den Beweis für ihren Wahrheitsgehalt erbracht.

Im ersten Fall vertrat er Susan Sandoval, die Vater Robert Kirsch Anfang der siebziger Jahre wegen sexuellen Kindesmißbrauchs verklagte. Pasternack bewies, daß Kirsch als Patient der Parakleten nach New Mexico gekommen war. Dieser Orden unterhielt in Jemez Springs ein religiöses Behandlungszentrum, das der Heilung von Priestern gewidmet war – von Alkoholikern, Bulimikern, Depressiven und Triebtätern. Kirsch gehörte zur letzten Kategorie. Nachdem er seine Behandlung abgeschlossen hatte, wurde er vom Erzbistum Santa Fé als Priester angestellt.

Der nächste war Vater Jason Sigler, der vom Bischof von Winnipeg wegen Alkoholismus und Kindesmißbrauch zu den Parakleten geschickt worden war. Auch er wurde nach seiner Behandlung vom Erzbistum Santa Fé als Priester angestellt. Obwohl er zwei weitere Male zur Behandlung eingewiesen wurde, weil er Kinder unsittlich berührt hatte, durfte er weiter in der Diözese arbeiten. Schließlich wurde er 1982 wegen sexuellen Mißbrauchs an mehreren Jungen unter dreizehn Jahren verhaftet. Anfangs vertrat Pasternack nur eines seiner Opfer. Aber als diese Nachricht bekannt wurde, meldeten sich sechzehn weitere.

Als dann im Sommer 1991 der Skandal um James Porter in Massachusetts publik wurde, vermutete Pasternack, daß es vielleicht auch in New Mexico Opfer von Porter geben könnte. Porter war schließlich in den sechziger Jahren bei den Parakleten in Behandlung gewesen. Während dieser Zeit hatte der Priester an den Wochenenden Messen in Landgemeinden gelesen. Pasternacks Ermittler begann in den Bergen nach Opfern zu suchen. Als er seine Ermittlungen beendet hatte, hatten drei Jungen aus Truth or Consequences und ein weiteres Opfer aus Albuquerque Anzeige gegen Porter erstattet.

Nachdem Pasternack in allen Einzelheiten das dargelegt

hatte, was er »die Pipeline der Perversen« nannte – daß nämlich Kinderschänder über das Behandlungszentrum der Parakleten nach New Mexico eingeschleust wurden –, ging die Kirchenleitung zum Angriff über. Wie konnte es dieser Jude wagen, ihren guten Namen zu beflecken? Ein Anwalt des Erzbistums erklärte gegenüber den Medien, daß Pasternack nur einen Punkt auf der Tagesordnung stehen hätte: »Feindseligkeit gegenüber der katholischen Kirche.«

Pasternack weiß, daß er in einer Welt, in der Demut und Respekt eng mit hispanischer Kultur und Tradition verbunden sind, ein Außenseiter ist. Obwohl er in Albuquerque geboren wurde, waren seine Eltern New Yorker, die die Ostküste 1949 verlassen hatten. Dabei ist es durchaus nicht so, daß Pasternack die Regeln nicht kennt. Er weigert sich nur einfach, sie einzuhalten. »Ich bin zu schroff für New Mexico, zu hektisch«, meint er und untertreibt damit, was für ihn völlig untypisch ist. Er sitzt in seinem Büro und unterhält sich in dem Tempo des echten Brooklyners. Man könnte ihn fast für einen aufstrebenden Anwalt aus Manhattan halten. Nur die Cowboystiefel passen nicht ganz dazu.

»Ich habe Chirurgen, Psychologen und Drogentherapeuten verklagt«, erzählt er. »Ich würde auch einen buddhistischen Mönch, einen protestantischen Pfarrer oder einen Rabbi verklagen. Ich habe nichts gegen die katholische Kirche. Ich habe nur etwas gegen Leute, die Kinder vergewaltigen. Die Religion des Täters ist dabei völlig unwichtig. Es geht mir nur um die Tat. Auf welcher Seite würde wohl Jesus stehen, wenn er heute zurück auf die Erde käme, was glauben Sie?«

Als die Angriffe gegen Pasternack begannen, wies der Anwalt Erzbischof Robert Sanchez höflich darauf hin, daß antisemitische Verunglimpfungen unangebracht wären. Er erinnerte Sanchez an die hebräische Inschrift, die sich über dem Portal der St.-Franziskus-Kathedrale in Santa Fé befindet. »Wissen Sie, warum das dort steht?« fragte er. »Als die Katholiken kein Geld mehr hatten, um die Kathedrale fertigzubauen, haben die jüdischen Kaufleute von Santa Fé das fehlende Geld aufgebracht.«

Pasternack glaubte, er hätte seinen Standpunkt deutlich gemacht. Er irrte sich. Beim nächsten Fall beschimpfte man ihn wieder.

Im Oktober 1992 verklagte Pasternack den Pfarrer der reichsten und größten Gemeinde von Albuquerque. Vater Arthur Perrault gehörte zum engsten Mitarbeiterkreis von Robert Sanchez. Er war Herausgeber der Zeitung des Bistums und würde mit Sicherheit eines Tages selbst Bischof werden. Er war auch ein Kinderschänder – und der Bischof hatte davon gewußt, wie Pasternack als Vertreter von sieben Klienten in Verhandlungen immer wieder betonte.

Sanchez sah sich gezwungen, diese Tatsache zuzugeben. Bei einem verblüffenden Auftritt im Regionalfernsehen von Albuquerque versuchte er, die Vergebung seiner Herde zu erlangen, indem er seinen Irrtum eingestand. Er erklärte, daß Anfang der achtziger Jahre – als die ersten Beschwerden über Perrault einliefen – die Kirche Kinderschändern regelmäßig eine zweite, sogar eine dritte Chance einräumte. Die Kirche würde an Vergebung glauben, sagte er, und ihre Psychologen hätten sie unzureichend über die Gefahr informiert, daß diese Priester rückfällig wurden.

»Wenn Ihr Vater einen Herzinfarkt erlitten hat und der Arzt sagt, er könne wieder arbeiten, dann müssen Sie ihm glauben«, sagte Sanchez. Er gab zu, daß von den neunundsiebzig in seiner Diözese tätigen Priestern acht des Kindesmißbrauchs angeklagt worden waren. Doch diese Aussage war nicht einmal zutreffend. Denn inzwischen standen zehn Priester vor Gericht oder waren bereits verurteilt worden.

Sanchez kämpfte mit den Tränen, als er erklärte, er werde zurücktreten, falls der Papst ihn dazu auffordere. Aber noch während der Bischof beichtete, starteten seine Lakaien bereits neue Offensiven gegen Pasternack. Kanzler Ron Wolf beschuldigte ihn der Effekthascherei: »Sein rhetorisches Sperrfeuer hat nur den Zweck, diese Geistlichen in der Presse an den Pranger zu stellen.« Karen Kennedy, eine Anwältin des Erzbistums, bezichtigte ihn der Geldgier: »Mir sind Informationen aus einer Reihe von Quellen zugegangen, daß Mr. Pasternack öffentlich bekannt hat, er würde sich dank der Honorare, die ihm die Klagen gegen die Kirche eingebracht haben, zur Ruhe setzen können.« Von der Kanzel herab beschimpften ihn Priester als »Priesterkiller«. Und ein Ermittler des Erzbistums, der ein Opfer zur Rücknahme seiner Klage zu überreden versuchte, nannte Pasternack einen »jüdischen Bastard«.

Pasternack ließ sich nicht provozieren. »Sie wollen doch nur, daß ich in die Luft gehe, und den Gefallen tue ich ihnen nicht«, meint er. »In diesen Fällen geht es nicht um mich. Es geht um Priester, die Kinder mißbrauchen.«

Obwohl die Kirchenleitung darauf beharrte, daß die Verbrechen, die er anprangerte, Einzelfälle wären, konnte sich Pasternack vor Telefonanrufen kaum retten. Opfer aus dem ganzen Staat und Männer und Frauen, die von New Mexico nach Colorado oder Hawaii gezogen waren, baten ihn, sie in Fällen von sexuellem Kindesmißbrauch gegen die Kirche zu vertreten. Sein Gesicht und sein Name waren durch Zeitungen im ganzen Land bekannt geworden. Und mit ihnen die Nachricht, daß dieser Anwalt aus New Mexico gewillt war, es mit der Kirche aufzunehmen.

Pasternack wurde ein wandelndes Archiv in bezug auf die sexuellen Neigungen der Geistlichkeit New Mexicos. Immer wieder lieferten ihm Informanten verblüffende Einzelheiten über Priester und Bischöfe. Sein Ermittler Jerry Mazon arbeitete sieben Tage in der Woche daran, den Wahrheitsgehalt dieser Informationen zu überprüfen. Pasternack, der nicht gern verliert, war sehr wählerisch bei den Fällen, die er übernahm. »Voraussetzung für uns ist, daß Beweise vorliegen und eine Penetration stattgefunden hat«, erläutert er.

Die Angriffe auf seine Person haben Pasternack noch gnadenloser, noch gerissener in seinen legalen Manövern gegen die Kirche gemacht. Als er Sanchez zu einem Fall befragte, gab er sich mit den fadenscheinigen, ausweichenden Antworten des Bischofs nicht zufrieden.

»Erinnern Sie sich an Gespräche mit Vater Clarence Galli über die Vorwürfe gegen Sigler?« fragte Pasternack den Bischof.

»Nein«, erwiderte der Bischof.

»Erinnern Sie sich daran, mit Vater Ted Hunt über die Vorwürfe gegen Sigler gesprochen zu haben?«

»Nein.«

Pasternack setzte den Bischof unter Druck und fragte ihn, wie es nur möglich sei, daß er sich an Gespräche, in denen es um so ernste Fragen ging, nicht erinnerte? Sanchez erklärte, daß er während eines Ballspiels einen Schlag auf den Kopf bekommen hätte.

Darauf stellte Pasternack den Antrag, den Bischof zwangsweise einer neuropsychologischen Untersuchung zu unterziehen.

Aber während Pasternack die Angriffe und Obstruktionsversuche der Kirche gelassen überwand, litten seine Klienten um so mehr. Jedesmal, wenn die Kirchenleitung seine Integrität anzweifelte, minderte sie gleichzeitig die Glaubwürdigkeit seiner Klienten. »Bruce war für mich da, als die Kirche mir nur ins Gesicht spuckte«, sagt Susan Sandoval, Pasternacks erste Klientin in einem Prozeß gegen das Erzbistum. »Ich habe das Gefühl, das Erzbistum würde alles – buchstäblich alles – tun, um jeden zum Schweigen zu bringen.«

Als Pasternack immer mehr Klagen vor Gericht brachte – im Januar 1993 waren es neununddreißig –, begann auch er sich zu fragen, ob Susan Sandoval damit nicht recht haben könnte. Ein paar Wochen bevor die Details über Robert Sanchez' eigene sexuelle Aktivitäten zum Rücktritt des Bischofs führten, bekam die Frau von Pasternacks Privatdetektiv einen anonymen Telefonanruf, in dem man sie informierte, daß ihr Mann Jerry fremdging. Jerry Mazon hatte ein reines

Gewissen, wurde aber mißtrauisch und warnte Pasternack vor solchen Angriffen. Pasternack wiederum warnte seine Frau, eine bekannte Anwältin in Albuquerque. Schon ein paar Stunden später bekam auch sie einen anonymen Anruf, in dem man ihr mitteilte, daß ihr Mann eine Affäre hätte.

»Mit einer Frau?« fragte sie den Anrufer.

»Ja«, entgegnete der Unbekannte.

»Gott sei Dank«, erwiderte sie. »Das letzte Mal soll er es mit einem Tier getrieben haben.«

8. Kapitel

DIE KREUZIGUNG DER UNSCHULD

Er hatte ständig Angst, war immer wachsam. Das Leben barg für ihn eher Gefahren als Hoffnung. Traue keinem. Brauche niemanden. Und wenn du einen Augenblick nicht aufpaßt, kriegen sie dich.[1]

Also war er ständig auf der Hut. Nur selten hielt er sich länger als fünfundvierzig Minuten in einem Zimmer voller Menschen auf. Wenn er ins Kino ging, steuerte er die letzte Reihe an. In einer großen Gruppe hielt er sich am Rand auf und wagte es nie, bis in die Mitte vorzudringen. Manchmal setzte er sich nicht einmal hin – er fühlte sich wohler, wenn er stand, dann konnte er jederzeit flüchten.

Er ließ keinen anderen Menschen an sich heran. Er konnte es nicht ertragen, wenn man ihm die Haare schnitt, und schnitt sie sich deshalb lieber selbst. Er lernte, die dreihundert Pfund schwere Marmorplatte seines Tisches allein zu verrücken. Einsamkeit war der einzige sichere Hafen für ihn, also lebte er völlig zurückgezogen und betäubte seine Verzweiflung mit Scotch, Marihuana und LSD. Er war selten lange genug nüchtern, um den Schmerz zu spüren.

Selbst seine Träume quälten ihn. Sie hielten ihn in nebligen, surrealen Landschaften gefangen. Er bannte seine Angst auf Leinwände – in grau und schwarz, dunkelbraun und dumpfem Rot. Er zeichnete vage, verschwommene Gesichter. Bilder einer zerstörten Welt.

Immer wieder zog er um. Von seinem Elternhaus in North Attleboro, Massachusetts nach Iowa; von Omaha nach Washington, D.C. Er fuhr kreuz und quer durchs ganze Land, landete in Puerto Rico. In New Hampshire. Martha's Vineyard. Connecticut. Baltimore. Nirgendwo war er weit genug weg.

In Dennis Gabourys Welt gab es keine Sicherheit, nichts, was Sinn machte. Regeln und Wertvorstellungen hatten keine Gültigkeit mehr. Menschen, die Trost spenden sollten, konnten einen mißbrauchen. Institutionen, die den rechten Weg weisen sollten, konnten einen verraten. Man konnte nur auf sich selbst bauen – und man konnte auch böse sein.

Diese Lektion hatte er im Alter von zehn Jahren in der Kirche St. Mary's gelernt – als Ministrant bei Vater James Porter. Nach einer Messe hatte der Priester den Viertkläßler zu einem Glas Milch und Keksen eingeladen und ihn dann in sein Büro mitgenommen. »Das gab mir das Gefühl, privilegiert zu sein«, erzählt er. »Es bedeutete, daß ich etwas Besonderes war.«

Dort legte ihn der Priester wie eine Puppe auf den verblichenen Perserteppich, zog ihm die Hose herunter und warf sich auf den neunzig Pfund schweren Jungen. Zwei Stunden später klopfte die Hausmeisterin an die Tür: »Vater Porter, Mr. Gaboury sucht seinen Sohn!« Der Priester ließ wortlos von Dennis ab. Der Junge zog seine Hose an. Sein gelbes Hemd hing aus der Hose, als er zu seinem Vater hinausging.

»Wo zum Teufel hast du gesteckt?« fragte sein Vater, der ihn über eine Stunde gesucht hatte.

»Vater Porter hat mich zu Milch und Keksen eingeladen«, erwiderte Dennis kaum hörbar.

Er verbarg sein Geheimnis hinter einer Mauer aus Einsamkeit, dem einzigen sicheren Zufluchtsort, den er sich jetzt noch in einer Welt voller Gefahren vorstellen konnte. Auf dem Schulhof blieb er für sich, schmiegte sich an die Bäume an der Seite und hoffte, daß niemand auf ihn aufmerksam wurde. Manchmal ging er dorthin, wo die Mädchen spielten, weil er wußte, daß er dort in der Menge untertauchen konnte. Er zog sich ganz in sich selbst zurück, denn nur dort war er sicher. Dort war eine Welt, die sich durch das Entsetzliche, das er in den zwei Stunden mit Porter erlebt hatte, von der Realität abgespalten hatte.

Dennis hatte gelernt, daß Priester gut waren, aber »die

Nonnen lehrten mich, daß ich ein Gefäß der Sünde wäre«, berichtet er. Bei seiner ersten Beichte hatte er Tausende von bösen Gedanken und kleinen Vergehen gestanden. Damals war er erst sieben.

Daher glaubte Dennis zu wissen, daß das, was hinter den verschlossenen Türen des Büros im Pfarrhaus geschehen war, nicht die Schuld des Mannes sein konnte, der Hostien in den Leib Christi umwandelte. Dennis selbst mußte schlecht sein. Sündig. Böse.

Porter hatte dem kleinen Jungen die Seele aus der Brust gerissen. Da er sie verzweifelt wiederhaben wollte, mühte er sich um Vollkommenheit. Er fing an, sich tadellos zu kleiden. Er schmierte sich Vaseline ins Haar, um jede Strähne ordentlich zu legen. Er klammerte sich mit der Besessenheit der Verdammten an seinen Glauben. Nachts erschien die Jungfrau Maria an seinem Bett. Mit dreizehn war er davon überzeugt, daß sein einziges Heil in der Priesterschaft lag. Er trat in ein High-School-Seminar ein. Es half nicht.

»So etwas kann man nicht mit Wasser abwaschen«, sagt er heute. »Also versucht man, seine Seele reinzuwaschen. Man schrubbt und schrubbt, bis man nicht mehr kann. Aber es nutzt alles nichts. Schließlich ergibt man sich darein, ein Sünder zu sein.«

Dennis verließ sein Elternhaus mit achtzehn. Voller Scham und Selbsthaß versuchte er, ein anderer Mensch zu werden. Er versuchte es mit einem neuen Namen: Gabe, Hap – alles, nur nicht Dennis. Er versuchte es mit neuen Identitäten: das Großmaul auf dem Campus, der drogensüchtige Hippie, der in den Wäldern von New Hampshire in einer Scheune lebte, der Bohemien, der Mauern in der Stadt bemalte, aus Holz Kleiderständer schnitzte und auf Friedhöfen Skizzen verfertigte. Aber all das ergab keine fröhlichen Abenteuer. Es ergab nur Einsamkeit und Flucht. »Ich versuchte verzweifelt, den Fängen des Nichts immer einen Schritt voraus zu bleiben«, erzählt er.

Und dann gab es noch die Leere, wo früher einmal Dennis' Seele gewesen war. Er versuchte verzweifelt zu begreifen, warum er innerlich verfaulte. Er wandte sich der Homöopathie und Pseudo-Psychologie, esoterischen Schriften und Kristallkunde zu. Er ging zu einem Seelsorger, der ihm einen schmerzlich einfachen Rat gab: Lernen Sie einfach, ein ganz normaler Mensch zu sein. Seit Jahren sehnte sich Dennis danach, ein normaler Mensch zu sein – er wußte nur nicht, wie er das anstellen sollte. Als er dreißig war, hatte Dennis nur einen Trost gefunden – Drogen und Alkohol.

Im Herbst 1980 fuhr er mit seinem Auto einen Vogel tot. In seiner franko-kanadischen Familie war das ein schlimmes Omen. Jemand würde sterben. Danach weinte er zwei Wochen lang. Er war in Gefahr und mußte ihr dringend entkommen. Er floh vor Drogen, Alkohol und immer schlimmerer Selbstzerstörung nach Kalifornien und Washington, D.C. Schließlich landete er in Puerto Rico, wo er sich tagelang in einem Blätterhaufen versteckte. Er ertränkte seine Alpträume in Rum, und der Rum erzeugte wiederum Alpträume. Schließlich versuchte er vom Alkohol loszukommen. »Ich erinnere mich, daß ich mich fühlte wie eine trockene, zerknitterte, heiße braune Papiertüte, als ich am ersten Tag den Flur des Therapiezentrums entlangging«, erzählt er. »Am Ende war ein Nadelöhr – ein winziges Nadelöhr, das nur groß genug war, um ein wenig Licht, ein wenig Hoffnung durchzulassen. Zu dieser Zeit war die Hoffnung mein Gott.«

Schritt für Schritt trat diese Hoffnung in seinen Träumen an die Stelle der Verzweiflung. 1984 erwachte er eines Morgens fast atemlos aus seinen Träumen. Er war in eine Unterwasserhöhle gesunken und einem Pfad an einem Bach gefolgt, an dessen Ufern Juwelen funkelten. Er gelangte schließlich in eine magischen Bucht, in der sich Bäume im Wind wiegten. Dort traf er seinen Vater, der vor fünfzehn Jahren gestorben war. »Ich bin nur hier, um dir zu zeigen, wohin du gehen mußt«, sagte er zu seinem Sohn. Dennis folgte seinen Anweisungen und kam zu einem Olivenhain, in dessen Mitte ein Felsbrocken lag. Auf diesem Felsbrocken saß Jesus Christus.

Allein die Anwesenheit von Jesus genügte. Dennis wußte jetzt, daß er der Erlösung würdig war.

Aber er konnte seine Genesung erst vollenden, wenn er sich dem Dämon stellte, der ihn verfolgte. Vater Porter wird in dem sechsbändigen Tagebuch, das Dennis in den achtzehn Jahren seit seinem Mißbrauch unregelmäßig führte, nicht erwähnt. Aber als er mit seinem Schmerz rang, tauchte der Alptraum immer wieder auf. Doch er wollte es genauer wissen. Also besuchte er St. Mary's, hörte das Knarren der Holzstufen, erforschte das Dunkel der Sakristei und zog die Schubladen auf, wo der Priester seine Meßgewänder aufbewahrt hatte. Als er das Büro betrat und es unverändert vorfand, verlor er die Fassung. Mit der ganzen Verletzlichkeit des zehnjährigen Jungen – der Dennis noch immer war – lief er heim und erzählte seiner Mutter, was im Pfarrhaus geschehen war. Aber seine Erinnerungen waren immer noch nicht vollständig. Noch am gleichen Wochenende suchte er im Bostoner Telefonbuch die Nummer eines Privatdetektivs heraus und beauftragte ihn, den Priester zu suchen. Die Suche war ergebnislos.

Die einzigen Antworten waren in ihm. Dennis fing an, sein Leben wie ein Puzzle zusammenzufügen. Jedes Teil betrachtete er immer wieder und setzte es dann schließlich mit quälender Langsamkeit ein. Er zwang sich, aus der bequemen Einsamkeit auszubrechen. Er kämpfte sich aus den Randgruppen der Gesellschaft vor. Er machte seinen Abschluß in Betriebswirtschaft und nahm einen Job an.

Im April 1992 flog Dennis nach North Attleboro, um an einer Gedenkmesse für seinen verstorbenen Onkel in St. Mary's teilzunehmen. Als seine Mutter nach der Kommunion den Gang hinunterschritt, traf es ihn wie ein Schlag. »Der Priester wirkte plötzlich wie ein Riese«, erzählt er. »Die Ministranten wurden ganz winzig.« Dennis brach in Tränen aus, stieß seine Mutter zur Seite und lief aus der Kirche.

Immer wieder kamen diese Erinnerungsblitze – Vater Porter, der über den Rasen auf ihn zukam; Vater Porter, der seine Genitalien auf sein Gesicht preßte. Plötzlich erinnerte sich Dennis lebhaft und bis ins kleinste, grausamste Detail an den Priester.

Zwei Wochen später klingelte bei ihm das Telefon. »Man hat Porter gefunden«, teilte ihm seine Schwester mit. Frank Fitzpatrick war gerade zusammen mit acht anderen Opfern und dem Tonband, auf dem Porter den Mißbrauch zugab, im Fernsehen aufgetreten. Am nächsten Tag flog Dennis nach Massachusetts. Er übernahm den Telefondienst in Fitzpatricks Büro, als die Anrufe von Porters Opfern einliefen. Aus dem Hörer erklangen vertraute Stimmen aus seiner Kindheit: alte Klassenkameraden, die Rüpel des Schulhofs, die Jungs aus der Clique, die ihn in seiner Jugend gequält hatten, wenn sie ihm »Heiliger« nachriefen. Auch sie trugen Wunden, die ihnen der Priester geschlagen hatte.

»Da riefen keine vierzigjährigen Männer an«, erklärt Dennis. »Das waren Zehnjährige. Plötzlich verband mich zum ersten Mal etwas mit diesen Jungen. Wir redeten miteinander.«

Nach einem Jahrzehnt der Abstinenz und dem langen Kampf heraus aus dem tiefen Loch, in das man ihn als Zehnjährigen gestoßen hatte, wurde Dennis durch eine Stimme befreit, die immer wieder in seinem Kopf sang: »Es ist kein Geheimnis mehr. Es ist kein Geheimnis mehr.« Dennis offenbarte der Welt sein lange gehütetes Geheimnis in Radio-Talk-Shows, in überregionalen Fernsehsendern und in Zeitungsinterviews.

»Können Sie James Porter vergeben?« wurde er von einem *CNN*-Reporter gefragt.

Dem Geschäftsmann aus Baltimore, der sonst sehr wortgewandt ist, verschlug es die Sprache. »Vergebung?« sagt er heute, nachdem er über eine Antwort nachgedacht hat. »Wenn ich früher zur Beichte ging, sagte man drei Ave Maria und drei Vaterunser, und damit war die Sache erledigt. Aber das hier erledigt sich nicht durch drei Ave Maria und drei Vaterunser. Vergebung ist nicht das Thema. Vergebung bedeutet, daß es vorbei ist. Und es ist nicht vorbei.«

An die Stelle des neutestamentarischen Gedankens der Vergebung ist für Dennis die Forderung des Alten Testaments nach Gerechtigkeit getreten. Als er entdeckte, wie viele Beschwerden es gegen Porter gegeben hatte und wie oft die Kirche ihn geschützt hatte, entdeckte Dennis bei sich auch gerechten Zorn. Dieser Zorn richtet sich nicht gegen James Porter. »Die Kirche ist der wahre Kinderschänder«, sagt er. »Es ist, als hätte die Kirche hinter ihm gestanden und ihm bei jeder Vergewaltigung Beifall gespendet.«

Im Oktober 1992 schrieb Dennis in einem Leserbrief an die Zeitung seiner Heimatstadt: »Mit ihrer Heimlichtuerei, dem Verschleiern, den Schuldzuweisungen und der Bagatellisierung hat die kirchliche Hierarchie den Atomkrieg gegen die Seelen ihrer Gläubigen erklärt.«

Dennis Gaboury geht nie in die Kirche. »Für mich ist das bedeutungslos«, stellt er schlicht fest. »Es hat nichts mit meinem Glauben zu tun.« Sein älterer Bruder Vic, Priester in Chicago, bemüht sich, mit dem Trauma seines Bruders ins reine zu kommen. Aber selbst er findet in der Institution, die ihm nun seit fünfunddreißig Jahren eine Heimstatt bietet, nur wenig Trost. Seine Priesterkollegen sehen ihn nur verständnislos an, wenn er versucht, darüber zu sprechen. »Ihre Kälte stößt mich ab«, erklärt er. »Am liebsten würden sie alles leugnen. Sie wollen nicht der Tatsache ins Gesicht sehen, daß die Kirche sich dieser Situation nicht stellt.«

Dennis' Mutter ist zwischen dem Schmerz, der ihrem Sohn zugefügt wurde, und ihrer Bindung an die Kirche, der sie seit einundachtzig Jahren angehört, hin und her gerissen. In Gedanken läßt sie Dennis' Jugend immer wieder an sich vorbeiziehen, weil sie zu begreifen versucht, wieso sie seinen Schmerz nicht wahrgenommen hat. Sie erinnert sich daran, wie er allein in den Wäldern verschwand und nicht auf ihre

Telefonanrufe reagierte. Seine frühen Gemälde erscheinen ihr wie ein Alptraum. »So schwarz und so dunkel«, sagt sie. »Und die Gesichter waren so seltsam verzerrt.«

Seit der Skandal um Porter losbrach, war sie einfach nicht mehr fähig, in die Kirche zu gehen. Sie betet jeden Abend und vertraut ihren Schmerz und ihre Kinder Gott an. Aber sie kann nicht zur Messe gehen. »Jedesmal, wenn ich gehe und der Priester einen Ministranten berührt, möchte ich schreien: ›Nimm deine Hände weg, nimm deine Hände weg!‹«, berichtet sie. »Ich bin immer noch so wütend. Ich glaube nichts von dem, was sie während der Predigt von sich geben. Ich kann überhaupt nichts mehr glauben, was sie sagen. Seit die Sache herausgekommen ist, war ich nur sechsmal in der Kirche«, schluchzt sie. »Es ist vorbei. Es ist einfach vorbei, und es fehlt mir so.«

Am 23. September 1992 schaffte Dennis in seinem silberfarbenen Toyota die Fahrt von Baltimore nach Fall River, Massachusetts, in sechs Stunden – gewöhnlich dauert sie acht. Gemeinsam mit vierzig anderen Opfern Porters wartete er auf den Mann, der immer zu groß, zu mächtig gewirkt hatte, um besiegt zu werden. Plötzlich – wie aus dem Nichts – erschien Porter in Handschellen. Älter. Fülliger. Laut Dennis sah er so verschlissen aus wie der verblichene Perserteppich in seinem Pfarrbüro.

Zwei Monate später, kurz bevor der Scheck mit der Entschädigung und dem Siegel des Bischofs von Fall River eintraf, wachte Dennis um zwei Uhr nachts mit einem Lächeln auf. In seinem Traum hatte er einen Hindernislauf durch die Flure einer Schule bewältigt. Er hatte einen Reifen mit Schwertern, die ihn zu köpfen drohten, und Fliesen, die sich plötzlich über einer bodenlosen Grube öffneten, überwunden. Nachdem er die letzte Hürde genommen hatte, war er eine lange Rampe hinuntergegangen – sie sah aus wie die Rampe der Schule von St. Mary's – und hatte die Schule durch das gläserne Portal verlassen.

»Das Schulgebäude war ein Symbol für mich selbst. Ich habe endlich gelernt, wie man die ganzen Hindernisse überwindet, die aufgestellt wurden, als ich zehn war«, erklärt er. »Ich konnte endlich erwachsen werden. Endlich durfte ich es. Nach dreißig Jahren war der gebrochene Junge, der Porters Büro verließ, wieder zu dem Kind geworden, das hineinging.«

Sexueller Kindesmißbrauch hinterläßt bei den Opfern keine sichtbaren Narben.[2] Anders als bei Schlägen bleiben keine blauen Flecke zurück. Auch keine blutende Wunde wie nach einem Messerstich. Als Erwachsene können die Überlebenden nicht ihre Hemden aufreißen und erklären: Hier, seht meine Narben. Aber sie sind nur scheinbar unverletzt. Sie sind durch einen Vertrauensmißbrauch geschädigt, der viel schlimmer ist als physische Wunden. Sie tragen die Narben eines frühzeitigen Verlustes der kindlichen Unschuld. Diese Narben hindern sie daran, gesunde Erwachsene zu werden.

Kleinere Kinder fangen wieder an, sich wie Babys zu benehmen. Sie machen ins Bett oder weigern sich, allein zu schlafen. Ältere ziehen sich von der Familie und Freunden zurück, schließen sich in ihren Zimmern ein oder verwandeln den Terror, den sie erlebt haben, in Terrorismus, indem sie sich anderen gegenüber aggressiv verhalten. Wenn es ihnen nicht gelingt, das Schweigen zu brechen, das ihnen durch Scham und Selbsthaß auferlegt wurde, wachsen sie zu Erwachsenen heran, die sich hinter einer brüchigen Fassade verkriechen, um in einer gefährlichen Welt wenigstens die Andeutung von Sicherheit zu haben. Ohne Hilfe gehen sie auf Distanz – zu ihren Körpern, ihren Familien, zu jeglicher Intimität.

Opfer erzählen alle die gleichen Geschichten – von jahrelangen Depressionen, Angstzuständen, Selbsthaß und Furcht vor anderen. Sie richten ihr Leben nach ihren Wunden ein. Viele hassen ihren Körper, der sie verraten hat, als er den Täter zum Mißbrauch veranlaßte. Sie essen zu viel oder zu wenig, leiden an Bulimie oder Anorexie. Andere können wegen ihrer Alpträume nicht schlafen. Manche empfinden Sex als so schmutzig, daß sie keine Berührung ertragen können – andere wiederum suchen sich wahl- und ziellos Sexualpartner. Geplagt von Ängsten und Selbstzweifeln, schotten sie sich emotional ab, manchmal mit Hilfe von Drogen und Alkohol. Sie zerstören ihre Ehen. Manchmal zerstören sie auch sich selbst.

Wenn der Täter einen Priesterkragen trägt, sind die Wunden noch tiefer. »Ich bin der festen Überzeugung, daß diese Kinder viel größere Schäden davongetragen haben als alle anderen Kinder, die ich in den vergangenen fünfundzwanzig Jahren in meiner Praxis hatte«, sagt Alexander Zaphiris, ein Therapeut, der mehr als ein Dutzend Opfer von Vater Gilbert Gauthe untersucht hat. »Ich habe Kinder gesehen, die von einem Jugendleiter mißbraucht wurden. Ich habe Kinder gekannt, die von einem Pfadfinderführer mißbraucht wurden. Das hier ist ganz anders. Diese Opfer waren viel verletzter und traumatisierter. Sie achteten ihre Eltern nicht mehr. Sie achteten ihre Kirche nicht mehr. Sie achteten nichts und niemanden mehr. Sie waren völlig leer. Ich sah Körper, hohle Körper. Das hatte ich noch nie zuvor in meiner Praxis erlebt.«

Mic Hunter, ein Psychologe aus St. Paul, der mehr als zwei Dutzend Opfer von Priestern behandelt hat, gibt eine Erklärung dafür, warum der sexuelle Mißbrauch durch einen Priester so zerstörerisch wirkt: »Sie haben das Gefühl, daß sie wirklich nur ein Haufen Scheiße sein können, wenn ein Diener Gottes ihnen das antut.«

Während sie noch fürchten, daß Gott sie verlassen – oder für ein schreckliches Schicksal auserwählt – hat, müssen sie sich ohne die einzige geistige Heimat, die sie bisher gekannt haben, in der Welt zurechtfinden. Den meisten bleibt keine andere Wahl, da ihnen die Kirche nun nicht mehr als Hort des Trostes, sondern als eine undurchdringliche Mauer aus Lügen erscheint.

Nur wenige lernen, sich in einer anderen Religionsgemeinschaft wohlzufühlen. »Wenn ein Methodist von einem Pfarrer mißbraucht wird, kann er einfach Presbyterianer werden«, erklärt Marie Fortune, eine Pfarrerin der christlich-unierten Kirche, die sich um Gemeinden kümmert, in denen sexuelle Vergehen von Geistlichen aufgedeckt wurden. »Katholiken haben diese Möglichkeit nicht. Sie haben schließlich gelernt, daß sie der einzigen wahren Kirche angehören.« Sie werden also alleingelassen – körperlich mißbraucht, emotional verletzt, psychisch geschädigt – und seelisch verlassen.[3]

Der Schmerz überwältigte Christopher Schultz so sehr, daß er keinen Ausweg sah. Der zwölfjährige Junge konnte nicht vergessen, wie Bruder Edmund Coakeley, Franziskaner, Lehrer und Leiter einer Pfadfindergruppe, die Tür der Turnhalle der Schule abgeschlossen und von dem Jungen verlangt hatte, er sollte ihn mit einer neunschwänzigen Katze schlagen. Er konnte auch nicht vergessen, wie er gezwungen wurde, Reizwäsche anzuziehen oder nackt den Kreuzweg durchzuspielen.

Sieben Monate lang war das Leben des Jungen ein Alptraum. Er wurde in Sanatorien eingewiesen und therapiert. Chris bildete sich ein, daß Coakeley in seinem Elternhaus wäre und ihn fangen wollte. Er versuchte sich die Pulsadern aufzuschneiden. Seine Familie bewachte ihn Tag und Nacht, versteckte Scheren und Messer vor ihm und lauschte auf seine Schritte, wenn er durch ihr großes Haus in einem Vorort von New York wanderte.

Am 28. Mai 1979 saß der Junge gemeinsam mit seiner Mutter in seinem Schlafzimmer und schaute fern. Er stand auf, ging ins Bad, öffnete den Medizinschrank und trank eine ganze Flasche Gaultherienöl. Er begann zu hyperventilieren. Seine Lungen füllten sich mit Flüssigkeit. Er fiel in ein Koma. Am nächsten Tag war er tot.[4]

Die Zerstörung von Chris Schultz war zwar extrem, aber durchaus kein Einzelfall. Ende der achtziger Jahre erhängte sich das Opfer eines Priesters aus Florida im Garten seiner

Eltern. Bevor er starb, bat der junge Mann seinen Bruder, den Täter anzurufen: »Sag ihm, daß ich ihm vergebe.«[5]

Nicht alle Überlebenden richten die Zerstörung nach innen. Einer von zwei Brüdern[6], die wiederholt von Vater Francis Luddy, einem Priester aus Pennsylvania, mißbraucht worden waren, sitzt wegen bewaffneten Raubüberfalls, dem Überfall auf einen Homosexuellen und Diebstahl im Gefängnis. Er hat ein Gutteil seines Lebens in Gefängnissen und Nervenheilanstalten zugebracht. Eines von Porters Opfern sitzt zur Zeit im Gefängnis von Barnstable, Massachusetts, weil er seinen eigenen Mißbrauch nachvollzog und ein Kind vergewaltigte.[7]

Gregory Riedle[8] wollte den Urheber seines Schmerzes vernichten. Der Mann aus St. Paul machte sich auf, den Mann, der ihn sexuell mißbraucht hatte, mit einem Fleischermesser und einem Knüttel zu ermorden. Seine Freundin rief die Polizei, ehe er seinen Plan ausführen konnte. Man fand ihn in einer Bar, wo er sich Mut antrank. In seinem Wagen lag ein Zettel: »Er muß sterben. Leider wird sein Tod auch meiner sein.«

Ein Opfer aus Seattle[9] ist von dem Zwang besessen, römisch-katholische Kirchen zu verwüsten. Jedes Jahr während der Karwoche – in dieser Woche wurde er mißbraucht – versucht er, eine Kirche niederzubrennen. Die Polizei konnte ihn nie fassen. In den meisten Jahren gelang es ihm nur, den Innenraum zu zerstören. Aber in einem Jahr beschädigte er das ganze Bauwerk erheblich und gestand seinem Psychotherapeuten die Tat. Das Bistum sorgt jetzt dafür, daß er von Palmsonntag bis Ostern immer in einer geschlossenen Anstalt sitzt.

Aber die schlimmste Schädigung wird oft nicht offenkundig. Es sind die Scham- und Angstgefühle, die sich in die intimsten Bereiche des Lebens der Opfer hineinstehlen.

Noch im Alter von dreißig Jahren hält sich ein Opfer aus Kalifornien für eine Schlampe – dabei ist es ganz egal, wie oft sie sich vor Augen hält, daß sie dreizehn und der Täter zweiundsechzig war, daß sie den karierten Faltenrock und die Kniestrümpfe einer Klosterschülerin und er einen Priesterkragen trug. Diese Frau aus San Diego hat einen Großteil ihres Lebens als Erwachsene damit verbracht, dieses Selbstbild zu bestätigen. Sie zieht es vor, mit Männern zu schlafen, deren Namen sie nicht kennt. Sie hat ständig wechselnde Partner. Sadomasochismus ist ihre Vorliebe. Sie weiß, daß ihre Reaktion krankhaft ist. Das hat ihr bereits ihr Therapeut gesagt. »Wenn ich schon keine Nähe ertragen kann, kann ich mich ebensogut von jedem ficken lassen«, meint sie.[10]

Die meisten Opfer bemühen sich jedoch, Nähe zu finden. Vielen mißlingt es. Kinder, die von Priestern mißbraucht wurden, reagieren übersensibel auf Gefahr. Sie sind nicht mehr in der Lage, Menschen zu vertrauen. Deshalb erleben diese Opfer häufig leidenschaftliche Beziehungen, die zerbrechen, wenn es um eine feste Bindung geht, und feste Bindungen, die beim kleinsten Anlaß in die Brüche gehen.

Calvin Mire, Gilbert Gauthes Opfer aus Louisiana, heiratete mit achtzehn und wurde geschieden, noch bevor er zwanzig war. Seine Frau hätte ihn betrogen, behauptet Calvin beharrlich. Mit dreiundzwanzig war er bereits zum zweiten Mal verheiratet – und die Ehe stand auf der Kippe. In einem Hotelzimmer in Lafayette gestand er, irrational eifersüchtig, paranoid und mißtrauisch zu sein. Seine Frau Pam saß in eisigem Schweigen neben ihm, während er herunterbetete, wie oft er schon betrogen worden war. Dabei wirkte sie eher gelangweilt als verärgert.

»Ich will aufrichtig zu Ihnen sein, obwohl sie hier neben mir sitzt«, meinte Calvin und wies auf seine Frau. »Ich kann immer noch niemandem vertrauen.«[11]

Die Ehen der anderen fünf, die mit ihm Ministranten in Louisiana gewesen waren, sind zerrüttet oder bereits geschieden. Das ist durchaus nicht ungewöhnlich. Von den achtundsechzig Opfern Porters, die allein in Massachusetts bekannt sind, ist nur noch eine Handvoll in erster Ehe verheiratet.[12]

Calvin ist von einer Furcht besessen, die nahezu jedem Mann vertraut ist, der einmal sexuellem Mißbrauch ausgesetzt war: Werde ich auch ein Täter werden? Er hat Statistiken gelesen, aus denen hervorgeht, daß die meisten Kinderschänder selbst als Kinder mißbraucht wurden. Wenn er seine Kinder ansieht, fürchtet er, eines Tages den Wunsch zu haben, sie anzufassen. Vielleicht schon morgen. Aber die Zahlen – dreißig Prozent, fünfzig Prozent, sogar achtzig Prozent – sind grausame Statistiken, die eher Schaden anrichten als daß sie erhellend wirken. Obgleich es sehr wohl stimmen kann, daß Kinderschänder oft selbst einmal Opfer waren, so werden doch die meisten Opfer keine Kinderschänder. Denn wenn das so wäre, dann wäre kein Kind im ganzen Land mehr sicher, wenn man die bekannten Fälle von Kindesmißbrauch zusammenrechnet.[13]

David Clohessy aus St. Louis hat das erreicht, was nur wenigen Opfern gelingt:[14] eine Beziehung zu einer Frau, die von Liebe und Nähe geprägt ist. Aber sein Trauma macht sich bemerkbar, wenn sie miteinander schlafen, weil Clohessy es nicht erträgt, daß eine Frau seinen Penis streichelt. Seit die unterdrückte Erinnerung an seinen Mißbrauch 1988 an die Oberfläche kam, fängt er immer an zu weinen, wenn Laura zufällig mit der Hand seine Lenden berührt.

Manche Menschen verlieren ihre Familien, die nicht mit dem, was geschehen ist, fertigwerden und sie dann ausstoßen. Andere haben das Gefühl, sie hätten Gott verloren, oder Gott existiere nicht. »›Wenn Gott wirklich durch diesen Menschen spricht, warum läßt er diesen Mißbrauch dann weitergehen?‹ Das ist die Frage. So stellt sich das dem Verstand eines Kindes dar«, erklärt Thom Harrigan, ein Psychotherapeut aus Boston, der mit Kindern arbeitet, die von Priestern sexuell mißbraucht wurden – und der auch selbst Opfer eines solchen Mißbrauchs war.[15]

Ein vierzehnjähriges Mädchen aus Phoenix[16] formulierte

das ganz klar in einem Brief an den Richter, der das Urteil über den Priester, der sie mißbraucht hatte, sprechen sollte: »Manchmal habe ich das Gefühl, Jesus ist nun wütend auf mich.« Ein anderes Opfer zog den Schluß, daß Jesus grausam sei. Er stellte sich vor, daß der Priester, der ihn mißbrauchte, in den Himmel kommen würde, und er deshalb in die Hölle müßte. Das störte ihn nicht. »Er wollte in die Hölle, weil der Priester und andere Kinderschänder nicht dort wären«, erinnert sich sein Therapeut.[17]

Ein weiteres Opfer wurde von einem Priester mißbraucht, der auf einem Stuhl zu stehen und Kirchenlieder anzustimmen pflegte, während sich seine Ministranten in einer Reihe aufstellen mußten, um ihn zu befriedigen. Der Mann kam zu dem Schluß, daß Jesus eine Lüge sei. »Ich brauche keine Gebete, ich glaube nicht an Gott«, schrieb er in einem vierseitigen Abschiedsbrief. »Gott ist eine Farce. Jeder hat Angst davor. Mein Bruder und ich wurden beide von einem katholischen Priester mißbraucht. Ich war sieben, und er war vierzehn. So lange Menschen gläubig sind, lebt man in einer falschen Welt. Ich muß sie jetzt verlassen. Leb wohl, du grausame Welt.«[18]

Dann fuhr der Zweiunddreißigjährige seinen Wagen mit hundert Stundenkilometern gegen einen Brückenpfeiler aus Beton.

Aber nur wenige verlieren ihren Glauben an Gott. Sie haben das Gefühl, daß es Gott war, der sie ihr Trauma überwinden ließ. Hingegen war es die katholische Kirche, die sie alleingelassen hat. Tony Kraskouskas aus Gardner, Massachusetts, ging nicht mehr zur Messe, seit er zu dem Schluß gekommen war, daß die Kirche sich mehr um ihren Priester sorgte als um seine Tochter Jennifer, die der Geistliche von ihrem neunten bis zu ihrem elften Lebensjahr wiederholt mißbraucht hatte.

Als dieser Priester, Vater Robert Kelley, dann vor Gericht stand, eilten Priester zu seiner Hilfe herbei. Nachdem die Zeitung *Telegram & Gazette* aus Worcester auf der Titelseite ein Foto von dem weinenden und mit Handschellen gefesselten Kelley gebracht hatte, taten sich nicht weniger als 105 Priester zusammen und setzten eine ganzseitige Anzeige in die Zeitung, in der sie gegen die Plazierung und den Gebrauch des Bildes protestierten. »Für den Priester, der sich schuldig bekannte, und für alle Beteiligten waren dieser Prozeß und das Urteil tragisch genug«, schrieben sie. Nicht einer dieser Priester rief jemals Jennifer oder ihre Familie an, um sie zu fragen, wie sie sich fühlten.[19]

Nach dem Prozeß nahm Bischof Timothy Harrington mit den Kraskouskas Kontakt auf und lud sie zu einem Gespräch ein. Aber seine Bemerkungen gaben der Familie das Gefühl, daß er sie nicht nur trösten, sondern auch herausfinden wollte, ob sie vorhatten, einen Prozeß gegen die Kirche anzustrengen. Tony gab dem Bischof die Adressen von anderen Mädchen aus der Stadt, die auffällig viel Zeit mit dem Priester verbracht hatten, und drängte den Bischof, sie anzurufen und zu fragen, ob er sie auch mißbraucht hatte. Das lehnte der Bischof ab. Er sagte, er wolle sich nicht länger mit dieser unerfreulichen Angelegenheit befassen.

Tony glaubt, daß der Bischof einfach keine weiteren Prozesse oder noch mehr schlechte Publicity riskieren wollte. Er ist zu der Überzeugung gelangt, daß die Kirche zwei Werte höher als alles andere schätzt: ihr Bankkonto und ihr Image. Das erscheint ihm pervers. »Vielleicht gibt es einen Gott«, sagt er, »aber dann ist er vielleicht kein Katholik.«

Seine Frau geht immer noch zur Messe. Aber wenn sie hört, wie der Priester das Evangelium liest, steigt oft Wut in ihr auf. Niemand in der Kirche maß dem Evangelium Bedeutung bei, als es um ihre Tochter ging. »Sie tun nicht das, was sie predigen«, stellt sie fest. Sie wirft kein Geld mehr in den Klingelbeutel, und sie fragt sich auch, ob sie nicht besser aufhören sollte, in die Kirche zu gehen. Aber sie hat immer noch das Bedürfnis, Gott anzubeten. »Ich habe das Gefühl, daß alles von Gott kommt«, meint sie. »Es fällt mir aber im Augenblick sehr schwer, Gott von der Kirche zu trennen.«

Miguel Chinchilla[20] hat sein halbes Leben mit seinem Glauben gerungen. Manchmal, wenn er den vertrauten Frieden der täglichen Messe erlebte und den Priester »Halleluja« sagen hörte, war er glücklich. Aber zu manchen Zeiten brachte er es einfach nicht über sich, eine Kirche zu betreten. Dann wieder fühlte er das Bedürfnis, zu beichten und die Kommunion zu empfangen. Und manchmal hörte er einfach auf, Katholik zu sein, und nahm eine zynische, existentialistische Pose ein.

»Es fällt schwer, Katholik zu bleiben, wenn man von einem Priester sexuell mißbraucht und danach von der Kirchenhierarchie erneut vergewaltigt wurde«, erklärt er.

Im Gegensatz zu anderen Opfern versuchte Miguel es immer wieder. Die katholische Kirche war der einzige sichere Zufluchtsort, den er kannte. In seiner Kindheit war die Kirche die Zuflucht vor seinem chaotischen Elternhaus, in dem die ehemals wohlhabende kubanische Familie versuchte, das Havanna von 1958 im Miami von 1970 wieder auferstehen zu lassen. 1960 waren sie von der Insel geflohen und hatten sich im Fountainbleau Hotel in Miami Beach einquartiert, um den Sturz Castros abzuwarten. Aber ihre Träume wurden bald von der Realität zerstört. Sie mußten sich in einem Land, in dem ihr Familienname keine Bedeutung hatte, ihren Lebensunterhalt verdienen. Ihre Enttäuschung verdrängten sie mit Tranquilizern und striktem Gehorsam gegenüber der katholischen Lehre. »Wenn der Papst uns befiehlt, einen Kopfstand zu machen, dann machen wir morgen einen Kopfstand«, brachte sein Vater ihm bei. Kein Abend verging, an dem die Familie nicht den Rosenkranz betete. Der Diktator Francisco Franco wurde sehr verehrt, weil er Spanien vor dem gottlosen Kommunismus gerettet hatte.

Und Miguel versuchte, der frommste kleine Junge von Miami zu werden und Jesus so nachzueifern, wie es einem jungen Amerikaner aus Kuba nur möglich war. Er stand jeden Morgen um Viertel vor sechs auf und ging in der Dämmerung sechs Blocks zur Church of the Little Flower. Er betete inbrünstig für die Bekehrung Rußlands. Manchmal legte er sich Steine in die Schuhe, weil er hoffte, durch den Schmerz seine Sünden abzubüßen. Wenn er geistesabwesend vor sich hin sinnierte, glaubte sein Vater, er würde die Jungfrau Maria sehen.

Als er fünf war, schickten seine Eltern Miguel das erste Mal zum Psychiater, weil er seiner Mutter dauernd widersprach. Als er vierzehn war, ließen sie ihn in eine Nervenheilanstalt bringen. Die Begründung für seine Einweisung: eine Überdosis Valium – vier Stück, um genau zu sein. Wahrscheinlich war der Grund eher, daß er sich einfach nicht anpaßte. Seine jüngeren Brüder schämten sich für ihn. Er trug ausgetretene Schuhe und kleidete sich schlampig. Er war, wie seine Mutter es ausdrückte, »zu exaltiert«.

Als er mit der Auflage, ständig Beruhigungsmittel zu nehmen, entlassen wurde, kehrte er wieder zur Kirche zurück – und zu Vater Ricardo Castellanos, den man in der kubanischen Oberschicht als idealen Seelsorger für schwierige Jungen ansah. Der dreiunddreißigjährige Priester redete mit seinem jungen Schützling über die Bücher und Gedanken, die seine Eltern aus ihrem Haus verbannt hatten. Er ging mit ihm in Filme aus Übersee und in schicke Restaurants. Vater Castellanos wurde sein Retter – endlich jemand, der ihn zu verstehen schien, der seinen herausragenden Intellekt und seine Persönlichkeit bewunderte.

Miguel war Wachs in seinen Händen. »Er war so selbstsicher«, erzählt er. »So stark. Und schrecklich klug. Er strahlte etwas aus, das Vertrauen erweckte. Ich wollte ihm viel, viel Freude machen.« Niemand fand es seltsam, daß ein erwachsener Mensch einem Jugendlichen so viel Aufmerksamkeit widmete. Es war eben nur ein Beispiel für die Güte und Selbstlosigkeit des Priesters.

Im Sommer 1975 erkrankte Vater Castellanos an einer Hepatitis, und der Vierzehnjährige verbrachte seine Schulferien mit Krankenbesuchen. »Warum ziehst du nicht dein Hemd aus, legst dich hin und machst mit mir ein Nickerchen?« schlug Vater Castellanos ihm eines Nachmittags vor, als der Junge ihn im Pfarrhaus der Gemeinde St. Kiernans besuchte. Das wiederholte sich und wurde schließlich zu einem täglichen Ritual. Vater Castellanos pflegte den Rücken des Jungen zu streicheln und sich Miguels Kopf auf die Brust zu legen. »Das wirkte beinahe biblisch auf mich«, berichtet Miguel. »Johannes lag oft mit seinem Kopf an Jesu Brust, wissen Sie. Alles schien so unschuldig. Ich habe mir nie träumen lassen, daß er mich sexuell begehrte.«

Am Ende des Sommers lud Vater Castellanos seinen jungen Gefährten zu einem Wochenende in Key West ein. Das war der Dank des Priesters für einen Sommer voller Hingabe. Was für eine reizende Geste, dachten Miguels Eltern. Was für ein netter und heiliger Mann er doch ist.

An ihrem ersten Nachmittag in Key West legte sich Miguel zu einem Schläfchen hin. Er berichtete, daß der Priester sich neben ihn legte und anfing, seine Genitalien zu streicheln. »Ich weiß noch, daß ich total schockiert und wie gelähmt war«, erzählt Miguel. »Ich wollte, daß er aufhörte, weil unsere Beziehung bis zu diesem Zeitpunkt so selbstlos war. Ich dachte, daß er vielleicht aufhören würde, wenn ich einfach nur liegenblieb und mich schlafend stellte.«

Doch Vater Castellanos hörte laut Miguels Aussage nicht auf. Castellanos hingegen leugnet Miguels Bericht von diesem Vorfall und den folgenden. Miguel erzählte, daß der Priester anfing, sie beide auszuziehen. Dabei sagte er kein Wort. Der Junge schämte sich, weil er fast nackt war, und zog sich die Decke über seinen schmalen Körper. Der Priester zog sie weg und versuchte in ihn einzudringen. Miguel bat ihn aufzuhören. Danach legte sich der Priester auf den Rücken und führte den Penis des Jungen bei sich ein.

»Ich wußte nicht, was ich tun sollte«, berichtet Miguel. »Schließlich war er mein Seelsorger, mein Vertrauter. Dieser Mann war mein Beichtvater. Ich weiß, daß ich nichts tun wollte, was ihn ärgerte. Nach einer Weile war ich sexuell erregt. Das verwirrte mich noch mehr. Ich wußte nicht, was ich als nächstes tun sollte.«

In dieser Nacht schlief Miguel in den Armen des Priesters ein. Am nächsten Morgen flüsterte der Priester ihm ins Ohr: »Jetzt bist du mein Geliebter.«

Zwei Monate später versuchte Miguel sich im Badezimmer seines Elternhauses die Pulsadern aufzuschneiden. Er sah zu, wie das Blut ins Waschbecken floß und dann gerann. Er war völlig entsetzt und versuchte es nie wieder.

Miguel behielt die religiösen Gewohnheiten seiner Familie bei: Tischgebete, abends Rosenkranz, sonntags Messe. Aber die Kirche hatte ihren Zauber für ihn verloren. »Als wir anfingen, miteinander zu schlafen, erschienen mir Priester und die Kirche als zynisch, und Menschen, die so gläubig waren wie meine Eltern, als sehr naiv«, erzählt Miguel. »Ich erinnere mich an ein Gespräch mit Ricardo, in dem ich sagte: ›Das ist doch alles eine Farce.‹ Er entgegnete: ›Gibst du etwa mir die Schuld daran?‹ Ich log und verneinte das.«

Zwei Jahre lang sahen sich der Mann und der Junge fast täglich. Sie schliefen entweder in Vater Castellanos Pfarrhaus miteinander oder in anderen Pfarrhäusern, wo der Priester den Jungen auch seinem eigenen besten Freund anbot. Als Miguel fünfzehn war, lud Vater Castellanos ihn zu einer Europareise ein. Miguels Mutter Rita verweigerte ihre Einwilligung zu der Reise. Denn langsam begann sie an den guten Absichten des Priesters zu zweifeln. Seine Beziehung zu ihrem Sohn erschien ihr zu eng. Aber ihre Freundinnen lachten über ihre Ängste und meinten, sie sollte ihrem Sohn doch nicht die Chance nehmen, den Petersdom zu sehen und den Vatikan zu besuchen. Ihr Mann hielt sie für unvernünftig, denn schließlich war Vater Castellanos doch ein Priester. Andere Priester warfen ihr vor, der geistigen Entwicklung des Jungen im Wege zu stehen. Rita begann an ihrem Verstand zu zweifeln und gab nach.

Der Priester und der Junge feierten Miguels sechzehnten Geburtstag auf den Champs Elysées. Sie besuchten eine Papstmesse im Petersdom. In der Öffentlichkeit und im Bett behandelte Vater Castellanos Miguel wie einen Erwachsenen. Aber Miguel war in vieler Hinsicht eben nur ein verwirrter kleiner Junge. Und dieser kleine Junge fühlte sich in zunehmendem Maße von den Konflikten und der Verlogenheit ihrer Beziehung überfordert.

Kurz nachdem sie wieder in Miami waren, brach Miguel unter dem Druck zusammen. Er legte sich ins Bett und weigerte sich, zu essen und zu sprechen. Er mußte seinen Eltern zwar etwas sagen, schaffte es aber nicht, den Mißbrauch zu gestehen. Er behauptete, er wäre drogenabhängig – obwohl er nie mehr getan hatte, als gelegentlich ein wenig Marihuana zu rauchen. Sie schickten ihn in ein Therapiezentrum, wo ihm das Gefühl vermittelt wurde, daß er sein Schweigen brechen müsse. »Diese Geheimnistuerei brachte mich um«, erinnert er sich. Er erzählte es seinem Therapeuten und drei Monate später auch seinen Eltern. »Ich wußte es«, schrie seine Mutter. »Ich wußte es. Jeder hielt mich für verrückt. Wo ist ein Gewehr? Holt mir doch ein Gewehr! Ich werde ihn umbringen.« Sie zerriß jedes Familienfoto, auf dem sich Vater Castellanos befand. Ihr Mann saß wie versteinert da. Keiner von beiden tröstete Miguel.

Seine Eltern gingen zum Weihbischof von Miami, der behauptete, ihr Sohn wäre ein krankhafter Lügner. Er befahl Miguels Vater, über die Angelegenheit zu schweigen, denn es wäre eine »Todsünde, darüber zu sprechen« – so berichten es Miguel und seine Mutter. Sein Vater wird diese Geschichte nie bestätigen, um sein Schweigen nicht zu brechen.

Miguel ging zur Armee, verließ Miami und landete in einer Münchner US-Kaserne. Er war ständig auf der Flucht vor sich selbst, übernahm Verhaltensweisen und schloß sich Organisationen an, die es ihm erlaubten, jede Selbstkontrolle aufzugeben und keine persönliche Verantwortung zu übernehmen. Sein Verhalten schloß jedes echte Gefühl aus. Seine Fähigkeit, einem Menschen zu vertrauen – das schloß auch ihn selbst ein –, war durch durch die Erfahrung mit Vater Castellanos auf eine zu schwere Probe gestellt worden.

Miguels Therapeut, Dr. Robin August, erklärt es so: »Das ist der einzige Mensch, dem man wahrscheinlich völlig vertrauen kann, und er kommt gleich nach Gott. Man kann ihm mehr als jedem anderen Menschen auf der Welt, mehr als den eigenen Eltern vertrauen. Also öffnet man sich, läßt jede Deckung fallen, wenn man sich dem Priester zuwendet. Und dann wird man von ihm mißbraucht. Das ist ein gewaltiger Vertrauensbruch – wie soll man je wieder einem Menschen vertrauen? Wem kann man noch trauen? Vielleicht nicht einmal Gott.«

Miguel verbarg seinen Schmerz und seine Verwirrung hinter Frechheit und provokantem Verhalten. In München spielte er den ausgeflippten schwulen Kubaner, den nichts anderes kümmerte als ständig wechselnde Sexualpartner und sein Vergnügen. Er spielte den gleichgültigen Genießer harter Drogen und stieg von Kokain auf Heroin um. Er spielte den Existentialisten, der keinen Fuß in eine Kirche setzt und völlig zufrieden in einer Welt lebt, in der Gott tot ist. Aber in den verborgensten Winkeln seines Herzens und seines Geistes war Gott noch sehr lebendig. Miguel sehnte sich danach, sich wieder mit ihm zu versöhnen.

Während eines heftigen Regenschauers suchte er eines Tages Schutz im nächsten erreichbaren Gebäude. Es war eine katholische Kirche, in der ein Priester gerade die Messe las. »Gesegnet sind die, die reinen Herzens sind, denn sie werden Gott schauen«, las er aus den Seligpreisungen der Bergpredigt. Miguel brach zusammen.

»Ich hatte nicht das Gefühl, reinen Herzens zu sein, und

glaubte nicht, daß ich jemals Gott schauen würde«, erzählt er. »Mein Verlangen, Gott zu schauen und eins mit Gott zu sein, überwältigte mich, und ich hatte solche Angst. Diese Furcht begleitete mich sehr, sehr lange, und diese Worte verfolgten mich. Ich war so weit davon entfernt, reinen Herzens zu sein.«

Aber er wollte es sein. Er wollte Gutes tun, wollte als Christ leben. Nach der Entlassung aus der Armee und seiner Rückkehr nach Miami arbeitete er unentgeltlich in einem Obdachlosenasyl der katholischen Kirche. Dort begegnete er katholischen Aktivisten für soziale Gerechtigkeit und begann mit ihnen sonntags zur Messe zu gehen. Er hatte zwar noch nicht den inbrünstigen Glauben seiner Kindheit wiedererlangt, aber er fühlte sich in der Gemeinde geborgen und fand Trost im vertrauten Evangelium. Er schloß sich der katholischen Arbeiterbewegung an und zog nach Kansas, um dort in einem Auffanglager für Flüchtlinge aus Zentralamerika zu arbeiten.

Während der Jahre, die er in Deutschland verbracht hatte, war es Miguel gelungen, Vater Castellanos aus seinen Gedanken zu verbannen. Aber seit er sich jetzt wieder zur Kirche bekannte, mußte Miguel ständig an den Priester und den Jungen in Key West denken. Nach vier Monaten in Kansas flog er nach Miami, um mit dem Erzbischof über Vater Castellanos zu sprechen. »Es war wichtig für mich, um mich wieder als Mitglied der Kirche begreifen zu können. Ich wollte, daß der Bischof mich als Bruder, als Katholiken anhörte und dem Mann half«, sagt Miguel. »Ich mußte die Sache unbedingt zum Abschluß bringen.«

Sein Versuch endete in einem Fiasko. Der Erzbischof sagte ein vereinbartes Treffen ab und schickte seinen Sekretär, der Miguel in Begleitung eines Anwalts und des Kanzlers begrüßte. Eine Videokamera zeichnete die Begegnung auf. Miguels Vorstellung von einem ruhigen, seelsorgerlichen Gespräch zerstob.

Der Anwalt forderte Miguel auf, einen Vertrag zu unterzeichnen, der das Erzbistum von jeder finanziellen Haftung entband. Miguel willigte ein. Danach fragte der Anwalt ihn mißtrauisch: »Warum sind Sie nicht früher damit herausgerückt?«

»Ich hatte Angst«, entgegnete Miguel leise.

Danach erzählte er die lange Geschichte seiner Beziehung zu Vater Castellanos, nannte die Namen weiterer Opfer, die er kannte, und sprach über andere, bei denen er auf Vermutungen angewiesen war. Als er geendet hatte, wurde Vater Castellanos hereingerufen und seinem Ankläger gegenübergestellt. »Ich habe Miguel sehr geliebt«, erklärte er. »Ich verstehe nicht, warum er mich so beschuldigt.« Vater Castellanos leugnet diese Vorwürfe bis heute.

Der Sekretär des Bischofs und der Kanzler erklärten, daß sich der Priester und Miguel eigentlich nun aussöhnen sollten. Man ließ die beiden allein, damit sie in Ruhe miteinander sprechen konnten. Ehe sie das taten, durchsuchte Vater Castellanos Miguel nach einem Tonbandgerät. »Es war so widerlich«, erzählte Miguel. »Ich bin in gutem Glauben zu ihnen gegangen. Ich wollte nur, daß man Ricardo in eine Therapie schickt. Aber er log. Ich bin davon überzeugt, daß jeder im Raum wußte, daß ich die Wahrheit sagte. Ich wußte sogar, daß ich nicht der erste gewesen war, der sich beschwerte.«

Bitter enttäuscht wandte sich Miguel wieder von der Kirche ab. Er zog von Kansas zurück nach Miami und danach wieder nach Europa. Wieder suchte er Vergessen in einem Leben voller Sex und Drogen. Aber als er an Aids erkrankte und fühlte, daß seine Tage gezählt waren, merkte er, daß er nicht in Frieden sterben konnte, ohne sich vorher mit seiner Kirche ausgesöhnt zu haben. Er kehrte wieder nach Miami und in seine Kirche zurück. Er verlangte ein persönliches Gespräch mit dem Erzbischof. Nur er und Erzbischof Edward McCarthy. Er verlangte, daß es diesmal keine Anwälte und keine Kameras gebe. Er drohte, daß er sonst mit seinen Vorwürfen an die Öffentlichkeit gehen würde.

Seine katholischen Freunde und sein Vater versuchten ihm

das auszureden. »Denk daran, welchen Schaden die Kirche nehmen würde«, sagten sie. »Die Protestanten werden vor Freude in den Straßen tanzen.« Aber Miguel blieb fest, obwohl sein Immunsystem langsam zerbrach und sein Körper dünn und ausgezehrt wurde. Er wollte die Kirche zwingen, für das, was mit ihm geschehen war, Verantwortung zu übernehmen. Er wollte der Kirche ihre Irrtümer vor Augen führen, damit sie sich ändern konnte. Er brauchte das. »Ich wollte nicht in dem Bewußtsein sterben, daß ich nicht alles getan hatte, um dem Einhalt zu gebieten«, erklärte er.

An einem sonnigen Novembertag im Jahr 1991 betrat Miguel allein das Büro von Erzbischof McCarthy, der das Gespräch mit einem Bericht über seine Reise nach Spanien eröffnete. Er schwärmte von den schönen Schiffen, die er anläßlich der Feier der Entdeckung Amerikas durch Kolumbus und der fünfhundertjährigen Geschichte des Christentums in der Neuen Welt gesehen hatte. Miguel dachte: »Dieser Mann hat den Verstand verloren. Ich komme mit einer ernsten Beschwerde, und er plaudert wie auf einer Party.« Danach brachte es der Bischof in weniger als dreißig Minuten fertig, nicht nur Miguels Drogenmißbrauch abzuhandeln, sondern auch die lange Liste der Probleme, die seine Familie hatte. Er fragte den jungen Mann sogar nach seinen »kommunistischen Aktivitäten« – ein rotes Tuch in einer Stadt, in der jedes Engagement für Menschenrechte und liberaler Politik mit Sympathien für Fidel Castro in einen Topf geworfen wird. Er schien Miguel warnen zu wollen. Obwohl der Bischof versprach, der Beschwerde nachzugehen, gab er über das Wie und Wann keine Auskunft. »Sie werden bald von uns hören«, versprach er.

Darauf wartete Miguel immer noch, als er in einem öden Spitalszimmer in Miami von seinem Beichtvater die Letzte Ölung empfing und fünf Tage später, am 7. April 1993, starb. Er war einunddreißig Jahre alt.

TEIL III

»Eines muß man stets bedenken:
Was das Opfer am meisten schmerzt,
ist nicht die Bosheit des Täters,
sondern das Schweigen des Zeugen.«

Elie Wiesel

9. Kapitel

KARDINALFEHLER

Vater Thomas Adamson war gefährlich. Ihn trieb ein Verlangen nach männlichen Jugendlichen, das er nicht beherrschen konnte. Sein erster Bischof in der Diözese Winona, Minnesota, wußte davon, weil er bereits 1964 mit Adamson darüber gesprochen hatte. Sein zweiter Bischof in dieser Diözese wußte es ebenfalls, denn er hatte 1974 das gleiche Gespräch mit Adamson geführt. Das behauptete Adamson jedenfalls Jahre später vor Gericht. Und sein dritter Bischof – im Erzbistum St. Paul-Minneapolis, wohin man Adamson 1975 versetzt hatte – wußte ebenfalls Bescheid, denn ihm war 1980 die Beschwerde mindestens eines Elternpaares zu Ohren gekommen, und er hatte Adamson sogleich damit konfrontiert.[1]

Aber keiner der drei gab sein Wissen an die Strafverfolgungsbehörden weiter. Keiner von ihnen warnte jemals die Eltern in dem halben Dutzend Gemeinden, die Adamson als Pfarrer betreute. Keiner der Bischöfe hielt ihn jemals von Kindern fern. Und so fand Adamson im Verlauf von zwei Jahrzehnten Opfer um Opfer, während die Kirchenleitung ihm immer wieder verzieh, ihm eine zweite, dritte, sogar vierte Chance gab und beide Augen zudrückte. »Adamson war wie ein tollwütiger Hund mit Schaum vor dem Maul«, meinte der Anwalt Jeffrey Anderson später in seinem Plädoyer bei einer der vierzehn Gerichtsverhandlungen, in denen er die Opfer von Adamson vertrat. »Und man ließ ihn im Schulhof frei herumlaufen.«

Adamson fand sein erstes Opfer 1961. Drei Jahre später gestand er dem Bischof von Winona, Edward Fitzgerald, daß er in einer neuen Gemeinde wieder sexuellen Kontakt zu einem Jungen gehabt hätte. Fitzgerald wies den Priester an, seinen Trieb zu beherrschen, und versetzte ihn in eine andere Gemeinde. 1967 hörten andere Priester, daß Adamson Jungen sexuell mißbrauchte, und empfahlen eine psychiatrische Behandlung für ihn. Aber der Umgang mit Kindern wurde ihm nicht verboten.

1969 ging Bischof Fitzgerald in Pension. Bischof Loras Watters trat an seine Stelle. Watters behauptete später beharrlich, daß niemand ihn über Adamsons Vorleben unterrichtet hätte. Aber Adamson sagte aus, daß er 1974 mit Watters über dieses Problem gesprochen hätte und zur Behandlung nach Connecticut geschickt worden wäre. Als Adamson nach Minnesota zurückkehrte, wurde ihm eine neue Gemeinde zugewiesen. Niemand unterrichtete die Eltern dort von Adamsons Vergangenheit oder schränkte seinen Umgang mit Kindern ein.

Gegen Ende 1974 wäre das Schweigen beinahe gebrochen worden und das Geheimnis aufgeflogen. Zu dieser Zeit war eines von Adamsons Opfern Priester geworden und wurde wegen seiner Alkoholsucht behandelt. Als er den Ursprüngen seiner emotionalen Verwirrung auf den Grund gekommen war, entschloß sich der Mann, seinem Bruder von dem Mißbrauch zu erzählen – ein Geheimnis, das er bis dahin für sich behalten hatte. Der Bruder forschte in Adamsons Vergangenheit und entdeckte, daß der Priester auch andere Kinder mißbraucht hatte. Er rief eines Sonntags Bischof Watters an und verlangte, daß Adamson sofort aus seiner jetzigen Gemeinde entfernt würde. »Ich sagte ihm, falls Adamson dort auch nur eine weitere Messe lesen würde, würden wir auf die Kanzel steigen und allen erzählen, wer und was er war«, sagte der Mann aus. Er gab weiter an, daß Bischof Watters ihn noch am selben Abend um neun Uhr anrief und ihm mitteilte, Adamson habe soeben sein Amt niedergelegt.

Doch Watters unternahm keine Schritte, um Adamson aus der Priesterschaft zu entfernen. Statt dessen fand er einen neuen Wirkungskreis für ihn – und zwar in der Nachbardiözese, dem Erzbistum St. Paul-Minneapolis. Es ist unklar, wieviel über Adamsons Vergangenheit dort bekannt war. Erzbischof John Roach sagte später aus, daß er lediglich Gerüchte über Homosexualität und eine psychiatrische Behandlung gehört hätte. Aber Bischof Watters schrieb 1984 in einem Brief an Roach: »Es tut mir sehr leid, daß Vater Adamsons viele Talente immer wieder wegen seiner Vorliebe für männliche Jugendliche nicht zur Entfaltung kommen ... Sie erinnern sich vielleicht, daß ich Sie 1975 bat, Vater Adamson zu helfen, und daß ich wegen dieses Problems nicht länger die seelsorgliche Verantwortung im Bistum Winona für ihn übernehmen könne.«

Und Adamson bekam wieder eine Gemeinde. Und wieder wurde weder die Öffentlichkeit gewarnt noch der Priester überwacht. Er frönte seinen Neigungen bis 1980, als die Eltern eines weiteren Opfers sich beim Erzbistum über ihn beschwerten. Als Adamson damit konfrontiert wurde, gestand er und wurde für einen Monat in eine geschlossene psychiatrische Anstalt eingewiesen. Und danach in eine neue Gemeinde versetzt.

Dieses Mal wurde Adamson wenigstens angewiesen, sich von Kindern fernzuhalten. Er hielt sich nicht daran. Und mindestens zweimal wurden Vertreter des Erzbistums darauf aufmerksam gemacht, daß er ständig Kontakt zu einem Jungen aus seiner früheren Gemeinde hatte. Aber Erzbischof Roach und seine Berater hielten es nicht für nötig, Adamson aus seiner neuen Gemeinde zu entfernen oder die Eltern des Jungen zu informieren. Als man ihn vor Gericht nach dem Grund fragte, erklärte einer von Roachs Weihbischöfen: »Der Erzbischof dachte nicht daran, daß ich sie aufsuchen könnte.«

So konnte Adamson, der im Jahr 1979, als der Junge zwölf war, mit dem Mißbrauch angefangen hatte, weiterhin ungehindert bis 1987 mit seinem Opfer schlafen. 1987 kam Adamsons jahrzehntelanger sexueller Mißbrauch an die Öffentlichkeit, weil seine Opfer anfingen, die Kirche zu verklagen. Nun wurde er endlich aus der Priesterschaft entfernt. Während die meisten Fälle außergerichtlich geregelt wurden, kam es doch

1990 in einem Fall zum Prozeß. Kirchenobere räumten ein, daß sie nachlässig gewesen waren, aber der Anwalt Anderson wollte beweisen, daß die Kirche mehr als nachlässig gehandelt hatte – sie war fahrlässig gewesen. Er forderte die Geschworenen auf, die Kirche nicht nur zur Zahlung einer Entschädigung zu verurteilen, sondern auch ein Bußgeld zu verhängen, weil die Kirche so viele Kinder in Gefahr gebracht hatte.

Die Geschworenen folgten diesem Antrag und verurteilten die Kirche nicht nur zur Zahlung einer Entschädigungssumme in Höhe von 859.500 Dollar, sondern verhängten auch ein Bußgeld in Höhe von 2,7 Millionen Dollar. Laut Anderson war es das erste Mal, daß gegen die römisch-katholische Kirche bei einem Prozeß ein Bußgeldbescheid erging. Der Sprecher der Jury erklärte einem Zeitungsreporter: »Sie wußten, daß ein Priester Probleme hatte (und) hielten es nie für nötig, diesen Herrn auf eine Stelle zu versetzen, an der er keinen Kontakt mit Jugendlichen gehabt hätte.« Er fügte hinzu, daß die Kirchenoberen, indem sie weder Gemeindemitglieder von Adamsons Problemen unterrichteten noch ihn bei den Strafverfolgungsbehörden anzeigten, »davon profitierten – nicht finanziell, aber durch die Wahrung ihres Images.«

Die Tragödie des sexuellen Kindesmißbrauchs in der katholischen Kirche ist mehr als nur die Geschichte von sexuell verwirrten oder gestörten Priestern, die ihre krankhaften Triebe auslebten. Es ist auch die Geschichte von Kirchenoberen, die diese Männer hätschelten, sie vor Strafverfolgung und öffentlicher Bloßstellung schützten und ihnen erlaubten, das Priesteramt trotz der Bedrohung, die sie darstellten, weiter auszuüben. Die Kirchenleitung hat sie nie aus den Gemeinden oder der Priesterschaft entfernt und ihnen nie die einzigartige Gelegenheit genommen, sich immer weiter ihre Opfer unter den Kindern zu suchen. Damit hat die Kirche dafür gesorgt, daß immer mehr Kinder zu Opfern wurden – so lange, bis die Dimension der Tragödie ungeheure Ausmaße annahm.

Die Kirchenoberen überredeten Eltern, die sich bei ihnen über die Taten eines Priesters beschwerten, zu schweigen und drängten sie, nicht zur Polizei zu gehen, indem sie ihnen fälschlicherweise versicherten, daß der Priester nie wieder einem Kind wehtun würde. Manche Familien brachten sie mit Geld zum Schweigen. Andere beschwichtigten sie, indem sie Priester, die Kinder mißbraucht hatten, aus der Stadt abriefen und sie in andere Gemeinden versetzten. Fast nie teilten sie den Mitgliedern der alten Gemeinde mit, warum der Priester gehen mußte. Fast nie unterrichteten sie die Mitglieder der neuen Gemeinden davon, warum der Priester zu ihnen versetzt worden war. Die Eltern wußten nicht, daß sie ihre Kinder fragen mußten, ob der Pfarrer ihnen wehtat. Die Eltern wußten nicht, daß sie aufpassen mußten, wie der Priester sich ihren Kindern gegenüber verhielt.

Die Kirchenleitung mißachtete klare Warnsignale bei Priestern und hatte für direkte Beschwerden nur ein Achselzucken übrig. Vielfach zog sie es vor, die Augen zu verschließen, anstatt durchzugreifen. Sie glaubte den Beteuerungen des Pfarrers, daß er nie wieder vom Pfad der Tugend abweichen würde, und hielt es nicht für nötig, ein Auge auf ihn zu haben, um sicherzugehen. Sie verbrannte sich immer aufs neue die Finger und griff doch ständig wieder ins Feuer.

Es gab ein Schema, nach dem die Kirchenleitungen mit Anschuldigungen oder dem Wissen um Priester, die Kinder sexuell mißbrauchten, umgingen. Dieses Schema war ganz klar erkennbar und sehr beunruhigend:

Die Kirchenleitung in Boise, Idaho, gestattete es Vater Carmelo Baltazar, weiterhin als Krankenhauspfarrer zu arbeiten, obgleich man ihn bei der US-Navy und in drei Bistümern wegen sexuellen Mißbrauchs von Minderjährigen entlassen hatte – dazu gehörte auch der Fall eines Jungen, den er unsittlich berührt hatte, während er eine Dialyse machte. Sie unternahmen auch dann nichts gegen Baltazar, als es hieß, er habe einen Jungen im Streckverband unsittlich berührt.

Baltazar wurde schließlich 1985 vor Gericht gestellt und zu sieben Jahren Gefängnis verurteilt. Der Richter sagte: »Ich glaube, auch die katholische Kirche muß Buße tun. Denn sie half mit, Sie zu dem zu machen, was Sie sind.« Der Bischof von Boise, Sylvester Treinen, erwiderte später darauf: »Ich hatte die ganze Zeit das Gefühl, daß wir alles Menschenmögliche getan hatten. Seit Jahren sind wir sehr sorgsam vorgegangen. Ganz gleich, wie gut Sie Ihr Auto pflegen und wie sicher es ist, können Sie doch dann und wann einen Unfall damit haben – oder einen platten Reifen.«[2]

Die Kirchenleitung des Erzbistums New York versetzte 1989 Vater Daniel Calabrese in eine andere Gemeinde, nachdem Eltern sich darüber beschwert hatten, daß er männlichen Teenagern Alkohol verabreicht und Pornofilme gezeigt hätte. Den Eltern wurde wiederholt versichert, daß der Priester in Zukunft von Kindern ferngehalten würde.

Zwei Jahre später wurde Calabrese zum Koordinator einer katholischen Jugendorganisation ernannt. Schon bald beschuldigte man ihn der Sodomie an einem Sechzehnjährigen, den er zuvor mit Wodka betrunken gemacht hatte. Schon eine Stunde nach seiner Verhaftung fragte ein anderer Priester aus der Gemeinde einen stellvertretenden Bezirksstaatsanwalt: »Können wir die Sache aus der Welt schaffen, indem wir Vater Calabrese versetzen?« Die Antwort war nein. Calabrese bekannte sich schuldig und wurde zu neunzig Tagen Gefängnis verurteilt.

Hinterher schrieb der Bezirksstaatsanwalt, einen wütenden Brief an Kardinal John O'Connor: »Mir fehlen die Worte, um meiner Empörung darüber Ausdruck zu verleihen, wie die Kirche mit diesen Vorfällen umgeht. Es ist ein Verbrechen begangen worden, und die Kirche muß in diesem Fall einen Teil der Verantwortung für dieses Verbrechen mittragen. Meiner Ansicht nach hätten die tragischen Konsequenzen und das emotionale Trauma, die durch diesen Fall in Duchess County verursacht wurden, vermieden werden können.«[3]

Die Kirchenleitung in Orlando, Florida, ignorierte länger als ein Jahrzehnt Vorwürfe gegen Vater William Authenreith. 1976 beschwerte sich ein Mann aus der Gemeinde, daß der Priester den Penis seines Sohnes berührt hätte. Man versetzte Authenreith in eine andere Gemeinde, wo er hintereinander vier Jungen mißbrauchte – dazu gehörten drei Brüder. Als der Vater sich bei einem anderen Priester deswegen beschwerte, sagte man ihm: »Es steht Ihnen nicht zu, darüber zu richten. Das ist Gottes Aufgabe.«

Authenreith blieb bis 1983 in dieser Gemeinde. Dann erreichte seinen Vorgesetzten ein anonymer Brief, in dem er des Kindesmißbrauchs bezichtigt wurde. Im Verlauf dieses Jahres wurde Authenreith wieder versetzt. Aber die Lehrer an der neuen Schule waren so entsetzt über die anzüglichen Bemerkungen, die er zu Jungen und Mädchen während ihres Firmungsunterrichts machte, daß sie sich mit ihrer Beschwerde direkt an den Generalvikar des Bistums wandten. Noch einmal wurde Authenreith versetzt. Dieses Abschieben von einer Gemeinde in die nächste endete erst 1985, als frühere Opfer mehrere Prozesse gegen ihn anstrengten und der Priester suspendiert wurde.[4]

Die Kirchenleitung in Miami, Florida, hielt es nicht für nötig, Wohlfahrtsorganisationen für Kinder vor Vater Ernesto Garcia-Rubio zu warnen – obwohl sie dazu gesetzlich verpflichtet gewesen wäre. Dabei waren ihr zwischen 1980 und 1988 drei Beschwerden über sexuelle Vergehen des Priesters an Flüchtlingskindern aus Kuba und Zentralamerika zugegangen. Die erste Beschwerde gelangte an einen Weihbischof und wurde vom Bürgermeister der Stadt, in der sich die Gemeinde des Priesters befand, vorgebracht. Die zweite kam vier Jahre später von einem Sozialarbeiter, der auch das Opfer gleich mitbrachte. Die dritte wurde wiederum vier Jahre später von zwei Ehepaaren aus der Gemeinde vorgebracht.

Weder entfernte die Kirche Garcia-Rubio aus der Gemeinde, noch schränkte sie seinen Umgang mit Jugendlichen ein. Als ihre Tatenlosigkeit 1988 die Aufmerksamkeit des *Miami Herald* erregte und ein Reporter beim Erzbistum anrief und um eine Stellungnahme bat, behauptete Kanzler Gerard LaCerra, daß er von solchen Anschuldigungen gegen den Priester keine Kenntnis hätte.

Während der nächsten Tage änderte LaCerra seine Taktik und gab zu, daß das Erzbistum zwei Beschwerden erhalten hätte. LaCerra sagte, in einem Fall wäre es bald klar geworden, daß »alles, was geschehen sein mag, vorgefallen ist, während er (der Priester) schlief.« Im anderen Fall war seiner Meinung nach die »Beschuldigung so vage, daß wir uns darum wirklich nicht kümmern mußten.«

Garcia-Rubio behielt seine weiße Weste. Das Erzbistum Miami billigte seine Versetzung nach Honduras, ein Posten, den der Priester sich angeblich lange gewünscht hatte. Der Kirchenleitung dort wurde nichts über die Vorwürfe mitgeteilt, die gegen den Priester erhoben worden waren. Ein Sprecher des Erzbistums gab den Grund an: »Der Bischof der neuen Diözese ist verpflichtet, jeden Neuankömmling selbst streng zu überprüfen.«[5]

Die Kirchenleitung in Providence war blind und taub für alle Klagen, daß irgend etwas mit Vater William O'Connell nicht stimmte. Die Trunksucht des Priesters und seine Vorliebe für junge Burschen war in dem malerischen Küstenort Bristol, Rhode Island, kein Geheimnis. Als im Jahr 1977 dort ein weiterer Priester, Vater Jude McGeough, eintraf, um die Kaplanstelle in O'Connells Pfarre anzutreten, bezeichneten ihn Schüler der High-School als Assistenten des »Säufers« und der »Schwuchtel«.

Im ganzen Pfarrhaus, in dem es dazu noch durchdringend nach dem Urin von O'Connells liebstem Gefährten, einem Setter namens Sean, stank, fand McGeough Ginflaschen. Mehrmals äußerte er sich besorgt über O'Connells Geisteszustand – und zwar sowohl gegenüber dem Bischof von Providence, Louis Gelineau, wie auch gegenüber seinem Weihbischof Kenneth Angell. Nichts geschah. Im November 1978 schickte McGeough einen vierseitigen Bericht über O'Connell an Bischof Gelineau. Dieser Bericht enthielt auch einen Abschnitt, der die Überschrift SKANDALÖSES MIT KLEINEN JUNGEN trug. Er hielt darin fest, daß manche Jungen und ihre Eltern das Bedürfnis hatten, dem alten Priester aus dem Weg zu gehen, und daß es fast keine Ministranten mehr gab.

Zwei Monate später wurde McGeough mitgeteilt, daß Bischof Gelineau mit O'Connell gesprochen hätte, aber daß O'Connell sich geweigert hätte abzutreten. Dafür wurde McGeough gefragt, ob er gerne versetzt werden würde. McGeough erinnert sich, daß er damals antwortete: »Falls Sie ein Kreuz auf einem Hot-Dog-Stand befestigen, würde ich auch dorthin gehen.« Er wurde sofort versetzt.

Auch die Gemeindemitglieder von St. Mary's beschwerten sich über O'Connell. Im Jahr 1980 schrieb eine Frau aus der Gemeinde in einem Brief an Bischof Gelineau, daß sie nicht länger für katholische Wohlfahrtsorganisationen spenden würde, weil die Kirche die Probleme in St. Mary's ignoriere. Eine andere schrieb, daß O'Connell »offenbar ein kranker Mann ist. Bitte helfen Sie ihm. Wenn er Krebs hätte, würden Sie ihm auch helfen.«

1983 wurde Vater Richard Bucci O'Connells neuer Kaplan und wunderte sich über die vielen überbezahlten Jungen, die der Pfarrer angestellt hatte, um Arbeiten im Pfarrhaus zu erledigen. Einmal sah er einen Jungen im Pfarrhaus herumlaufen, der nur mit einem Bikinihöschen bekleidet war.

Bucci unterrichtete Bischof Angell von seinen Beobachtungen. Aber O'Connell blieb in der Gemeinde, nichts änderte sich, bis er im Februar 1985 wegen Kindesmißbrauchs von der Polizei verhaftet wurde.

Als die Polizei O'Connells Privaträume im Pfarrhaus durchsuchte, fand sie schwarzweiße Notizblöcke, auf denen in Großbuchstaben stand: ›Du brauchst meinen Körper‹. Außerdem entdeckte sie Kondome, eine Kettenpeitsche und die

Bücher *Junge Männerkörper* und *Sexuelle Erziehung von kleinen Jungen.* O'Connell bekannte sich in sechsundzwanzig Fällen des Sexualverkehrs mit drei Jungen schuldig und wurde zu einem Jahr Gefängnis verurteilt.[6]

Das Fehlverhalten der Kirchenoberen öffnete Prozessen Tür und Tor, und gegen Ende der achtziger Jahre, als die Klagewelle in Amerika ihren Höhepunkt erreichte und Kindesmißbrauch zu einem gängigen Gesprächsthema wurde, gab es Anwälte genug, die bereit waren, sich auf diesem Gebiet zu engagieren. Auf die Nachricht von einem Prozeß gegen einen Priester folgten fünf weitere. Männer und Frauen, die bereits in den fünfziger und sechziger Jahre mißbraucht worden waren, begriffen plötzlich, daß die Kirchenleitung sie nie geschützt hatte. Als die Gesetzgebung der einzelnen Staaten die Verjährungsfristen für Zivilklagen verlängerte, stürmten die Opfer die Gerichte. Die Kirche wurde mit Klagen überhäuft. Und anstatt Fehlurteile einzugestehen und das Leid der Opfer anzuerkennen, schlug die Kirche zurück.

Oft ging man sofort auf Distanz zu Kindern und Familien, die Opfer von sexuellem Mißbrauch geworden waren, weil man fürchtete, daß jede Entschuldigung oder jedes Hilfsangebot einem Schuldeingeständnis gleichkommen würde, für das man dann vor Gericht bezahlen mußte. Manchmal verleumdete man die Opfer sogar. James Seritella, Anwalt des Erzbistums von Chicago, drückte es in einem Gespräch unter vier Augen so aus: »Wenn eine solche Situation entsteht, werden diese Leute Feinde.«[7]

Die Kirchenleitungen weigerten sich, Einsicht in die Personalakten der Täter zu gewähren und schützten ihre Priester, während sie zugleich den Schrei ihrer Gemeindeglieder nach Gerechtigkeit ignorierten.[8] Häufig versuchten sie auch ihren Status als religiöse Organisation dazu zu benutzen, sich der normalen Rechtsprechung zu entziehen. Als im Zusammenhang mit dem Fall O'Connell eine Zivilklage mit einem Streitwert von vierzehn Millionen Dollar anstand, wich Bischof Gelineau[9] wiederholt Fragen bezüglich seiner Kenntnis der Probleme des Priesters aus. Er behauptete, diese Fragen würden seine freie Religionsausübung, wie sie in der Verfassung der Vereinigten Staaten garantiert sei, verletzen. Mit dem gleichen Argument verweigerte er auch die Akteneinsicht. Aber ein Richter vom obersten Gericht des Staates Rhode Island verwarf diesen Einwand und forderte Gelineau auf, die Akten weiterzugeben und zu 75 der 128 Fragen, die er nicht beantwortet hatte, Stellung zu nehmen.

In manchen Diözesen behaupteten die Kirchenleitungen, daß ihre Akten ebenso unter die gesetzliche Schweigepflicht fielen wie alles, was im Beichtstuhl gesprochen würde. In anderen Bistümern stützten sie sich auf Gesetze, die der Haftpflicht von wohltätigen Organisationen – zu denen auch religiöse Gemeinschaften gehören – finanzielle Grenzen setzten.

Der Weihbischof von Cleveland, James Quinn, ermutigte Beamte der Diözese sogar, Akten von Priestern, die des sexuellen Kindesmißbrauchs angeklagt waren, in die Botschaft des Vatikans in Washington zu schaffen: Dort schützte die diplomatische Immunität die Dokumente vor dem Zugriff des Gerichts. Im April 1990 erklärte Quinn in einer Rede vor dem Kongreß für Kirchenrecht im mittleren Westen, daß diese Alternative dem Verschieben oder Zerstören von Akten vorzuziehen sei, denn letzteres könnte als Behinderung der Justiz angesehen werden.

Einerseits hätte man mit jeder dieser Strategien rechnen müssen. Ein wohlhabender Konzern, der sich in einen möglicherweise teuren Prozeß verwickelt sieht, wird sich mit allen Mitteln wehren – das liegt in der Natur der Sache. Aber als die Kirche zu diesen Mitteln griff, war die Wirkung katastrophal. Von einer religiösen Organisation erwarten Menschen mehr als von großen Firmen. Wie konnten die Kirchenleitungen den Schmerz der Opfer so wenig achten? Wie konnten sie ausweichende Antworten geben, jegliche Verantwortung leugnen und Halbwahrheiten über Männer, die kleine Kinder mißbraucht hatten, erzählen?

Man erwartete, daß sie moralische Vorbilder seien, gewissermaßen die letzte Bastion der Tugend. Doch sie verhielten sich nicht besser – und manchmal sogar schlimmer – als alle anderen. Für viele Menschen war das mehr als eine Enttäuschung. Es war ein regelrechter Skandal.

Während Priester und Bischöfe Ende der achtziger und Anfang der neunziger Jahre immer wieder mit finsteren Mienen vor Gericht erschienen, saß Vater Thomas Doyle in seinem Büro auf der Air Force Base in Peru, Indiana, im Exil, schüttelte den Kopf und kochte vor Wut. Er hatte davor gewarnt. Er hatte versucht, sie davor zu bewahren. Und der Dank dafür waren Ächtung und schmerzliche Bitterkeit. Ihm war es wie der griechischen Seherin Kassandra ergangen, deren düsteren Prophezeiungen niemand Glauben geschenkt hatte.[10]

Heute ist Doyle Militärpfarrer dort, wo sich die Füchse gute Nacht sagen. Dabei war er früher einmal Anwalt, ein aufsteigender Stern am Himmel des kanonischen Rechts und einer der vier Anwälte, die bei der Botschaft des Vatikans in Washington akkreditiert sind. Früher einmal war er Mitglied der kirchlichen Oberschicht – heute ist er ein Ausgestoßener, ein Priester, der keinen Priesterkragen mehr besitzt und für die meisten amerikanischen Bischöfe nur Verachtung übrig hat. Früher einmal war er ein enger Freund von Kardinal Joseph Bernardin. Heute würde er mit dem Erzbischof von Chicago kein Wort mehr wechseln – es ist durchaus Absicht, daß eine gerahmte Fotografie von ihm und dem Kardinal jetzt über der Toilette in seinem Badezimmer hängt.

Seiner Ansicht nach haben sich Bernardin und andere Bischöfe durch ihr Umgehen mit der Problematik des sexuellen Kindesmißbrauchs selbst als unchristliche, arrogante Idioten entlarvt. »Da leisten sie sich solche Fehler, stolzieren noch immer in ihren komischen Kutten herum und verlangen, daß man sie respektiert«, wütet Doyle. »Sie sind dumm wie Bohnenstroh. Der Ausdruck ›weiser Bischof‹ ist genau wie ›intelligentes Militär‹ ein Widerspruch in sich.«

Doyles Verbitterung ist heute so groß wie 1985 sein Engagement war, als er glaubte, für die Kirche einen Weg gefunden zu haben, um eine drohende Krise abzuwehren. Doyle, der damals an der vatikanischen Botschaft beschäftigt war, erhielt plötzlich immer mehr Berichte über Priester, die Kinder sexuell mißbrauchten. Der schlimmste von allen war Vater Gilbert Gauthe. Doyle setzte sich mit zwei weiteren besorgten Katholiken zusammen: Ray Mouton, dem Verteidiger Gauthes, und Vater Michael Peterson, Priester, Psychiater und Gründer des St. Luke Institute, einer Privatklinik in Suitland, Maryland, wo Priester, die unter emotionalen Problemen oder an Geisteskrankheiten leiden, behandelt werden. Die drei waren sich darin einig, daß Kindesmißbrauch durch Priester den Keim eines Riesenskandals in sich barg, den man behutsam, aber entschlossen verhindern mußte. Sie schworen sich, dafür zu sorgen, daß das geschah.

Sie wußten, daß die amerikanischen Bischöfe als Reaktion auf den Fall Gauthe zum ersten Mal öffentlich bei ihrem Treffen im Juni 1985 in Collegeville, Minnesota, über sexuellen Kindesmißbrauch sprechen würden. Daher beschlossen die drei, einen Bericht zu verfassen, der alle ihre Beobachtungen und Empfehlungen zusammenfaßte und die drei Bereiche abdeckte, in denen sie Fachleute waren: Kirchenrecht, bürgerliches Recht und Psychiatrie. Kurz vor der Bischofskonferenz trafen sich Doyle und Mouton in Chicago – Peterson konnte nicht dabei sein, schickte ihnen aber seine Beiträge. Die beiden schlossen sich in einem Zimmer des Marriott Hotels auf der Michigan Avenue ein und machten sich an die Arbeit.

Da weder Doyle noch Mouton sonderlich geübt auf der Schreibmaschine waren, wandten sie sich hilfesuchend an eine Freundin von Doyle aus Chicago. Sie lieh sich eine Schreibmaschine bei dem Sender für klassische Musik, für den sie arbeitete, und stapelte ein paar Telefonbücher auf den Stuhl im Hotelzimmer, damit sie bequem am Tisch tippen konnte. Doyle, Mouton und sie arbeiteten fast drei Tage rund um die Uhr und vergaßen dabei oft sogar zu essen. Moutons Sohn saß still auf einem der Doppelbetten und zeichnete Bilder von Männern, die aus Militärhubschraubern und Panzern sprangen, und hörte zu, wie sein Vater über ein »Notfallteam« sprach, das der Kirche dabei helfen sollte, mit den Fällen sexuellen Kindesmißbrauchs fertigzuwerden.

Der Bericht, fast zweieinhalb Zentimeter dick, kam zu dem mutigen Schluß, daß sexueller Kindesmißbrauch durch Priester sich zu »dem ernstesten und weitreichendsten Problem, dem sich die Kirche heutzutage gegenübersieht« entwickelte. Es wurden dreißig Fälle genannt, in denen Priester oder Kirchenobere vor Gericht zitiert worden waren. Die Verfasser prophezeiten, daß der Kirche durch sexuellen Kindesmißbrauch von Priestern im nächsten Jahrzehnt eine Belastung von einer Milliarde Dollar durch Zivilklagen und Gerichtskosten entstehen und die Glaubwürdigkeit der Kirche als moralische Institution untergraben werden würde. Sie wiesen auf die falschen Reaktionen der Kirche hin und boten Lösungsvorschläge an, um eine Katastrophe zu vermeiden.

Der Bericht war erstaunlich hellsichtig und, wie sich herausstellen sollte, verblüffend zutreffend. Die Verfasser ermahnten die Bischöfe, ihre Skepsis bezüglich des Fehlverhaltens von Priestern zu vergessen. »Wo Rauch ist, ist auch Feuer«, schrieben sie. Sie wiesen darauf hin, daß offizielle Vertreter der Kirche immer zuerst durch die Opfer und deren Familien etwas über Priester erfuhren, die Kinder mißbrauchten – und daß nur dann, wenn die Kirchenoberen diese Beschwerden nicht beachteten, die Strafverfolgungsbehörden auf den Plan traten und die Kirche öffentlich bloßstellten. »Es ist schlicht eine juristische, gesellschaftliche und psychiatrische

Notwendigkeit, daß sofort etwas unternommen werden muß, um den Familien, den Behörden, den Nachrichtenagenturen und den Anwälten der Opfer zu zeigen, daß die Kirchenleitung solche Anschuldigungen mit großem Ernst untersucht«, schrieben sie. Beschuldigte Priester müßten unbedingt sofort suspendiert werden, um die Gegenpartei zu beschwichtigen. »Das Wohlergehen der Opfer ... ist am wichtigsten und sollte Vorrang haben.«[11]

Die Autoren unterstrichen, daß in den achtziger Jahren Kindesmißbrauch Gegenstand öffentlichen Interesses geworden sei und der Einfluß der katholischen Kirche abgenommen habe. Strafverfolgungsbehörden würden Bischöfe und Priester nicht mit Samthandschuhen anfassen. »Früher konnte man sich darauf verlassen, daß römisch-katholische Richter und Anwälte die Diözesen und die Geistlichkeit schützen würden. Aber das ist unwiderruflich VORBEI«, schrieben sie. Und sie warnten davor, daß, wenn immer mehr Fälle aufträten, immer mehr Zeitungsreporter sich auf eine Story stürzen und sie mit allen passenden Elementen ausschmücken würden: Heuchelei, Ausbeutung und Vertuschung.[12]

Sie machten auch andere Vorschläge – der bedeutendste war, eine Art einheitlicher Vorgehensweise zu diskutieren oder zu entwerfen. Außerdem sollte die amerikanische Bischofskonferenz die Bildung eines Krisenstabes erwägen, der aus juristisch und psychiatrisch ausgebildeten Experten bestehen und den Diözesen helfen sollte, mit den Beschwerden über sexuellen Kindesmißbrauch fertigzuwerden.

Als sie den Bericht fertiggestellt hatten, waren Doyle und Mouton nicht nur völlig erschöpft, sondern auch ungeheuer stolz. Sie hielten den Bericht für ein beispielhaftes Werk und einen lebenswichtigen Dienst an der Kirche, die sie liebten. Da sie befürchteten, daß etwas zu den Medien durchsickern könnte, stellten sie nur fünfzehn Kopien des Berichts her und verteilten ihn an einige ausgewählte Bischöfe, damit diese den Bericht an ihre Kollegen weitergaben. Doch das geschah nie.

Der Bericht kam zu spät, um noch in die Tagesordnung der katholischen Bischofskonferenz in Collegeville aufgenommen zu werden, und wurde dort nie diskutiert. Auch bei der nächsten Bischofskonferenz wurde nicht darüber gesprochen. Viele Bischöfe haben den Bericht nie zu Gesicht bekommen. Viele von denen, die ihn erhielten, lasen ihn nicht einmal. Und diejenigen, die anfänglich Doyle, Mouton und Peterson bei ihren Bemühungen unterstützt hatten, schwiegen und zogen sich zurück. Die Voraussagen in dem Bericht blieben zum Großteil ungehört, die klugen Vorschläge unbeachtet.

Die Gründe dafür bleiben ein Geheimnis. Manche Bischöfe und andere Kircheninsider meinen, daß der Bericht nicht durch die richtige Kanäle lanciert wurde, daß er als ehrgeiziges Machwerk von drei karrieresüchtigen Männern aufgefaßt wurde, daß Doyles bombastischer Stil und Petersons allgemein bekannte Homosexualität ihn in den Augen der Kirchenmänner abwertete. Doch wahrscheinlicher ist, daß die Bischöfe einfach nicht die unangenehmen Fakten glauben wollten, die in dem Bericht standen. 1985, bevor die erste Prozeßflut einsetzte, erschien ihnen der Bericht übertrieben hysterisch. Das verlockendste war daher, ihn einfach zu ignorieren.

Seine Verfasser verschwanden in der Versenkung. Doyle verlor seinen Job an der vatikanischen Botschaft und wurde Militärpfarrer. Peterson erkrankte an Aids und starb 1987. Und Mouton – der nie darüber hinwegkam, daß die Bischöfe ihn fallenließen, und der nie begriff, wie die Bischöfe alle Opfer und ihr Leid einfach ignorieren konnten – war schließlich so desillusioniert, daß er sein Leben völlig umkrempelte, seine Anwaltspraxis aufgab und sich meistens einfach weigert, über das, was 1985 geschah, zu sprechen.

»Ich kann es einfach seelisch nicht verkraften«, erklärt er. »Wenn ich nachmittags darüber sprechen würde, könnte ich die nächsten drei Nächte nicht schlafen. Ich bin seelisch einfach leer. Ich besitze nicht die seelische Kraft, das noch einmal zu tun.

Noch mehr schmerzt es mich, wie sie mit Michael und Tom (Doyle) umgesprungen sind. Ich sehe immer noch Doyle, einen sehr jungen Tom Doyle, vor mir, wie er in der Botschaft saß und eine vielversprechende Karriere vor sich hatte. Er überprüfte Bischöfe und Erzbischöfe und wäre bestimmt eines Tages selbst Bischof geworden. Und dann landete etwas auf seinem Schreibtisch. Nicht viel später war er dort gelandet, wo sich die Füchse gute Nacht sagen.«[13]

Mouton betrachtet sich nicht mehr als Katholiken. »Ich glaube einfach nicht mehr daran. Ich glaube, daß alle Institutionen korrupt sind, und je älter und größer sie sind, desto korrupter sind sie. Die katholische Kirche ist die älteste und größte Institution der Welt. Inzwischen rate ich den Eltern eines Opfers: Gehen Sie zur Kanzlei des Bistums. Gehen Sie einen, zwei, drei, zehn, hundert Tage immer wieder dorthin. Rücken Sie ihnen auf den Pelz. Sorgen Sie dafür, daß der Bischof Ihren Schmerz sieht. Nehmen Sie Großeltern, Tanten und Onkel mit. Wechseln Sie sich ab, wenn es nötig ist. Weil sonst nichts zum Bischof durchdringt.

Tom Doyle sagte einmal, wenn man erst einmal Bischof sei, dann müßte man nie wieder die Wahrheit sagen und sie auch nie wieder hören. Das stimmt auch. Nichts dringt zu ihnen durch.«

Was war in erster Linie der Grund dafür, daß Bischöfe unfähig waren, die Krise um den sexuellen Kindesmißbrauch zu meistern? Und als das offenbar wurde – warum waren sie da völlig taub für Kritik an ihren Fehlern? Die Antworten von den härteren Kritikern der Kirche lauten dahingehend, daß Bischöfe machtbesessene Misanthropen sind, die Priester tun lassen, was sie wollen. Die Wahrheit ist zwar weniger dramatisch, aber genauso bedrückend. Die Bischöfe versagten, weil ihnen die Klugheit, das Temperament und schlicht das Rückgrat fehlten, ein Problem anzugehen, das so heikel und unbequem ist wie sexueller Kindesmißbrauch durch Priester.[14]

Der typische Bischof ist ein Mann um die Fünfzig, der der Arbeiterklasse entstammt und bereits als Jugendlicher ins Seminar eintrat, und zwar kurz vor den unruhigen sechziger Jahren. Seine Ausbildung orientierte sich sowohl informell als auch formal nicht an den zeitweilig unruhigen Realitäten des Lebens, sondern an spirituellen Zielen. Sein Leben war behütet, seine Lebenserfahrung begrenzt. Er wußte wenig, besonders auf den Gebieten Psychologie und Sexualität. Auf dem ersten Gebiet vertritt seine Religion die Ansicht, daß Verhalten das Produkt eines moralischen Entschlusses ist. Und was das zweite Gebiet angeht, so verbot ihm seine Religion, der Sexualität in seinem eigenen Leben Ausdruck zu verleihen, und mißbilligte überhaupt Gespräche über Sexualität.

Eines Tages kommt völlig unerwartet ein Priester aus seiner Verwaltung mit ernstem Gesicht in sein Büro und unterrichtet ihn von einem seltsamen Telefonanruf, den er gerade von dem Pfarrer einer Vorortgemeinde bekommen hat. Der Pfarrer berichtet, daß gerade eine Mutter zu ihm gekommen ist, um mit ihm über den zweiten Pfarrer der Gemeinde, Vater Robert, zu sprechen. Vater Robert hatte mehrere Nachmittage in der Woche mit ihrem zwölfjährigen Sohn Michael verbracht, und eines Nachmittags hat sie die beiden in flagranti in Michaels Bett ertappt. Michael erzählte ihr später, daß Vater Robert ihm manchmal die Region unterhalb der Gürtellinie durch die Hose »massierte«.

Als er das hört, ist der Bischof peinlich berührt und kann es nicht glauben. Er kennt Vater Robert als vorbildlichen Priester und beredten Mann – er gehört sicher nicht zu denen, die ein Kind mißbrauchen. Der Bischof denkt, daß es eine Erklärung geben muß, daß ein Fehler passiert ist. Er bestellt Vater Robert zu sich und konfrontiert ihn mit der Anschuldigung. Vater Robert gesteht ihm unter Tränen, daß er bei ein oder zwei Gelegenheiten den Jungen unsittlich berührt hat.

Der Bischof, der nicht daran gewöhnt ist, daß ein Geistlicher so freimütig über Sexualität spricht, ist so bewegt von dem Geständnis, daß er dessen Wahrheitsgehalt nicht anzweifelt, keine weiteren Fragen stellt und nicht in Erwägung zieht, daß es in Vater Roberts Vergangenheit oder Gegenwart weitere Jungen geben könnte. Er hört, wie der Priester ihm schluchzend versichert, es würde nie wieder vorkommen, und gelangt zu der Überzeugung, daß es wirklich nie wieder vorkommen wird. Wie die meisten Menschen weiß der Bischof nicht, wie tief abnorme sexuelle Triebe in der Psyche verankert sein können, wie schwierig es ist, sie zu bekämpfen. Aber viel wichtiger ist wahrscheinlich, daß seine Religion den Bischof gelehrt hat, daß Reue den Weg zur Buße ebnet, daß Besinnung und Gebet die Macht haben zu heilen und daß Jesus Vergebung gepredigt hat. Er erspart deshalb Vater Robert gnädig eine öffentliche Bloßstellung und Demütigung, indem er ihm einen neuen Anfang in einer anderen Gemeinde ermöglicht.

Das ist natürlich nur ein hypothetisches Szenario, aber eins, das sich laut Aussage von Kirchenexperten und Bischöfen immer wieder in allen Diözesen des Landes so abspielte – zumindest bis gegen Ende der achtziger Jahre, als die Bischöfe anfingen, ihre Reaktion zu überdenken. »Offensichtlich hatten wir nicht begriffen, daß wir es mit einer Krankheit zu tun hatten«, erklärt Kardinal Joseph Bernardin, Bischof von Chicago. »Man sah es eher als moralisches Problem an.«[15]

Die Unwissenheit der Bischöfe in bezug auf sexuelle Störungen entspricht nach Aussage von Kenneth Untener, Bischof von Saginaw, Michigan, dem Kenntnisstand in der Bevölkerung allgemein. »Der Ausdruck ›Sexsucht‹ wurde erst vor einigen Jahren in den Sprachschatz aufgenommen«, sagt er. Aber er gibt auch zu, daß die Unwissenheit der Bischöfe länger anhielt als die der restlichen Bevölkerung. »Wir waren da ein wenig zurückgeblieben. Wahrscheinlich nur deshalb, weil wir der Illusion verfallen waren, daß wir Verhaltensstörungen durch gütliches Zureden beheben könnten. Damals sprachen wir nun wirklich nicht so über sexuelle Perversionen, wie wir es heute tun. In der Kirche lautete der Rat, den man bei solchen Verirrungen bekam, stets: ›Bleibe zölibatär. Man muß sowieso im Zölibat leben, also tu es auch.‹ Offenbar konnten wir einfach nicht glauben, daß ein Mensch nicht in der Lage wäre, mit Gottes Beistand das Problem zu beheben. Wir hätten es besser wissen müssen. Einer der ältesten Lehrsätze des Thomas von Aquin lautet, daß Gnade aus dem Wesen kommt. Man muß also zuerst am Wesen arbeiten.«[16]

Manche Bischöfe mögen nichts über das Wesen des sexuellen Kindesmißbrauchs gewußt haben. Aber das trifft nicht auf alle zu. Dokumente, die von Anwälten der Opfer aufgetrieben wurden, und Augenzeugenberichte beweisen, daß schon Ende der sechziger Jahre führende Kirchenmänner deutliche Warnungen über die wahre Natur dieser Triebkrankheit von ihren Experten erhielten. Bereits im Februar 1967 sprach Dr. John Salazar, Psychologe der Klinik der Parakleten in New Mexico, mit dem Erzbischof von Santa Fé und dem Leiter des Ordens der Parakleten darüber. Er warnte sie, wie gefährlich es sei, Priester, die Kinder mißbraucht hatten, aus allen Teilen der Welt in die USA zu holen, damit sie wieder mit Kindern arbeiten konnten. Und er erklärte ihnen die Notwendigkeit, die Männer einer langfristigen Behandlung zu unterziehen. Laut einer Aussage Salazars vom Februar 1993 wurde sein Vertrag mit den Parakleten nach diesem Treffen gelöst.

In seinen Gutachten über Vater James Porter, die dem Bischof von Fall River zugingen, hat Vater Frederick Bennett, klinischer Psychologe im Zentrum der Parakleten in Missouri, bereits 1970 das Krankheitsbild klar und ausführlich erläutert. Er wies auch besonders darauf hin, wie anfällig Kinder für den Mißbrauch durch Priester sein können.

Die Bischöfe scheinen die Ratschläge, die man ihnen über Triebkrankheiten gab, auch deshalb ignoriert zu haben, weil es ihrer Tradition entsprach, spirituelle Heilmittel für sexuelle Probleme zu verordnen. Diese Tradition verdeutlicht, wie prüde und verschämt Kirchenobere auf Sexualität reagieren, erklärt Rembert Weakland, Erzbischof von Milwaukee. Er erinnert sich an einen Besuch in einem Nonnenkloster in den sechziger Jahren, als die Äbtissin ihm mitteilte, daß viele Schwestern unter körperlichen Beschwerden litten, die durch die Wechseljahre bedingt waren. Er fragte sie, was die Ärzte ihnen denn verschrieben hätten. Die Nonne, die die Menopause offenbar als sexuelles Problem und nicht als einen Zustand ansah, den die Medizin behandeln konnte, erwiderte, daß sie keine der Frauen zum Arzt geschickt habe. Sie habe ihnen statt dessen geraten, jedesmal, wenn sie unter Schmerzen litten, drei Ave Maria zu beten.[17]

Im Kontext dieser Kultur verwundert es nur wenig, daß die meisten Bischöfe den Doyle-Peterson-Mouton-Report schwer verdaulich fanden. Denn darin wurden sie darüber aufgeklärt, daß abweichendes Sexualverhalten wie Pädophilie sich manchmal anfangs ganz harmlos äußern könne – etwa in der Vorliebe eines Priesters, Jungen und Mädchen an den Füßen zu kitzeln.

Das Unbehagen vieler Bischöfe beim Thema Sexualität färbte ihre Reaktion auf Kindesmißbrauch in einer Art und Weise, die sich als ausgesprochen destruktiv erwies. Indem sie ihr eigenes Schamgefühl auf die Opfer projizierten, nahmen sie oft einfach an, daß die Opfer und ihre Familien ebensowenig das Verlangen oder die Absicht hatten, über das Geschehene zu sprechen, wie der Bischof selbst. Sie nahmen auch an, daß die Familien die Sache schnell und im stillen geregelt haben wollten, ohne daß Polizei, Anwälte oder Nachrichtenmedien sich einschalteten.

Ihre Zurückhaltung und Heimlichtuerei gab vielen Opfern das Gefühl, vergessen, ausgesondert, weggeschoben worden zu sein. Die Opfer spürten, daß die Bischöfe nur in geringem Maße einschätzen konnten, wie tief sie verletzt worden waren. Und dieses Gefühl war richtig. Genauso wie die Bischöfe glaubten, ein Kinderschänder könnte seinen Trieb durch Gebete überwinden, glaubten sie auch, daß dadurch der

Schmerz eines Opfers gelindert werden könnte. Wenn sie Opfern therapeutische Hilfe anboten, schlugen sie oft einen Priester als Therapeuten vor. Sie schienen überhaupt nicht daran zu denken, daß die Opfer ja gerade unter einem Geistlichen gelitten hatten und vielleicht von anderer Seite Trost erhalten wollten.

Die Bischöfe fühlten sich oft unsicher, wußten nicht, wie sie ihre Verpflichtungen und Sorgen in Einklang mit dem Verarbeiten von Beschwerden über den Kindesmißbrauch eines Priesters bringen sollten. Es war ihre Aufgabe, die Betroffenen unter ihren Gläubigen zu trösten – und in diesem Fall waren das die Opfer. Es war aber auch ihre Aufgabe, den Priester, dessen Schuld vielleicht nicht sofort geklärt war, zu schützen. Und es war ihre Aufgabe, sowohl die Finanzen ihrer jeweiligen Diözese als auch den Ruf der katholischen Kirche im allgemeinen zu schützen – was bedeutete, daß sie die Angelegenheit nicht an die Öffentlichkeit bringen durften.

Der durchschnittliche Bischof ließ die beiden ersten Verpflichtungen zugunsten der beiden letzten unter den Tisch fallen. John Roach, Erzbischof der Diözese von St. Paul-Minneapolis, bemerkt dazu: »Man steht unter dem Druck, die Interessen der Kirche, gleich ob juristisch oder finanziell, zu schützen. Und man steht unter Druck aufgrund der eigenen Rolle und der Beziehung zum Priester, der in der Sprache des II. Vatikanums als Bruder oder Sohn bezeichnet wird. Es fällt daher sehr schwer, ihn nicht zu schützen. Das Opfer hingegen kennt man nicht, und häufig sind Opfer, wenn sie das erste Mal kommen, so verstört, daß sie keinen guten Eindruck hinterlassen. Das muß man begreifen.«[18]

Daniel Sheehan, Erzbischof von Omaha, Nebraska, ergänzt: »In den letzten Jahren war ein Bischof wahrscheinlich eher darauf bedacht, den Ruf des Priesters zu schützen, als sich um die Opfer zu kümmern. Ich glaube, das Patrimonium der Kirche und der gute Name des Priesters liegen ihm mehr am Herzen. Diese Dinge genießen eine höhere Priorität.«[19]

Es ist ein tragisches Beispiel für kurzsichtiges Denken: Die Bischöfe glaubten, daß der einzige Weg, um das Patrimonium der Kirche zu schützen, darin bestand, sexuellen Kindesmißbrauch durch Priester herunterzuspielen, Darstellungen zu widerlegen und keine Kommentare dazu abzugeben. Sie sahen nicht, daß sie durch ihre Verteidigungshaltung und ihr Schweigen das Image der Kirche viel mehr befleckten, als es die Taten einzelner Priester hätten tun können, wenn man sie offen und ehrlich eingestanden hätte. Durch ihre Reaktion schufen sie einen wesentlich größeren, längerwährenden Skandal.

Der Bischof von Detroit, Thomas Gumbleton, erklärt: »Uns wurde beigebracht, daß die Kirche vollkommen und eine göttliche Institution ist und daß es ein Teil unserer Aufgabe als Bischöfe wäre, dafür zu sorgen, daß man diese Institution achtet. Wenn man erlaubte, daß sie diffamiert und befleckt würde, hätte man als Bischof versagt. Dann wäre man nicht der Pflicht nachgekommen, den mystischen Leib Christi zu schützen.«[20]

Der Impuls der Kirchenoberen, ihre Institution durch Verhaltensweisen zu schützen, die Anklagen wegen Kindesmißbrauchs geradezu herausforderten, deckte sich genau mit dem Rat, den sie von ihren Anwälten bekamen. Die Anwälte rieten der Kirche genau das, was sie jedem Konzern sagen würden, der sich Schadensersatzprozessen und finanziellen Verlusten gegenübersieht: Leugnen Sie jede Verantwortung. Lassen Sie sich nicht haftbar machen. Halten Sie den Mund. Der Erzbischof von Cincinnati, Daniel Pilarczyk, von 1989 bis 1992 Vorsitzender der amerikanischen Bischofskonferenz, sagt, daß die Anweisungen, die Bischöfe von ihren Anwälten erhielten, ebenfalls eine Erklärung für ihr Versagen darstellt. »Ich vermute – und ich muß betonen, daß es nur eine Vermutung ist, die nicht auf persönlicher Erfahrung beruht –, daß viele Bischöfe sagten: ›Ich muß zu diesen Familien (der Opfer) gehen‹, und der Anwalt erwiderte: ›Tun Sie das. Jedes Gespräch wird Sie eine Million Dollar kosten.‹ Ich glaube, jede Faser des seelsorgerischen Instinkts schrie: ›Mein Gott, ich muß zu ihnen!‹ Aber der juristische Rat lautete immer: ›Schön, daß Sie so empfinden, aber tun Sie es bloß nicht!‹«[21]

Vater Bernard Bush, ein Priester aus Kalifornien, der im ganzen Land Diözesen berät, wie sie mit Vorwürfen von sexuellem Kindesmißbrauch umgehen sollen, ist besonders besorgt wegen des Widerspruchs zwischen dem natürlichen Wunsch des Anwalts, die Kirche vor der Leistung von Schadensersatz zu schützen, und der moralischen Verantwortung der Kirche gegenüber ihren Gemeindemitgliedern. Bush, ein Jesuit, erinnert sich, daß er einmal einen Anwalt kennenlernte, der stolz mit seiner Ausbildung an einer Jesuiten-Universität prahlte. Bush sprach mit ihm über die Krise, die durch den sexuellen Kindesmißbrauch hervorgerufen wurde. Er meinte, er würde gern den Tag erleben, an dem ein Bischof einen des Kindesmißbrauchs überführten Priester um eine vollständige Liste der Opfer bitten würde, und dann einen Kirchenbeauftragten von Tür zu Tür schickte, um die Familien zu informieren. Bush fragte den Anwalt: »Wenn der Priester nun Ihr Mandant wäre, würden Sie ihn zur Kooperation ermutigen – was ganz klar der moralisch richtige Weg wäre?« Der Anwalt erwiderte: »Nein, ich würde ihm raten: ›Sagen Sie nichts, und kümmern Sie sich später um Ihr Seelenheil.‹«[22]

Die defensive Haltung der Kirche spiegelt auch die Persönlichkeit und Prioritäten der amerikanischen Bischöfe wider, die meistens deshalb gewählt wurden, weil sie loyale Männer sind und standhaft eine Kirche verteidigen, die aus Tradition jeglicher Kritik von außen mißtrauisch begegnet und jede Infragestellung ihrer göttlichen Autorität mit Verachtung straft. »Diese Bischöfe glauben wirklich, daß sie direkte Nachfolger der Apostel sind«, sagt Eugene Kennedy, ein Psychologe aus Chicago, der Vertrauter von vielen amerikanischen Bischöfen und einer der geachtetsten Experten des Landes auf dem Gebiet der Kirchenkultur ist. »Dieser Mythos, daß sie in direkter Nachfolge zu den zwölf Aposteln stehen und daß sie auserwählt sind, diese Verpflichtung weiterzutragen, ist immer noch intakt. Sie werden der Institution gegenüber immer loyal sein. Sie werden auch Mißverständnisse ertragen.«[23]

Es gab keine landesweiten Maßnahmen, um dieses Denken bei vielen Bischöfen zu ändern, und keine landesweite Koordination oder Supervision, wie sie im Doyle-Peterson-Mouton-Report vorgeschlagen wurde.[24] Selbst heute gibt es so etwas noch nicht, obwohl viele Bischöfe sich darin einig sind, daß solch eine einheitliche Reaktion Schutz vor Fehlern bieten könnte und vielleicht verhindern würde, daß ein oder zwei zurückgebliebene Diözesen die ganze Kirche in Mißkredit bringen. Die Kirche ist noch nicht soweit, was vielleicht auch einer der Gründe ist, warum der Doyle-Peterson-Mouton-Report in der Schublade verschwand. Jeder Bischof in Amerika herrscht völlig autonom über seine Diözese und ist nur dem Vatikan in Rom Rechenschaft schuldig. Die Bischöfe klammern sich so fest an diese Unabhängigkeit, daß die verschiedenen Bistümer sich nicht einmal zusammenschließen, um den Konzernrabatt für ihre Telefonrechnungen zu bekommen – obwohl sie dadurch Millionen Dollar sparen würden.[25]

Bis heute hat Rom nichts getan, um die amerikanischen Bischöfe unter Druck zu setzen. Im Gegenteil – der Vatikan zögerte auch noch, amerikanischen Bischöfen die einzige bedeutende Unterstützung zu gewähren, um die sie gebeten hatten: entweder mehr Spielraum und Flexibilität bei der Laisierung von Priestern, die Kinder mißbraucht hatten, oder sofortigen Ausschluß aus der Priesterschaft. Nur der Papst hat diese Macht. Doch er zögerte, sie gegen Kinderschänder einzusetzen, und überließ es der Kirchenleitung in den USA, diese Priester entweder in der Gemeindearbeit zu belassen oder auf relativ sichere Posten in der Verwaltung oder in Krankenhäusern abzuschieben. Rom blieb gegenüber allen Forderungen nach einem neuen Laisierungsprocedere unnachgiebig und beugte sich damit einer langen katholischen

Tradition – wenn ein Mann erst einmal Priester ist, bleibt er das für sein ganzes Leben. Offizielle Stellen des Vatikans können die Krise in Amerika gar nicht einschätzen, weil in Europa sexueller Kindesmißbrauch noch kein solch brennendes gesellschaftliches Problem ist. »Rom hat eine Art, alles zu relativieren«, erklärt Bischof Untener.[26]

Das Ergebnis war, daß jede Veränderung beim Umgang mit sexuellem Kindesmißbrauch durch Priester zögerlich kam. »Die Mühlen der Kirche mahlen langsam«, meint Vater Stephen Rossetti, der 1990 unter dem Titel *Slayer of the Soul* eine Sammlung von Aufsätzen herausgebracht hat, die den sexuellen Kindesmißbrauch durch Priester zum Thema haben. »Alles geschieht langsam. Es muß an der Pasta und dem Wein liegen. Ich glaube, jeder Konzern besitzt etwas, das man ›Firmenpolitik‹ nennt. Und die Politik der katholischen Kirche ist die Vorsicht. Auf der Kirche lastet die große Verantwortung: Wir sind die Stimme Christi auf Erden. Seid vorsichtig mit dem, was ihr sagt. Verursacht keinen Skandal.«[27]

Ein ausgesprochener Gegensatz dazu ist nach Aussage von Rossetti die Art, wie die Navy kürzlich auf Beschwerden über sexuelle Belästigung und Vergewaltigung reagierte. »Sie feuerten den Staatssekretär der Navy. Sie zitierten die Leute zu sich und sagten ihnen: ›Entweder ihr benehmt euch, oder ihr seid weg vom Fenster.‹ Könnte die Kirche das auch tun? Nein. Schließlich bleibt man bis zu seinem Tod Bischof.

Man wird auf eine gewisse Art arrogant gegenüber den Leuten, was immer gefährlich ist. Alles ist gut, solange sie kommen und Geld in den Klingelbeutel werfen.«

1991 und besonders 1992 zeigten sich Reformansätze. Viele Bischöfe verfolgten eine neue Politik und gingen bei Beschwerden über Priester, die Kinder mißbraucht hatten, mehr auf die Opfer ein. Viele kontrollierten Priester, die als Kinderschänder enttarnt worden waren, strenger und beobachteten diese Männer auch weiterhin. Dabei versuchten sie dafür zu sorgen, daß sie nie wieder in der Nähe von Kindern arbeiteten. Die amerikanischen Bischöfe diskutierten auf ihren beiden Konferenzen im Jahr 1992 über sexuellen Kindesmißbrauch und ließen sogar bei ein paar Diskussionen die Anwesenheit der Nachrichtenmedien zu. Sie gaben zumindest zu, welches Ausmaß das Problem hatte.

Im Oktober 1991 gab der Kardinal von Chicago, Joseph Bernardin, eine Pressekonferenz, um die Gründung einer Kommission bekanntzugeben. Sie sollte einerseits erörtern, welche Fehler seine Diözese in der Vergangenheit bei Beschwerden über Kindesmißbrauch gemacht hatte, und andererseits eine Vorgehensweise erarbeiten, um solche Fehler in Zukunft zu vermeiden. Zwei der drei Mitglieder starken Kommission waren Laien. Bernardin teilte auch mit, daß fünf Priester ihre Gemeinden wegen Beschwerden über Kindesmißbrauch verlassen hätten und nie wieder in Gemeinden arbeiten würden. 1992 gab die Kommission ein beeindruckend fundiertes dreiundneunzig Seiten starkes Dokument heraus, in dem ein Kapitel sich der Betreuung der Opfer widmete und ein anderes dem Leser eine Einführung in die Pädophilie und den sexuellen Kindesmißbrauch bot. Zusätzlich gab Bernardin die Suspendierung oder Pensionierung von acht weiteren Priestern bekannt, gegen die es in der Vergangenheit Klagen gegeben hatte.[28]

Auf der ersten Bischofskonferenz des Jahres 1992, die im Juni in South Bend, Indiana[29], stattfand, widmeten die Kirchenoberen fast die ganzen acht Stunden ihrer Eröffnungssitzung der Frage, ob Priester, die Kinder mißbraucht hatten, wieder ins Pfarramt zurückkehren dürften. Dazu luden sie Dr. Fred Berlin – einen der bedeutendsten Experten der USA auf dem Gebiet der Triebkrankheiten – als Referenten ein. Er sollte ihnen eine Einführung geben und befragt werden. Nach der Sitzung traf sich der Erzbischof von Cincinnati, Pilarczyk, mit Journalisten, um eine Erklärung abzugeben, und beantwortete ihre Fragen zu der nicht-öffentlichen Sitzung.

Im November 1992[30] bei der zweiten Bischofskonferenz des Jahres in Washington, D.C., nahmen sich drei Bischöfe – unter ihnen auch Roger Mahoney, der Kardinal von Los Angeles – eine Stunde Zeit, um sich in einem kleinen Hotelzimmer mit Frauen und Männern zu treffen, die gegen die Tatenlosigkeit und die Irrtümer der Kirche im Umgang mit Priestern, die Kinder mißbraucht hatten, zu protestieren. Sieben der Anwesenden waren selbst Opfer von Priestern, eine Frau war die Mutter eines Opfers.

Die Gruppe hatte zwar erst am Abend zuvor um das Treffen gebeten, aber trotzdem willigten die Bischöfe ein. Das war ein verblüffender Schritt für Männer, die so viel Zeit und Mühe darauf verwandt hatten, die Ohren vor den Klagen der Betroffenen zu schließen, Betroffene, die mehr als alles andere wollten, daß die Kirchenoberen ihren Schmerz anerkannten und ihnen eine Entschuldigung anboten.

Eines der Opfer, Ed Morris aus Philadelphia, sagte den Bischöfen, daß die Unwilligkeit der Kirche, sich mit dem auseinanderzusetzen, was ein Priester ihm angetan hatte, ihn in eine schmerzliche Konfliktsituationen gebracht hätte. Obwohl er verzweifelt an die Kirche glauben wollte, fühlte er sich gezwungen, gegen sie zu kämpfen, indem er sie verklagte.

»Ich habe das Gefühl, als ob ich gegen das Kreuz am Kalvarienberg treten würde«, sagte Morris und sah dabei Kardinal Mahoney in die Augen. Der Kardinal saß so dicht neben ihm, daß sich ihre Knie fast berührten. »Ich bin in tiefster Seele erschüttert, obwohl ich doch nur mein Recht verteidige. Ich war ein gläubiger Katholik, und doch wurde ich allein gelassen. Sie haben meine Beziehung zu Christus erschüttert. Das werfe ich Ihnen vor.«

Nachdem Morris geendet hatte, herrschte ein paar Augenblicke lang Totenstille im Zimmer. Dann sagte Mahoney mit belegter Stimme: »Es tut mir so leid.« Nach dem Treffen wollte der Kardinal unbedingt mit Morris ein paar Minuten unter vier Augen sprechen. Als Morris später ihr Gespräch fortsetzten wollte und Mahony in Los Angeles anrief, erwiderte der Kardinal den Anruf gleich am nächsten Tag.

In einem Interview, das eine Woche nach dem Treffen stattfand, bekannte Mahony, daß man ihm dort die Augen geöffnet hätte. »Die ungeheure Offenheit und der aufrichtige Glaube, die mir dort begegnet sind, haben mich tief beeindruckt – obwohl der Glaube schweren Prüfungen ausgesetzt war. Da sprachen Menschen über ihre Kümmernisse und Wunden, und wir müssen ihnen unbedingt zuhören, egal, wie lange es dauern wird. Normalerweise sind unsere Konferenzen nur geschäftlichen Angelegenheiten der Kirche gewidmet. Aber hier durften die Bischöfe auch Hirten sein.«

Manche Diözesen scheinen aus ihren Fehlern gelernt zu haben, obwohl man unmöglich abschätzen kann, ob ihren schönen Reden auch Taten folgen werden. Laut einer Aussage von Santiago Feliciano, einem Anwalt des Bistums Cleveland, unternehmen dort die zuständigen Kirchenstellen jetzt sehr schnell etwas, wenn ein Priester verdächtigt wird, Kinder mißbraucht zu haben. Sie suspendieren den Priester vom Gemeindedienst und schicken ihn nicht in ein kirchliches Sanatorium, sondern zu Dr. Fred Berlin nach Baltimore, damit er sie untersucht. Sie besuchen sofort die Opfer und ihre Familien und bieten ihnen an, eine Therapie zu bezahlen – und das noch bevor die Schuld des Täters feststeht. Feliciano glaubt nicht nur, daß diese Vorgehensweise dem Auftrag der Kirche entspricht, sondern daß sie auch hilft, Prozesse zu vermeiden. Menschen, die das Gefühl haben, daß die Kirche sich verantwortungsbewußt verhalten und sie gut behandelt hat, gehen seiner Meinung nach nicht vor Gericht.[31]

Aber viele Diözesen haben immer noch keine Vorgehensweise für den Umgang mit Anzeigen über sexuellen Kindesmißbrauch entwickelt. Auf der Tagung einer Ad-hoc-Einsatztruppe, die im Februar 1993 in St. Louis stattfand, um die Bischöfe bei dem Problem sexuellen Kindesmißbrauchs durch Priester zu beraten, behauptete Mark Chopko, Berater der amerikanischen Bischofskonferenz, beharrlich, daß alle Diözesen Vorlagen entwickelt hätten. Aber er kam zu dem Schluß, daß »manche umfangreich sind, manche hingegen mager. Einige sind viele Seiten stark, andere bestehen nur aus einer Seite. Manche Zusagen wurden schriftlich niedergelegt, andere sind nur mündlich gemacht worden.«

Und manche Bischöfe geben immer noch ihrem tiefverwurzelten Impuls nach, die Kirche zu schützen, einen Skandal zu vermeiden und die Gewichtigkeit des sexuellen Kindesmißbrauchs herunterzuspielen. In einem Zeitungsinterview bezeichnet ein Bischof aus dem mittleren Westen eine Frau, die als Vierzehnjährige von einem Priester mißbraucht worden war, als »kleine Lolita«, die jetzt versuche, der Kirche soviel Geld wie möglich abzupressen.[32] Gleichermaßen beunruhigend waren einige der Kommentare, die der Bischof von Austin, Texas, John McCarthy, in einem Interview im August 1992 machte. McCarthy beschrieb und rechtfertigte, wie er mit folgendem Fall – der übrigens nie an die Öffentlichkeit gekommen ist – umgegangen war:

1987 fragte ein Priester, der einen Posten in der Verwaltung hatte, bei McCarthy an, ob er nicht wieder in die Gemeindearbeit zurückkehren könne. In der Vergangenheit hatte der Priester schon einmal gestanden, Kinder sexuell mißbraucht zu haben, und war sechs Monate lang psychiatrisch behandelt worden. McCarthy gab ihm eine zweite Chance – laut seiner Aussage die einzige Entscheidung, die er bedauerte. Aber zuerst ließ er den Priester ein Dokument unterzeichnen, in dem der Priester sich verpflichtete, sofort um seine Laisierung zu ersuchen, sollte er je wieder ein Kind mißbrauchen.

Ein Jahr später rief der Priester McCarthy von einer Polizeiwache an. Er war soeben wegen sexuellen Kindesmißbrauchs verhaftet worden. McCarthy telefonierte sofort mit dem Bezirksstaatsanwalt, vereinbarte einen Termin und bat darum, den Priester nicht vor Gericht zu stellen. »Wenn Sie gegen ihn vorgehen«, meinte McCarthy zu dem Bezirksstaatsanwalt, »wird mein Bistum Schaden erleiden.« McCarthy zog das Dokument heraus, das der Priester unterschrieben hatte. »Schauen Sie«, erklärte er, »er gehört nicht mehr der Priesterschaft an.« Der Bezirksstaatsanwalt gab stillschweigend nach.

McCarthy teilte den Mitgliedern der Gemeinde dieses Priesters nie mit, warum ihr Pfarrer sie verließ – er machte nie den Vorschlag, daß Eltern ihre Kinder fragen sollten, ob er ihnen etwas angetan hätte. Einer seiner Gründe dafür war: »Ich weiß von einem bestimmten Vorfall, der unsäglich sündig ist und möglicherweise von einer Krankheit herrührt. Aber nur, weil ein Mensch diese Tat begangen hat, bin ich nicht berechtigt, den Ruf dieses Menschen zu zerstören und eine ganze Gemeinde zu spalten. Ein Mensch, der sonntags als geweihter Priester vor die Gemeinde tritt, verkörpert das Streben nach dem Heil. Dann kommt diese unsägliche Tat. Wenn man dann am Montag morgen liest, daß der eigene Pfarrer dieses Verbrechen begangen hat, ist man zutiefst enttäuscht.«

Indem er sich einschaltete und dem Priester dabei half, einer Anklage zu entgehen, ließ McCarthy einen möglicherweise gefährlichen Mann wieder auf die Gesellschaft los, und zwar ohne Vorstrafe, so daß weder spätere Arbeitgeber noch sonst jemand die Möglichkeit hat, von seinem Problem zu erfahren. »Er hat immer noch seinen guten Ruf, und er hat ein Recht darauf«, meint McCarthy. »Falls ich herausfinden sollte, daß Sie in der letzten Woche mehrmals die Ehe gebrochen haben, habe ich nicht das Recht, Ihren Ruf zu zerstören, indem ich das herumerzähle. Das ist doch Privatsache.

Es könnte möglicherweise ein Problem werden«, rechtfertigt McCarthy seinen Entschluß, den Priester vor einer Gefängnisstrafe zu bewahren. »Aber es ist nicht mein Problem.«[33]

10. Kapitel

DIE VERSCHWÖRUNG DES SCHWEIGENS

Keine menschliche Institution, ganz gleich wie hoch ihre Ideale oder die Moral ihrer Entscheidungsträger sind, ist gegen Kindesmißbrauch gefeit. Aus Macht erwächst Eigeninteresse, aus Eigeninteresse der Drang, sich zu schützen. Selbst die anständigsten Männer und Frauen gehen in die Defensive, wenn viel auf dem Spiel steht und ihre Privilegien in Gefahr sind. Sie weichen aus. Sie lügen. Manchmal betrügen sie auch. Dann tritt der bemerkenswert kreative menschliche Instinkt für Rechtfertigung in Kraft und macht sie blind für ihre Taten.

In sich geschlossene Institutionen schweben da in besonderer Gefahr. Sie schotten sich ab und achten sorgfältig darauf, keine Informationen an Außenstehende weiterzugeben. Ihre eigene kollektive Wirklichkeit wird zur absoluten Wahrheit. Niemandem wird erlaubt, daran zu rütteln. Die da unten fürchten den Zorn von denen da oben. Überbringer schlechter Nachrichten finden keine Beachtung.

Eine offene Gesellschaft kann diese Gefahr verringern. Die Verbrechen von Watergate oder Irangate wurden von Informanten und Reportern, die nicht lockerließen, enthüllt. Bankiers werden von den Wachhunden der Bankenaufsicht an Betrügereien gehindert. Reiche und mächtige Männer werden ins Gefängnis gesteckt, weil niemand über dem Gesetz steht. Polizei, Journalisten und Aufsichtsbehörden beobachten, warnen und berichten. Sie holen die Mächtigen aus ihren Verstecken und ziehen sie zur Rechenschaft.

Doch bei der Krise des sexuellen Kindesmißbrauchs durch katholische Priester haben sie elend versagt und zugelassen, daß das Problem noch eine andere Dimension bekam. Die

Polizei fürchtete sich zu sehr davor zu ermitteln, die Staatsanwälte davor, Anklage zu erheben, und die Richter davor, ein Urteil zu sprechen. Reporter und ihre Chefs hatten Skrupel, gegen die Kirche genauso hart zu recherchieren, wie sie es gegenüber anderen Personen des öffentlichen Interesses tun. Psychologen und Psychiater haben Priestern eine Sonderbehandlung zuteil werden lassen und sich optimistisch über ihre Genesung geäußert, was immer wieder die Zahl der Opfer vergrößerte.

Es war keine Verschwörung von Anwälten, Richtern, Journalisten und Polizisten, die von der Kirche bezahlt wurden oder versuchten sie zu schützen, obwohl sie Bescheid wußten. Es war mehr eine subtile, stillschweigende Absprache, die auf Respekt, der fast schon an Bewunderung grenzte, für eine Institution gründete, deren Macht weder Zeit noch Raum zu kennen scheint. Es geschah zwar absichtlich, aber nur selten bewußt.

Vielleicht sind die Ursprünge für diese Absprache in einer Zeit zu suchen, als Päpste eigenwilligen Herrschern Kreuzfahrer auf den Hals schickten und die Inquisition selbst die Mächtigen in die Folterkammer – und auf den Scheiterhaufen – führte. Vielleicht ist es die Folge der Jahrhunderte, in denen Staat und Kirche sich die gesellschaftliche Macht teilten und der eine die Vorherrschaft des anderen in seiner Domäne respektierten. Sicher ist es ein Überbleibsel aus einer Epoche – die in Europa bis zum Ende der Renaissance währte –, als die Geistlichkeit nur der Jurisdiktion der kirchlichen Gerichte unterlag und nicht unter die staatliche Gesetzgebung fiel.

In Europa ist das heute häufig noch so. Die Kirche hat immer noch großen Einfluß auf weltliche Autoritäten. Als die amerikanischen Bischöfe mit Vertretern des Vatikans über die Prozesse redeten, die gegen die Kirche wegen der Verbrechen ihrer Geistlichkeit geführt wurden, fragte einer der Vertreter des Vatikans geradeheraus: »Ja, können Sie denn nicht einfach einmal mit den Richtern sprechen?«[1]

Im modernen Amerika kann der Papst nicht anordnen, daß eine Zeitung verbrannt oder ein Polizist zu Tode gepeitscht wird. Der Staat steht in weltlichen Fragen über der Kirche. Von Priestern wird erwartet, daß sie den Gesetzen gehorchen, weil ihr Priesterkragen ihnen – zumindest theoretisch – keine Immunität zusichert. Doch mittelalterliche Traditionen überschatten immer noch den Umgang zwischen Bischöfen und weltlichen Autoritäten. Das wird noch verstärkt durch die Furcht vor dem Zorn der Kirche – obgleich ein Großteil der tatsächlichen Macht hinter diesem Zorn bereits vor Jahrhunderten verschwand. »Der Mythos der Macht ist natürlich ein sehr mächtiger Mythos, und wahrscheinlich glauben die meisten Menschen mehr oder weniger daran«, erklärt der Anthropologe Gregory Bateson. »Es ist ein Mythos, der von selbst rechtsgültig wird, wenn alle daran glauben.«

Es ist dieser Mythos, der den Job eines Polizisten wie Gary Costello nahezu unmöglich gemacht hat. Siebzehn Jahre lang arbeitete Costello in der Abteilung, die sich mit sexuellem Kindesmißbrauch im Umkreis von Washington, D.C., befaßte. Er konfrontierte Schulen, Sportvereine und Kirchen mit den Untaten ihrer Mitarbeiter. Überall hatte er Erfolg – mit einer einzigen Ausnahme: der Kirche, in deren Bekenntnis er aufgewachsen war.

Was in Fällen von Kindesmißbrauch durch katholische Priester ablief, sah Costello das erste Mal, als Vater Peter McCutcheon 1986 verhaftet wurde. Laut seinen eigenen Angaben hatte der Priester vor seiner Festnahme über fünf Jahre lang Kinder mißbraucht. Während der Fall vor dem Straf- und Zivilgericht verhandelt wurde, mußte Costello miterleben, wie ein Richter die Einsicht in die Akten des Falles verwehrte, um der Kirche die Blamage zu ersparen, und wie ein anderer Richter einfach die fünfundzwanzigjährige Haftstrafe des Priesters zur Bewährung aussetzte.

Costello hoffte, daß das Einzelfälle wären. Er irrte. 1990 hörte Costello von Vater Thomas Chleboski, Pfarrer einer

Gemeinde in Maryland, der von der Polizei in Arlington County, Virginia, wegen sexuellen Mißbrauchs an einem Dreizehnjährigen ein paar Jahre zuvor verhaftet worden war. Costello sollte überprüfen, ob der Priester in seinem Bezirk ähnliche Straftaten begangen hatte. Das war leichter gesagt als getan. Als Costello versuchte, Gemeindemitglieder zu befragen, wurde er eiskalt abgewimmelt. »Man sagte uns, das Erzbistum hätte sie angewiesen, der Polizei nichts zu sagen«, erinnert er sich.

Aber Costello kannte sich zu gut aus, um sich abschrecken zu lassen. Er fand die Opfer – und die Zeugen. Er zeigte den Priester selbst an. Am nächsten Morgen griff er nach der *Washington Post* , um den Artikel zu lesen, der sicher noch mehr Opfer aus ihrem Versteck locken würde. Bildete er sich zumindest ein. Aber auf der ersten Seite des Regionalteils fand er nur einen Artikel über zwei Rottweiler, die eine Frau aus Maryland angefallen hatten und jetzt eingeschläfert werden mußten. Die Verhaftung von Chleboski war nur eine kleine Meldung auf Seite drei des Regionalteils wert.

»Ich weiß nicht, was es ist«, sagt Costello. »Ob die Medien eingeschüchtert werden oder was. Aber diese Fälle mit Priestern bekommen nie die Aufmerksamkeit, die sie verdienen, die Aufmerksamkeit, die sie bekämen, wenn der Kinderschänder Politiker, Polizist oder Lehrer wäre. Die Zeitungen bringen so etwas nie auf der Titelseite, so daß die Eltern nicht gewarnt werden.«

In seinem Bemühen, Priester, die Kinder mißbrauchen, aus dem Verkehr zu ziehen, ist Costello sogar in seiner eigenen Polizeiwache gegen Wände gelaufen. Die schlimmste Erfahrung begann kurz nach dem Fall McCutcheon, als Paul Interdonato, der Anwalt des Erzbistums, den Detective anrief und ihn um den Gefallen bat, einen anderen Priester aus der Diözese kurz zu überprüfen. Interdonato wollte ihm den Grund nicht nennen, obwohl Costello den Anwalt warnte, daß er der Sache nachgehen würde, falls er bei der Überprüfung etwas

Rechtswidriges fände. Costello gab den Namen des Priesters in den Computer ein und entdeckte, daß er bereits in einem anderen Staat wegen Kindesmißbrauchs vorbestraft war.

Am nächsten Tag rief er Interdonato an. »Ich muß mehr wissen«, sagte er. Aber Interdonato wollte ihm die Gründe für seine Bitte nicht nennen und stotterte nur, daß das Erzbistum Briefe erhalten hätte, in denen von »unangemessenem Verhalten« die Rede wäre. Costello bat darum, sie einsehen zu dürfen. Interdonato lehnte das ab. »Ich rufe Sie zurück«, sagte er immer wieder. Costello wartete drei Tage mit der Akte auf dem Schreibtisch, ehe er selbst Interdonato anrief. Der Anwalt informierte ihn, das Erzbistum hätte ihn angewiesen, nicht mit der Polizei zu kooperieren. Costello stürmte ins Büro seines Vorgesetzten und bat um einen Durchsuchungsbefehl, damit er in den Büros des Erzbistums selbst nach Informationen suchen konnte. »Sind Sie verrückt?« entgegnete sein Vorgesetzter. »Auf gar keinen Fall.« Costello versuchte es mit einem Kompromiß: Könnte ein höherer Beamter der Abteilung es vielleicht mit einem Telefonanruf versuchen? Wieder die gleiche Reaktion: ein entschiedenes Nein. Ein paar Wochen später entdeckte Costello, daß der Priester zwar vom Dienst suspendiert war, aber ungehindert in weltlicher Kleidung durch die Straßen der Hauptstadt flanierte.[2]

Costellos Erlebnis ist durchaus kein Einzelfall. Im ganzen Land haben Detectives aus den Abteilungen, die sich mit sexuellem Kindesmißbrauch befassen, die Erfahrung gemacht, daß die Kirche sich weigert, mit ihnen zusammenzuarbeiten – und wenn sie sich dann an andere Strafverfolgungsbehörden wenden, um routinemäßig Hilfe zu erbitten, laufen sie wieder gegen Mauern. »Es ist sehr schwer, an Mißbrauchsfällen zu arbeiten, bei denen Priester die Täter sind, denn wenn die Kirche es vor uns herausfindet, kehrt sie es unter den Teppich, und niemand kann sie daran hindern«, erzählt Bill Dworin, der in der Abteilung für sexuellen Kindesmißbrauch der Polizei von Los Angeles arbeitet.[3]

Dworin schäumt immer noch vor Wut wegen des Falles Nicholas Aguilar Rivera. An einem Montagmorgen im Jahr 1988 wurden Dworin und sein Partner vom Erzbistum Los Angeles informiert, daß gegen den Priester eine Beschwerde wegen sexuellen Kindesmißbrauchs vorlag. Anfangs freuten sich die Polizisten über ein offenbar seltenes Beispiel für die Kooperationsbereitschaft der Kirche. Aber schon bald erfuhren sie, daß Vertreter der Diözese bereits vor drei Tagen mit Aguilar Rivera über die Beschwerden gesprochen hatten, die gegen ihn vorlagen. Als sie die Detectives anriefen, war der Priester längst über die Grenze nach Mexiko entkommen.

Danach baten Dworin und Lyon die Kirchenvertreter um die Listen der Ministranten des Priesters, damit sie alle Opfer von Aguilar Rivera finden konnten. Man weigerte sich. Als die Detectives routinemäßig bei ihren Vorgesetzten um einen Durchsuchungsbefehl baten, wurde er ihnen verweigert. Doch die beiden ermittelten weiter und fanden schließlich zehn Ministranten, die von Aguilar Rivera mißbraucht worden waren. Der Priester wurde in Abwesenheit dieser Verbrechen angeklagt. Aber kein Richter war gewillt, ein Auslieferungsbegehren gegen Rivera zu erwirken, und kein mexikanischer Beamter wollte ihnen helfen.

Fälle wie der von Aguilar Rivera haben Detectives, die sich mit sexuellem Kindesmißbrauch befassen, eine klare Botschaft geschickt: Du mußt von Anfang an gegen die Kirche schwere Geschütze auffahren – und niemandem sagen, was du da tust. Das ist genau die Methode, die Detective Patti Rodriguez anwandte, als sie Anzeigen von Familien aus dem *Barrio* von Los Angeles erhielt, die gegen Vater John Salazar gerichtet waren. Sie versuchte es höflich und nett bei der Kirche. Einmal. Als sie dort keine Hilfe erhielt, stürmte sie in die Büros des Erzbistums Los Angeles und drohte, jeden Anwesenden zu verhaften. »Danach hatte sie nie wieder Schwierigkeiten«, bemerkt Kenneth Wullschlager, stellvertretender Bezirksstaatsanwalt von Los Angeles.[4]

Selbst wenn die Polizei gegen Priester ermitteln kann – und es auch tut –, wird sie häufig von Staatsanwälten behindert, die nicht bereit sind, Geistlichen den Prozeß zu machen. Staatsanwälte werden schließlich gewählt – und scheuen sich daher oft, gegen Institutionen vorzugehen, die Einfluß auf das Stimmverhalten ihrer Gemeinde haben könnten.

1992 gab es großen Aufruhr in Chicago, als der Staatsanwalt Jack O'Malley sich weigerte, Vater Norbert Maday anzuklagen.[5] Fünf Anzeigen lagen gegen den Priester vor, aber O'Malley, der vor seiner Wiederwahl stand, beharrte auf seiner Meinung, daß es entweder nicht genug Beweise gab oder daß die Verjährungsfrist abgelaufen war. Als Staatsbeamte in Oshkosh, Wisconsin, wo Maday Kinder während eines Ferienlagers mißbraucht hatte, schließlich selbst Anklage gegen ihn erhoben, nutzte Vater Andrew Greeley, ein bekannter katholischer Soziologe und Schriftsteller, seine Kolummne in der *Chicago Sun-Times* für ein besonderes Anliegen: Er rief nach einem Sonder-Staatsanwalt, der in Chicago ernannt werden sollte, um wegen Justizbehinderung in Fällen von Kindesmißbrauch durch Priester zu ermitteln.

»Aus Respekt vor der Geistlichkeit und der Kirche zögern katholische Polizisten und Staatsanwälte, einen Priester vor Gericht zu bringen, und würden lieber der Kirche seine Bestrafung überlassen«, schrieb Greeley. »Staatsanwälte bringen nur ungern einen Fall vor Gericht, den sie vielleicht nur mit Mühe gewinnen können. Sie sind nicht davon überzeugt, daß sie in Chicago die Verurteilung eines Priesters durchsetzen können. Der aufsehenerregende Prozeß gegen einen Priester könnte in einer katholischen Stadt wie Chicago einem Staatsanwalt großen politischen Schaden zufügen.«

Manchmal überlassen Staatsanwälte straffällig gewordene Priester einfach den kirchlichen Gerichten, wie sie es per Gesetz im Mittelalter tun mußten. 1988 verhaftete die Polizei in Maryland Vater William Q. Simms wegen sexuellen Mißbrauchs an zwei Ministranten. Er hatte sie gezwungen, Badeanzüge und Frauenkleider anzuziehen. Danach mußten sie einige seiner sexuellen Phantasien, die an das Martyrium Jesu und einiger Heiligen angelehnt waren, nachspielen. Aber als das Erzbistum Baltimore einwilligte, Simms in Therapie zu schicken und die Behandlung seiner Opfer zu bezahlen, ließ der Staatsanwalt von Maryland alle Anklagen fallen. Vater Simms ist immer noch aktives Mitglied der katholischen Geistlichkeit.[6]

Aber das dramatischste Beispiel für staatsanwaltliches Abblocken hatte seine Ursachen weder in der Überzeugung, daß die Kirche sehr wohl in ihren eigenen Reihen Ordnung schaffen kann, noch in der Angst um Wählerstimmen. 1988 fand ein Priester in New Orleans stapelweise Kinderpornos im Pfarrhaus von St. Rita im Zimmer von Vater Dino Cinel, Professor an der Tulane University. Es handelte sich um Fotos, Videos und Bücher mit Titeln wie: *Der kleine Bruder möchte einen Kuß* und *Ja, mit einem Minderjährigen macht's Spaß.*

Der Besitz von Kinderpornographie ist in Louisiana ein schweres Verbrechen, das mit hohen Gefängnisstrafen geahndet wird. Das ist nicht zuletzt den Bemühungen des Bezirksstaatsanwalts von New Orleans, Harry Connick senior, zu verdanken, der selbst gläubiger Katholik und Gemeindemitglied von St. Rita ist. Es ist sogar ein noch schwereres Verbrechen, selbst Kinderpornos herzustellen, und genau das schien Cinel getan zu haben – 160 Stunden hatte er auf Videokassetten konserviert. Die Videos – die meisten davon im Pfarrhaus gedreht – zeigten Cinel beim Geschlechtsverkehr mit Jungen; Jungen, die miteinander schliefen; Cinel, der Jungen dazu ermunterte, mit ihren Müttern und Schwestern zu schlafen; und Cinel, der seinen weißen Schoßhund an den Sexspielen beteiligte.

Die Kirche hielt die Beweise drei Monate lang zurück, ehe sie sie dem Bezirksstaatsanwalt übergab, wie es das Gesetz verlangt. Aber selbst da wurde keine Anklage gegen Cinel erhoben. Obwohl Connick, der Vater des Sängers Harry Connick junior, sich den Ruf erworben hatte, unerbittlich gegen

Pornographie, Striptease-Klubs und Schmuddelfilme vorzugehen, gab er ungerührt zu, daß er nichts unternehmen würde, was die Kirche in Verlegenheit bringen könnte. Ein Jahr nachdem er die Videobänder in Empfang genommen hatte, wurde Connick von einem Privatdetektiv angesprochen, der vom Büro des Bezirksstaatsanwalts gebeten worden war, das Material durchzusehen. »Wann wird Anklage erhoben?« fragte der Privatdetektiv Connick. »Solange ich Bezirksstaatsanwalt bin, überhaupt nicht«, entgegnete Connick.

Mehr als zwei Jahre nachdem Connick die Bänder bekommen hatte, strahlte ein lokaler Fernsehsender den Bericht eines Reporters über Cinel und Connick aus. Endlich erhob der Bezirksstaatsanwalt Anklage. Aber es war zu spät. Ein Richter lehnte die Klage mit der Begründung ab, die lange Verzögerung der Anklageerhebung durch den Bezirksstaatsanwalt komme einer Absprache mit Cinel gleich, diesen nicht vor Gericht zu bringen. »Der Richter entschied, daß die Vorgehensweise des Bezirksstaatsanwalt im Grunde eine Vertuschung darstellte«, sagte Arthur Harris, Angestellter des Bezirksrichters Frank Marullo.

Auch Cinels Opfer hatten bei Zivilgerichten nicht mehr Glück. Bei einem ihrer Prozesse gegen die Kirche wies die Amtsrichterin von Orleans, Yada Magee, die sich bei ihrer Kandidatur zum Richteramt ausdrücklich auf Gott berufen hatte, das Argument zurück, daß Cinels Priesterkragen ihm einen speziellen Einfluß gab, und daß die, die ihn mit seiner priesterlichen Macht ausgestattet hatten, mitschuldig an dem Mißbrauch seien. Sie entschied, daß die Kirche in diesem Fall nicht haftbar zu machen sei.[7]

Schließlich und endlich werden manche Staatsanwälte regelrecht eingeschüchtert. Robert Craven, damals stellvertretender Staatsanwalt in Rhode Island, erinnert sich nur allzugut, wie die Kirche versuchte, seine Ermittlungen gegen Vater Paul Henry Leech[8], der des sexuellen Mißbrauchs an vier Jungen beschuldigt wurde, zu beeinflussen. Craven stieß auf

Beweise, daß die Kirche seit mindestens fünf Jahren von Leechs sexuellen Vorlieben wußte und nichts getan hatte, um die Kinder zu schützen. Craven, an dessen Bürowand ein handgeschriebener irischer Segensspruch hängt, war erbost.

»Ich wurde katholisch erzogen«, erklärt er. »Ich bin zwölf Jahre lang auf eine katholische Schule gegangen. Ein Priester war DER PRIESTER. Zu ihm konnte man immer gehen. Er war derjenige, der dir vergab, wenn du gesündigt hattest. Jetzt war er ein Mensch, der seine Rolle ausgenutzt hatte, um sich an einem Kind zu vergreifen. Obwohl man mir bei vielen Gelegenheiten gesagt hatte, daß auch Priester nur Menschen seien, ist das unverzeihlich. Es gibt nur wenige Berufe, in denen man mehr Macht hat und mehr Vertrauen genießt als in dem eines Pfarrers. Es soll nur jemand wagen, das zu bestreiten. Ich weiß, daß es überall faule Äpfel gibt. Aber die wirft der Kaufmann selbst weg.«

Craven bereitete sich darauf vor, in diesem Fall gründlich zu ermitteln, und erwog sogar, die Kirchenoberen haftbar zu machen. Dann ging er vor Gericht. »Am Tag der Verhandlung waren plötzlich aus dem Nichts ein Haufen ›Pinguine‹ da«, erzählt er und bezieht sich dabei auf die Horde von Männern in schwarzen Anzügen und Priesterkragen. »Dutzende. Das waren eine Menge Priester für den kleinen Gerichtssaal.«

Ein Priester trat auf ihn zu und sagte: »Paul Leech ist ein guter Kerl. Alle schätzen ihn.« Craven war fuchsteufelswild. »Von allen Priestern in Rhode Island haben sie den Patenonkel meines Neffen ausgesucht, um mit mir zu sprechen«, sagt er. »Das war entweder ein unglaublicher Zufall, oder sie hatten den einzigen Priester in diesem Staat ausfindig gemacht, der vielleicht fähig war, mich zu beeinflussen. Und sie scheuten auch nicht davor zurück, den Kerl zu mir zu schicken, damit er mich unter Druck setzte. Was ist mit den Fakten? Wo bleibt da die Anständigkeit, um Himmels willen? Die Kirche betrachtet sich als das Leuchtfeuer, an dem alle Menschen sich orientieren sollen. Und wie verhält sie sich?«

Craven schickte den Patenonkel seines Neffen weg. Und Vater Leech wurde zu drei Jahren Gefängnis verurteilt.

Die Verschwörung reicht sogar bis zum Richterstuhl. Richter ignorieren häufig die größten Anstrengungen der weniger furchtsamen Polizisten und Staatsanwälte. Möglicherweise lassen sie sich durch die Ausführungen der Verteidigung über die jahrelange gute Arbeit, die Priester geleistet haben, beeinflussen. Sie beugen sich den Männern in Priesterkragen und zögern, Priester, die Kinder mißbraucht haben, ins Gefängnis zu schicken. Vielleicht gerührt durch die Anwesenheit von Bischöfen und gläubigen Gemeindemitgliedern im Gerichtssaal, behandeln sie Priester mit einer Rücksicht, wie sie selbst protestantischen Geistlichen nicht zugestanden wird. In einer Studie, zu der 190 Fälle von sexuellem Kindesmißbrauch durch Geistliche aus den Jahren 1988 und 1989 herangezogen wurden, steht, daß protestantische Geistliche im Durchschnitt zu 11,5 Jahren Gefängnis verurteilt wurden, während katholische Geistliche im Durchschnitt nur 3,6 Jahre bekamen.[9]

Vergleicht man Urteile gegen Laien mit Urteilen gegen Priester, so sind die Ergebnisse sogar noch schockierender. Im Juli 1989 verurteilte ein Richter in Phoenix, Arizona, Vater George Bredemann zu einem Jahr Gefängnis und lebenslanger Bewährung wegen sexuellen Mißbrauchs von drei Kindern – obwohl Bredemann gestanden hatte, daß er zwölf weitere mißbraucht hatte. Im Jahr davor war ein Mann aus Phoenix, der versucht hatte, eines dieser Kinder zu mißbrauchen, zu zwölf Jahren Gefängnis verurteilt worden – ohne Chance auf vorzeitige Entlassung. Zwei Wochen nach Bredemanns Verurteilung wurde ein weiterer Mann aus Arizona, der wegen des gleichen Delikts angeklagt war, zu 120 Jahren Gefängnis verurteilt.

Drei Monate nach seiner Entlassung verstieß Bredemann gegen seine Bewährungsauflagen und setzte sich aus Arizona ab. Man fand ihn in einem Hotel in Miami Beach mit einem Ticket nach Rio de Janeiro in der Tasche.[10]

Der Richter in Phoenix war kein Einzelfall. 1984 wurde Vater Eugene O'Sullivan[11] für schuldig befunden, einen Jungen über zwei Jahre lang mißbraucht zu haben. Der Staatsanwalt in Massachusetts beantragte eine Gefängnisstrafe von zwei bis fünf Jahren. Der Richter gab ihm Bewährung. Drei Jahre später bekannte sich Vater Patrick Weaver[12] vor einem Gericht in New Jersey schuldig, drei Kinder mißbraucht zu haben. Sein Verbrechen: Er hatte sie gezwungen, sich in seinem Pfarrbüro auszuziehen. Das Urteil: Bewährung. Weniger als ein Jahr später stand Weaver wieder vor Gericht, diesmal, weil er sich an einem Zwölfjährigen vergangen hatte. Der Priester verharmloste den Mißbrauch und erklärte, er hätte den Penis des Jungen nur berührt, weil ihm eine Schwellung daran aufgefallen wäre. Das Urteil: Bewährung, die parallel zu der ersten abgeleistet werden konnte.

Bruder Andrew Hewitt[13] aus Newark, New Jersey, wurde im August 1988 wegen schwerer sexueller Nötigung, krimineller Nötigung und Gefährdung eines Minderjährigen angeklagt. Im Gutachten des staatlichen Diagnose- und Behandlungszentrums wurde er als triebhafter Sexualstraftäter mit Wiederholungsgefahr eingestuft. Aber vor Gericht zeigte er Reue. »Ich schwöre bei Gott dem Allmächtigen, daß ich es nie wieder tun werde«, teilte er dem Richter mit. Das Urteil: fünf Jahre auf Bewährung.

Der oberste Richter von Orange County, Kalifornien, Luis A. Cardenas, erinnert sich, wie er dem Charisma eines Priesters erlag, als er Vater Andrew Christian Andersen[14] im November 1986 verurteilte. Vater Andersen war ein junger, dynamischer Priester einer reichen und aktiven Gemeinde in Orange County. Er konnte gut Witze erzählen und trank auch gern eine Flasche Bier mit seinen Gemeindemitgliedern. Dutzende Konvertierte kamen in seine Bibelstunden. Als er angeklagt wurde, drei Ministranten mißbraucht zu haben, wandte sich die gesamte Gemeinde gegen die Opfer. Man warf ihnen vor, sie versuchten einen Heiligen den Löwen vorzuwerfen.

»Um ehrlich zu sein«, gesteht Cardenas, »war ich von Anfang an versucht, hart mit Vater Chris umzuspringen, und zwar, weil ich Katholik bin und mich für die Kirche schäme. Die Hierarchie ist rüde und unverantwortlich mit den Ermittlern umgesprungen. Sie versuchten, den Fall niederzuschlagen. Meiner Meinung nach war das unmoralisch. Sie kehrten den ersten Fall unter den Teppich, und beim zweiten Fall führten sie die Polizei an der Nase herum. Die Angelegenheit wurde nicht so geregelt, wie es Menschen, die die Interessen des Christentums vertreten, tun sollten.«

Danach wurde Cardenas von Andersens Gefolgsleuten mit Briefen bombardiert, in denen immer wieder behauptet wurde, daß die Jungen die Zuwendungen des Priesters falsch verstanden hätten oder daß sein Verhalten eher krankhafter als krimineller Natur war. Es gab Schreiben von Ärzten und Sozialarbeitern mit offiziellen Briefköpfen und von Ehepaaren, die der Priester getraut oder beraten hatte, auf geblümtem Briefpapier. Cardenas rührten die seiner Meinung nach spontanen Liebesbeweise für den Priester. Er wußte nicht, daß die ganze Kampagne von Andersens Anwalt inszeniert worden war.

Überall, wo der Richter hinging, wurde er von Gemeindemitgliedern bedrängt. Als ihn einmal der Inhaber eines örtlichen Fotogeschäfts bediente, hielt er Cardenas einen Vortrag darüber, warum der Richter Andersen lieber in eine Nervenheilanstalt und nicht ins Gefängnis schicken sollte. Bei einem Nachbarschaftstreffen in einem Privathaus nahm eine Frau den Richter beiseite und erklärte ihm unverblümt, daß Andersen ein Opfer der Justizbehörden wäre. Niemand wollte sich mehr daran erinnern, daß Andersen sich schuldig bekannt hatte.

Cardenas hatte per Gerichtsbeschluß angeforderte psychiatrische Gutachten erhalten, in denen festgestellt wurde, daß Vater Chris unter einer schweren psychischen Störung leide. »Es handelt sich dabei um eine Persönlichkeitsspaltung mit narzißtischen, schizoiden und soziopathischen Charakteristika.« Aber der Anwalt des Priesters hielt dagegen, daß diese Probleme höchst effektiv in einem von der Kirche geführten Sanatorium in New Mexico behandelt werden könnten. In dem Prospekt stand die (falsche) Behauptung, daß keiner der dort behandelten Patienten jemals wieder rückfällig geworden wäre. Der Verteidiger meinte auch, die neunzig Tage, die Andersen zur Begutachtung im Staatsgefängnis von Chino verbringen mußte, hätten ihm einen heilsamen Schrecken eingejagt.

Am 24. November betrat Cardenas zur Urteilsverkündung den Gerichtssaal. »Es war der reinste Zirkus«, erinnert sich Don Howell, der Detective, der den Fall bearbeitet hat. »Monsignore Duffy, der Gemeindepfarrer, war in voller Amtstracht zur Unterstützung von Vater Chris erschienen. Dutzende von Gemeindemitgliedern forderten, daß der Priester zur Behandlung auf irgendeinen dämlichen Berg in New Mexico geschickt werden sollte anstatt ins Gefängnis. Man mußte extra mehr Gerichtsdiener anfordern, um die Leute aus dem Saal zu schaffen, weil sie einander dauernd anbrüllten. Als dann der Staatsanwalt aufstand, um den Fall darzulegen, stand eine Frau um die Vierzig auf und fing an zu schreien: ›Halten Sie den Mund! Das ist kein Prozeß. Seien Sie bloß still!‹ Es war wirklich wie im Zirkus.«

Obwohl er die Möglichkeit gehabt hätte, den Priester für achtundfünfzig Jahre ins Gefängnis zu schicken, verurteilte Cardenas Vater Chris auf Bewährung zu einer Behandlung in dem Sanatorium in New Mexico. Der Gerichtssaal brach in Jubel aus, und fünfzig Gemeindemitglieder sprangen auf, um ihren Lieblingspriester zu umarmen. Zwei Jahre später stand der Priester wieder in Cardenas' Gerichtssaal. Er hatte die Bewährungsauflagen verletzt. Nach Beendigung seiner Behandlung war Vater Chris Andersen in Albuquerque wegen Mißbrauchs an einem Siebtkläßler verhaftet worden.

»Ich war am Boden zerstört und völlig fertig«, erzählt Cardenas. »Mein Urteil ging mir nicht aus dem Sinn. Es verfolgte mich. Meine Kritiker waren schnell mit dem Vorwurf bei der Hand, daß ich ihn ins Gefängnis hätte schicken müssen. Ich habe gespielt und verloren. Der nächste Richter wird nicht spielen, sondern höllisch vorsichtig sein.«

Vielleicht stehen die Richter am meisten unter Druck, wenn die Eltern eines Opfers, die jedem anderen Täter an die Gurgel gehen würden, sich anderen gläubigen Gemeindemitgliedern anschließen und ein mildes Urteil für den Priester fordern. Als Vater Richard Henry[15] in Los Angeles angeklagt wurde, sechs Geschwister mißbraucht zu haben, weigerten sich die Eltern, mit den Ermittlern zu kooperieren, und unterstützten statt dessen den Verteidiger des Priesters. Als der Priester darum bat, in ein von der Kirche geführtes Sanatorium geschickt zu werden, anstatt ins Gefängnis zu kommen, befürwortete die Mutter seinen Antrag. Der Richter gab dem Antrag statt.

Vor der Urteilsverkündung gegen Vater Thomas McLaughlin[16] in Bellefontaine, Ohio, sagten Dutzende von Gemeindemitgliedern zugunsten des stämmigen irischen Priesters aus, dessen Zimmer im Pfarrhaus voller Knabenunterwäsche und einer Sammlung von Kinderpornographie – wozu auch Bücher wie *Der Knabe – ein Essay in Bildern* gehörten – gewesen war. Selbst die Mutter des zwölfjährigen Opfers stand auf und bat um Milde für den Priester. »Mir blieb vor Staunen der Mund offen stehen«, gestand Staatsanwalt Gerald Heaton der Lokalzeitung. »In meiner siebenjährigen Praxis als Ankläger hatte ich noch nie erlebt, daß die Eltern eines Opfers – eines Opfers von sexuellem Kindesmißbrauch! – zugunsten des Täters aussagten.«

Doch nicht nur Richter, Polizisten und Staatsanwälte lassen sich auf eine Vorzugsbehandlung für katholische Geistliche ein. Alle Träger des öffentlichen Vertrauens – von Mitarbeitern des Jugendamts bis hin zu Bürgermeistern – scheinen in die Knie zu gehen, wenn es sich um sexuellen Kindesmißbrauch durch Priester handelt. Lehrer in katholischen Schulen – geistliche oder Laien – bemerken nur selten, daß ein Priester immer Johnny oder Mary aus der Stunde holt, oder daß die Kinder sich in Luft aufzulösen scheinen, wenn er auftaucht.

In New Hampshire erhielt das Landesjugendamt eine Beschwerde gegen Vater Gordon MacRae[17], verständigte aber nie die Polizei, nachdem der Bischof versprochen hatte, »die Sache zu regeln«. Die Angelegenheit wurde aufgedeckt, als MacRae fünf Jahre später wegen sexuellen Mißbrauchs an einem anderen Kind verhaftet wurde.

In Südflorida[18] erhielt der Bürgermeister des Städtchens Sweetwater zahlreiche Beschwerden darüber, daß ein Priester die Jungen aus Zentralamerika, die er betreute, mißbrauchte. Aber der Bürgermeister leitete die Angelegenheit an einen Weihbischof und nicht an das zuständige Jugendamt weiter.

In Houston kam eine Sozialarbeiterin in die Küche des Hauses eines älteren Klienten und ertappte seine Enkelin mit einem Priester in einer eindeutigen Situation – der Priester lag auf dem Mädchen, seine Hose war heruntergezogen, und sein Priesterkragen stand offen. Es stellte sich heraus, daß Vater Noe Guzman[19] das Mädchen seit zwei Jahren sexuell mißbraucht hatte, während der taube und blinde Großvater im Zimmer nebenan lag. Die Sozialarbeiterin ging nie zur Polizei oder verständigte das Jugendamt – obwohl das ihre Pflicht gewesen wäre. Doch sie sprach mit ihrem Priester, der den Bischof informierte. Es wurde nichts unternommen, um Guzmans Kontakt zu Kindern zu unterbinden.

Vielleicht unternehmen Beschäftigte des öffentlichen Dienstes auch deshalb nichts, weil man sie genauso selten wie die Kirche wegen Vernachlässigung katholischer Jugendlicher zur Verantwortung zieht. Bis vor zwei Jahren waren Zeitungs- und Fernsehreporter bemerkenswert zurückhaltend, wenn es darum ging, sich das kriminelle Fehlverhalten der Kirche im Umgang mit ihren Geistlichen vorzunehmen. Die gleichen Medien, die einen regelrechten Zirkus um die sexuellen Aktivitäten eines Jim Bakker und eines Jimmy Swaggart, die beide mit erwachsenen Frauen liiert waren, veranstaltet hatten, drückten beide Augen zu, wenn Priester beschuldigt wurden, Kinder sexuell mißbraucht zu haben.

Carl Cannon, der für die Zeitungen des Konzerns Knight-Ridder schreibt, gehörte zu den wenigen, die nicht schwiegen. Ende 1987 war er der erste einflußreiche Journalist, der landesweit über den sexuellen Kindesmißbrauch durch Priester schrieb. Andere hatten zwar über einzelne Vorfälle von sexuellem Mißbrauch in den Zeitungen ihrer Heimatstädte berichtet, aber Cannon verfaßte eine Serie, in der er darstellte, wie Täter landesweit von einer Gemeinde zur nächsten versetzt wurden, wie Schweigegeld gezahlt wurde, um Anzeigen wegen Mißbrauchs abzubiegen, und wie man den Opfern die Schuld für das schlechte öffentliche Ansehen der Kirche in die Schuhe schob.

Während er für seine Artikel recherchierte, zeigten sich die Leute, die er interviewte, skeptisch und meinten, die Berichte würden wohl nie erscheinen. »Alle nahmen an, die Kirche würde Schwierigkeiten machen«, erinnert er sich. »Anwälte pflegten zu sagen: ›Ich frage mich, ob die Sie jemals darüber schreiben lassen.‹ Als ob die Kirche die Macht hätte, Reportagen abzuwürgen oder eine Kraft wäre, die man fürchten muß! In Journalistenkreisen herrschte das Gefühl, man habe es mit einem Tabu zu tun – daß die Kirche eine mächtige Institution sei und man es nicht wagen dürfe, sie anzugreifen. Ich hielt das für eine ziemlich feige Einstellung.«[20]

Den Verlegern und Redakteuren, die die Bemühungen der *Times of Acadiana* beobachteten, einer vierzehntägig erscheinenden Zeitung aus Louisiana, die als erste den Fall Gilbert Gauthe in allen Einzelheiten gebracht hatte, erschien das überhaupt nicht feige. Die *Times* wurde nämlich zur Zielscheibe eines Anzeigenboykotts, den ein Angestellter des Bistums organisiert hatte und der von einer Konkurrenzzeitung, die die Artikel als »Sensationsjournalismus« anprangerte, noch geschürt wurde. Als man dann endlich über einen Waffenstillstand verhandelte, hatte die Zeitung mehr als 20.000 Dollar an Inseraten verloren.[21]

Reporter wußten, daß sie weder Preise noch Freunde gewinnen würden, wenn sie es wagten, über sexuellen Kindesmißbrauch durch Priester mit der gleichen Objektivität zu berichten, die sie Tätern aus anderen Institutionen zuteil werden ließen. Das lernten sie aus den Erlebnissen der wenigen tollkühnen Reporter, die in ein Minenfeld traten, das sie sich in ihren kühnsten Träumen nicht ausgemalt hatten. Eleanor Bergholz[22], Redakteurin für theologische Fragen bei der *Pittsburgh Post-Gazette*, gehört noch zu den Leichtblessierten. 1985 hörte sie von einem Prozeß wegen Kindesmißbrauchs im Westen Pennsylvanias gegen einen Priester. Sie hielt es für eine gute Story. Und für wichtig. Aber die Recherchen waren schwierig, weil das Gericht die Akten unter Verschluß hielt, um die Kirche zu schützen. Bergholz ließ nicht locker. Danach ging sie vor Gericht, weil sie der Meinung war, die Öffentlichkeit hätte ein Recht auf die Namen der Vergewaltiger in ihrer Mitte.

Aber als die Story erschien, dankte ihr niemand. Statt dessen bekam sie Drohanrufe und stapelweise wütende Briefe, in denen man sie beschuldigte, antikatholisch und antikirchlich zu sein. Es kam sogar so weit, daß katholische Kollegen ihr die Freundschaft kündigten. »Ich dachte schon, man würde mich mit Steinen aus Pittsburgh hinausjagen«, erinnert sie sich.

Als der Fernsehsender *Home Box Office* ein Dokumentarspiel über den Fall Gauthe ausstrahlte, reagierten katholische Kirchenobere im ganzen Land entrüstet. Vater Faymond Goedert, Generalvikar des Erzbistums Chicago, erklärte gegenüber der *Chicago Tribune*: »Es wird das Vertrauen zerstören, das ein Durchschnittsmensch in seinen Pfarrer, Priester oder Rabbi hat. Meiner Meinung nach ist es teuflisch.«[23]

Die Hysterie erreichte im Mai in Boston ihren Höhepunkt. Der *Boston Globe* hatte immer wieder aggressiv über den

Skandal um James Porter berichtet. Jeden Tag konnte man auf der Titelseite in allen Einzelheiten lesen, wie Porter nach jeder Beschwerde wegen sexuellen Kindesmißbrauchs immer wieder versetzt worden war. Porters Bild hing an jedem Zeitungsstand im Staat und ermutigte die Opfer, an die Öffentlichkeit zu treten. Eine weitere Artikelflut war die Folge. Am 23. Mai war der Erzbischof Kardinal Bernard Law außer sich vor Wut. Bei einer Demonstration gegen Gewalt in Roxbury wurde er ausfallend und erklärte: »Die Zeitungen widmen sich gern den Fehlern von wenigen. Das mißbilligen wir ... Wir rufen mit allen Mitteln Gottes Zorn auf die Medien herab.«[24]

Niemand hat die Zeitungen je bezichtigt, sie würden bei den Fällen, über die sie berichteten, Lügen verbreiten. Aber mit starken, oft beleidigenden Worten haben katholische Leser unmißverständlich klargestellt, daß sie einfach nichts über Priester, die Kinder mißbrauchten, wissen wollten. Wenn man sie mit der Wahrheit konfrontierte, schrien sie auf und schmähten die Verkünder der schlechten Nachricht als Katholikenhasser. Sie wurden ermutigt von ihrer Kirchenleitung, die sich stets weigerte, mit den Medien über Anklagen und Straftaten zu sprechen, aber dann immer eine Gegendarstellung forderte, in der sie sich bitter darüber beklagte, daß man über ihre Version der Vorfälle nichts berichtete. Wie tumbe Toren – oder offenbar überhaupt nicht vertraut mit der Rolle der Medien – haben sie Reportern immer wieder vorgeworfen, daß sie zwar die Untaten einiger weniger anprangerten, aber nicht über die guten Werke der vielen berichteten.

Bis vor kurzem widerstanden nur wenige Zeitungsreporter und Herausgeber den angsteinflößenden Auswirkungen solcher Rachefeldzüge. Manche geben sogar offen zu, daß sie nicht gewillt sind, den Zorn der Kirche auf sich zu ziehen. Andere haben sich offenbar erfolgreich eingeredet, daß die Beweise des Mißbrauchs, die die Opfer und ihre Anwälte präsentieren – Beweise, die man mit Sicherheit veröffentlicht hätte, wenn der Beschuldigte kein Priester wäre –, einfach nicht ausreichend sind.

Im Mai 1992, als die Berichte über Vater James Porter, der neun Kinder mißbraucht hatte, sich zu einer Story ausweiteten, aus der hervorging, daß die Kirche einen pathologischen Kinderschänder jahrzehntelang gedeckt hatte, weigerte sich die größte Tageszeitung am Ort des Verbrechens, ihre Leser vollständig darüber zu informieren. Sie gaben nicht einmal Porters Namen preis. Man konnte es dann im *Boston Globe* und der *New York Times* lesen, landesweit im Fernsehen und in der Nachrichtensendung *Prime Time Live* sehen. Aber die Leser des *Providence Journal*, einer der renommiertesten Zeitungen des Landes, wurden vor einer Story geschützt, die die Verleger für fragwürdig, wenn nicht sogar für eine kapitale Ente hielten.[25]

Obwohl das Gesetz von Massachusetts die Haftung der Kirche auf höchstens 20.000 Dollar beschränkte, befürchteten die Verleger des *Journal*, daß die Presse von mutmaßlichen Opfern, die nur auf schnelles Geld aus seien, manipuliert werde. Sie weigerten sich, die Glaubwürdigkeit von Tonbändern, auf denen Porter seine Taten zugab, und die von Opfern und anderen Medien angefertigt worden waren, anzuerkennen. So spielte die Zeitung im großen und ganzen die Story herunter, bis vor dem Strafgericht Anklage gegen den früheren Priester erhoben wurde – und das trotz der Aussagen von mehr als siebzig in ihrer Kindheit mißbrauchten Männern und Frauen, die auch noch von den Eltern, die sich über den Mißbrauch beschwert hatten, gestützt wurden. Rhode Island hat übrigens den größten Bevölkerungsanteil von Katholiken in den Vereinigten Staaten.

Selbst vier Jahre nach der Anklageerhebung hatte der *Philadelphia Inquirer* kein einziges Wort über den längsten laufenden Prozeß zwischen einem mutmaßlichen Opfer und einem Bistum gedruckt. Ed Morris verklagte 1989 Vater Terrence Pinkowski, das Erzbistum Philadelphia und den Franziskanerorden. Während der *Inquirer* Tausende von Worten an die Perversionen von Eddie Savitch, einem Kinderschänder, dessen Verbrechen in erster Linie darin bestand, Knaben Reizwäsche gekauft zu haben, verlor, ignorierte man Morris' Schlacht vor Gericht, und auch die Behauptung des Erzbistums Philadelphia, daß Morris' Eltern für den Mißbrauch verantwortlich wären, weil sie dem Jungen erlaubt hätten, so viel Zeit mit seinem Beichtvater zu verbringen.

David Crumm von der *Detroit Free Press*, einer der besten Reporter des Landes auf dem Gebiet der Religion, ist der Meinung, daß ein Teil des Problems auf dem Wesen der religiösen Berichterstattung beruht. Nur wenige der theologischen Redakteure sind mit der Art von Recherche vertraut, die eine breit angelegte Story erfordert. Nur wenige haben die Zeit, sich durch Gerichtsakten zu wühlen, die auf mehrere Städte verteilt sind. Und selbst wenn sie es schließlich versuchen, beißen sie bei Kirchenoberen auf Granit. Denn die behaupten, sie hätten keinerlei Informationen über die Zahl der Fälle im ganzen Land oder welchen finanziellen Schaden die Kirche erlitten hätte – Informationen, die für eine gute Reportage unerläßlich sind.

»Rückblickend kann man behaupten, daß den Zeitungen und ihren Reportern eine bedeutende Story entging«, meint Crumm. »Man kann mit Fug und Recht behaupten, daß wir viele Jahre lang nichts darüber berichteten. Aber man hatte das Gefühl, daß man die Kirche angreifen würde, wenn man sich zu weit vorwagte.«[26]

Schließlich und endlich haben aber auch Experten, an die sich die Kirche ratsuchend wandte – die Psychiater und Psychologen –, sie schmählich im Stich gelassen. Sie äußerten den Bischöfen gegenüber eine Art Wunschdenken, das sich einfach nur als schlechter Rat erwies. In einem gewissen Ausmaß spiegelte dieser Rat den primitiven Stand des psychologischen

Verständnisses von Menschen, die Kinder sexuell mißbrauchen, wider. »Lange Zeit haben eine Menge Experten Menschen für geheilt erklärt, die dann später hingingen und wieder Kinder mißbrauchten, weil die Fachleute einfach das Wesen der Krankheit nicht verstanden«, erklärt Gary Schoener, Therapeut aus Minneapolis. »Sie waren schlecht informiert und oft naiv.«[27]

Aber dieses Problem basiert auch auf der Auffassung vieler Therapeuten – besonders derjenigen, die in kirchlich geführten Institutionen arbeiteten –, daß Priester besser als andere Täter auf die Behandlung ansprechen, daß bei einem Vergewaltiger im Priesterrock die Wahrscheinlichkeit einer Tatwiederholung geringer ist als bei einem Nicht-Ordinierten. »Priester sind gute Kandidaten für eine Therapie«, sagt Stephen Rossetti, Priester, Psychotherapeut und Mitarbeiter am St. Luke Institute. »Gewöhnlich sind sie hochintelligent, nicht auf Pädophilie fixiert, haben einen Job, in den sie zurückgehen können, und werden aufgefangen. Es handelt sich um eine Gruppe von Menschen, die irgendwie guten Willens sind. Daher geht man davon aus, daß sie gute Heilungschancen haben.«[28]

Dr. Frank Valcour, medizinischer Leiter des St. Luke-Instituts, beharrt darauf, daß die Behandlung von Priestern, die Kinder mißbrauchten, ausgesprochen positive Ergebnisse zeitigte. Von den hundert Priestern, die dort seit 1985 wegen sexuellen Kindesmißbrauchs therapiert wurden, sind laut seiner Aussage nur sechs rückfällig geworden.[29] Dr. Jay Feierman, Psychiater bei den Parakleten in Jemez Springs, New Mexico, drückt es einfacher aus: »Unsere schwersten Fälle sind die leichtesten Fälle in den meisten weltlichen Therapieeinrichtungen.«

Aber Therapeuten, die nicht in kirchlichen Einrichtungen arbeiten, erzählen eine andere Geschichte. Hören wir doch einmal, was Dr. James Pedigo, ein Psychiater aus Philadelphia, der sich auf die Behandlung von Seelsorgern, die Kinder sexuell mißbrauchen, spezialisiert hat, erzählt: »Es ist schwierig, mit Priestern zu arbeiten. Für die Therapie müssen die Patienten erkennen, welche Umstände zum Mißbrauch geführt haben. Den katholischen Geistlichen fällt das deshalb schwerer, weil sie fast überhaupt keine Ahnung von Sexualität haben. Und viele von ihnen hatten nie enge, intime Beziehungen zu anderen Menschen. Sie wissen einfach nicht, wie es in ihrem Inneren aussieht. Es ist sehr schwierig, wenn sie auch – wie einer der Priester, mit denen ich arbeite – glauben, daß sogar das Denken an diese Dinge sündhaft ist und man deshalb noch nicht einmal über die Fragen, die ich ihnen stelle, nachdenken darf. Für diese Priester ist es eine Sünde, sich in die Psychotherapie einzubringen.«[29]

Richard Sipe, der Therapeut aus Baltimore, ist der Auffassung, daß das Umfeld, in dem Priester leben und arbeiten, ihre Realitätswahrnehmung verzerrt, daß sie nur schlecht auf eine Therapie ansprechen. »Zweifellos sind Priester schwerer zu behandeln. Ich glaube, sie besitzen mehr intellektuelle Verteidigungsmechanismen und leugnen eher. Außerdem ist die Tarnung perfekt. Man geht herum und jeder ist freundlich, alle sagen: ›Guten Morgen, Vater.‹ Wenn ein Priester am Flughafen Übergepäck hat, drückt man ein Auge zu. In Restaurants bekommt er schneller einen Platz. Er wird geachtet und geehrt – ganz gleich wie es im Inneren aussieht. Die ganze Welt besteht aus Privilegien. Und dann steht er am Altar und predigt und sagt den Leuten, was richtig und falsch ist. Danach hält er die Hostie empor. ›Das ist mein Leib, ICH halte die Verkörperung des Göttlichen hoch und ich allein darf sie berühren.‹ Das ist ungeheuerlich, eigentlich auch eine Last, und das kann auch sehr korrumpierend sein. Und es kann sehr verführerisch sein, das Übernatürliche vom Natürlichen zu trennen. Das hilft einem nicht gerade dabei, einen Sinn für die Realität zu behalten.«[30]

Die gleichen kirchlichen Institutionen, die so optimistische Prognosen über Priester, die Kinder mißbrauchten, äußern, sind in Wirklichkeit bei ihrer Behandlung durch die Tatsache behindert, daß Psychiatrie und Religion bei der Behandlung ineinanderfließen. In diesen Institutionen haben Therapeuten nicht die gleiche Spannbreite an Behandlungsmöglichkeiten wie in weltlichen Sanatorien. Dr. J. A. Loftus, Jesuit, Psychiater und Leiter von Southdown, einem kirchlichen Behandlungszentrum in der Nähe von Toronto, erklärt das Hauptproblem bei der Behandlung von Priestern, die Kinder mißbrauchen: »Man könnte sie ermutigen, sexuelle Phantasien, Masturbation und mehr geschlechtlichen Kontakt zuzulassen, aber das gestaltet sich etwas schwierig, wenn sie sich per Gelübde verpflichtet haben, zölibatär zu leben. Es ist schwierig, sie aufzufordern, über altersgemäße sexuelle Phantasien nachzudenken und sich Sexualpartner gleichen Alters zu suchen. Das ist wahnsinnig schwierig.«[31]

Andere Experten vertreten die Ansicht, daß diesen Institutionen auch ihre Naivität im Wege steht. »Sie verlassen sich darauf, daß der in Therapie befindliche Täter den Wunsch hat, gesund zu werden«, sagt Schoener. »Eigentlich verlassen sie sich darauf, daß das Umfeld und die Behandlung das erreichen. Was mich umwirft, ist, daß dieser Verein bei seinen Gutachten nie Opfer befragt hat, daß keiner von diesen Leuten über solide Hintergrunddaten verfügt. Es ist schon ein Wunder, daß sie es bis jetzt überhaupt so gut geschafft haben, obwohl man sie total hinters Licht führen kann.«[32]

Schließlich sind Bischöfe im ganzen Land systematisch von Therapeuten hinters Licht geführt worden. Denn die Therapeuten haben ihnen den Glauben vermittelt, daß Priester, die Kinder mißbraucht hatten, wieder Gemeindearbeit tun und regelmäßigen Kontakt zu Kindern haben dürften. Den Richtern machten sie weis, daß kirchliche Behandlungszentren Kinderschänder »rehabilitieren« könnten. Das Bistum Crookston in Minnesota[33] behauptet, man hätte Vater James Porter nur deshalb als Priester akzeptiert, weil die Parakleten sie nie von seinen Vergehen an Kindern unterrichtet hätten. Weiters wurde ihnen versichert, daß er von seiner »Nervenkrankheit« geheilt wäre. Richter Luis Cardenas schickte Vater Chris auch nur deshalb zu den Parakleten, weil ihre Prospekte glaubwürdig vermittelten, daß der Priester dort weitgehend »geheilt« werden könnte.

Als 1992 eine Gruppe von Männern erklärte, sie wären von Porter während seiner Therapie dort mißbraucht worden, rückte das Zentrum der Parakleten in Jemez Springs in den Mittelpunkt einer Debatte, deren Thema die wachsende Sorge der Öffentlichkeit hinsichtlich kirchlich geführter Behandlungszentren war. Ein Großteil des Mißtrauens hatte seinen Ursprung in der Behauptung ihres Psychiaters, Dr. Jay Feierman, nur eine Handvoll der von ihm behandelten Priester wäre rückfällig geworden – eine Aussage, die die meisten Experten für unglaubwürdig halten.[34]

»Ich weiß nicht, wovon er da redet«, war die unverblümte Reaktion von Sipe.[35] Als man ihn um eine Stellungnahme zu Feiermans Behauptung bat, meinte Loftus einfach: »Mein Instinkt sagt: Ausgeschlossen. Unmöglich. Um ehrlich zu sein – ich kann Ihnen nicht sagen, wie hoch die Rückfallquote ist. Ich kann mir nicht vorstellen, das jemand so etwas überhaupt feststellen kann.«[36] Laut Loftus besteht das Problem darin, daß zu viele Institutionen wie die der Parakleten ihre Zahlen auf Verhaftungen und Selbstanzeige gründen. Er erklärt ihren Standpunkt: »Wenn ich nichts über ihn in der Zeitung lese, muß es ihm gutgehen. Ich sage gern zu den Leuten: Wir sind hier in Southdown, nicht in Fátima. Wir sind nicht auf Wunder spezialisiert.«

Das Wunder der Parakleten ist in Wirklichkeit ein Mythos, den der Orden und seine Mitarbeiter geschaffen haben, eine Lüge, die Bischöfe dazu gebracht hat, vorbestraften Priestern wieder eine Gemeinde zu geben, und die Richter dazu verleitete, Priester, die Kinder mißbraucht hatten, zu Bewährungsstrafen zu verurteilen. 1986 versicherte Dr. Jay Feierman in einem Brief[37] an Reverend Michael Jamail von der Diözese

Beaumont, von dem auch Richter Cardenas vor der Verkündung des Urteils gegen Vater Chris Andersen eine Kopie erhielt: »Die Rückfallrate für kriminelles Verhalten liegt unseres Wissens bei null Prozent.«

Doch zu diesem Zeitpunkt hatte man im Zentrum der Parakleten bereits James Porter[38] behandelt und ihn nach dem Mißbrauch weiterer Kinder wieder zurückkehren sehen. Sie hatten Vater Arthur Perrault behandelt, dessen erneuter Kindesmißbrauch Mitte der achtziger Jahre sowohl bei der Polizei als auch beim Erzbistum Santa Fé angezeigt wurde. Sie hatten Vater Jason Sigler immer wieder behandelt – den kanadischen Priester, der mindestens dreimal dorthin geschickt wurde, bevor man ihn vor Gericht stellte. Es war einfach unmöglich, daß Feierman und die Parakleten nichts über diese Männer – und die anderen als geheilt entlassenen Patienten, die ebenfalls New Mexico verließen und wieder Kinder mißbrauchten – wissen sollten.

Die Parakleten aber behaupteten beharrlich, daß die meiste Kritik ihren Ursprung in den sechziger Jahren hatte, als nur wenige Therapeuten begriffen, wie schwierig es ist, Triebtäter zu behandeln. Doch schon 1968 warnten ihre eigenen Psychologen sie davor, daß es gefährlich für Kinder wäre, die Täter zu früh zu entlassen. Und sogar noch Ende der achtziger Jahre hatten die Parakleten keine richtige Behandlungsmethode entwickelt. Obwohl sie häufig *Depo-Provera* – ein Medikament, das den Sexualtrieb zügelt – gaben, wendeten sie Psychotherapie nur sehr begrenzt an. Auf dem Tagesplan der »Gäste« – wie sie die Patienten, die auf der Anlage in den Hügeln von New Mexico untergebracht waren, nannten – stand viel Gebet und wenig Therapie. Sie boten ihnen Überlebenstraining und Töpferkurse an, aber nur eine Stunde Einzeltherapie in der Woche.[39]

In einem Interview mit den *Rocky Mountain News* erläuterte Vater William Perri, einer der Leiter des Programms, den Ansatz des Zentrums: »Was wir hier tun, ist vergeben.

Das fällt manchmal sehr schwer, denn einige Dinge sind nicht leicht zu vergeben. Aber ich glaube, daß Vergebung letzten Endes der Weg ist, der zu einer Heilung führt.« Als man ihn fragte, wie die Leiter des Programms entscheiden, daß ein Priester keine weitere Behandlung mehr braucht, erwiderte Vater William Foley, Abt des Ordens der Parakleten, einfach: »Eine Eingebung sagt uns, daß sie es gut machen werden.«

Selbst nachdem sie mit Prozessen eingedeckt wurden, bewiesen die Parakleten, die sich selbst gern als Feldlazarett der katholischen Kirche bezeichnen, eine erstaunliche naive Einstellung zum Problem des sexuellen Kindesmißbrauchs – oder täuschten sie zumindest vor. Sie behaupteten, daß sie seit den sechziger Jahren, als sie Porter behandelt hatten, bis zum Herbst 1992, als sie immer noch Männern, die wegen Pädophilie behandelt wurden, erlaubten, ohne Begleitung das Gelände zu verlassen oder sogar als Wochenendvertretung in benachbarten Gemeinden zu fungieren, dazugelernt hätten. In einem offenen Brief, den sie letztes Jahr an die Einwohner von Jemez Springs schrieben, behaupteten sie, daß »eine falsche Darstellung der Medien« bezüglich ihrer Arbeit vorläge, und versicherten, daß kein Priester in ihrer Behandlung eine Gefahr für die Gemeinde darstellen würde.[40] Aber sie ließen zu, daß bekannte und oft verurteilte Pädophile sich auf den Spielplätzen und in den Schwimmbädern der kleinen Stadt herumtrieben.

Das Jahr 1992 und der Fall Porter brachten eine Wende im öffentlichen Bewußtsein bezüglich sexuellen Kindesmißbrauchs durch Priester und auch veränderte Reaktionen von weltlichen Autoritäten bei Fällen von Priestern, die Kinder mißbraucht hatten. Seit zwei oder drei Jahren war die Verschwörung des Schweigens in manchen Städten und Staaten aufgeweicht worden. Aber im letzten Jahr schienen Amerikas Staatsanwälte, Richter und Reporter im ganzen Land aufzuwachen – den Preis für ihr Schweigen hatten katholische Kinder bezahlt. Die Behörden verließen sich nun nicht mehr darauf, daß die Kirche schon allein mit ihren Missetätern fertigwurde. Die Nachrichtenmedien hörten auf, das Thema unter den Teppich zu kehren.

Im Sommer 1992 nahm der Bezirksstaatsanwalt von Worcester, Massachusetts, den Fall von Vater Joseph Fredette[41] wieder auf. Achtzehn Jahre hatte der Fall auf Eis gelegen. 1974 war Fredette angeklagt worden, einen Jungen sexuell mißbraucht zu haben – der Priester floh nach Kanada. Die Justizbehörden ließen die Sache einfach auf sich beruhen. Als der Fall Porter publik wurde, nahmen Justizangestellte aus Worcester den Fall plötzlich wieder auf. Fredette wurde im September verurteilt, und an die kanadische Regierung erging ein Auslieferungsersuchen.

Im Juli 1992 fällte ein Richter aus Missouri ein ungewöhnlich hartes Urteil gegen Vater Donald Heck[42], der des einmaligen Mißbrauchs an einem elfjährigen Ministranten angeklagt war. Der Junge sagte aus, daß Heck ihn nach der Messe zu Boden gepreßt und unsittlich berührt hätte. Richter Dennis Kehm bekam die üblichen Briefe von Freunden und ehemaligen Gemeindemitgliedern, in denen um Gnade für den Priester gebeten wurde. Aber er blieb bei seiner Meinung, daß »eine Person in einer solchen Vertrauensstellung, die sich an einem wehrlosen Kind an einem heiligen Ort vergreift und ihm damit unermeßlichen Schaden zufügt, moralisch, gesellschaftlich und gesetzlich tadelnswert ist« – und schickte Heck für vier Jahre ins Gefängnis.

Nachdem der Staatsanwalt von Chicago, Jack O'Malley, jahrelang zu dem Problem des Kindesmißbrauchs durch Priester geschwiegen hatte, beschuldigte er den Erzbischof Kardinal Joseph Bernardin, jahrzehntelang Beschwerden von Gemeindemitgliedern unter den Teppich gekehrt zu haben. Als Bernardin im Juni 1992 öffentlich zugab, daß die Justizbehörden von einigen Fällen nichts wüßten, verlangte O'Malley Einsicht in die Akten des Bistums. Als Bernardin das ablehnte, knallte O'Malley ihm eine einstweilige Verfügung auf den Tisch. Als Bernardins Anwälte einen katholischen Richter fanden, der bereit war, sie zu widerrufen, brachte O'Malley die Sache vor das oberste Gericht des Staates.[43]

Auch die Nachrichtenmedien machten ähnliche Fortschritte. Noch 1985, als der Fall Gilbert Gauthe der Nation eine schwache Ahnung von sexuellem Kindesmißbrauch durch Priester vermittelte, brachte die *Chicago Tribune* nur fünf Artikel zu diesem Thema – trotz der Tatsache, daß ein Priester aus Chicago zur gleichen Zeit wegen eines ähnlichen Vergehens vor Gericht stand. 1988, kurz nachdem die bahnbrechende Serie von Carl Cannon aufgedeckt hatte, wie die Kirche alles vertuschte und leugnete, fand dieses Thema in der *Tribune* keine Erwähnung. Doch 1992 brachte sie sechzig Artikel über den wachsenden Skandal – neun davon auf der Titelseite.

Ähnliches geschah landesweit in großen und kleinen Zeitungen. Der *Boston Globe*, der vor dem Jahr 1992 keinen der Fälle aus Massachusetts oder sonstwo erwähnt hatte, stürzte sich nun plötzlich auf sexuellen Kindesmißbrauch durch Priester. Man begründete es damit, daß dies ein Skandal wäre, der eine ausführliche Berichterstattung erforderlich machte. Als die Story von Vater James Porter immer größere Dimensionen annahm, stellten sie zwei Reporter nur für diesen Fall ab. Am Ende des Jahres hatte man achtundneunzig Artikel gedruckt, die das Problem aus jedem nur denkbaren Blickwinkel beleuchteten. Dreißig davon erschienen auf der Titelseite.

Der *Globe* wurde mit aufgebrachten Briefen eingedeckt, in denen der Hauptkritikpunkt war, daß die Sache mit Porter aufgebauscht wurde. Auf viele Katholiken, die daran gewöhnt waren, daß man ihre Kirche nur mit Samthandschuhen anfaßte, machte das Abbröckeln der jahrzehntelangen Verschwörung des Schweigens den Eindruck eines Feldzugs gegen Katholiken. Warum greifen Sie gerade besonders katholische Priester an? beklagten sich viele – obwohl der *Globe* auch über Kindesmißbrauch durch nicht-katholische

Geistliche berichtete. Warum weigern Sie sich, Artikel über all die guten Werke der Kirche zu schreiben? wollten andere wissen. Wiederum andere beschuldigten die Zeitung des Versuchs, die Kirche mit Dreck zu bewerfen. Kardinal Bernard Law unterstützte diese Kampagne, indem er öffentlich Gottes Zorn auf die Medien herabbeschwor.

Der *Globe* hielt dagegen, daß dieser Skandal genausoviel Aufmerksamkeit in den Medien bekam wie jeder andere Skandal einer großen Institution. Man wies darauf hin, daß man über die Probleme der *Christian Science Church* einundzwanzig Artikel auf der ersten Seite und ein Feature im Sonntagsmagazin gebracht hätte und daß Betrugsaffären die gleiche Behandlung zuteil geworden wäre.[44]

Aber nur wenige glaubten das. Der Vorsitzende der amerikanischen Bischofskonferenz im Jahr 1992, Erzbischof Daniel Pilarczyk, betrachtete sogar das Ende des Schweigens der Medien – und in der Gesellschaft – als Rachefeldzug gegen die Kirche wegen ihrer strengen Moralvorstellungen. »Ich glaube, daß man das in der Gesellschaft allgemein als Chance sieht, der Kirche im Kontext der unpopulären Dinge, die die Kirche auf gesellschaftlicher Ebene verbreitet, eins auszuwischen«, meint er. »Vielleicht ist es ja eine Art Eingeständnis von der Bedeutung, die die Kirche, sogar unbewußt, für Menschen hat.

Die Kirche vertritt die Ansicht, daß man sexuell nicht aktiv sein muß und daß Homosexualität nicht akzeptabel ist«, erklärte er. »Diesen unpopulären Themen widmet sich die Kirche. Doch dann gerät die Kirche auf sexuellem Gebiet in große Verlegenheit. Jetzt hat jeder die Gelegenheit zu sagen: ›Schaut euch das an. Wir haben es ja gleich gesagt, es war alles nur Heuchelei. Diese Burschen vergreifen sich an kleinen Kindern, während sich die Kirche zum Moralapostel der Gesellschaft macht.‹ Man könnte zu dem Schluß kommen, daß es sich um eine Art gesellschaftlicher Vendetta handelt.«[45]

11. Kapitel

BITTERE FRÜCHTE

Szenen aus dem Alltagsleben der römisch-katholischen Kirche in den Vereinigten Staaten im Jahr 1992:

Ein Priester schlendert in einem Vorort von Boston durch die Straßen. Ein Wagen voller Teenager hält neben ihm. Sie kennen ihn nicht und wissen nichts von ihm. Aber sein schwarzer Anzug und der Priesterkragen reichen ihnen. »Vergewaltiger!« brüllen sie und geben Gas. Der Priester bekommt einen Magenkrampf und muß gegen den Impuls, entweder einen Wutschrei auszustoßen oder in Tränen auszubrechen, ankämpfen.[1]

Eine ehemals fromme Frau sitzt sonntagmorgens in Phoenix zu Hause und kann sich nicht dazu überwinden, zur Messe zu gehen oder ihre beiden halbwüchsigen Söhne in die Kirche zu bringen. Früher ging sie jede Woche und legte immer fünfundzwanzig Dollar in den Klingelbeutel. Sie wurde von einem Vater erzogen, der so fromm war, daß er selbst beim Autofahren betete – er hielt das Steuer nur mit einer Hand, damit er mit der anderen die Perlen an seinem Rosenkranz fassen konnte. Aber heute bietet die Kirche ihr mehr Korruption als Gnade. Einer ihrer Gemeindepfarrer ist kürzlich wegen Mißbrauchs von drei Mädchen ins Gefängnis gekommen, und obwohl sie akzeptieren kann, daß auch der einzelne Priester zur Sünde fähig ist, kann sie nicht das Schweigen und den ungläubigen Zweifel verzeihen, mit dem die Kirche den ersten Anschuldigungen gegen ihn begegnet ist. Als die Kirche ihr jetzt einen Brief mit einer Bitte um Spenden schickt, wirft sie ihn fort. »Ich bin regelrecht zerrissen«, sagt sie. »Kennen

Sie den Film *Mensch ohne Land*? Ich fühle mich wie ein Mensch ohne Kirche.«[2]

Der Bischof von Chicago, Kardinal Joseph Bernardin, Oberhaupt der zweitgrößten Diözese des Landes, empfängt Vertreter der Nachrichtenmedien zu seinem aufsehenerregendsten öffentlichen Auftritt in jenem Jahr. Das Thema ist sexueller Kindesmißbrauch durch Priester. Er verkündet die Resultate einer achtmonatigen Überprüfung dieses Problems in seinem Bistum: Im Verlauf von vier Jahrzehnten haben sich insgesamt vierunddreißig seiner Priester an Minderjährigen vergangen. Er gibt eine gebührenfreie Rufnummer bekannt, unter der Klagen über Priester, die Kinder sexuell mißbrauchen, entgegengenommen werden. Er verschweigt, daß der Umgang mit der alarmierten Öffentlichkeit inzwischen nahezu ein Viertel seiner Arbeitszeit in Anspruch nimmt. In gewissen Augenblicken kann er nur noch weinen. Es kostet seine Diözese Millionen von Dollar an Prozeßgebühren, Vergleichszahlungen und Psychiaterrechnungen. Manche Priester des Bistums Chicago beginnen schon daran zu zweifeln, ob überhaupt noch Geld für ihre Rente da sein wird – und sie meinen das nicht nur im Scherz.[3]

Der Karikaturist der *Arizona Republic*, der größten Tageszeitung von Phoenix, entschließt sich, die katholische Kirche zur Zielscheibe seines sarkastischen Humors zu machen. Er scheut vor so vertrauten kontroversen Themen wie die Position der Kirche zur Geburtenkontrolle, Homosexualität und der Ordination von Frauen zurück und wählt ein fruchtbareres Thema. So sah die Karikatur schließlich aus: Ein Priester steht auf der Eingangstreppe seiner Kirche und winkt einem kleinen Jungen und einem kleinen Mädchen zu. In kleinen Sprechblasen sieht man, was der Priester in Wirklichkeit denkt – wieder sind der kleine Junge und das kleine Mädchen zu sehen. Aber diesmal sind sie nackt. Der Priester lächelt lüstern. Neben ihm steht ein Schild, auf dem das Thema der heutigen Predigt zu lesen ist: »Lasset die Kinder zu mir kommen.«[4]

Entmutigte Priester. Enttäuschte Gemeindemitglieder. Geldsorgen. Imageprobleme. Das und noch viel mehr ist der Preis für das Versagen der Kirchenoberen und anderer Mitglieder der Gesellschaft im Umgang mit sexuellem Kindesmißbrauch durch Priester. Dieser Preis ist gewaltiger als der Schmerz aller unmittelbar betroffenen Opfer. Es demoralisiert eine ganze Institution und jeden, dem sie teuer ist oder war.

Vater Andrew Greeley – Schriftsteller, bekannter Soziologieprofessor und Kirchenkritiker – nennt den sexuellen Kindesmißbrauch durch Priester und die Versuche der Kirche, alles zu vertuschen, die wahrscheinlich ernsteste Krise der katholischen Kirche seit der Reformation. Er bezeichnet es auch als Pleite-Skandal der katholischen Kirche. In Wahrheit treffen beide Bezeichnungen nicht ganz zu, denn weder führt sexueller Kindesmißbrauch durch Priester zu einer Spaltung der Kirche, noch droht ihr dadurch der finanzielle Zusammenbruch. Aber es handelt sich zweifellos um den größten Ansehensverlust, den die Kirche in jüngerer Zeit erlebt hat.[5]

Auch die meisten Bischöfe sind dieser Meinung. Sie behaupten, daß sie nach bestem Wissen und Gewissen mit Priestern, die Kinder mißbrauchten, und mißbrauchten Gemeindemitgliedern umgegangen wären. Sie klagen, daß die Medien das Problem zu sehr aufgebauscht hätten. Aber sie können nicht die Auswirkungen dieser Enthüllungen leugnen. »Ich kenne nichts, was mir ähnlich große Sorgen in bezug auf den Ruf der Kirche gemacht hat«, erklärt der Erzbischof von Cincinnati, Daniel Pilarczyk. »Es macht einen tieftraurig. Man ist mutlos und entnervt. Der Preis dafür ist, daß ganz plötzlich alles in der Kirche, was bisher in höchstem Maße vertrauenswürdig war, nun eine Quelle des Mißtrauens ist.«[6]

Oberflächlich gesehen richtet sexueller Kindesmißbrauch durch Priester in erster Linie finanziellen Schaden an. Bis jetzt wurde die Kirche um mindestens zehn Millionen – wahrscheinlicher ist eine Zahl von mehreren hundert Millionen – Dollar erleichtert. Opfer von sexuellem Mißbrauch und ihre Familien haben eine wahre Prozeßflut gegen die Kirche angestrengt, und zwar mit der Begründung, daß die Kirche es versäumt hat, triebkranke Priester zu überwachen und Gemeinden zu schützen. Bei vielen dieser Prozesse geht es um ungeheure Summen. Es ist nicht ungewöhnlich, daß die Kirche bei einem außergerichtlichen Vergleich einem Opfer zwischen 100.000, und 500.000 Dollar zu zahlen hat.[7]

Die katholische Kirche ist gegenüber Schadenersatzklagen bei sexuellem Mißbrauch viel verwundbarer als andere Glaubensgemeinschaften. Bei den meisten protestantischen Glaubensrichtungen und im Judentum werden Pastoren oder Rabbiner meistens von den Gemeinden selbst angestellt. Aber in der katholischen Kirche wird der Priester von der zuständigen Diözese einer Gemeinde zugewiesen, und diese Diözese bestimmt mit Kenntnis seiner früheren Leistung, ob er versetzt wird und wohin er kommt. Wenn er nun in seiner Gemeinde Kinder mißbraucht, kann das Bistum über seinen Lebenslauf ausgefragt und haftbar gemacht werden, falls es darin Hinweise gab, daß der Priester Probleme hatte.[8]

»Das nennt man die ›Haftbarkeits-Fährte‹«, erklärt Ken Wooden, ein Experte für sexuellen Kindesmißbrauch aus Vermont. »Wenn man einen Staatsanwalt mit guter Nase hat, riecht er die Fährte. Und wohin führt sie? Zum Bischof, der den Priester ernannt hat. Dann zahlen sie.«

Der erste Fall dieser Art in der katholischen Kirche, der landesweit Aufmerksamkeit erregte, war der von Vater Gilbert Gauthe, der im Südwesten Louisianas unzählige Kinder mißbrauchte. Als 1983 und 1984 ein Opfer nach dem anderen an die Öffentlichkeit trat, vermied die Diözese Lafayette Prozesse, indem sie jedem Opfer durchschnittlich 450.000 Dollar als Entschädigung und für eine Therapie anbot. Doch einige Opfer und ihre Familien ließen sich nicht darauf ein und bestanden auf einem Prozeß. Einer Familie wurde von den Geschworenen 1,25 Millionen Dollar zugesprochen; einer anderen 1,8 Millionen. Bis heute haben die Opfer von Vater Gilbert Gauthe mehr als zwanzig Millionen Dollar erhalten.[9]

Auf der Grundlage des Falles Gauthe und einiger anderer Fälle rechnete der Doyle-Peterson-Mouton-Report 1985 aus, welchen finanziellen Schaden die Kirche durch Entschädigungsansprüche wegen sexuellen Kindesmißbrauchs erleiden würde. Der Report sagte voraus, daß sich die finanziellen Aufwendungen bis 1995 – Prozeßkosten, Anwaltsgebühren und Psychiaterrechnungen für Priester – auf etwa eine Milliarde Dollar belaufen würden. In den Jahren nach dem Report fixierten sich Journalisten, Kirchenkritiker und andere Beobachter auf die Frage, wie hoch die Rechnung mittlerweile sein könnte. Oft nahmen sie Schätzungen vor. Dabei benutzten sie folgende Formel: Die Schätzung von einer Milliarde wurde als prophetische Voraussage hingenommen. Dann schaute man sich an, wieviel Zeit bereits von der Zehnjahresfrist verstrichen war, und rechnete die bereits ausgegebene Summe bis zu einer Milliarde hoch.[10]

Diese Rechnung war aber weder wissenschaftlich noch verläßlich. In Wirklichkeit ist jeder Versuch zu schätzen, wieviel Geld die katholische Kirche bereits wegen des sexuellen Kindesmißbrauchs ausgegeben hat, lächerlich.[11] Man kann es auf gar keinen Fall erfahren. Anwaltskosten bilden ein großes Stück des ganzen Kuchens, doch man kann unmöglich wissen, wie viele Stunden unterschiedliche Anwälte bei verschiedenen Diözesen zu verschiedenen Zeiten arbeiteten. Man kann auch unmöglich in Erfahrung bringen, wieviel es eine Diözese kostet, einen Priester in ein Sanatorium zu schicken. In manchen Fällen übernimmt die Krankenversicherung einen Teil oder die ganzen Kosten – in anderen Fällen muß das Bistum die gesamte Rechnung bezahlen.

Hieraus ergibt sich, daß es wohl unmöglich ist, die wahrscheinlich größte Komponente der kirchlichen Verluste zu eruieren: das Geld, das direkt an die Opfer bezahlt wurde – entweder um eine Klage abzuwenden, nach Vergleichen oder in Erfüllung eines Urteils. Der Fall Gauthe ist eine Ausnahme, denn hier wurden die Zahlen bekannt, weil es zu Prozessen kam. Bei ein paar anderen Fällen sickerten die Summen zu den Medien durch: 1987 bezahlte die Diözese von Springfield, Illinois, laut einem Artikel 2,5 Millionen Dollar an drei Opfer; und das Bistum Orlando in Florida zahlte über drei Millionen Dollar an die Familien von vier Opfern. Aber gewöhnlich werden diese Zahlen sorgfältig geheimgehalten.[12] Man einigt sich, bevor die Klagen eingereicht werden; man schließt noch vor Prozeßbeginn einen Vergleich, bei dem man vereinbart, daß keiner der Beteiligten je über die gezahlten Summen spricht.[13]

Deshalb kann die Öffentlichkeit nicht einschätzen, wie hoch die Verluste der Kirche sind. Und vielleicht hat noch nicht einmal die Kirche selbst Aufzeichnungen darüber.[14] Die römisch-katholische Kirche in den Vereinigten Staaten ist dezentral angelegt – jedes der 188 Bistümer verwaltet selbst seine Finanzen und ist weder den anderen Diözesen noch der nationalen Bischofskonferenz Rechenschaft schuldig. Die Leiter der Diözesen unterstehen nur dem Vatikan, und es ist gut möglich, daß Vertreter des Vatikan die Rechnungen wegen des sexuellen Kindesmißbrauchs nicht einmal zu Gesicht bekommen haben. Denn zum einen hat Rom nur sehr langsam begriffen, welche Auswirkungen das Problem des sexuellen Kindesmißbrauchs haben kann, und zum anderen stellen die Diözesen – und nicht Rom – die Schecks aus.

Die gegenwärtigen Insider-Schätzungen – 400, 500 Millionen Dollar – scheinen auf den ersten Blick plausibel, wenn man sich die Entschädigungssummen ansieht, zu denen die Kirche verurteilt wurde. Die Zahl der Prozesse wegen sexuellen Kindesmißbrauchs beläuft sich auf über fünfhundert – ein

Anwalt aus St. Paul, Minnesota, der sich auf solche Fälle spezialisiert hat, hat allein über fünfundsiebzig angestrengt.[15] Seinen Klienten sind insgesamt 30 Millionen Dollar zugesprochen worden. Aber ein Teil des Geldes ist nie von der Kirche selbst bezahlt worden, sondern von den Versicherungen. Im Fall Gauthe wurde zum Beispiel der Löwenanteil von den Versicherungen der Diözese Lafayette bezahlt.

Nach diesem Fall gab es eine Periode von zwei bis drei Jahren, in denen die Versicherungsgesellschaften sexuellen Kindesmißbrauch durch Priester für ein so hohes Risiko hielten, das sie keinen Versicherungsschutz gewährten. (Die Versicherungsgesellschaften versicherten auch viele Kinderhorte und Schulen nicht mehr - also Institutionen, die mit Kindern zu tun hatten.) In den letzten Jahren gibt es solche Versicherungen wieder, aber die Prämien sind so exorbitant hoch, daß viele Diözesen davon Abstand nehmen und einfach auf ihr Glück hoffen. Ein Kirchenbeamter der Katholischen Konferenz von Michigan erzählt, daß er sich entschloß, das letzte Versicherungsangebot, das er zur Absicherung bei sexuellem Kindesmißbrauch erhielt, nicht abzuschließen, weil das beste Angebot eine jährliche Prämie von über 200.000 Dollar, eine Selbstbeteiligung von 500.000 Dollar und eine jährliche Deckungssumme bis zu einer Million Dollar enthielt.[16]

Mark Chopko[17], Berater der katholischen Bischofskonferenz, sagt, daß die meisten Klagen gegen die Kirche sich auf Vorfälle beziehen, die vor dem Jahr 1986, als die Kirchen ihre Versicherungen verloren, stattfanden, so daß die Versicherungen zahlen müssen. Im letzten Jahrzehnt war Chopko der Spitzenfachmann der Kirche in Bezug auf sexuellen Kindesmißbrauch durch Priester, aber auch er behauptet, daß er nicht weiß, wieviel Geld die Kirche bis jetzt verloren hat.

Er vermutet, daß Diözesen und ihre Versicherungen zusammen über 50 Millionen Dollar aufgrund von Gerichtsurteilen bezahlen mußten - eine Zahl, die ziemlich optimistisch erscheint, wenn man bedenkt, welche Summen allein im Fall

Gauthe gezahlt wurden. Er behauptet, er hätte nicht die leiseste Ahnung, wieviel die Diözesen an Gerichts- und Anwaltskosten oder Psychiaterrechnungen bezahlt hätten, obwohl es seiner Meinung nach möglich ist, daß jeder dieser Posten so hoch ist wie die Entschädigungssummen. Ausgehend von diesen Zahlen beläuft sich die Summe nach Chopkos Schätzung auf 150 Millionen Dollar allein für die Kirche – ohne Abzug der Versicherungsleistungen. Aber Chopko kann man kaum einen objektiven Beobachter nennen – die Kirche zahlt ihm schließlich sein Gehalt. Die Verluste der Kirche sind zweifellos höher, obwohl die Größe der Summe immer noch im dunkeln liegt.

Wie empfindlich treffen diese Verluste nun die Kirche? Wahrscheinlich weniger, als Kirchenkritiker gerne glauben. Zum Beispiel hatte die größte Diözese des Landes, das Erzbistum Los Angeles, im Jahr 1991 einen Betriebsertrag von 361,4 Millionen Dollar. Dazu kamen noch 1,4 Milliarden an aktiven Vermögenswerten. Ein, zwei oder drei Millionen Dollar in einem Jahr bedingt durch den sexuellen Kindesmißbrauch auszugeben würde dem Bistum zwar wehtun, es aber nicht in eine finanzielle Krise stürzen.[18]

Ein kleineres Bistum ist da verwundbarer. Bei einem besonders schweren Fall, den die Versicherung nicht abdeckt, könnte man nicht genug Geld flüssig haben, um alles zu bezahlen. Weder größere Diözesen noch der Vatikan könnten dem kleinen Bistum da aushelfen, erklärt Chopko, so daß man wahrscheinlich Wertpapiere und vielleicht sogar Grundbesitz verkaufen müßte. Laut Chopko ist das noch nie passiert, aber viele fragen sich, woher die Diözese von Fall River die fünf Millionen Dollar zur Entschädigung der Opfer von Vater James Porter genommen hat.[19] Die Versicherer des Bistums weigern sich nämlich immer noch einzuspringen. Sie meinen, die Kirchenleitung hätte unverantwortlich gehandelt, als sie Porter wiederholt versetzte – und das würde die Police wohl kaum abdecken.

Doch dem Geld gilt nicht die größte Sorge der Kirche. Viel größer als jeder finanzielle Verlust ist der Schaden, den die Krise rund um den Kindesmißbrauch dem Selbstbewußtsein katholischer Priester zufügt – von denen die überwiegende Mehrheit keinerlei Verbrechen begangen hat.[20] Diese loyalen, schwer arbeitenden, opferbereiten Männer müssen hilflos zusehen, wie der Beruf, den sie lieben, in Mißkredit gerät und mißtrauisch beäugt wird. Ihre Priesterkragen drücken sie mehr als je zuvor. Manchmal stehen sie sonntags auf der Kanzel, blicken auf ihre Gemeinde herunter und fragen sich: Werden mir diese Menschen jemals wieder völlig vertrauen?

Diese Frage hätte zu keinem ungünstigeren Moment kommen können, denn bereits vor der Krise befand sich die katholische Priesterschaft in einer ernsten Notlage.

Das größte Problem in den letzten Jahrzehnten war die ständig rückläufige Zahl von katholischen Priestern. Der Niedergang begann in den sechziger Jahren, als Kräfte inner- und außerhalb der Kirche einen Exodus von Priestern schürten. Das zweite Vatikanum schaffte Veränderungen, die es Priestern zum ersten Mal überhaupt gestatteten, die Gelübde zu lösen, ohne von der Kirche ausgestoßen zu werden. Zur gleichen Zeit begann die Priesterschaft unter Nachwuchsmangel zu leiden. Der Einfluß der Kirchen in der amerikanischen Gesellschaft schwand allmählich, und der rigide Standpunkt der katholischen Kirche in Fragen wie Abtreibung, Geburtenkontrolle und Ordination von Frauen ließ sie immer weltfremder wirken. Dazu kam noch, daß die sexuelle Revolution in vielen Männern, die sich mit dem Gedanken trugen, Priester zu werden, Zweifel an ihrer Fähigkeit, im Zölibat leben zu können, aufkommen ließ. Viele fragten sich, warum man das überhaupt von ihnen verlangte. Und viele schämten sich, weil sie zölibatär lebten.[21]

1970 waren in den Vereinigten Staaten 6.426 Studenten an katholischen Priesterseminaren immatrikuliert. 1990 waren es nur noch 3.609.[22] Dieser Niedergang, gekoppelt mit der Pensionierung und dem Ausscheiden ordinierter Priester, hat manche Beobachter zu der Vorhersage veranlaßt, daß im Jahr 2005 die Zahl aktiver Priester in den Vereinigten Staaten um vierzig Prozent niedriger sein wird als 1965.[23] Das Ganze wird noch verschlimmert durch die Tatsache, daß diese Priester eine katholische Bevölkerung betreuen sollen, die sprunghaft zunimmt (was in erster Linie ein Ergebnis der hispanischen Einwanderungswelle ist).

Angesichts dieser Situation hat die Kirche auf Rekrutierungsmethoden zurückgegriffen, die früher undenkbar gewesen wären und den Priestern wohl kaum das Gefühl geben, zu einer Elite zu gehören. Die Kirchenleitung hat Zettel aushängen lassen, auf denen der Gläubige gebeten wird, ein Leben als Priester in Erwägung zu ziehen. Sie hat Anzeigen in Zeitungen aufgegeben, in denen erklärt wird, daß die Kirche »Priesterkragen an guten Männern« sehen will. Nach der Messe wurde in den Bankreihen nachgeschaut, ob unter den Betenden vielleicht Männer ohne Ehering waren.[24]

Der Priestermangel hat das priesterliche Leben völlig verändert.[25] Immer mehr Priester führen Gemeinden allein mit wenig oder gar keiner Hilfe. Immer mehr Priester leben allein in Pfarrhäusern, in denen früher ein halbes Dutzend Geistliche zusammen aß und bis in die Nacht Poker spielte. Mehr Arbeit und größere Einsamkeit belasten sie. Außerdem werden sie weniger geachtet als früher. Als sich die Ränge der Priester lichteten und die Anziehungskraft des Priestertums schwand, verlor diese Art zu leben viel von ihrem Glanz. Priester hatten einmal die Aura von Elite-Helden – Bing Crosby in *Die Glocken von St. Marien* oder Spencer Tracy in *Boy's Town*. Doch während der siebziger und achtziger Jahre haftete ihnen der Ruch von kuriosen kulturellen Relikten an.

Heute, während der Krise um den sexuellen Kindesmißbrauch, geraten Priester als gefährliche kulturelle Abnormitäten unter Verdacht. Im Sommer 1992, als die Geschichte von James Porter regelmäßig Schlagzeilen machte und dauernd im

Fernsehen darüber berichtet wurde, bekam jeder Priester in den Bezirken Boston und Providence, Rhode Island, den Stachel dieser Publizität zu spüren. Einer stand gerade mit seinem Wagen vor einer roten Ampel, als der Fahrer des Lastwagens neben ihm das Fenster herunterkurbelte, den Kopf herausstreckte und brüllte: »Ihr Typen seid doch alle Pädophile!« Ein anderer Priester kramte gerade in Zivilkleidung in einem Radioladen, als er das Gespräch von zwei Männern mithörte. »Warum wirst du nicht Priester?« fragte der eine scherzend den anderen, der erwiderte: »Nee, keine Lust, ich stehe nicht genug auf kleine Jungs.«[26]

Doch schon ein paar Jahre vor dem Fall Porter hatte Vater Jude McGeough, ein Priester aus Providence, ein schlimmes Erlebnis mit einem guten Freund. McGeough mochte den Sohn des Mannes gern, und als er einmal eine Karte für ein Konzert in der Stadt übrig hatte, lud er den Jungen ein, ihn zu begleiten. Ein paar Wochen später kam der Mann zu McGeough und gestand ihm: »Ich weiß nicht, wie ich es sagen soll – ich schäme mich so deswegen. Aber als ich meinen Jungen zum Bus brachte, griff plötzlich eine eiskalte Hand nach meinem Herzen, und ich dachte nervös: ›Er fährt mit einem Priester fort.‹« Obwohl der Mann die Worte nicht aussprach, war es McGeough klar, daß er über Kindesmißbrauch redete.[27]

In Chicago, wo die Medien über sexuellen Kindesmißbrauch ebenso ausführlich berichteten wie in Providence und Boston, hatten Priester ähnlich beschämende Erlebnisse. Ein Priester stand an einem Sonntagmorgen mit Gemeindemitgliedern, für die er gerade die Messe gelesen hatte, vor seiner Kirche und bemerkte beiläufig zu einem Mann: »Ich hoffe, Ihr Sohn wird jetzt bald Ministrant.« Der Mann fauchte: »Nein, er wird nicht Ministrant, und Sie sprechen nur in meiner Gegenwart mit dem Jungen.«[28]

Obwohl die meisten Priester nicht Gegenstand solcher Beleidigungen wurden, spüren sie doch, daß die Leute sie aufmerksam beobachten und sofort bereit sind, sich auf sie zu stürzen. Und das trifft sie zutiefst. Diese Priester wissen nämlich, daß die Menschen sich völlig sicher bei ihnen fühlen müssen, bereit, ihnen ihre tiefsten Geheimnisse zu offenbaren und ihre schwersten Sünden zu beichten. »Ohne das Vertrauen unserer Gemeinde können wir keine Priester sein«, sagt Vater Dominic Grassi, Vorsitzender der Vereinigung der Priester in Chicago und Pfarrer der Gemeinde St. Josepha im Norden von Chicago. »Und das hier nimmt uns dieses Vertrauen. Wenn uns das Volk Gottes nicht vertraut und glaubt, können wir ebensogut den Laden zumachen.«[29]

Vater Dominic, sechsundvierzig Jahre alt, vor mehr als zwei Jahrzehnten geweiht, ist ein typisches Beispiel für unzählige Priester im Land. Er wurde zu einer Zeit Priester, als man hochgeachtet war, wenn man diesen Beruf wählte. Danach mußte er beobachten, daß die Menschen ihre Haltung gegenüber Priestern grundlegend änderten. Er schätzt die fürsorgliche, inspirierende Rolle sehr, die er als Priester im Leben anderer Menschen spielen kann, leidet aber unter dem Gedanken, daß er diese verlieren könnte, weil die Untaten einer Minderheit den Ruf der Priester insgesamt beflecken.

Dominics gläubige römisch-katholische Eltern kamen aus Süditalien nach Chicago. Seine Mutter Immaculata stattete ihre Wohnung mit Statuen verschiedener Heiliger aus, zu denen sie bei wechselnden Gelegenheiten betete. Sein Vater glaubte so bedingungslos an alle Regeln, die die Kirche für ihn aufstellte, daß er nicht mehr zur Messe ging und sich unwürdig fühlte, die Kommunion zu empfangen, als er eine dieser Regeln nicht mehr befolgen konnte. Seine Sünde war das Benutzen von Kondomen, denn die Ärzte hatten Immaculata vor einer weiteren Schwangerschaft gewarnt.

Als Dominic 1973 zum Priester geweiht wurde, gab seine Mutter, einer süditalienischen Tradition folgend, ihren Ehering her, damit der Diamant in den Silberkelch ihres Sohnes eingesetzt werden konnte. Auch andere Verwandte schenkten

Edelsteine zum Schmuck des heiligen Kelches, in dem Dominic während der Messe Wein in das Blut Christi verwandeln würde. Der Rand des Kelches war mit Gold verziert, das von den Eheringen seiner Großeltern stammte.

Dominic empfand große Genugtuung über die einzigartige Rolle, die er im Leben der Menschen spielte, den besonderen Trost, den er ihnen spenden konnte. Taufen, Hochzeiten, Beerdigungen – bei all diesen Ereignissen stand er vor ihnen und begleitete Menschen durch Augenblicke höchster Freude und tiefsten Kummers. Zuerst reichte er seinen Nichten und Neffen die Kommunion und traute gute Freunde. Er reichte seinem Vater die Sterbesakramente. Er trug seinen Priesterkragen voller Stolz in den Straßen von Chicago. Die Leute winkten und lächelten, wenn sie ihn sahen. In Restaurants bekam er immer einen guten Tisch, und die Polizisten drückten ein Auge zu, wenn er zu schnell gefahren war.

Aber schrittweise endeten die glücklicheren Zeiten seines Priestertums. Ende der siebziger und Anfang der achtziger Jahre gingen viele Gemeindemitglieder auf Abstand zur katholischen Kirche wegen ihres konservativen Standpunkts zur Gesellschaft. Wie Dominic sahen sich auch viele andere Priester gezwungen, Edikte zu verteidigen, die nicht ihrer Meinung entsprachen. Obwohl die Kirche Homosexualität verdammte, brachte es Dominic nicht übers Herz, den Stab über homosexuelle Paare zu brechen, die in verantwortungsvollen Lebensgemeinschaften zusammenlebten. Obwohl die Kirche gegen die Ordination von Frauen war, fand Dominic, daß man ihnen das Priesteramt zugänglich machen sollte.

Zur gleichen Zeit begannen die Medien in zunehmendem Maße, Priester als Heuchler zu brandmarken, besonders in bezug auf Sexualverhalten. Reporter fanden heraus, daß viele Priester ihr Zölibatsgelübde brachen und ein aktives Sexualleben führten. Reporter führten schrieben über homosexuelle Priester, die an Aids gestorben waren. Und schließlich kam der schwerste Schlag – Reporter stellten die wachsende Zahl von Priestern bloß, die wegen sexuellen Kindesmißbrauchs verhaftet oder verklagt worden waren. Gegen Ende der achtziger und Anfang der neunziger Jahre schien es, als ob jeder Monat eine neue Anklage, eine neue Schande brachte.

Dominics Priesterkragen bekam das Gewicht eines Mühlsteins. Immer wenn er abends ausging, fragte er sich, ob er ihn tragen sollte. Dabei war es ganz gleich, ob er sich mit einer Freundin oder einem Freund traf. Er machte sich Sorgen, daß vielleicht Fremde ihn anstarren und sich fragen würden, ob dieser Priester ein Rendezvous hatte, wenn er ihn trug. Falls er ihn nicht anhatte, könnte er vielleicht einem Gemeindemitglied begegnen, der oder die glauben würde, daß er nur deshalb Zivilkleidung trug, weil er etwas Böses vorhätte. Ganz gleich, was er tat – er verlor immer.

Als er einmal seine einundzwanzigjährige Nichte an ihrem Geburtstag in ein Restaurant ausführte, das nur ein paar Blocks von seiner Gemeinde entfernt war, hatte er den Drang, den vielen Gästen im Lokal, die ihn ja genau kannten, zu erzählen, wer seine Begleiterin war. »Das ist meine Nichte«, rief er und betonte das letzte Wort. »Sie hat Geburtstag«, erklärte er selbst jenen Gästen, die nicht neugierig waren.

Für Dominic kam im Oktober 1991 der Tiefpunkt. In diesem Monat hielt Kardinal Joseph Bernardin eine Pressekonferenz, in der er verkündete, daß er gerade dabei war, eine Kommission zu bilden, die sich mit dem Problem des sexuellen Kindesmißbrauchs durch Priester befassen sollte. So überlegt diese Tat auch sein mochte, gab sie doch vielen Priestern in Chicago das Gefühl, daß sich ihr Image als potentielle Kinderschänder jetzt im Kopf der Menschen festgesetzt hatte. Zusätzlich wies Bernardin seine Priester an, sonntags einen Hirtenbrief von der Kanzel zu verlesen. Darin hieß es unter anderem: »Es gibt keine Worte, um meine Erschütterung über die Tragödie des sexuellen Kindesmißbrauchs auszudrücken – besonders wenn Priester oder andere Kirchenangestellte die Täter sind. Im Umgang mit dem Problem des sexuellen Kindesmißbrauchs haben Katholiken eine gesunde Offenheit und angemessene Betroffenheit an den Tag gelegt. Sie haben das Recht zu erwarten, daß ihr Vertrauen und ihr Glaube nicht als Selbstverständlichkeit betrachtet werden.«

Während Dominic diese Worte seiner Gemeinde vorlas, mußte er mit den Tränen kämpfen. (Später erzählten ihm viele seiner Kollegen, daß auch sie an diesem Tag geweint hatten.) Er fragte sich, wie seine Gemeinde das hören und gleichzeitig weiter Vertrauen zu ihm oder einem anderen Priester haben konnte. Als er den Hirtenbrief verlesen hatte, fügte er eigene Kommentare an. Er erzählte der Gemeinde, daß die meisten Priester niemals Kinder mißbraucht hätten und weiterhin ihr Vertrauen verdienten. Er fügte hinzu: »Auch wenn Sie keinem von uns mehr vertrauen können, vertrauen Sie doch bitte weiterhin auf Gott. Geben Sie Gott nicht auf.«

Seit diesem Monat sprechen manche Priester aus Chicago auch vom »Oktober-Massaker«. Seitdem hat die Krise um den sexuellen Kindesmißbrauch jeden Tag – zuweilen auch jede Stunde – Dominics Leben überschattet. Wenn er abends in sein Zimmer im Pfarrhaus geht und den Fernseher einschaltet, ist bestimmt auf einem Kanal eine neue Geschichte über einen Priester, der wegen mutmaßlichen Kindesmißbrauchs aus seiner Gemeinde entfernt wurde, zu sehen. Tagsüber bekommt Dominic von manchen seiner Gemeindemitglieder Enttäuschung, Zorn und das Gefühl, verraten worden zu sein zu spüren. Kürzlich rief ihn ein Mann an und fragte, wie die Annullierung einer Ehe vor sich ginge. Als er erfuhr, wie langwierig und schwierig ein solches Verfahren ist, fauchte er verärgert: »Bei allem, was man heute so über Priester hört, hätte ich eigentlich mehr Verständnis erwartet.«[30]

Viele Priester in Chicago haben das Gefühl, daß dieses Klima des Mißtrauens in ihrer Umgebung leicht zu falschen Anschuldigungen und übereilten Verhaftungen führen könnte. Dominic hat beobachtet, daß manche in der Nähe von Kindern paranoid reagierten und unter extremen Angstgefühlen litten. Ein Freund, der jugendliche Straftäter betreut – Kinder, die gewöhnlich lügen und übertreiben, um Aufmerksamkeit zu erregen – leidet wirklich bereits unter dem Alptraum, daß eines dieser Kinder einmal behauptet, er habe es mißbraucht. Ein anderer Freund ließ den Plan fallen, einen überlangen Afrikaurlaub zu machen, weil er fürchtete, daß seine Bekannten glauben könnten, er wäre wie so viele andere Priester wegen sexuellen Kindesmißbrauchs im Gefängnis oder einem Sanatorium gelandet. Und als ein anderer Priester sich eine Zeit in Klausur zurückzog, fragte die Tante des Mannes Dominics Mutter: »Kannst du Dominic fragen, ob mein Neffe zu diesen Kerlen gehört?«

Auch Dominic hat Angst. Als er eine temperamentvolle Frau auffordern mußte, ihre Tochter aus der Gemeindeschule zu nehmen, weil das Mädchen rassistisch und gewalttätig war, schoß es ihm durch den Kopf: Was ist, wenn sie deswegen so wütend wird, daß sie beschließt, es mir heimzuzahlen und mich des sexuellen Kindesmißbrauchs beschuldigt? In der Nähe von Kindern ist er sehr vorsichtig. Er würde nicht einmal eines umarmen, wenn kein Erwachsener da ist, der die Unschuld dieser Geste bezeugen kann.

Gequält von schlechter Presse, geplagt von Unsicherheit, fragt sich Dominic, ob er und andere Priester nicht dazu verdammt sind, ihre ganze Spontaneität und viel von ihrer menschlichen Wärme zu verlieren. »Weil man nicht hundert Prozent man selbst sein kann, wenn dieses Bewußtsein da ist, daß man nichts tun kann, um die Leute von ihren üblen Gedanken abzulenken. Ich glaube, wir haben bis zu einem gewissen Grad unsere Menschlichkeit verloren«, meint er. »Wir sind als Priester dann am effektivsten, wenn die Leute in uns den Mitmenschen erkennen, wenn sie sehen, daß wir sie lieben können.«

Obwohl er der Meinung ist, daß vieles an der öffentlichen Aufmerksamkeit für Priester, die Kinder mißbrauchten, überzogen ist, erkennt er doch, daß eine große Anzahl von Priestern sich des sexuellen Kindesmißbrauchs schuldig gemacht hat und man über dieses Problem unbedingt sprechen muß. »Ein Priester sagte mir einmal, daß es in jeder Familie einen Onkel George geben würde, über den niemand sprechen will«, sagt Dominic. »Das ist unser ›Onkel George‹, und wir müssen unbedingt über ihn sprechen. Wir müssen dafür sorgen, daß er niemanden mehr verletzt.«

Aber diese Gespräche sind nicht einfach. Im August 1992 lud Dominic drei Priester, die Kinder mißbraucht hatten, zu einer Tagung der Vereinigung Chicagoer Priester ein. Er wollte herausfinden, warum diese Männer in die Irre gingen und wie man Pädophilen vielleicht helfen könnte. Aber manchen der anwesenden Priester – besonders den älteren – war es unmöglich, den Männern, die nach ihrer Meinung ihren geliebten Beruf in den Schmutz gezogen hatten, ruhig und teilnahmsvoll zu lauschen.

Ein alter Priester hatte den Kopf in beide Hände gestützt und starrte vor sich auf den Tisch, ohne den Blick auch nur einmal zu heben. Ein anderer entschuldigte sich, ging zur Toilette und – übergab sich. Dominic beobachtete ihre Reaktionen niedergeschlagen. »Diese beiden waren meine Vorbilder gewesen«, bekennt er. »Und sie litten so sehr.«

Die zirka dreiundfünfzigtausend Priester[31] in den USA machen sich große Sorgen darüber, was der sexuelle Kindesmißbrauch ihrem Berufsstand antut. Die Delegierten der Bundesversammlung der Priestervereinigungen im April 1992 setzten diesen Punkt als ersten auf die Tagesordnung.[32] Dabei geht es nicht nur um das sinkende Image der Priesterschaft. Viele Priester fürchten, daß das häufige Auftreten von sexuellem Kindesmißbrauch in ihren Reihen eine wichtige und alarmierende Aussage über ihr emotionales Wohlbefinden, ihre geistige Gesundheit macht. Sie fragen sich, welche Rolle die Einsamkeit dabei spielt und welche Bedeutung ihre sexuelle Erfahrung oder der Mangel daran hat. Sie hinterfragen den

Zölibat: Ist die sexuelle Reife dadurch beeinträchtigt, schafft er ein gefährliches Vakuum des Verlangens? Die Krise um den sexuellen Kindesmißbrauch hat viele Priester dazu gebracht, bei sich selbst nach sexuellen Problemen zu suchen, und hat bei der Debatte um den Zölibat für Priester weiter Öl ins Feuer gegossen.

Die Aussage von Vater Kevin Clinton, einem vierundvierzigjährigen Priester aus einem Vorort von St. Paul, spricht da für sich. Er ist im letzten Jahrzehnt Zeuge gewesen, wie vier seiner Kollegen – mit zweien war er befreundet – des sexuellen Kindesmißbrauchs angeklagt wurden.

»Das ist die Folge einer Kirchenstruktur, die glaubt, daß es keine bösen Folgen hat, wenn man Sexualität als etwas Nebensächliches abtut. Sexualität zu unterdrücken ist mit das Gefährlichste, was man tun kann. Denn wenn man sie unterdrückt, wird sie zu dem abgetrennten Teil des Ich, mit dem man nicht mehr fertig wird. Und wenn man nicht mehr mit ihr fertig wird, macht sie einen fertig.

Schon früh in meinem Leben habe ich mich für den Priesterberuf entschieden. Das heißt, daß man das andere Geschlecht nicht mehr anschaut. Dieser Teil des Lebens wird in einer Schublade verstaut. Und dieser Teil meines Lebens befand sich seit meinem zwölften Lebensjahr auf Eis. Während meiner Zeit im Priesterseminar gab es eine Lücke. Es war so, als wären wir geschlechtslose Wesen. Als ich neunundzwanzig war, verliebte ich mich zum ersten Mal. Ich habe es nicht bis zum Ende durchgezogen und mein Gelübde gehalten. Aber ich erinnere mich gut an das Gefühl, wenn ich das Radio anstellte und plötzlich mit neunundzwanzig Jahren die Liebeslieder verstand.

Vor etwa zehn Jahren organisierte ich eine Eherunde. Und da war ich zusammen mit Ehepaaren, die einander sehr liebten, in einem Zimmer. Ich weiß noch, wie manche Paare Händchen hielten, wie die Ehefrauen ihren Männern durchs Haar fuhren. Eben diese ganze Körpersprache, die von einer guten Ehe erzählt. Plötzlich fühlte ich mich sehr einsam, abgeschnitten von etwas, das sehr menschlich, ganz natürlich und ungeheuer wichtig war.

Wenn die Kirche Männer zum Zölibat verpflichtet, muß sie ein Umfeld schaffen, in dem diese Männer leben können. Die Priester stellt der Bischof ein und denkt dabei an die Bedürfnisse seiner Diözese – er schickt sie allein in eine Gemeinde. Da kann der Priester nicht mehr tun als arbeiten, sein System am Laufen halten und arbeiten, arbeiten, arbeiten. Danach kehrt er in ein leeres Haus zurück, sinkt mit seiner Fernbedienung in den Sessel und zappt sich durch die Kanäle.

Die Kirche hat überhaupt keinen Kontakt zu menschlicher Sexualität und damit keine Probleme. Wir ernten das, was das System unwissentlich gesät hat. Der entscheidende Punkt ist für mich nicht der Zölibat selbst, sondern die Verpflichtung dazu. Die Annahme, daß man etwas so Empfindliches wie menschliche Sexualität kontrollieren kann, ohne einer Person Gewalt anzutun, ist unsinnig. Das Herz ist nicht logisch. Es ist ein mystischer Ort, das Zentrum des Lebens.«[33]

Bei Clinton und anderen Priestern hat die Krise um den sexuellen Kindesmißbrauch Unbehagen und unverhohlenen Zorn über das Zölibatsgelübde geweckt. Er gibt der Verpflichtung zum Zölibat die Schuld an dem massiven Priestermangel, der nur noch schlimmer werden wird, wenn sich das Image vom Priester als Sexualstraftäter weiter ausbreitet. Er hinterfragt die Werte der Amtskirche. Mit immer weniger Priestern wird bald der Tag kommen, an dem nicht mehr jeder Katholik die heilige Kommunion nehmen kann. Und Clinton behauptet weiter, daß die Feier der heiligen Kommunion den Kern des Katholizismus darstellt, – und nicht die sexuelle Knebelung von Priestern. »Wir geben der von Menschen geschaffenen Tradition einen höheren Stellenwert als dem Gesetz Gottes«. sagt Clinton. Und fügt hinzu: »Das System ist unmoralisch.«

Priester genießen zur Zeit auch deshalb weniger Wertschätzung, weil die Gemeindemitglieder den Priestern und der Amtskirche gegenüber nicht mehr soviel Ehrfurcht wie früher empfinden. Auch das ist eine Folge der Krise um den sexuellen Kindesmißbrauch, die weit schwerwiegender ist als jeder finanzielle Schaden.

Man kann nur schwer abschätzen, in welchem Ausmaß Glauben und Vertrauen der Katholiken erschüttert wurden. Solche Gefühle kann man nicht einfach hochrechnen. Aber Vater Stephen Rossetti, ein Priester und Psychotherapeut, versuchte im Frühling 1992, als er noch in Chestnut Hill, Massachusetts, arbeitete, mittels einer Umfrage herauszufinden, was die Katholiken empfanden. Er befragte 1.013 Katholiken – 86 Prozent davon in den Vereinigten Staaten, den Rest in Kanada. »Die Auswirkungen auf die Gemeindemitglieder waren noch schlimmer, als ich es mir vorgestellt hatte«, schrieb Rossetti in der Einleitung zu den Umfrageergebnissen, die 1992 in der September- und Oktoberausgabe der Illustrierten *Today's Parish* veröffentlicht wurden. »Man ist sehr aufgebracht, sehr traurig und tief enttäuscht. Nicht nur den Opfern und ihren Familien wurde durch den sexuellen Kindesmißbrauch von Geistlichen Schlimmes angetan. Die ganze Gemeinde ist verletzt worden.«[34]

Rossetti versuchte festzustellen, ob Katholiken, denen Fälle von sexuellem Kindesmißbrauch durch Priester bekannt waren, diese als Untaten von Perversen abgetan hatten oder ob sie tiefer getroffen worden waren. Um ein differenziertes Ergebnis zu erreichen, bat er die Teilnehmer an der Umfrage, sich in drei Gruppen aufzuteilen: solche, deren Bistum nie durch eine öffentliche Anklage gegen einen Priester erschüttert worden war; solche, in deren Diözese ein Fall aufgetreten und drittens solche, deren eigener Gemeindepfarrer des Kindesmißbrauchs beschuldigt worden war. Bemerkenswerterweise gehörten volle zehn Prozent zur letzten Kategorie, was bedeutet, daß jeder zehnte Katholik in einer Kirche betete, in der ein

Priester des sexuellen Kindesmißbrauchs beschuldigt worden war. Weitere 55 Prozent erklärten, daß ein oder mehrere Fälle in ihrer Diözese aufgetreten waren. Nur 35 Prozent sagten, daß sie von keinem Fall in ihrem Bezirk wüßten.

Rossetti bat die Befragten, zu Aussagen Stellung zu nehmen, die sich auf das Vertrauen in Priester und Kirche bezogen. Und er fand heraus, daß das Vertrauen in hohem Maße bei den Menschen schwand, in deren Diözesen oder Gemeinden sexueller Kindesmißbrauch aufgetreten war. Schauen Sie sich doch die Antworten auf die folgenden Feststellungen und Fragen an:

Wenn jemand Priester werden möchte, frage ich mich, ob er nicht sexuelle Probleme hat. Nur 19 Prozent der Befragten, in deren Diözesen es keinen sexuellen Kindesmißbrauch gegeben hatte, stimmten hier zu, aber die Zahl stieg auf 27 Prozent, wenn es Fälle in Diözesen, und auf 42 Prozent, wenn es in der eigenen Gemeinde einen Fall gegeben hatte.

Würden Sie Ihren Sohn oder Ihre Tochter mit einem Priester in Urlaub fahren lassen? Sogar von den Menschen, in deren Diözesen nichts vorgefallen war, bejahten das nur 43 Prozent. In betroffenen Diözesen waren es nur noch 33 Prozent und in betroffenen Gemeinden gar nur 26 Prozent.

Die gegenwärtige Reaktion der Kirche auf den sexuellen Kindesmißbrauch durch Priester ist adäquat. In der ersten Gruppe stimmten dem 57 Prozent zu; in der zweiten nur 34 Prozent; in der dritten 20 Prozent.

Ich traue der Kirche zu, daß sie allein mit den Problemen ihrer Geistlichen fertig wird. Erste Gruppe – 53 Prozent. Zweite – 33 Prozent. Dritte – 25 Prozent.

Und zum Schluß als Krönung: *Ich glaube, daß die Kirche die Kinder, die ihr anvertraut wurden, beschützen wird.* Sogar in der ersten Gruppe – in deren Diözesen ja kein Fall von Kindesmißbrauch aufgetreten war – bejahten das nur 50 Prozent. Das sank auf 38 Prozent in betroffenen Diözesen und auf 28 Prozent in betroffenen Gemeinden.

Diese Zahlen stehen für Tausende einzelne Katholiken, deren Begegnungen mit Priestern, die Kinder mißbrauchten, sie dazu veranlaßte, auf Distanz zur Kirche zu gehen – oder sie ganz zu verlassen. Gerardo Gamez, ein Polizist aus Houston, ist ein Beispiel unter vielen. Eines Abends kam er auf seinem Streifengang an einem scheinbar leeren Lastwagen vorbei. Als er hineinschaute, ertappte er einen Mann beim Geschlechtsverkehr mit einem Jungen. Als er dem Mann befahl, sofort auszusteigen, protestierte der Mann: »Ich bin Geistlicher!« Als er den Mann zur Aufnahme seiner Personalien mit auf die Wache nahm, lachte der ihn nur aus. »Mir wird man nichts tun. Ich bin Priester.«

Der Mann war wirklich Priester. Er war sogar Gamez' Gemeindepfarrer – der Polizist hatte ihn nur in der Dunkelheit nicht erkannt. Doch als Gamez merkte, wen er vor sich hatte, war er so entsetzt und desillusioniert, daß er nicht mehr zur Messe gehen konnte. »Damals gingen zwei meiner Söhne in seine Katechismusklasse«, erzählt Gamez sieben Jahre später. »Ich dachte an das, was ich in dem Laster gesehen hatte, und verlor einfach meinen Glauben. Meine Frau und meine Söhne gehen immer noch zur Kirche, aber ich nicht. Seit diesem Abend war ich nicht mehr in der Kirche.«[35]

Katholiken können bei Fällen von sexuellem Kindesmißbrauch durch Priester nicht einfach zur Tagesordnung übergehen. Sie überprüfen ihr Vertrauen in die kirchlichen Autoritäten und ihr Vertrauen in die katholische Kirche im allgemeinen. Als Rossetti in seiner Erhebung die Frage stellte, ob man im allgemeinen zufrieden mit der katholischen Kirche wäre, bejahten das 63 Prozent aus den nicht betroffenen Diözesen, aber nur 47 Prozent der zweiten Gruppe und 34 Prozent in der dritten Gruppe. Diese sinkenden Prozentzahlen waren das Werk von Priestern, die Kinder mißbraucht, und von Bischöfen, die darauf nicht reagiert hatten.

Rossettis Umfrage zielte eher auf Einstellungen und Gedanken als auf Taten. Doch der *Boston Globe* ließ im Juli 1992 eine

Umfrage erstellen, in der 401 Katholiken aus dem Verbreitungsgebiet der Zeitung gefragt wurden, ob sie, bedingt durch die Krise um den sexuellen Kindesmißbrauch, weniger häufig zur Messe gingen. Von zehn Befragten bejahte das einer. Zwei von zehn Befragten gaben an, daß sie jetzt Angst davor hätten, ihre Kinder allein zur Kirche zu schicken. Und die Hälfte erklärte, daß sie mit ihren Kindern über sexuellen Mißbrauch durch Priester gesprochen hätten.[36]

Fairerweise muß man das Ergebnis beider Umfragen im Kontext zweier wichtiger Trends sehen. Der eine ist die wachsende Skepsis der Amerikaner gegenüber Institutionen im allgemeinen. Der andere besteht in der abnehmenden Bereitschaft vieler Katholiken, sich in eine Kirche einzubringen, die ihnen ihr Leben diktieren will. In wachsendem Maße trennen sie den Glauben von der Institution.

»Man schenkt den Worten der Bischöfe bereits keine Aufmerksamkeit mehr«, meint Eugene Kennedy, ein prominenter katholischer Gelehrter, der unzählige Bücher über die moderne Kirche geschrieben hat. »Wenn die Kirche den Menschen gut dient, ist man wirklich froh. Aber wenn die Kirche Dinge vertritt, die nicht dem Verständnis der Menschen von Christentum entsprechen, hören sie einfach weg. Ich glaube, die Bischöfe haben keine Autorität mehr, die sie versuchen könnten zu nutzen. Es ist ein Kartenhaus, und solange niemand dagegenbläst, wird es stehenbleiben.«[37]

Die Krise um den sexuellen Kindesmißbrauch verursacht wahrscheinlich nicht genug Wind, um das Kartenhaus zum Einsturz zu bringen – um Kennedys Metapher weiterzudenken. Aber diese Krise verstärkt den Drang nach Veränderung und zwingt zumindest manche Leute, die Fehler in dem Bau zu bemerken und anderswo Schutz zu suchen.

Der Erzbischof von Louisville, Kentucky, Thomas Kelly, machte gerade Urlaub an der Westküste Floridas, als er eines Abends den Fernseher einschaltete und die schlimmste Fernsehsendung seines Lebens zu sehen bekam. Es handelte sich um eine Ausgabe der *ABC*-Nachrichtensendung *Prime Time Live*, und ein Großteil der Sendung drehte sich um den Fall James Porter. Diane Sawyer betonte die Worte »Vergewaltigung« und »Mißbrauch«, während Bilder von kleinen katholischen Mädchen in Kommunionskleidern und kleinen katholischen Jungen in Ministrantenkitteln über den Bildschirm flimmerten. Das ging nahezu vierzig Minuten so weiter.

Irgendwann fing Kelly an zu weinen. Er weinte um die Opfer, deren Schmerz er sich nicht annähernd vorstellen konnte. Er weinte um seine Kirche, die schwerwiegende Irrtümer begangen hatte und jetzt so teuer dafür bezahlte. »Es warf mich einfach um«, erinnert sich Kelly. »Auch wir hatten unseren Teil an Mißständen und kleinen Skandalen, aber mir fällt nichts ein, was dem gleichkommen würde.«[38]

Die führenden Männer der katholischen Kirche in den Vereinigten Staaten wissen sehr genau, was die Krise um den sexuellen Kindesmißbrauch ihrer Kirche zufügt, und sie sind tief betroffen. Tatsächlich sind Schmerz und Frustration bei vielen ebensogroß wie bei den Priestern. Sie wissen, daß sie in den Nachrichtenmedien oft als zurückhaltende, ja sogar gefühllose Menschen dargestellt werden. Sie erkennen, wie schädlich eine solche Publicity für den Auftrag der Kirche und ihre gesellschaftliche Stellung ist.[39]

Also verwenden sie viel Zeit und Energie darauf, den Schaden zu begrenzen. Der frühere Erzbischof von Santa Fé, Robert Sanchez, schätzte Ende 1992, daß er 30 bis 40 Prozent seiner Arbeitszeit den Problemen widmete, die durch den sexuellen Kindesmißbrauch von Priestern entstanden waren. (Seine ungeschickte Behandlung dieser Probleme führte später zu der Enthüllung, daß er sein Zölibatsgelübde gebrochen hatte, und zu seinem Rücktritt.)[40] Der Erzbischof der Diözese St. Paul-Minneapolis, John Roach, behauptet, daß bei einem Gespräch zwischen zwei Bischöfen keine fünf Minuten vergehen würden, ohne daß einer dieses Thema anschneide.[41]

Der Bischof von Saginaw, Michigan, Kenneth Untener, sagt, daß diese Gespräche von einer Stimmung geprägt sind, die »düster, schmerzlich und sorgenschwer ist. Man sieht zu, wie etwas verdreht wird und zerbricht, von dem man ein Teil ist und das man sehr liebt. Das ist so widerwärtig. Da hat man jahrelang Opfer, all diese Kinder, und vertuscht es. Das kann man nicht verteidigen oder erklären.«[42]

Bischöfe fragen sich, wie die Kirche jemals wieder Glaubwürdigkeit im Umgang mit sexuellen Fragen erlangen und wie sie in dieser Atmosphäre weiterhin wirkungsvoll über so wichtige Tugenden wie Monogamie und Demut predigen kann. Sie fragen sich, wie sie angesichts dieser Belastung eine neue Generation von Priestern gewinnen sollen. Und sie fragen sich, wie lange das Image der Kirche als Zufluchtsort für Kinderschänder noch in den Köpfen der Menschen bleiben wird.

1992 machte unter vielen Katholiken ein Witz die Runde. Ein Priester muß auf die Toilette gehen, während er die Beichte hört. Der Priester, Vater George, bittet den Küster Joe, so lange seinen Platz einzunehmen. Er gibt Joe eine Liste der Sünden und der angemessenen Bußen und weist Joe an, den Leuten einfach die Bußen anzugeben, die auf der Liste stehen.

Als erstes hört Joe im dunklen Beichtstuhl die Stimme eines Mannes. »Vergib mir, Vater, denn ich habe gesündigt«, sagt der Mann. »Ich hatte Geschlechtsverkehr mit einem zwölfjährigen Jungen.«

Joe blickt auf die Liste, kann aber diese Sünde nicht finden. Voller Panik lehnt er sich aus dem Beichtstuhl und schaut sich um, ob ihm nicht jemand helfen kann. Da sieht er Mikey, den Ministranten. »Mikey«, flüstert er. »Was gibt Vater George für Geschlechtsverkehr mit einem zwölfjährigen Jungen?«

»Gewöhnlich«, erwidert Mikey, »kriege ich einen Dollar und einen Schokoriegel.«[43]

12. Kapitel

KREUZWEG

Als erst einmal die Schwere der Krise um den sexuellen Kindesmißbrauch als unverrückbare Tatsache feststand – und die Kirchenoberen die bitteren Früchte, die sie zeitigte, schmeckten und fast daran erstickten –, boten Gelehrte Lösungen an, die die ganze Bandbreite von absurd bis oberflächlich abdeckten. Vater Charles Fiore, ein Priester, der für das ultrakonservative katholische Wochenblatt *The Wanderer* schreibt, erörterte die Möglichkeit, daß »die Roten« Pädophile in die Priesterschaft eingeschleust hätten, um das Christentum zu unterminieren – und daß demzufolge der Scheiterhaufen für die Kommunisten die Lösung wäre.[1] Der Autor Jason Berry, dem offenbar der Unterschied zwischen sexuellem Kindesmißbrauch und Homosexualität nicht klar war, schlug den Scheiterhaufen für homosexuelle Priester vor.[2] Vater Thomas Doyle, der überzeugt war, daß die Bischöfe des Landes an dem Problem schuld seien, wollte sie alle feuern – und vielleicht auch den Heiligen Geist, der sie ja ausgewählt hatte.[3] Und Hunderte katholischer Frauen, die davon träumten, die heilige Kommunion auszugeben, beharrten auf der Meinung, daß die sofortige Ordination von Frauen die Rettung bringen würde.

Währenddessen entschieden sich die Kirchenoberen für weniger drastische Ansätze. Sie richteten Telefondienste ein, die vierundzwanzig Stunden besetzt waren, um das Anzeigen von Kinderschändern zu erleichtern. Sie stellten Krisenstäbe zusammen, die Beschwerden untersuchen sollten. Sie stellten neue Regeln auf, indem sie jeden Priester verpflichteten, Seminare über sexuellen Kindesmißbrauch zu besuchen, psychologische Gutachten über jeden Bewerber zum Priesterseminar zur Pflicht machten und in den Priesterseminaren Sexualkunde als Unterrichtsfach einführten. Doch wo eigentlich große chirurgische Eingriffe erforderlich waren, versuchten sie es mit Heftpflastern.

Keiner der Lösungsvorschläge – weder die der Gelehrten noch die der Bischöfe – war vielversprechend. Die Homosexuellen auszusondern war wahrscheinlich ebenso wenig sinnvoll wie eine Aussonderung der Heterosexuellen, denn Triebtäter sind meistens bisexuell. Psychologische Gutachten waren illusorisch, denn Psychologen können immer noch nicht »testen«, ob jemand pädophil ist. Und der Ruf nach der Ordination von Frauen beruhte auf der naiven sexistischen Annahme, daß nur Männer sich an Kindern vergehen, ihre Macht mißbrauchen und Skandale vertuschen.

Doch diese Makel spielten keine Rolle für die, die mit Lösungen hausieren gingen. Sie verfolgten in Wirklichkeit ihre eigenen Ziele. Diejenigen, die die Kirche wegen ihrer Untätigkeit geißelten, hatten noch weitere Eisen im Feuer – Zölibatsgelübde und die Ordination von Frauen, um nur zwei zu nennen – und hängten sich bei den Organisationen der Opfer an, um ihre Ziele zu verfolgen. Die Bischöfe hingegen waren in einer hierarchischen Kirche verwurzelt, auf deren Lehre sie keinen Einfluß haben. Daher konnten sie auch keine Lösungen vorschlagen. Deshalb drehte die eine Gruppe die Situation so, daß sie in ihre Sicht von der Wirklichkeit paßte, und die andere beugte die Wirklichkeit, damit sie in die Dogmen paßte, die Rom vorschrieb.

Das war kein hoffnungsvolles Szenario für die Lösung einer Krise, die Beobachter als die ernsteste der Geschichte der katholischen Kirche in den Vereinigten Staaten ansahen.

Der Kern des Problems besteht darin, daß die katholische Kirche in Aufbau und Mentalität eine mittelalterliche Institution ist, die versucht, mit modernen Problemen in einer sehr modernen Welt fertigzuwerden. Die Kirche denkt in Jahrhunderten, sogar Jahrtausenden, während die weltliche Gesellschaft nach Lösungen für das Hier und Jetzt verlangt. Bischöfe sind Fürsten in ihrem eigenen Herrschaftsbereich und nicht daran gewöhnt, angegriffen oder befragt zu werden; doch dieser Glanz verblaßt langsam für Opfer, Richter und Anwälte. Kirchliche Autoritäten leben in einer Welt voller Geheimhaltung und Verschwiegenheit. Doch sie sind von einer Gesellschaft umgeben, die durch die Aufdeckung jedes Geheimnisses gedeiht. Eine strenge Doktrin verlangt geradezu, daß die Bischöfe darauf bestehen, daß Gebet und Treue zu den Lehren der Kirche das Dilemma lösen werden. In der modernen Gesellschaft hingegen wirkt dieser Lösungsvorschlag ebenso praktikabel, als wolle man die Aids-Krise ausschließlich durch das Tragen roter Schleifen beenden.

Eine ganze Reihe kluger Leute hat ein Dutzend Lösungen vorgeschlagen. Aber sie scheinen nicht die Möglichkeit in Erwägung zu ziehen, daß die ganze Struktur in ihren Grundfesten brüchig sein könnte.

Die Kirche, so wie sie sich gegenwärtig darstellt, ist nicht in der Lage, mit einer Krise fertigzuwerden, die sich auf dem schmalen Grat zwischen Sexualität, Geheimhaltung, Patriarchat und blindem Gehorsam abspielt. Sexueller Kindesmißbrauch ist nicht aufgrund von bewußtem oder sogar unbewußtem Irrtum zu einem Skandal innerhalb der Kirche geworden, sondern weil er von der Struktur der Kirche begünstigt wurde.

Das hat auch Eingang in die Beratungen der kanadischen Bischofskonferenz gefunden, als man über sexuellen Kindesmißbrauch durch Priester diskutierte. 1989 wurde man dort gezwungen, sich ernsthaft mit diesem Thema zu beschäftigen. Menschen aus der abgelegenen Provinz Neufundland entdeckten nämlich in diesem Jahr, daß der Bischof seit Jahren von Beschwerden über ständigen Mißbrauch von Priestern und Mönchen in einem lokalen Waisenhaus wußte – und nichts unternommen hatte. Als dieser Skandal die gläubigen Katholiken bis ins Mark erschütterte, sagte Schwester Lorraine Michaels, Leiterin der Sozialfürsorge in der Nachbardiözese St. John, voraus, daß dies die Amtskirche mitten ins Herz treffen würde. »Was hier geschehen ist, wird die Kirche zwingen, ihr eigenes hierarchisches System zu überprüfen und zu überdenken, ob die Tatsache, daß nur Männer das Sagen haben, und zwar ohne dem Rest der Kirche Rechenschaft ablegen zu müssen, nicht dazu beigetragen hat, diese Vorfälle erst möglich zu machen«, sagte sie. »Die Regeln werden sich ändern müssen – und als erstes die Regel, die den Geistlichen alle Entscheidungen treffen läßt, ohne die Laien oder uns Nonnen zu beteiligen. Das wird meiner Meinung nach die wichtigste Veränderung sein. Danach werden wir uns mit dem Zölibat, verheirateten Priestern und weiblichen Geistlichen befassen müssen.«[4]

In einem vierzigseitigen Bericht an die kanadischen Bischöfe ging Paul McAuliffe – ein Sozialarbeiter, der sich auf die Entwicklung von Programmen für die Ermittlungsarbeit und die Behandlung von sexuellem Kindesmißbrauch spezialisiert hat und in dieser Frage auch Bischöfe berät – sogar noch weiter. Er argumentierte, daß der effektive Umgang mit Kindesmißbrauch nicht so sehr eine Frage von besseren Anweisungen und Vorgangsweisen wäre, sondern es um die Bewußtwerdung der Tatsache ginge, daß etwas »an der Art, wie wir bisher mit dem Problem umgegangen sind« fundamental falsch wäre.

»Es stimmt, daß Machtmißbrauch gegenüber Schwächeren zu unserem Menschsein gehört – das ist nun einmal die Hackordnung von oben nach unten«, schrieb er. »Um so mehr Grund, eine Kirche zu schaffen, die keinen Nährboden für dieses menschliche Versagen bereitet, wie es unsere gegenwärtige Struktur offensichtlich tut.«

McAuliffe ist der Meinung, daß jede glaubwürdige Reaktion auf die Krise sich mit der Machtverteilung in der gegenwärtigen Kirchenstruktur befassen muß, denn sexueller Kindesmißbrauch ist im Grunde ein Machtmißbrauch. Er bemerkte, daß der Machtmißbrauch nicht nur sexueller Natur war, sondern auch »Geheimhaltung, Leugnen, Verschwörung und Druck« einschloß, Verhaltensweisen, wie sie bei der Kirche auf Berichte über sexuellen Kindesmißbrauch durch Geistliche und Gläubige vorherrschend waren. Er schloß mit dem Vorschlag, die pyramidenförmige Machtstruktur der Kirche ganz umzudrehen. »Wir benötigen dringend ein neues Kirchenmodell, eines, in dem zwar die reine Lehre der Kirche beibehalten wird, aber in dem auch den Bedürfnissen einer Kirche vor dem Übergang ins einundzwanzigste Jahrhundert Rechnung getragen wird.«

1990 akzeptierten die kanadischen Bischöfe in ihrem Abschlußbericht über das Problem viele Argumente von Michaels und McAuliffe. Sie bemerkten, daß bis vor kurzem »katholische Priester unter Berufung auf ihr Pfarramt und ihren Status als Priester maßgeblichen Einfluß auf das Alltagsleben ihrer Gemeindeglieder nehmen konnten. Diese ungeheure Macht, auf die keinerlei gesellschaftliche Kontrolle ausgeübt wurde, machte manche Personen unerreichbar für berechtigte Fragen. Nachforschungen wurden unmöglich. Die Tatsache, daß Priester auf ein Podest gestellt wurden, war in Wirklichkeit eine Art Falle.« Während sie Veränderungen bei der Priesterausbildung und im Umgang mit Beschwerden über Kindesmißbrauch empfahlen, ordneten sie auch Schritte hin zu einer gemeinnützigeren Kirche an, in der kirchliche Würdenträger sich mehr mit dem Dienst an der Allgemeinheit als mit Macht befassen sollten.

Vielleicht wußten sie es nicht – aber sie befahlen eine Revolution.

Ganz anders sah es jenseits der Grenze aus. Außerhalb von Chicago forderte im Oktober 1992 Richard Sipe, Psychotherapeut und ehemaliger Bendiktinermönch, die Delegierten des ersten nationalen Kongresses der Opfer von Kindesmißbrauch durch Geistliche bei der Begrüßung auf, zu den Waffen zu greifen: »Willkommen in Wittenberg, liebe Freunde«, sagte er und bezog sich damit auf die deutsche Stadt, in der Luther die protestantische Reformation einleitete. »Wir stehen an der Schwelle der grundlegendsten Reformation der katholischen Geistlichkeit und ihrer vom Zölibat geprägten Einstellung zum Zölibat, seit Martin Luther die Integrität des Klerus am 31. Oktober 1517 in Frage stellte.«[5]

Aber selbst dort – vor einer Gruppe von Männern und Frauen, die die Bischöfe des Landes ständig mit unaussprechlichen Attributen belegten – fand Sipe nur wenige Teilnehmer für seinen Kreuzzug. Obwohl die Delegierten der Konferenz ganz versessen darauf waren, die Kirche für Verbrechen gegen Kinder haftbar zu machen, erkannten nur wenige, daß es ein revolutionärer Akt war, die Bischöfe zu zwingen, energisch mit sexuellem Kindesmißbrauch umzugehen – und zwar so revolutionär, daß es den zweitausend Jahre alten Katholizismus bis in die Grundfesten erschüttern würde.

Die meisten Opfer und ihre Mitstreiter begreifen das einfach nicht. Sie streiten, handeln, schreien und bitten um genau die Art von winzigen, ängstlichen Zugeständnissen, die ihnen die Bischöfe inzwischen anbieten – zum großen Teil als Reaktion auf die Forderungen der Opfer. Aber sie sind geradezu rührend davon überzeugt, daß diese Zugeständnisse das Wunder bewirken werden, solange die Bischöfe des Landes ehrlich und konsequent ihre Zusagen erfüllen. Sie hängen dem naiven Glauben an, daß das Problem verschwinden wird, wenn die Bischöfe aufstehen und sich in die richtige Richtung bewegen.

Genau das wollen sie, und genau das beginnen die Bischöfe ihnen zu geben: psychologische Überwachung von Seminaristen; Sexualkundeunterricht in Priesterseminaren; Laisierung von Kinderschändern. Das ist alles gut und schön. Und es würde alles helfen – ein wenig. Ein paar möglichen Kinderschändern könnte so die Weihe verweigert werden. Ein paar aktive Täter könnten ihren Priesterkragen verlieren. Aber keine dieser Lösungen trifft auch nur annähernd den Kern des Problems. Sie klingen gut und sehen auch gut aus. Aber wenn man sie sich näher anschaut, zerplatzt diese Illusion.

Die Vorstellung, potentielle Kinderschänder durch psychologische Überwachung zu erkennen, ist eine Chimäre: Ein nettes Konzept, aber bedeutungslos in einer Welt, in der es keinen wirkungsvollen Test gibt, mit dem man herausfinden könnte, wer sich sexuell zu Kindern hingezogen fühlt – oder sich vielleicht einmal hingezogen fühlen könnte. Genau das nennt Gary Schoener, der Psychologe aus Minneapolis, der das Erzbistum St. Paul-Minneapolis berät, »übertünchen«. Die Forscher können noch keinen standardisierten Test liefern, mit dem man versteckte Triebe oder sexuelle Unreife erkennen könnte. Das ist, als wollte man die genitale »Ausstattung« eines Mannes würdigen, ohne ihm die Hose auszuziehen. Selbst wenn man mit Tests krankhafte Triebe entdecken könnte, gäbe es keine Möglichkeit einzuschätzen, wer sie ausleben und wer sie überwinden würde.[6]

Manche Forscher glauben, daß Kinderschänder dazu neigen, nach außen hin sehr konservativ in sexuellen Fragen aufzutreten und vehement gegen jede außereheliche sexuelle Aktivität zu wettern. Manche Forscher sind auch der Meinung, daß Kinderschänder dazu neigen, die Welt hierarchisch zu interpretieren, und damit zufrieden sind, daß bestimmte Menschen Macht über andere ausüben. Aber diese Beschreibung trifft auf ein Drittel der Weltbevölkerung zu – und ganz bestimmt auf die große Mehrheit derer, die in ein Priesterseminar eintreten wollen. Die Kirche könnte beschließen, sie alle abzulehnen, aber dann blieben die meisten Kanzeln des Landes leer.

Viele von denen, die für die psychologische Begutachtung als klerikales Allheilmittel sprechen, sind eigentlich sowieso nicht hinter Kinderschändern her. Sie glauben es zwar, aber wenn man sie ein paar Minuten lang reden läßt, fangen sie an, über diese gezierten und weibischen jungen Männer zu schwadronieren, die sich auf die Priesterlaufbahn vorbereiten und der Ansicht wären, die rein männliche Atmosphäre im Seminar wäre das Nächstbeste nach einer Schwulenbar. Sie wollen die Homosexuellen ausmerzen, weil es letztendlich doch diese »Tunten« sein müssen, die den ganzen Ärger verursachen.

Bis zu einem gewissen Grad ist ihre Verwirrung verständlich. Kurz vor der Krise um den sexuellen Kindesmißbrauch konzentrierten sich einige Studien und viele Diskussionen auf den ungewöhnlich hohen Prozentsatz von Priestern mit homosexuellen Neigungen. Für viele uninformierte Beobachter – was sowohl die Kirchenkritiker als auch die Bischöfe, die sie kritisieren, einschließt – konnte man dieses Zusammentreffen der beiden Phänomene kaum einen Zufall nennen. Es mußte einen Zusammenhang geben.[7]

Und den gibt es auch – allerdings nicht so, wie viele Beobachter und Bischöfe glauben. Eines ist beiden Gruppen gemeinsam: Die gleichen Gründe, die Pädophile in die Kirche treiben, ziehen auch Homosexuelle an. Mitglieder beider Gruppen haben sexuelle Interessen, die gesellschaftlichen Tabus zuwiderlaufen. Mitglieder beider Gruppen könnten auf diese Tabus reagieren, indem sie ihre Triebe verleugnen. Und Mitglieder beider Gruppen könnten das Priestertum wählen, weil die Verpflichtung zum Zölibat ihnen die Möglichkeit bietet, diese Verleugnung zu formalisieren und zu unterstützen. Aber beide Gruppen sind dennoch völlig unterschiedlich.[8]

Keine glaubwürdige Forschung bringt sexuellen Kindesmißbrauch mit Homosexualität in Verbindung. Männer mißbrauchen mehr kleine Mädchen als kleine Jungen. Und Männer, die sich an kleinen Jungen vergehen, gehen höchstwahrscheinlich mit Erwachsenen eher heterosexuelle Beziehungen ein. Deshalb hätte der Ausschluß von mutmaßlichen Homosexuellen aus der Priesterschaft wahrscheinlich genau die gleiche – oder vielleicht sogar eine geringere – Wirkung wie der Ausschluß von mutmaßlichen Heterosexuellen.

Eine andere hoffnungsvolle Phantasievorstellung, die ebenso viele Mängel aufweist, ist die, daß Seminaristen mehr Sexualkundeunterricht erhalten und auf den Zölibat vorbereitet werden sollten. Theoretisch sieht das folgendermaßen aus: Wenn ein Mann seine eigene Sexualität begreift, kann er den Zölibat nicht nur als praktische und spirituelle Notwendigkeit, sondern als Bestandteil seines Entwicklungsprozesses leben. Er kann ohne Repression und ohne persönlich Schaden zu nehmen leben. Oder er wird früh in seiner Ausbildung entdecken, daß der Zölibat nichts für ihn ist.

Die Realität: Wie kann ein Mann mit geringer oder überhaupt nicht vorhandener sexueller Erfahrung seine Sexualität erforschen? Wie untersucht man seine Begierden abstrakt? Gibt es etwas – irgend etwas –, das man in Seminaren lehren könnte, was wirklich einen Ersatz für Erfahrungen darstellen würde? Vater Anthony Kosnik, ehemaliger Dekan eines Priesterseminars im Bezirk Detroit, glaubt nicht, daß es so etwas gibt. »Ich habe früher den Studenten immer erzählt, daß sie ihre Gelübde erst mit achtunddreißig Jahren ablegen sollten«, sagt Kosnik. »Oder nachdem sie sich wenigstens einmal verliebt hätten.«[9]

Und selbst wenn Priesterseminare eine Möglichkeit fänden, das Unterrichtsfach Zölibat zu lehren, weiß man nicht, welche Wirkung dieser Unterricht auf die Männer ausüben würde, die schon beim Eintritt ins Seminar den Keim des sexuellen Verlangens nach Kindern in sich trugen.

So ist die Kirche also mit einer bestimmten Anzahl an Kinderschändern geschlagen – und wird es auch in Zukunft sein. Und was noch schlimmer ist – die Kirche wird höchstwahrscheinlich nie herausfinden, wer einer ist. Die beste Anzeigenmaschinerie der Welt kann nicht die Tatsache verändern, daß die katholische Kirche bei ihren Gläubigen ein geradezu blindes Vertrauen zu ihren Priestern genährt hat.

»Es ist eine Hierarchie, und jene, die ihre Dienstleistungen in Anspruch nehmen, sollten sie nicht in Frage stellen«, erklärt

Mic Hunter, ein Therapeut aus St. Paul, der sich auf männliche Opfer von sexuellem Kindesmißbrauch spezialisiert hat. »Niemand wird hingehen und sagen: ›Der Priester hat mich gefickt.‹ Das System lehrt, daß Gott durch den Priester spricht. Man beichtet dem Priester, der einem im Namen Gottes vergibt. Danach sagt er einem, was man tun muß, um Vergebung zu erlangen. Der Priester steht höher als man selbst – deshalb würde eine Anzeige gegen ihn der Familie mehr Schande eintragen als dem Priester. Die katholische Kirche ist keine Organisation, die Ralph Nader gebilligt hat.«[10]

Sogar dann, wenn Kinder Beschwerden vorbringen und der Mißbrauch durch den Priester bewiesen wird, befinden sich die Bischöfe, bedingt durch ihr ständiges Reden von Vergebung, in einer Zwangslage. Von einem Schuldirektor wird erwartet, daß er einen Lehrer feuert, der Kinder mißbraucht hat. Ein Krankenhaus wird eine Schwester entlassen, die sich an Kindern vergangen hat. Aber ein Bischof kann einen Priester nicht wie einen normalen Angestellten behandeln. Das widerspricht der katholischen Theologie. Einmal Priester, immer Priester. »Die Situation eines Priesters ist einzigartig«, schreibt Kardinal Josef Ratzinger, Leiter der vatikanischen Glaubenskongregation, in einer Reihe von kontroversen Interviews, die 1985 erschienen. Priester repräsentieren Christus auf Erden und besitzen eine »übernatürliche ›Autorität der Vergegenwärtigung.‹«[11]

Die Amtsenthebung – oder Laisierung – von Priestern, die als Triebtäter straffällig wurden, ist ein wichtiger Bestandteil der Versuche von Bischöfen, das Problem des sexuellen Kindesmißbrauchs durch Priester zu bekämpfen – ob das nun katholischer Theologie widerspricht oder nicht. Weil aber nur der Papst die Macht dazu besitzt, haben die Bischöfe versucht, ihn zu überreden, die Regeln zu ändern. Seit vier Jahren schicken sie immer wieder Vertreter in den Vatikan, um den Papst anzuflehen, daß er ihnen ein wenig von seiner Macht überläßt – bis jetzt ohne Erfolg.[12]

»Der Versuch, Priester vor diktatorischen Bischöfen zu schützen, hat eine lange Tradition«, erklärt John McCarthy, Bischof von Austin, Texas, der mit dem Papst über diese Frage gesprochen hat. Daniel Pilarczyk, der Erzbischof von Cincinnati, fügt hinzu: »Im allgemeinen ist Laisierung ein Privileg. Es ist eine Gefälligkeit, die jemandem auf seine Bitte hin gewährt wird. Laisierung stellt jedoch als Strafe die Höchststrafe dar. Man kann es nicht tun, wenn es noch irgendwelchen mildernden Umstände gibt. Und Unzurechnungsfähigkeit ist ein mildernder Umstand.«[13]

Selbst wenn die Bitte der Bischöfe erfüllt würde, könnte sie sehr gut wie ein Bumerang auf sie zurückfallen. IBM kann betrügerische Buchhalter wieder auf die Gesellschaft loslassen, ohne sich große Gedanken zu machen. Aber von der katholischen Kirche wird erwartet, daß sie nicht nur den eigenen Ruf schützt, sondern auch das Wohlergehen der Gesellschaft im Auge behält. Falls die Kirche also Kinderschänder auf die Straße setzt, wo sie sich wieder an Kinder vergehen könnten – entspricht sie dann ihren eigenen Erwartungen und denen der Gesellschaft? Der Erzbischof von Milwaukee, Rembert Weakland, glaubt das nicht. »Ich weiß, daß wir nicht jemanden wieder einstellen können, der ein großes Risiko darstellt, und in den meisten Fällen von Pädophilie stellt es sogar ein schweres Risiko dar«, sagt er. »Andererseits weiß ich nicht, ob ich das Recht habe, die Gesellschaft mit solch einem Menschen zu belasten, solange ich die Möglichkeit habe, ihn zu kontrollieren oder zu überwachen, wenn er Teil der Kirche bleibt.«[14]

Weaklands Partei optiert dafür, Kinderschänder in Büros, Wohlfahrtsorganisationen und Altersheimen sicher unterzubringen. Aber das ist auch keine perfekte Lösung. Am Ende des Tages verlassen die Priester ihre Arbeitsplätze, und die katholische Welt besitzt nicht genug Augen, um jeden ihrer Schritte zu überwachen. Sie schlendern an Kinderspielplätzen vorbei. Oder besuchen Freunde mit kleinen Kindern.

Die Bischöfe stehen also vor einem entsetzlichen Dilemma.

Dr. Richard McBrien nimmt kein Blatt vor den Mund. Dem früheren Leiter der theologischen Fakultät der Universität Notre Dame ist es gelungen, sich jeden konservativen Katholiken von Chicago bis Rom zum Feind zu machen – und einen Gutteil der moderaten Katholiken noch dazu. 1985 klopften ihm die Bischöfe des Landes wegen Abweichung von der Lehrmeinung tüchtig auf die Finger. Seine Auftritte in *Nightline* und den *CBS Evening News* und seine Kommentare in *Newsweek*, *Time* und der *New York Times* provozierten Briefe, in denen ihm prophezeit wurde, daß er in der Hölle braten würde.

1992 bestand McBriens Sünde darin, die Litanei von vorgeblich aggressiven Maßnahmen anzugreifen, mit denen die Bischöfe den Beweis führten, daß sie den sexuellen Kindesmißbrauch ausrotteten. McBrien beeindruckte das überhaupt nicht. Allgemeine Schadensbegrenzung, meinte er verächtlich.

Im November 1992 schrieb er in einer Zeitungskolumne: »Letztendlich wird das Problem nicht verschwinden, ganz gleich, wie scharf die neuen Richtlinien für den Umgang mit solchen Fällen sind, ganz gleich, wie viele Katholiken den Mut fassen, ihre Mißbraucher anzuzeigen, ganz gleich, wie viele Priester bloßgestellt, entlassen und sogar ins Gefängnis geschickt werden. Und warum nicht? Weil das Problem nicht im Teich ist, sondern in der Zuleitung. Die Zuleitung ist das Priesterseminar. Und die Wurzel des Seminar-Problems ist der Zölibat, die Forderung der Kirche, daß ein Priester nicht heiraten darf.

Unter Papst Johannes Paul II. hält die Kirche weiterhin an ihrem Zwang zum Zölibat für Priester fest. Deshalb wird auch der Kindesmißbrauch durch Priester weitergehen – zumindest so lange, bis kein Geld mehr da ist.«

McBriens Ansicht, den Zölibat als die Wurzel allen Übels anzusehen, entspricht einer weitverbreiteten Meinung. Forscher, Opfer – und sogar ein paar Bischöfe – sehen die Aufhebung des Zölibats als Wundermittel an.

»Mein Argument ist so feinsinnig wie ein Zugunglück«, sagt McBrien. »Der Junge, der nicht glaubt, daß der Zölibat ein Problem für ihn sein wird, wird selbst ein Problem werden. Die Verpflichtung zum Zölibat schließt eine ganze Menge gesunder Männer aus, die sich zum Priester berufen fühlen. Es hat den Effekt, eine Menge nicht gesunder Männer ins System zu ziehen. Die zölibatäre Priesterschaft ist ein Magnet für Menschen, die seelisch und besonders sexuell gestört sind.«[15]

Aber der Ruf nach Aufhebung des Zölibats läßt eine wichtige Tatsache außer acht: Niemand schlägt vor, daß man die Männer dazu verpflichten soll, *nicht* zölibatär zu leben. Die katholische Kirche würde unausweichlich eine Reihe von Männern behalten, die sich zum Zölibat verpflichtet haben – Männer, die als heiliger gepriesen werden als ihre weltlicheren Gegenstücke, falls man der Kirchengeschichte glauben darf. Dieser harte Kern wäre weiter ein Magnet und eine Zuflucht für Kinderschänder.

Obwohl also die Heiratserlaubnis für Priester eine größere Zahl von sexuell normalen Männern anziehen würde, würde die Kirche wohl kaum die sexuell gestörten abweisen. Der Anteil dieser Männer in der Priesterschaft würde geringer werden. Aber ihre Anzahl an sich würde sich nicht ändern.

Es bleibt auf jeden Fall ein strittiger Punkt. Die Verpflichtung zum Zölibat bleibt bestehen. Trotz der Bedeutungslosigkeit des Zölibats in den Evangelien, und obwohl es jahrhundertelang unpopulär war, klammern sich die Kirchenoberen daran. Man ist zu der Ansicht gekommen, daß die Zölibatsgelübde der Priester ein Beweis dafür sind, daß die Diener der katholischen Kirche Jesus ähnlicher sind als die Männer – und besonders die Frauen –, die in anderen christlichen Gruppen arbeiten. Wenn man Argumente verlangt, antworten die Kirchenoberen stets: »Genauso hat Jesus gelebt.«

Aber in der Urkirche gab es keine Verpflichtung zum Zölibat. Petrus, der erste Papst, war verheiratet. Papst Anastasius I.

war der Vater von Papst Innozenz, Papst Sergius III. zeugte Papst Johannes XI. und Papst Theodor I. war der Sohn eines Bischofs.

Der Zölibat wurde schrittweise – und blutig – eingeführt, als asketische Mönche, die der materiellen Welt stets mißtrauisch gegenüberstanden, über weltlichere Priester triumphierten. Im Jahr 305 verbot die Synode von Elvira Priestern den Geschlechtsverkehr mit ihren Frauen. Als der Mönch Jovinian die Mitgliedschaft in der neuen Bewegung verweigerte, wurde er aus Rom hinausgepeitscht und auf die öde Felseninsel Boa verbannt. Als sich die deutschen Bischöfe 952 zum Konzil von Augsburg versammelten und das Dekret erließen, daß Priester nicht mehr mit ihren Frauen zusammenleben durften, verkündeten sie, daß man Frauen, die mit Priestern schliefen, die Köpfe scheren und sie brandmarken sollte. 1022 befahl Papst Benedikt VIII., daß Kinder von Priestern automatisch Leibeigene waren – ein Dekret, das unter Heinrich II. Gesetz wurde. Dreißig Jahre später bestimmten Papst Leo IX. und das Konzil von Rom, daß Frauen und Geliebte von Priestern in Palästen des Lateran als Sklavinnen dienen sollten.

Dieser Wille, den Zorn loyaler Geistlicher wegen eines Prinzips, das in den Evangelien nicht gefordert wird, auf sich zu ziehen, legt Zeugnis davon ab, welches Gewicht die Nachfolger Petri auf das Zölibatsgelübde legten. Sie sahen es als lebenswichtig für die Erhaltung des Kirchenbesitzes an, wie es Papst Pelagius I. im sechsten Jahrhundert deutlich machte: Er befahl allen verheirateten Priestern, ein Schriftstück zu unterzeichnen, in dem sie auf das Recht ihrer Kinder, Kirchenland zu erben, verzichteten. Und sie sahen es als Schlüssel zur Festigung ihrer Macht an. Die Auseinandersetzung um den Zölibat erreichte ihren Kulminationspunkt in einem Streit zwischen Papst Gregor VII. und König Heinrich IV., in dem es darum ging, daß Adlige lukrative Bischofssitze für ihre Söhne beanspruchten – ein Anzeichen für das Erblehen von Bischofssitzen. Der Papst war entschlossen, dem Einhalt zu gebieten. (Er zwang den König letzendlich in die Knie und ließ ihn aller königlicher Macht bar bloßfüßig vor seiner Burg stehen und um sein Seelenheil flehen.)

Der Zölibat verschaffte der Kirche nicht nur Kontrolle über Landbesitz und Macht, sondern umgab die Diener der Kirche auch mit einer Aura der Heiligkeit und Reinheit, die sie von den normalen Sterblichen abhob. Indem sie Jesus imitierten und intimen Bindungen abschworen, wurden sie so, wie der heilige Johannes Chrysostomus einen Priester sehen wollte: »Reiner selbst als die Strahlen der Sonne, damit der Heilige Geist ihn nie verläßt und er sagen kann: ›Nicht länger bin ich es, der lebt, sondern Christus, der in mir lebt.‹«

Indem er den Reichtum der Kirche förderte, die Macht mehrte und die Priester über den Rest der Menschheit erhob, bildete der Zölibat den Kern des historischen Machtstrebens der Kirche. Und in den Augen der Kirche bildet er auch heute noch den Mittelpunkt ihrer Macht. Die Zölibatsgelübde erlauben der Kirche alleinige Kontrolle über ihre Priester, die keinerlei Verpflichtungen gegenüber Frau und Kindern haben, und daher nur wenig Gehalt beanspruchen. Und es umgibt diese Priester mit einer geheimnisvollen Aura, was wiederum den Gedanken stützt, daß der Katholizismus der allein seligmachende Glaube ist. Die Kirchenoberen werden den Zölibat nicht so einfach aufgeben.[16]

Letztendlich spielt der Zölibat deshalb eine so große Rolle in der gegenwärtigen Krise um den sexuellen Kindesmißbrauch, weil er die rigide Kirchenhierarchie förderte, die vielleicht das größte Hindernis für eine Lösung der Krise ist. Wenn es eine Wahrheit gibt, die jeder Experte zu Fragen des Kindesmißbrauchs unterschreibt, dann die, daß Mißbrauch in hierarchischen, autoritären Institutionen gedeiht – besonders in solchen, die auch noch die Sexualität unterdrücken. Wenn Experten solche Institutionen beschreiben, scheinen sie die katholische Kirche zu charakterisieren.

»Ich glaube, jede Institution, die Unfehlbarkeit, Hierarchie und Patriarchat betont, die in sich geschlossen ist, in der es viel Geheimnistuerei gibt und an Offenheit mangelt, bildet ein Umfeld, in dem Kinderschänder sich ausleben können, ohne entlarvt zu werden«, meint Mike Lew, Autor des klassischen Buches über männliche Opfer von sexuellem Kindesmißbrauch. »Diese Systeme sind Brutstätten des Mißbrauchs.«[17] Durch die Schaffung einer klaren und rigiden Hackordnung bringen sie Menschen bei, daß sie denen, die über ihnen stehen, blinden Gehorsam schulden, doch über die, die unter ihnen stehen, uneingeschränkte Verfügungsgewalt haben. Menschen kompensieren ihre Unterwürfigkeit gegenüber Höhergestellten, indem sie Untergebene ausbeuten. Dazu fühlen sie sich berechtigt.

Schauen wir uns einmal die Priester an. Nach kanonischem Recht schulden sie ihren Bischöfen Gehorsam. Sie haben nur sehr wenig in bezug auf den Standort ihrer Arbeitsstelle zu sagen. Sie haben keinen Einfluß auf die Doktrin ihrer Kirche, aber man erwartet von ihnen, daß sie die Weisheit des Papstes, der sich für unfehlbar erklären kann, verkünden. Jeder Widerspruch kann Disziplinarmaßnahmen zur Folge haben. »Leidet still und im Gebet für die Wahrheit«, ließ der Vatikan 1989 gegenüber katholischen Theologen verlautbaren, andernfalls müßten sie mit »ernsten Maßnahmen« rechnen.[18]

Also leiden sie. Manche gehen in die innere Emigration. Nach außen hin sind sie gehorsam, fühlen sich aber privat nur ihrem Gewissen verpflichtet. Andere finden Trost in der Macht, die die Hierarchie ihnen über die gibt, die einen niedrigeren Rang haben – Gemeindemitglieder also. Wenn ihr Eigendünkel stark ist, könnten sie diese Macht zu ihrem Vorteil benutzen. Falls sie sowieso schon dazu veranlagt sind, Kinder sexuell zu mißbrauchen, gibt ihnen das die Möglichkeit. Ihre Opfer, die zu Ergebenheit und Gehorsam erzogen wurden, werden wahrscheinlich schweigen.

Und ihre Vorgesetzten handeln wahrscheinlich auch nicht,

wenn sie davon erfahren. Denn wenn sie erst einmal erlauben, daß die Moral eines Priesters von jemandem, der unter ihm steht, in Frage gestellt wird, öffnen sie der Hinterfragung ihrer eigenen moralischen Überlegenheit Tür und Tor. Sie müssen fürchten, daß die moralischen Dominosteine einer nach dem anderen umfallen, bis schließlich die ganze Kirche zusammenbricht. Deshalb ignorieren oder vertuschen sie die Vergehen – und sie kommen damit durch, weil sie das System selbst kontrollieren, weil sie an der Spitze der Hierarchie stehen.

Wenn die Experten mit der These, daß Hierarchien Brutstätten für Mißbrauch sind, recht haben, dann müßte man der Kirche in der Tat einen großen chirurgischen Eingriff empfehlen, wenn sie sich verändern will. Es wäre der Wechsel von einer Diktatur zu einer Demokratie – der modernen Kirche in die Urkirche. Schließlich gab es vor all den Kathedralen, dem Reichtum, den Dogmen und dem Zölibat einfach nur eine Gemeinschaft von Gläubigen, die Jesus folgten. Man hatte nicht die Absicht, die Macht in den Händen eines Mannes oder einer Gruppe von Männern zu konzentrieren. Das war kein Gebot Christi, denn:

»Ihr wißt, daß die Fürsten der Völker sie knechten und die Großen über sie Gewalt üben. Unter euch soll es nicht so sein, sondern wer unter euch groß sein will, sei euer Diener, und wer unter euch der Erste sein will, sei euer Knecht ...« (Matthäus 20, 25b–27)

Aber seit diesem Gebot vor zweitausend Jahren hat sich die Kirche mittels Kriegen und Schismen, visionärem Denken und schierer Korruption weiterentwickelt. Heute wird sie von einer unerschütterlichen Hierarchie zusammengehalten, die den amerikanischen Bischöfen bei dem Versuch, die Krise um den sexuellen Kindesmißbrauch zu lösen, die Hände bindet. Sie haben nicht die Macht, um den Stoff des modernen Katholizismus zu nehmen und hier den Faden Zölibat, dort den der priesterlichen Privilegien und da den Faden des Gehorsams herauszuziehen.

Die Kirche von heute wird durch den sechsten Lehrsatz des Konzils von Trient[19] beherrscht: »Wenn jemand sagt, daß es in der katholischen Kirche keine Hierarchie durch göttliche Gnade und bestehend aus Bischöfen, Priestern und Diakonen gibt, so soll er Anathema sein.« Und trotz der Behauptung des zweiten Vatikanums, daß die Kirche »das Volk Gottes« ist, definierte Papst Johannes Paul II. 1987 bei seinem Besuch in den Vereinigten Staaten mit brutaler Offenheit das wahre Wesen der Kirche: »Die Kirche ist eine theokratische Institution und keine demokratische.«[20]

Solange der Papst diese Einstellung hat, sind die Bischöfe Amerikas hilflos, wenn sie nicht das Band zwischen Rom und sich zerschneiden wollen. Gefangen in der Struktur der Institution, wie sie vom Vatikan definiert wird, können sie psychologische Überwachung fordern – und damit vielleicht ein paar Kinderschänder aus ihren Reihen fernhalten. Sie können Opfern mit offener, pastoraler Sorge entgegentreten – und halten damit vielleicht ein paar Katholiken mehr in der Kirche. Sie können straffällig gewordene Priester in den Laienstand zurückversetzen – und damit vielleicht verhindern, daß zumindest ein paar Kinder Schaden erleiden. Aber letztendlich können sie nicht gegen die Macht und die Hierachie vorgehen, die allem zugrunde liegen und ihre Kirche zu einer Brutstätte für Kindesmißbrauch machen.

Aber einige der Veränderungen, die zum Schutz der katholischen Kinder nötig sind, kommen auch ohne die Bischöfe zustande. Opfer, die seit Jahrzehnten geschwiegen haben, finden in steigender Zahl ihre Stimme wieder. In der Absicht, die Kraft wiederzuerlangen, die der Mißbrauch einzelner Priester und die Reaktion der Bischöfe ihnen genommen hat, schmähen sie die Kirche, die ihr Vertrauen enttäuschte, noch bevor sie in die Pubertät kamen – und machen damit tiefen Eindruck auf katholische Eltern, die sich jetzt weigern, ihre

Söhne ein Wochenende allein mit Vater Smith zu lassen, und ihren Töchtern verbieten, viele Stunden allein im Pfarrhaus bei Vater Jones zuzubringen. Den Medien erzählen sie ihre Geschichten mit allen schmutzigen Einzelheiten – und zwingen damit Staatsanwälte und Richter, Priester, die Kinder mißbrauchen, genauso zu behandeln wie andere Kinderschänder. Sie überzeugen Geschworene, daß jahrzehntelange Versetzungen von kinderschänderischen Priestern nur in Millionenhöhe zu entschädigen sind. So bestrafen sie gleichgültige Diözesen – und warnen Bischöfe davor, ihre Geschichten nicht ernst zu nehmen.

In Albuquerque stehen sie sonntags vor den Kirchen und teilen Buttons aus, auf denen steht: »Vergib DIR, Vater, denn DU hast gesündigt.« In Chicago werfen sie falsche Dollarscheine mit der Aufschrift: »Ich habe mein Geld den Opfern von sexuellem Kindesmißbrauch durch Geistliche gespendet« in den Klingelbeutel.

Dadurch, daß sie ihre Forderung nach Gerechtigkeit in jeden Winkel der katholischen Diözesen Amerikas tragen, machen sie genau die Revolution, die die Bischöfe nicht anführen können: Eine Revolte der Laien gegen die Auswüchse der Hierarchie. Katholiken, die sonntags in den Kirchenbänken sitzen, mögen nicht in der Lage sein, das Wesen des Systems oder seinen Hang zur Vertuschung, die Art Männer, die sich von der Priesterschaft angezogen fühlen, oder die Triebe, die es in manchen von ihnen fördert, zu ändern. Aber sie können kontrollieren, wie dick die Börse der Kirche ist, indem sie überlegen, wie hoch der Preis für die Seele eines Kindes ist, wenn sie nach dem Klingelbeutel greifen. Sie können ihre Haltung gegenüber ihren geistlichen Führern ändern – und haben es bereits getan. Denn indem sie ihnen nicht mehr blind ergeben sind, sorgen sie dafür, daß ihre Kinder weniger gefährdet sind.

Amerikanische Katholiken reagierten bei der Krise um den sexuellen Kindesmißbrauch ähnlich wie auf die kirchlichen

Positionen zu Geburtenkontrolle, Abtreibung und Homosexualität – sie traten nicht in Massen aus der Kirche aus. Aber sie verließen die ihnen zugewiesene Position in der Hierarchie und weigerten sich, den Priestern, Bischöfen und sogar dem Papst den selbstverständlichen Respekt zu erweisen, der diese Struktur so gefährlich macht.

Sie bringen ihren Kindern bei, daß ein Kinderschänder sich auch hinter einer Soutane verbergen kann.

Sie erzählen ihren Kindern, daß Priester auch nur Menschen sind und daß ihre Kirche Mängel hat. Sie entdecken in sich einen gereifteren Glauben – er ist eher abhängig von ihrem eigenen Gewissen als von Demut und orientiert sich weniger an einer abgehobenen Hierarchie als an ihrem Empfinden und ihrer Erfahrung von Gott in ihrem Leben.

EPILOG

»Kinder haben weder Besitz noch Macht.
Andere Stimmen müssen für sie sprechen.
Wenn diese Stimmen schweigen,
dann könnten Kinder, die mißbraucht wurden,
den Kopf an die Fensterscheibe legen
und den bitteren Geschmack einer zerstörten
Kindheit im Mund spüren.«

Richterin Frances T. Murphy

Epilog

DIE KRAFT UND DIE HERRLICHKEIT

An einem kalten Oktoberwochenende im Jahr 1992 strömten fast dreihundert Menschen in ein Hotel vor den Toren Chicagos und taten damit der katholischen Kirche kund: Wir werden das nicht länger mitmachen. Wir werden nicht zulassen, daß die Kinder von morgen ebenso leiden wie die Kinder von gestern. Und wir werden euren bereitwilligen Versprechungen, daß ihr es verhindern werdet, keinen Glauben mehr schenken, denn wir wissen nur allzugut, welche bitteren Früchte unverdientes Vertrauen zeitigt.[1]

Es war die erste Jahresversammlung einer Gruppe namens VOCAL (Victims of Clergy Abuse Linkup = Vereinigung der Opfer des Kindesmißbrauchs durch Geistliche), die inzwischen den Namen *The Linkup* trägt. Sie bedeutete einen Wendepunkt für die Opfer von sexuellem Kindesmißbrauch durch katholische Priester.[2] Frei von Scham, ungehindert durch das Schweigen, erzählten sie bittere Geschichten über das Vergehen, das an ihnen begangen worden war, und die Gleichgültigkeit der Kirche. Das taten sie mit klaren, kräftigen Stimmen, ohne Beschönigung oder Entschuldigung vor den gleißenden Scheinwerfern der Fernsehteams, die jedes Wort aufzeichneten. Eine Frau, die als Kind mißbraucht worden war, prägte in der Eröffnungssitzung den Ton, als sie zornbebend aufstand und einem gebannt lauschenden Publikum erklärte: »Den ersten Kuß sollte ein junges Mädchen nicht von einem Priester in mittleren Jahren bekommen.«

Als sich die Geschichten immer mehr zu ähneln begannen und die Stimmen zu einem Chor anschwollen, geschah etwas Bemerkenswertes. Die persönlichen Erlebnisse und die einsamen Kämpfe einzelner Frauen und Männer aus verschiedenen Teilen des Landes verbanden sich zu einem Kreuzzug, einer geschlossenen Bewegung, die endlich genügend Macht hatte, um die Kirchenoberen von ihren Lügen und ihrer Untätigkeit abzubringen.

Teilweise geschah dies, weil verstreute Soldaten, die die gleiche Schlacht schlagen und die gleichen Narben tragen, mit der Zeit immer zusammenfinden. Und teilweise deshalb, weil der Fall James Porter die Öffentlichkeit empört und so den Stein ins Rollen gebracht hatte. Außerdem hatten die Opfer Vater Porters anderen Opfern von Kindesmißbrauch gezeigt, welch erstaunliche Ergebnisse man erreichen konnte, wenn man sich zusammentat. Und besonders war es dem Engagement einer attraktiven Rothaarigen zu verdanken, die an diesem Wochenende von einem Sitzungssaal zum andern rannte, Zigaretten schnorrte und auf den Fluren Tränen abwischte.

Ihr Name war Jeanne Miller. Sie war fünfundvierzig Jahre alt, Anwaltsgehilfin, geschieden und alleinerziehende Mutter von vier Kindern mit einem gemütlichen Heim in einem Vorort von Chicago, gutem Auskommen, einem melodischen Lachen und einer Vorliebe für leuchtende Lippenstifte und klimpernde Ohrgehänge. Sie war auch eine Frau, deren Name bei vielen Kirchenoberen in Chicago und sogar im ganzen Land Angst und Schrecken auslöste. Bei ihrem Kreuzzug, diese zu zwingen, Kinder vor Priestern zu schützen und sich um die Opfer zu kümmern, anstatt ihnen die Tür vor der Nase zuzuschlagen, schien sie fast übermenschliche Kräfte zu entwickeln. Zur Zeit der VOCAL-Konferenz führte sie ihren Kampf schon fast zehn Jahre lang.

1982 kehrte ihr ältester Sohn, der damals dreizehn Jahre alt war, von einem Wochenendausflug mit dem Gemeindepfarrer und ein paar anderen Jungen zurück und erzählte seinen Eltern eine erstaunliche Geschichte. Er sagte, der Priester hätte den Jungen Alkohol und Marihuana angeboten, in ihrer Gegenwart geflucht, ihnen pornographische Filme gezeigt, wäre nackt vor ihnen herumgelaufen und hätte versucht, einen von ihnen unsittlich zu berühren.

Jeanne und ihr Mann, deren Leben sich an der katholischen Kirche orientierte, wollten es nicht glauben. Aber andere Jungen, die an dem Ausflug teilgenommen hatten, berichteten das gleiche. Und Jeanne erfuhr bald, daß der Priester bereits öfter durch unsittliche Berührungen bei Jungen aufgefallen war und man das der Kirchenleitung auch gemeldet hatte. Sie verlor vor Verwirrung und Schmerz fast den Verstand. Da muß ein Fehler passiert sein, dachte sie. Es muß eine Erklärung dafür geben.

Sie wandte sich mit einer einfachen Forderung an die Kirchenleitung: Schicken Sie die Jungen und den Priester in eine Therapie, und sorgen Sie dafür, daß er nicht mehr mit Kindern zusammenkommt. Doch die Kirchenleitung verweigerte ihr beides. Man sagte, der Priester würde die Anschuldigungen der Jungen bestreiten und wirke glaubhaft. Man meinte, sie wäre eine übermäßig besorgte Mutter, die eine Reihe völlig harmloser Vorfälle falsch interpretiert hätte, und riet ihr, alles zu vergeben und zu vergessen. Anscheinend war man sich sicher, daß sie diesen Rat befolgen würde.

Doch sie kannten Jeanne Miller nicht.

Als die Kirche nichts gegen den Priester unternahm, strengte sie eine Klage an. Aufgrund der finanziellen und seelischen Belastung sah sich ihre Familie schließlich gezwungen, einem Vergleich zuzustimmen. Sie erhielt eine magere Entschädigungssumme, aber keine formelle Garantie, daß der Priester von Kindern ferngehalten werden würde. Also fand Jeanne Miller andere Mittel und Wege, um Veränderungen zu erreichen.

Unter einem Pseudonym schrieb sie einen Roman über diesen Vorfall und überzeugte einen Freund, der einen kleinen Verlag besaß, ihn herauszubringen. Einen anderen beauftragte sie damit, die Werbung zu übernehmen und sie im ganzen Land in Talk-Shows im Radio und im Fernsehen unterzubringen. Dort sprach sie darüber, wie die katholische Kirche gefährliche Priester mit Samthandschuhen anfaßte. Im Rahmen einer Magisterarbeit erforschte sie den sexuellen Kindesmißbrauch in der katholischen Kirche und trug dabei im Laufe der Zeit Hunderte von Fällen aus den Vereinigten Staaten und Kanada zusammen, in denen Priester des Mißbrauchs an Kindern und Jugendlichen angeklagt wurden.

Sie verwandelte ihr Haus in ein Informationsarchiv über Priester, die Kinder mißbraucht hatten, und ihr Telefon in eine Hotline für deren Opfer. Sie gründete VOCAL und wurde im ganzen Land zur inoffiziellen Sprecherin der Opfer. Im Oktober 1992 versammelte sie eben diese Menschen im Woodfield Hilton. Dazu kamen noch Polizeibeamte, die jeder Kumpanei der Strafverfolgungsbehörden mit der Kirche ein Ende setzen wollten, Therapeuten, die entschlossen waren, wegen der ungewöhnlichen Macht der Priester und der Schutzlosigkeit ihrer Opfer Alarm zu schlagen, und Anwälte, die gewillt waren, Kirchenvertreter vor Gericht zu bringen, damit sie für ihre Fehler zur Rechenschaft gezogen wurden.

Manche meinen, ihr Engagement für diese Sache würde an Fanatismus grenzen. Ihr Eifer scheint in keinem Verhältnis zu dem Verbrechen zu stehen, das ihn geschürt hat. Schließlich war ihr Sohn nicht vergewaltigt oder körperlich brutal mißhandelt worden. Ebensowenig wie die anderen Jungen bei diesem schicksalhaften Ausflug.

Aber Jeanne Millers stille Wut und standhafte Entschlossenheit haben eigentlich nichts mit diesem besonderen Vorfall zu tun. Sie entspringen dem niederschmetternden Verrat an dem gläubigen Vertrauen, das sie ihrer Kirche entgegengebracht hatte. Dieses Vertrauen war die Quelle ihrer unerschütterlichen Gewißheit, was richtig und falsch, gut und schlecht in der Welt war. Es war das Leitbild ihres Lebens gewesen.

Als sie merkte, daß ihr das Vertrauen abhanden gekommen, daß die Illusion zerstört war, erkannte sie, wie gefährlich diese Illusion war – nicht nur für sie, sondern für alle anderen

Mütter und alle anderen Kinder, die dadurch zu schutzlosen Opfern werden konnten. Sie kämpft, um zu warnen und zu schützen. Sie kämpft auch, weil sie jene Achtung für die katholische Kirche wiedererlangen will, die ihrer Ehrfurcht vor dem Evangelium Christi, das die Kirche predigt, entspricht. Nur wenn sie gewinnt – wenn die Kirchenoberen sich zu den Sünden bekennen, die sie dokumentiert hat, ihre Reformvorschläge akzeptieren und ihrer Stimme das gleiche Gewicht geben wie ihren eigenen Interessen –, kann sie sich in der Kirche wieder geborgen fühlen.

An einem Tag im Mai, als Jeanne gerade vierzehn war, kam sie von der Schule nach Hause und sah Streifenwagen vor dem kleinen Mietshaus in Chicago stehen, in dem sie mit ihrer Mutter und ihrem sechzehnjährigen Bruder ein Zweizimmerapartment bewohnte. Ihr Bruder trat gerade durch die Haustür auf die Straße. Auf seinem Gesicht spiegelten sich Verachtung und Trauer.

»Was ist passiert?« fragte Jeanne ihn.

»Ich verschwinde«, entgegnete er und schüttelte den Kopf. »Geh hinein. Du wirst schon sehen.« Dann ging er.

Jeanne ging in den ersten Stock zu ihrer Wohnung. Ihre Großmutter öffnete die Tür. Und dann teilte ihre Großmutter ihr ohne Umschweife und ohne ein Wort des Trostes mit: »Deine Mutter hat sich erschossen.«

Jeanne hatte schon lange mit der Angst gelebt, daß so etwas eines Tages geschehen würde, daß es nur eine Frage der Zeit wäre. Seit der Scheidung von Jeannes Vater vor zwei Jahren war ihre Mutter eine sehr instabile, höchst unglückliche Frau gewesen. Beide Eltern waren Alkoholiker, und seit der Trennung war die Trinkerei ihrer Mutter schlimmer geworden. An manchen Tagen hatte ihre Mutter das Gewehr genommen, es mit sich herumgetragen und gedroht, sich zu erschießen. An anderen Tagen hatte sie das Gewehr neben das Bett gestellt, in dem sie stundenlang lag. Jeanne hatte dann manchmal vor der Tür gekauert und versucht zu horchen, was ihre Mutter machte, während sie gegen ihre Furcht ankämpfte.

An diesem Tag hatte ihre Mutter, während Jeanne in der Schule war, endlich ihre Drohungen wahrgemacht. Sie hatte das Gewehr hochkant auf den Boden gestellt, sich mit der Brust auf den Lauf gelegt und den Abzug gedrückt.

Jeannes Vater konnte sie nicht bei sich behalten, und so kam das Mädchen in ein katholisches Internat. Von Anfang an entwickelte sie eine tiefe Bindung zu den Nonnen, den Ritualen und der ganzen Glaubensgemeinschaft. Das Leben dort war beschaulich und ruhig: keine Überraschungen, keine Ängste. Die Mysterien des Glaubens boten eine starke Faszination und die Verheißung, daß man ewiges Leben einfach durch Frömmigkeit und Tugend erlangen könnte.

Nach dem Schulabschluß besuchte Jeanne ein Jahr lang das College, aber das Klosterleben fehlte ihr. »Es war ein Leben mit festen Regeln, die in meinem Leben fehlten«, erinnert sie sich. »Eigentlich wollte ich nur zu einer Familie gehören, die zusammenhielt.« Sie verließ das College und trat in ein Kloster in Dubuque, Iowa, ein, um Nonne zu werden.

Während der zwei Jahre, die sie dort verbrachte, quälte sie sich ständig mit der Frage, ob sie sich überhaupt in ein religiöses Leben fügen könnte. Einerseits war sie tief gläubig. Andererseits machten die strengen, asketischen Regeln des Klosters keinen Sinn für sie. Sie wollte zu einer größeren Gemeinschaft gehören und erfahren, was es heißt zu leben – sie wollte tanzen, lachen und sich mit Männern verabreden. Als sie während einer Feier zum vierten Juli am Mississippi stand und der warme Sommerwind an ihrem weißen Schleier riß, traf sie ihre Entscheidung. »Ich hielt in der einen Hand eine Wunderkerze und in der anderen ein Glas Limonade«, erinnert sie sich. »Ich schaute mir beides an und es schoß mir durch den Kopf: ›Lieber hätte ich eine Zigarette und einen Martini.‹« Sie verließ am nächsten Morgen das Kloster.

Aber sie blieb im Schoß der Kirche. Der Mann, den sie ein

Jahr später heiratete, war ebenso fromm und gläubig wie sie. Das Paar ließ jedes seiner vier Kinder in der Kirche taufen und sorgte dafür, daß diese Kinder an den Sakramenten teilhatten: Kommunion, Beichte und Firmung. Die Familie ging nicht nur jeden Sonntag zur Messe, sondern sie spielte auch eine aktive Rolle in ihrer Gemeinde in Arlington Heights, Illinois. Rick Miller war Küster. Und Jeanne war Katechetin. Sie stellte für ihren Unterricht spezielles Material zusammen, um Kindern die Bibel und den katholischen Glauben auf lebensnahe und innovative Art nahezubringen. Ihr ältester Sohn wurde mit zwölf Jahren Ministrant.

1981 kam ein neuer Priester in die Gemeinde. Sein Name war Vater Robert Mayer, und eine seiner Pflichten war die Aufsicht über die Ministranten. Mayer, ein Mann von zweiundvierzig Jahren, ging lockerer und spielerischer mit ihnen um als die meisten anderen Priester, die Jeanne kannte, aber sie sah darin nichts Schlechtes. Als er ihren Sohn Tom zusammen mit drei anderen Jungen im Juli 1982 zum Wasserskifahren in seine Hütte am See einlud, gab Jeanne sofort begeistert ihre Zustimmung. Tom hatte ein paar Bemerkungen gemacht, die Jeanne hoffen ließen, daß er vielleicht Priester werden würde. Vielleicht half ihm der häufige Umgang mit einem Priester bei seinem Entschluß.

Aber als Tom von dem zweitägigen Ausflug zurückkam, benahm er sich seltsam. Er benutzte Schimpfworte, die sie nie von ihm gehört hatte. Er stritt mit ihr und ihrem Mann herum und stellte alles, was sie ihm sagten, in Frage. Jeanne begriff nicht, was da geschah – bis eine andere Mutter aus der Gemeinde, deren Sohn auch an dem Ausflug teilgenommen hatte, ihr vom schockierenden Bericht ihres Sohnes über den Ausflug erzählte. Jeanne fragte Tom, ob diese Geschichte wahr sei. Er bejahte. Es kamen noch größere Schocks. Als sie mit dem Bericht der Jungen über Vater Mayer zum Gemeindepfarrer von St. Edna, Vater Walter Somerville, ging, gab er zu, daß Mayer gewisse Probleme mit kleinen Jungen hatte.

Somerville und die Religionslehrerin der Gemeinde, Marilyn Steffel, bekannten, daß ähnliche Klagen seit Vater Mayers Ankunft vor einem Jahr dauernd kamen, und daß man das Erzbistum Chicago davon unterrichtet hätte. Aber Mayer leugnete die Anschuldigungen beharrlich und tat sie als böswillige Gerüchte ab. Die Eltern, die die Anschuldigungen vorgebracht hatten, traten stets den Rückzug an, wenn man ihnen mitteilte, daß sie und ihre Kinder Vater Mayer entweder bei der Polizei oder dem Erzbistum anzeigen müßten, wenn sie wollten, daß etwas Konkretes unternommen würde. Die Vorstellung, gegen die Kirche vorzugehen, schüchterte sie ein – ebenso wie die Tatsache, daß Mayer alles entschieden ableugnete und seine Beschuldiger mit Drohanrufen drangsalierte.[3]

Auch Jeanne schüchterte es ein, aber sie ließ sich nicht abschrecken. Ihr Sohn war einer Erfahrung ausgesetzt worden, die ihn verstört hatte, und sie erwartete, daß ihre Kirche sich um ihn und seine Familie kümmern würde. Sie hoffte, ihre Kirche würde durch die Vorstellung, daß Vater Mayer vielleicht weitere Kinder verletzen könnte, aufgeschreckt werden.

Doch die folgenden Monate ließen ihre Erwartungen wie Seifenblasen zerplatzen. Ihre wiederholten Bitten an Beamte des Erzbistums, daß sie Mayer von Kindern fernhalten sollten – zumindest eine Zeitlang, damit er untersucht und therapiert werden konnte –, wurden abschlägig beschieden, selbst nachdem Jeanne ihnen die schriftlichen Aussagen von Kindern und Eltern aus Mayers vorheriger Gemeinde vorgelegt hatte, in denen stand, daß er einigen Kindern Alkohol verabreicht und sich anderen unsittlich genähert habe. Während sie sich mit Kirchenvertretern wegen der Glaubwürdigkeit ihres Sohnes und Mayers Zukunft in den Haaren lag, glaubte sie dauernd, daß irgendein Repräsentant der Kirche einschreiten müßte, der sich für das Verhalten der anderen Kirchenvertreter entschuldigen und ihr zeigen würde, daß ihre Kirche die Güte und die Fürsorge besaß, die sie immer mit ihr verbunden hatte. Ihre Hoffnungen stiegen, als zwei Repräsentanten des Erzbistums einwilligten, sich mit ihr und den Eltern von drei anderen jungen Teilnehmern des Ausflugs zu treffen.

Aber als die Eltern anfingen, ihre Forderungen aufzuzählen, schnitten ihnen die Vertreter des Erzbistums das Wort ab. »Lassen wir doch die Vergangenheit ruhen«, sagte einer der beiden. Später fügte er hinzu: »Wir sind gekommen, um Ihre Wunden zu heilen.«

Wußte Kardinal Joseph Bernardin, der Erzbischof von Chicago, überhaupt, was da vor sich ging? fragte sich Jeanne. Es fiel ihr schwer, das zu glauben. Aber nachdem Vater Somerville zu Bernardin gegangen war, erzählte er ihr, der Kardinal hätte gesagt, Vater Mayer würde alle Anschuldigungen eisern leugnen, und er müßte dem Ehrenwort Vater Mayers glauben.[4]

Mittlerweile wurde Jeanne von anderen Mitgliedern der Gemeinde St. Edna beschimpft, wenn sie zur Messe ging. Jeannes beste Freundin in der Gemeinde, eine Frau, mit der sie fast täglich gesprochen hatte, brach den Kontakt zu ihr ab. Und eines Tages klingelte bei Jeanne das Telefon, und ein anonymer Anrufer drohte ihr: »Eine Menge Gemeindemitglieder denkt, Sie würden zu hart mit Vater Robert Mayer umspringen. Denken Sie daran – falls Ihnen oder einem Mitglied Ihrer Familie etwas passiert, wurden Sie gewarnt. Ist das klar?« Dann wurde aufgelegt.[5]

Während sie der Feindseligkeit nur mühsam standhielt, begann Jeanne sich zu fragen: Wie viele Menschen wurden so behandelt, und wie viele andere hat man so zum Schweigen gebracht? Jeanne fühlte die moralische Verpflichtung, nicht nachzugeben.

Sie ging gemeinsam mit einer der anderen Mütter zur Polizei. Die Polizei versprach zu ermitteln, warnten sie aber, daß es schwer sein würde, gegen Mayer Anklage zu erheben, denn das Wort eines Priesters hätte einiges Gewicht. Schließlich verklagten die Millers und eine andere Familie Vater Mayer und das Erzbistum Chicago. Die Bombe platzte am Weihnachtstag 1982.

Die Fronten waren klar. Man teilte ihr mit, daß sie mit der Anklage eine der unzähligen Vorschriften des kanonischen Rechts verletzt hätte und exkommuniziert werden könnte. Angesichts dieser Abwehrhaltung wurde Jeanne von Selbstzweifeln geplagt: Wandte sie sich auch gegen Gott, wenn sie ihre Kirche verklagte? Nein, beantwortete sie ihre Frage selbst. Gott würde wohl kaum Vater Mayer auf Kosten unschuldiger Kinder schützen.

»Ich muß glauben, daß irgendwer in der Kirche sich darum kümmert!« weinte sie sich eines Nachts bei ihrem Mann aus.

»Jeanne, sie sind auch nur eine Firma«, erwiderte er. »Und in der Geschäftswelt gibt man jede Menge Geld aus, um das eigene Produkt zu verteidigen. Das Produkt hier ist ihr Image. Ihr Image bringt ihnen etwas ein. Sie werden alles Erdenkliche tun und keine Kosten scheuen, um es zu schützen.«

Die Millers hatten solche Möglichkeiten nicht. Die Anwaltsrechnungen – die stetig von 1.000 über 10.000 auf 20.000 Dollar anstiegen – drohten die Familie, die von dem Jahresgehalt des Vaters in Höhe von 28.000 Dollar lebte, in den Bankrott zu treiben. Jeanne verkaufte ihren ganzen Goldschmuck. Sie übernahm die Wäsche für andere Leute und wusch nachts, wenn ihr Mann schlief, damit er nichts davon merkte. Sie nahm Lebensmittelspenden von ein paar Gemeindeangestellten an, die heimlich ihren Kampf unterstützten, und versteckte die Dosen ganz hinten im Küchenschrank, damit er sie nicht sah und keine Fragen stellte. Sie kochte so billig wie möglich und weiß gar nicht mehr, wie oft sie ihrer Familie Makkaroni mit Käse vorsetzte.

Jeanne und ihr Mann standen am Rand des finanziellen Ruins, und ihre Standhaftigkeit schwand langsam, als das Erzbistum ihnen ein Jahr nach Beginn ihres Kampfes anbot, den Fall mit einem Vergleich abzuschließen. 1984 bot das Erzbistum 15.800 Dollar als Vergleichssumme – die Hälfte der

Anwaltskosten, die ihr Mann und sie inzwischen zu begleichen hatten. Zuerst lehnten die Millers ab. Sie wollten Geld für eine Therapie ihres Sohnes. Sie verlangten eine schriftliche Bestätigung, daß Vater Mayer von Kindern ferngehalten und psychiatrisch behandelt werden würde. Die Vertreter des Erzbistums wollten ihnen weder das eine noch das andere zugestehen.

Aber Kardinal Bernardin schien sehr aufrichtig zu sein, als er Jeanne versicherte: »Vertrauen Sie uns.« Außerdem waren die Strom- und Telefonrechnungen seit Monaten nicht bezahlt und über dem Haushalt der Millers schwebte der Pleitegeier. Wider besseres Wissen änderten die Millers ihre Meinung und nahmen das Geld.

Jeanne begründete das gegenüber ihrem Mann seufzend und unter Tränen so: »Meine Prinzipien werden uns noch bei lebendigem Leib auffressen.«

An einem schwülen Julitag im Jahr 1992 saß Jeanne Miller auf dem Küchenbalkon, rauchte eine Zigarette, nippte Eistee und genoß die Strahlen der untergehenden Sonne. Es war ein seltener Augenblick der Ruhe. Er währte nicht lange. Das Telefon fing an zu klingeln. Und nachdem es einmal angefangen hatte, hörte es nicht mehr auf.

Es kam ein Anruf aus Wisconsin. Dann aus Alaska. Es folgte ein Anruf aus Missouri. Jeder Anrufer erzählte von sexuellem Mißbrauch durch einen Priester. Jeder Anrufer wollte wissen, ob sie es begriff, ob sie es glaubte.

»Ich glaube, Sie sind an der richtigen Adresse«, meinte Jeanne besänftigend zu einem der Anrufer. »Ich sollte Ihnen vielleicht von mir erzählen.« Sie erzählte die Geschichte ihres Sohnes und ihres Prozesses, um danach schnell in die Gegenwart zu kommen. »Deshalb habe ich vor zirka einem Jahr diese Gruppe ins Leben gerufen. Ich weiß nicht, ob Ihnen klar ist, wie häufig dieses Problem vorkommt.«

Sie hörte ihrem Anrufer aufmerksam zu. »Ach, ich verstehe«, lachte sie. »Es wird Ihnen langsam bewußt!« Sie hörte wieder zu und meinte dann: »Manche Diözesen konnten nur deshalb damit durchkommen, weil sie bloß auf kleine Buschbrände reagieren mußten. Was wir brauchen – was wir hier wirklich brauchen –, ist ein richtiger Flächenbrand.«

Jeanne legte die Grundlage für diesen Brand, kurz nachdem ihr Prozeß mit einem Vergleich geendet hatte. Um den Schmerz und die Enttäuschung über die Behandlung durch die Kirche loszuwerden, fing sie an, ein Buch über das, was geschehen war, zu schreiben. Sie änderte alle Namen, verschiedene Einzelheiten und verwandte fiktive Schauplätze, um die Privatsphäre ihrer Kinder zu schützen. Sie hatte das Gefühl, es wäre nicht fair, die Namen und das Leid der Familie publik zu machen – zumindest nicht, bevor die Kinder erwachsen waren. Sie hörte auf, in die Kirche zu gehen. Die Worte, die sie Priester vor dem Altar sprechen hörte, klangen in ihren Ohren plötzlich heuchlerisch. Die Gemeinsamkeit, die sie immer empfunden hatte, war verschwunden, als sie erleben mußte, wie schnell ihre Glaubensbrüder und -schwestern bereit waren, jeden auszustoßen, der die Handlungen der Kirche in Frage stellte. Die Reaktion ihres Mannes war genau umgekehrt: Er stürzte sich voller Eifer wieder ins Gemeindeleben und behauptete trotzig seinen Platz. Er wollte wieder das Leben führen, das ihre Familie vor der Ankunft Vater Mayers gehabt hatte. Jeanne spürte, daß es kein Zurück gab, daß ihr Leben auf einem Mythos, einer Lüge gegründet gewesen war. Das Paar lebte sich immer mehr auseinander und ließ sich schließlich scheiden.

Jeannes Buch, dem sie den Titel *Assault on Innocence* gab, erschien 1987 unter dem Pseudonym Hilary Stiles. Sie ging unter dem Namen Hilary Stiles zu Talk-Shows, verbarg ihre braunen Augen hinter blauen Kontaktlinsen und trug eine 100-Dollar-Perücke mit glatten, schwarzen Haaren, die ihr ein asiatisches Aussehen verlieh. Anfangs trat sie meistens im Lokalfernsehen und bei lokalen Radiosendern auf, aber schließlich arbeitete sie sich bis zur *Larry King Show* bei *CNN* und sogar bis zu Oprah Winfrey hoch. Und überall, wo sie hinkam, nahmen Menschen sie beiseite und flüsterten ihr ins Ohr, daß auch sie ähnliche Erlebnisse in einer katholischen Gemeinde gehabt hätten, und daß dieses Phänomen viel weiter verbreitet war, als alle angenommen hatten.

Jeanne merkte das mittlerweile selbst bei der Forschungsarbeit, die sie für eine Magisterarbeit in Religionswissenschaften erledigte. Nachdem sie aufgehört hatte, zur Messe zu gehen, hatte Jeanne eine große Leere in sich verspürt. Sie nahm sich vor, die Ursprünge des Katholizismus zu erforschen, zum Kern ihres Glaubens vorzudringen und ihn von der modernen katholischen Amtskirche, die von Menschen gemacht war, zu trennen. Also schrieb sie sich an einer katholischen Universität zum Magisterstudium ein. Als sie dann ein Thema für die Magisterarbeit vorlegen mußte, wählte sie sexuellen Kindesmißbrauch durch katholische Geistliche.[6]

Sie durchforschte gründlich Zeitungen und Illustrierte nach Berichten über Priester, die wegen Kindesmißbrauchs verhaftet oder verklagt worden waren. Sie fand Hunderte solcher Artikel, die unzählige Fälle dokumentierten. Diese Forschungsarbeit legte das Fundament zu einem riesigen Informationsarchiv – Fallakte neben Fallakte, Computerdiskette über Computerdiskette –, das sie mit Hilfe von VOCAL/*The Linkup* schaffen würde.

Ende 1990, als die meisten ihrer Kinder erwachsen waren und der Prozeß gegen Mayer weit zurücklag, gab sie ihr Pseudonym auf, warf ihre Kontaktlinsen und die Perücke weg und trat in TV-Talk-Shows und bei Interviews als Jeanne Miller, Aktivistin und Anklägerin, auf. In Diskussionen über sexuellen Kindesmißbrauch durch Priester und die Vertuschungsmethoden der Kirche bewies sie beeindruckende Sachkenntnis und viel Autorität. Ein öffentlicher Auftritt führte zum nächsten, und ein Interview zog zwei neue nach sich. Schnell wurde sie landesweit zu einer Art inoffizieller Sprecherin der Opfer.

Im Sommer 1991 bekam sie einen Anruf, auf den sie schon

lange wartete: Vater Robert Mayer war wegen Mißbrauchs an einem Dreizehnjährigen verhaftet worden. Seit Jeannes Prozeß hatte Mayer viermal die Gemeinde gewechselt, und im Laufe der Jahre hatte zweimal die Polizei auf Jeannes Schwelle gestanden, um ihr mitzuteilen, daß sie wegen Anzeigen gegen Mayer ermittelten. Aber Mayer wurde nie aus dem Pfarrdienst entlassen, und jetzt war ein weiteres Kind zu Schaden gekommen. (Im Dezember 1992 wurde Mayer wegen Kindesmißbrauchs verurteilt.)[7]

Jeanne hatte jetzt das Gefühl, es wäre an der Zeit, mit frischen Kräften gegen die Kirche vorzugehen, damit sie endlich bezahlte. Sie nahm sich vor, eine Organisation zu gründen und in ihr alle Menschen zu versammeln, die mit der Krise um den sexuellen Kindesmißbrauch befaßt waren. Sie begann damit, indem sie vier Männer anrief, die sie zwar nie kennengelernt hatte, deren Namen sie aber mit der Diskussion über die Krise in Verbindung brachte: Vater Thomas Doyle und Anwalt Ray Mouton, Mitverfasser des Doyle-Peterson-Mouton-Reports, der 1985 in der Kirche Alarm geschlagen hatte; Richard Sipe, der ausgedehnte Forschungen zum Sexualverhalten von Priestern betrieben hatte, und Vater Andrew Greeley, dessen Kolumnen in der *Chicago Sun-Times* häufig kirchliche Würdenträger wegen ihrer Untätigkeit gegenüber Anschuldigungen gegen Priester rügten.

Sie war etwas nervös, als sie die Nummern wählte und fürchtete, daß die Person am anderen Ende der Leitung durch ihren Anruf gestört würde oder sie als Amateur-Aktivistin abtun könnte. Als ersten erreichte sie Doyle und setzte gleich zu einer ausführlichen Vorstellung ihrer Person an.

»Ich weiß, wer Sie sind«, sagte er.

Als nächster war Mouton an der Reihe.

»Ich weiß, wer Sie sind«, sagte auch er.

Ihre Anrufe bei Sipe und Greeley brachten das gleiche Ergebnis. Offenbar wußte jeder, der sich mit Kindesmißbrauch durch katholische Priester befaßte, wer Jeanne Miller war.

Jeder der Männer sprach ihr seinen Respekt für ihre Arbeit aus und begrüßte ihre Idee, eine landesweite Organisation zu gründen. Erfreut und ermutigt trieb sie ihre Pläne voran, und am 19. August 1991 wurde VOCAL aus der Taufe gehoben. Die Existenz des Vereins wurde zusammen mit Jeannes Telefonnummer in Fernsehberichten und Zeitungsartikeln bekanntgegeben. In den darauffolgenden Monaten wurde sie mit Anrufen überschüttet.

Der überraschendste kam noch im gleichen Jahr kurz vor Thanksgiving. Am Apparat war Kardinal Bernardin. Er hatte gerade in seiner Oktober-Pressekonferenz, die landesweit Aufmerksamkeit erregte, die Gründung einer Kommission bekanntgegeben, die im Bereich des Erzbistums Chicago wiederholt straffällig gewordene Priester überwachen und neue Wege im Umgang mit Kindesmißbrauch entwickeln sollte. Jetzt bat der Kardinal um einen Besuch von Jeanne. Er lud sie ein, gleich an diesem Abend zu kommen. Jeanne wollte kaum ihren Ohren trauen.

Die beiden saßen in der Privatresidenz des Kardinals vor dem Kamin. Sie sprachen über Vater Mayers kürzlich erfolgte Verurteilung, wobei der Kardinal zugab: »Ich habe einen Fehler gemacht. Das tut mir leid.« Sie sprachen über das Therapiezentrum, in dem Priester in Chicago psychiatrische Hilfe erhielten und der Kardinal forderte Jeanne auf, es zu besuchen, mit den Ärzten zu sprechen und ihm mitzuteilen, was sie von der Anstalt hielte. Sie redeten ungefähr drei Stunden miteinander. Hinterher begleitete Bernardin persönlich Jeanne zu ihrem Wagen und lud sie ein, bald wieder zu einem Gespräch zu ihm zu kommen.

Das tat sie auch – im Januar 1992. Sie richtete eine besondere Bitte an ihn: Würde er zur ersten Jahreskonferenz von VOCAL, die für Oktober geplant war, kommen und die Begrüßungsansprache halten? Würde er kommen und allen zeigen, daß er ihre Sorgen teilte und daß kirchliche Würdenträger und Opfer in diesem Kampf keine Feinde waren?

Bernardin sagte zu. Als Jeanne ging, regte sich in ihr eine Hoffnung, die sie seit Jahren nicht gespürt hatte. Eine Überzeugung wuchs in ihr: IHRE Kirche tat endlich das Richtige.[8]

Die Monate bis zur VOCAL-Konferenz waren sehr arbeitsreich. Jeanne bekam jeden Abend viele Anrufe von Opfern aus dem ganzen Land. Jeden Monat fragten Dutzende von Reportern bei ihr an, die Interviews, Auskünfte und Hintergrundinformationen haben wollten. Von sechs Uhr morgens bis zwei Uhr mittags arbeitete sie in einer Anwaltskanzlei. Wenn sie nach Hause kam, ging sie sofort in ihr Büro im Souterrain ihres Hauses, wo ihr Computer, der Laserdrucker und zwei Fotokopierer standen, und erwiderte bis elf Uhr nachts Telefonanrufe und Briefe. Manchmal machte sie mitten in ihrer Arbeit eine Pause, um mit ihrem Lebensgefährten Andy Kagan, einem Anwalt, der begriffen hatte, daß man sich an ihrem Kreuzzug beteiligen mußte, wenn man mit ihr leben wollte, zu Abend zu essen. Manchmal machte sie auch gar keine Pause.

Die Konferenz nahm langsam die Dimensionen eines außergewöhnlichen Ereignisses an. Jeannes Rednerliste umfaßte Doyle, Sipe und Greeley. Dazu kamen noch der Anwalt Jeffrey Anderson aus St. Paul, die erste Adresse des Landes für Klagen gegen die katholischen Kirche und Kenneth Lanning, der lokale FBI-Experte zum Thema Kindesmißbrauch. Eine Gruppe der Opfer von Vater James Porter – unter ihnen auch Frank Fitzpatrick und Dennis Gaboury, deren Namen und Gesichter über alle Fernsehschirme im Land geflimmert waren – hatte ebenfalls ihr Kommen zugesagt. Ebenso einige wichtige Pressevertreter – von der *New York Times*, der *Chicago Tribune* und der Fernsehanstalt *Arts & Entertainment Network*, die gerade einen einstündigen Dokumentarfilm über die Krise, die die katholische Kirche erschütterte, vorbereitete.

Etwa drei Wochen vor der Konferenz rief Jeanne bei Kardinal Bernardin an, um über die Sicherheitsvorkehrungen für ihn bei der Konferenz zu sprechen. Er war nicht zu erreichen, also hinterließ sie ihm eine Nachricht. Ein paar Tage lang rief er nicht zurück.

Dann bekam sie einen Brief durch Boten. Darin schrieb er, daß er nicht zu der Konferenz kommen würde. Er erklärte, daß er die Absicht gehabt hätte, mit seinem Kommen Wunden zu heilen. Jeannes ständige öffentliche Kritik an seinen rückschrittlichen Vorgehensweisen habe ihn jedoch zu der Überzeugung gebracht, daß das Heilen alter Wunden nicht ihr Ziel wäre. »Mein Erscheinen wäre sowohl für Sie als auch für mich kontraproduktiv«, schrieb er. »Ich glaube nicht, daß mein Kommen hilfreich wäre.«

Obgleich es stimmte, daß sie Bernardins angekündigten Reformen kritisch gegenüberstand – sie glaubte, daß es in den Richtlinien ein paar Hintertürchen gab –, empfand sie es als ihr Recht, sogar ihre Pflicht, hier wachsam zu sein. Sie fand, daß sie die Zurückweisung des Kardinals nicht verdient hatte. Und sie hatte das Gefühl, daß sie nicht alle anderen Konferenzteilnehmer enttäuschen durfte, die sich darauf freuten, ihn dabei zu haben, die die wichtige Symbolik dieser Geste ersehnten.

Sie fragte sich, ob der Kardinal in seinem Schreiben wohl die wahren Gründe angab. Beugte er sich etwa in Wirklichkeit nur dem Druck der Priester aus dem Bezirk Chicago, die immer größere Angst vor den Akten bekamen, die Jeanne aus den Berichten ihrer Anrufer zusammengestellt hatte? Oder war er vielleicht durch die unvermeidliche Präsenz der Nachrichtenmedien abgeschreckt worden?

Jeanne schickte ebenfalls per Boten einen Brief an den Kardinal, in dem sie schrieb: »Es wäre eine Ungeheuerlichkeit, wenn Sie den Teilnehmern der Konferenz Ihre Anwesenheit nur deshalb versagen würden, weil Sie auf mich wütend sind. Obwohl wir unsere Differenzen haben, glaube ich doch, daß Ihre Sorge für die Opfer aufrichtig ist.« Sie hinterließ ihm telefonische Nachrichten. Bernardin antwortete ihr nie.

Als ihr klar wurde, daß sie ihn nicht erreichen und umstimmen konnte, weinte Jeanne stundenlang. Es erschreckte sie, daß sie immer noch so schmerzlich getroffen werden konnte und daß sie immer noch eine so hohe Erwartungshaltung gegenüber der Kirche hatte. »Ich hatte mir so gewünscht, daß ich mich in ihnen geirrt hätte«, sagt sie. »All diese Jahre wollte ich nur, daß jemand kommt und mir beweist, daß ich mich geirrt habe. All diese Jahre habe ich an all diese Türen angeklopft, um mir selbst und anderen zu beweisen, daß jemand sich darum schert.«

Sie kämpft immer noch darum, das zu beweisen. Sie glaubt immer noch daran. Und sie betet immer noch dafür, daß sie eines Tages in eine katholische Kirche gehen und das Gefühl haben kann, hier nur reinen Glauben und Gemeinschaft zu finden – und keine Firma, die von einer Bruderschaft distanzierter Männer geleitet wird.

Aber bis dahin ist die Arbeit, die sie für die Opfer leistet, ihre Kirche und ihr Gebet. Dadurch, so sagt sie, praktiziert sie die Liebe und die Aufopferung, die ihrer Meinung nach den Kern des Katholizismus darstellen. Und ebenso erklärte sie den Teilnehmern der ersten VOCAL-Konferenz auch Kardinal Bernardins Abwesenheit: »Das bedeutet nicht, daß die Kirche heute abend nicht zu uns gekommen ist. Sondern der Kardinal ist nicht in die Kirche gekommen.«

ANMERKUNGEN

1. Kapitel: Als Gott nicht hinsah

1 Die Einleitung wurde anhand der Interviews mit Frank Fitzpatrick verfaßt, die im Juli 1992 in der Sendung *Prime Time Live* ausgestrahlt und vom *Boston Globe*, dem *Boston Herald*, dem *Providence Journal*, der *Los Angeles Times* und der Illustrierten *People* abgedruckt wurden.

2 Die Schilderung der Erinnerungen der Opfer an das Geschehen in St. Mary's basiert auf den Interviews mit Patty Poirier Wilson, Judy White Mullet, Dennis Gaboury, Dan Lyons, Fran Battaglia und Peter Calderone und auf den Interviews, die sie und andere Opfer dem *Boston Globe*, dem *Providence Journal*, der *Los Angeles Times* und der Illustrierten *People* gaben und die in der Sendung *Prime Time Live* ausgestrahlt wurden.

3 Der Abschnitt, der Patty Poirier Wilson und Judy White Mullet zitiert und sich mit dem Beginn der Bewegung befaßt, die zum Ziel hatte, Porter der Gerechtigkeit zuzuführen, basiert auf den Interviews mit den beiden Frauen in North Attleboro, Massachusetts im November 1992 und auf den Reportagen, die von den oben genannten Zeitungen vom 8. Mai bis zum 1. Dezember 1992 veröffentlicht wurden. Die Informationen über die ersten Tage nach der Fernsehsendung von *WBZ* stammen aus den Interviews mit Dennis Gaboury.

4 Die Informationen über die Treffen der »Überlebenden von Vater Porter« wurden aus den Interviews mit den obengenannten Mitgliedern der Gruppe zusammengestellt.

5 Die Details vom Auffliegen der Geschichte stammen aus den

Interviews mit den obengenannten Opfern und aus den Zeitungsberichten im *Boston Globe*, dem *Boston Herald*, dem *Providence Journal*, dem *St. Paul Pioneer*, der *Star Tribune* (Minneapolis) und den Meldungen der Agentur *Associated Press*.

6 Zitat aus dem Brief von Bischof Connolly an den Erzbischof von Santa Fé vom 9. Oktober 1968.

7 Die Zitate von Bennett stammen aus seinem Brief an Monsignore Reginald Barrette vom 3. November 1970.

8 Die Informationen über die Verhandlungen zwischen dem Bistum Fall River und den Opfern basieren auf den Gesprächen mit Dan Lyons und Peter Calderone, die im November 1992 in North Attleboro stattfanden, und auf dem Interview mit George Hardie im Februar 1993. Eine finanzielle Einigung zwischen der Kirche und den Opfern wurde im Oktober 1992 erreicht.

9 Einzelheiten über den Prozeßverlauf – sowohl vor als auch hinter den Kulissen – wurden aus Reportagen der Zeitungen zusammengestellt, die weiter oben bereits aufgeführt wurden. Im Dezember 1992 wurde Porter in Minnesota wegen sexuellem Mißbrauch am Babysitter seiner Kinder zu sechs Monaten Gefängnis verurteilt. Im Sommer 1993 wartete er auf seine Verhandlung wegen der Anklagen, die man in Massachusetts gegen ihn erhoben hatten.

2. Kapitel: Offenbarung

1 Die historischen Berichte über sexuellen Kindesmißbrauch in der Kirche stammen aus folgenden Quellen: Die Beschreibung der Feier anläßlich von Spaniens Sieg über die Mauren ist bei William Manchester, *A World Lit Only by Fire* (Little, Brown, Boston 1992) zu finden. Die Informationen über Gauch wurden dem Buch von M. Killias, *Jugend und Sexualstrafrecht* (Paul Haupt, Bern 1979) entnommen. Die Fälle von sexuellem Kindesmißbrauch durch den Klerus im neunzehnten Jahrhundert stammen aus Mark Chopkos Aufsatz »Restoring Trust and Faith«, der

im Herbst 1992 in dem Sammelband *Human Rights* der American Bar Association erschien.

2 Zitiert wird aus: Denis Diderot, *La religieuse* und Clorinda Matto de Turner, *Aves sin nido*. Ein Beispiel aus jüngerer Zeit wäre auch: Iris Murdoch, *Henry and Cato* (Chatto & Windus, London 1976).

3 Es gibt eine Unmenge Literatur zu dem Thema Kindheitsgeschichte – und Sexualgeschichte – in der westlichen Gesellschaft. Als Beispiel sind zu nennen: M. Foucault, *The History of Sexuality* (Allen Lane, London 1979); Philippe Ariès, *Centuries of Childhood* (Alfred A.Knopf, New York 1962); Guido Ruggerio, *The Boundaries of Eros: Sex, Crime and Sexuality in Renaissance Venice* (Oxford University Press, Oxford 1984).

4 Die Information über Bischof Gumbleton stammt aus einem Interview der Autoren im September 1992. Die Information über Bischof Weakland stammt aus einem Interview im September 1992.

5 Die Daten über die geschätzten Zahlen von Priestern im St. Luke Institute, die sexuelle Probleme haben, stammen aus den Interviews mit Richard Sipe im Juni 1992 in Baltimore.

6 Die Geschichte von Scott Gastal basiert auf den Interviews mit dessen Anwalt J. Minos Simon im Juli 1992 in Lafayette, Louisiana; auf den Kriminalakten Gauthes; den Akten der Zivilklagen gegen Gauthe und die Diözese Lafayette; und Berichten in der *Times of Acadiana*, dem *National Catholic Reporter*, der *Times-Picayune* (New Orleans), dem *Providence Advertiser* (Lafayette, Louisiana) und den *San José Mercury News* – alle aus den Jahren 1985 und 1986. Gauthe, der wegen des Mißbrauchs von unzähligen Jungen zur Zeit eine Gefängnisstrafe verbüßt, reagierte nicht auf wiederholte Bitten, uns ein Interview zu gewähren. Auch der gegenwärtige Bischof von Lafayette hüllte sich in Schweigen.

7 Die Informationen über den Fall Engbers stammen aus den Interviews im Juli 1992 mit Anthony Fontana und Bonnie Butaud

Bonin in Lafayette, Louisiana. Persönliche Briefe, Fotos und andere private Dokumente wurden von Ms. Bonin zur Verfügung gestellt. Dazu kam noch der Briefwechsel zwischen Fontana und den Beamten der Diözese Lafayette und die Artikel aus den Zeitungen *Times of Acadiana*, *Times-Picayune* (New Orleans) und *National Catholic Reporter*, 1985. Kurz nachdem Bonin gegen Engbers Anklage erhoben hatte, kehrte der Priester nach Holland zurück. Er ist inzwischen verstorben. Bonnies Klage wurde nie verhandelt, und ein Vergleich kam nie zustande. Der Bischof hat auf wiederholte Bitten um ein Interview nicht reagiert.

8 Die Informationen über den Fall Fontenot stammen aus Artikeln, die in folgenden Zeitungen erschienen: *Times of Acadiana*, *National Catholic Reporter*, *Spokane Chronicle*, *Port Angeles Daily News* und *Seattle Post-Intelligencer* (alle 1986) und der *Seattle Times* (24. Mai 1988). Der Bischof von Lafayette reagierte nicht auf Bitten um ein Gespräch über diesen Fall. Im Juli 1986 wurde Fontenot zu einem Jahr Gefängnis, zwei Jahren Behandlung in einer geschlossenen Anstalt und drei Jahren Bewährung verurteilt.

9 Die Informationen über die Pressekonferenz, die 1989 bei der nationalen katholischen Bischofskonferenz stattfand, stammen aus Gesprächen mit dem Organisator Michael Schwartz; Jeanne Miller, der Frau mit der Perücke; David Crumm, der als Korrespondent der *Detroit Free Press* daran teilnahm; aus Statements, die die Gruppe »Katholiken für offene Kirche« herausgab, und aus Presseberichten im November 1989 in den *San José Mercury News* und dem *Providence Journal*.

10 Der Leitartikel aus dem *Osservatore Romano* ist zitiert in: John Crewdson, *By Silence Betrayed: Sexual Abuse of Children in America* (Little, Brown, Boston 1988).

11 Die Geschichte von Vater Alvin Campbell basiert auf Mitteilungen von *Associated Press* und *United Press International* aus dem Jahr 1984. 1985 bekannte sich Campbell des Mißbrauchs von Jungen schuldig und wurde zu vierzehn Jahren Gefängnis verurteilt.

12 Die Geschichte von Vater Paul Margand basiert auf Berichten im *Lincoln Journal* (Juli 1987) und dem *Lincoln Star* (November 1987).

13 Die Geschichte von Vater Robert Kapoun basiert auf Berichten, die im Mai 1990 im *St. Paul Pioneer Press Dispatch* erschienen. Kapoun wurde nie angeklagt. Eine Zivilklage gegen ihn wegen des Mißbrauchs an einem Zwölfjährigen wurde im Mai 1990 niedergeschlagen.

14 Die Geschichte von Vater Anthony Corbin basiert auf einem Bericht, der im Februar 1989 im *Philadelphia Inquirer* erschien. Corbin bekannte sich des sexuellen Mißbrauchs an einem Jungen für schuldig und wurde zu fünf Jahren Gefängnis verurteilt. Er saß nur sechzig Tage ab, der Rest wurde ihm erlassen.

15 Die Geschichte von Vater Anton Mowat beruht auf Berichten, die vom April 1989 bis zum Juni 1990 im *Atlanta Journal* und *Atlanta Constitution* erschienen. Im Mai 1990 wurde Mowat zu sechs Jahren Gefängnis verurteilt. Nach achtzehn Monaten Haft wurde er begnadigt und bis zum Jahr 2005 aus den Vereinigten Staaten ausgewiesen.

16 Die aufgeführten Fälle stammen aus folgenden Quellen:
Smart: *The Missoulian* (Januar 1991).
Ball: *St. Paul Pioneer Press*, *Milwaukee Journal*, *Wisconsin State Journal* (Dezember 1991 bis Mai 1992). Im September 1992 wurde Ball wegen sexuellen Mißbrauchs an einem Zwölfjährigen zu fünf Jahren Gefängnis verurteilt.
Ubaldi: Interviews mit einer Frau, die anonym bleiben wollte, und ihrem Anwalt in San Diego, sowie Zeitungsberichte, die im März 1992 in der *San Diego Union* erschienen. Ubaldi, der das Land verlassen hat, reagierte nicht auf Bitten, uns ein Interview zu geben.
Kelly: *Los Angeles Daily News*, April 1992; *Los Angeles Times*, September 1992. Kelly bekam drei Jahre auf Bewährung, nachdem er versprochen hatte, keine Revision einzulegen.
1992 floh er nach Irland.

Lehman: *Arizona Republic* und *Phoenix Gazette* (Mai 1992) sowie Interviews mit den Familien und anderen Opfern. Weitere Quellen sind in den Anmerkungen zum 7. Kapitel zu finden. Lehman, der 1992 zu zehn Jahren Gefängnis verurteilt wurde, verweigerte ein Interview zu diesem Fall.

Lavigne: *Boston Globe* und *Boston Herald* (Oktober 1991 bis Juni 1992), *Boston Magazine* (Juli 1992), *Springfield Advocate* (April 1992). Im Juni 1992 bekannte sich Lavigne schuldig, wurde zu einer Bewährungsstrafe und stationärer Therapie verurteilt und in eine Anstalt eingewiesen. Lavigne reagierte nicht auf unsere Bitten um ein Interview.

Monaghan: *Sacramento Bee*, Juli 1992.

White: *Chicago Tribune*, August 1992.

Provost: (Worcester) *Telegram & Gazette*, September 1992.

Calabrese: *Orlando Sentinel* (Oktober 1992), *New York Post* (Februar 1993) und das Interview der Autoren mit William Grady, dem Bezirksstaatsanwalt, im Oktober 1992.

Malsch: *Wisconsin State Journal* (November 1992)

Holley: *Boston Globe*, *USA Today* (Dezember 1992) und Interviews mit Bruce Pasternack, dem Anklagevertreter. Angestellte der Einrichtung haben verschiedene Berichte der Vorfälle in St. Luke am 29. Januar 1993 geliefert. Nach Vater Canice Connors' Beschreibung des Vorfalls lieferte Vater John Geaney, der Sprecher der Einrichtung, noch eine weitere Version: die Polizei wäre ohne Durchsuchungsbefehl erschienen, und hätte »jeden Anstand verletzt« weil sie bereits um 5.45 morgens gekommen wäre. Er betonte, daß man Holley der Polizei übergeben hätte, nachdem man den Vertrauensanwalt der Einrichtung kontaktiert hätte. Die verschiedenen Berichte über diese Vorfälle beruhen auf Interviews mit Irv Smith, Sprecher der Sheriffbehörde von Prince George County, Gary Costello, Leiter der Pädophilen-Einheit der Sheriffbehörde von Montgomery County, und den Akten über die Vorfälle, die den Mitgliedern der Kommission, in deren Vorstand auch Vater Connors sitzt, übermittelt wurden.

17 Der Abschnitt, der sich mit der Anzahl von katholischen Priestern befaßt, die mißbrauchen, basiert auf einer Vielzahl von Quellen. Die Zahl von zweihundert ist eine Mindestangabe, die wir aus

Zeitungsberichten, Gerichtsakten und Interviews mit Anwälten, Staatsanwälten und Opfern geschätzt haben. Das Thema, daß die Kirche an zentraler Stelle Aufzeichnungen über die Fälle besitzt, wurde von Mark Chopko, der zu diesem Zeitpunkt Berater der nationalen katholischen Bischofskonferenz war, anläßlich eines Interviews im Juli 1992 angeschnitten. Die Informationen über unbekannte Fälle stammen aus Interviews mit den Bischöfen von Chicago, Rochester (New York), Louisville (Kentucky), Savannah, Los Angeles, Austin (Texas), Cincinnati, St. Paul-Minneapolis, Omaha, Saginaw, Milwaukee und dem Weihbischof von Detroit. Die geschätzten Prozentzahlen stammen aus Richard Sipes Buch *A Secret World: Sexuality and the Search for Celibacy* (Brunner/Mazel, New York 1990) und aus den Interviews mit ihm. Die geschätzten Prozentzahlen für die Geistlichen der protestantischen Glaubensrichtungen stammen aus einer Studie, in der Lloyd Rediger, Pfarrer und Therapeut, 1.000 Geistliche befragt hat. Die Informationen über die Festnahme von anderen Geistlichen aus Massachusetts stammt aus dem *Boston Globe* (11. Mai 1992); über Freys Festnahme wurde im *Commercial Appeal* (Memphis, Oktober 1992) berichtet. Chilstroms Zitat stammt aus den *Dayton Daily News* (8. Dezember 1991). Andere Hintergrundinformationen über protestantische Geistliche stammen aus einem Interview mit Reverend Marie Fortune.

18 Das Loftus-Zitat stammt aus einem Interview im August 1992.

19 Das Rossetti-Zitat stammt aus einem Interview im Juli 1992.

20 Beobachtungen über die Unterschiede zwischen protestantischer und katholischer Geistlichkeit stammen aus einem Interview mit Reverend Marie Fortune. Die Politik von verschiedenen Glaubensrichtungen wurde den jeweiligen Publikationen entnommen. Zum Lesen empfohlen sei zum Beispiel: *If You Have Been Sexually Abused or Harassed: A Guide to Getting Effective Help in the ELCA* (The Evangelical Lutheran Church of America, Chicago 1991).

21 Die Angaben zu den Nationalitäten von ausländischen Priestern,

die wegen Kindesmißbrauchs angeklagt oder verhaftet wurden, entstammen den Fallakten, die die Autoren aus Zeitungsberichten und Gerichtsakten zusammengetragen haben.

22 Informationen über die Erzbistümer Melbourne und Wellington wurden den Autoren von Vater Thomas Doyle zur Verfügung gestellt, der beiden Diözesen als Berater diente.

23 Obwohl Informationen über die Skandale in Neufundland aus allen kanadischen Zeitungen zusammengestellt wurden, war die verständlichste Abhandlung über das Geschehen Michael Harris', *Unholy Orders* (Viking, Ontario 1990). Die Informationen über Kanadas fortlaufende Probleme mit sexuellem Kindesmißbrauch durch katholische Priester stammen aus den folgenden Zeitungen und Illustrierten: *Toronto Star*, *Hamilton Spectator*, *Winnipeg Free Press*, *Windsor Star*, *Montreal Gazette*, *Compass* und *National Catholic Reporter* (alle Jahrgang 1992). Weitere Informationen bot der Bericht, den das Ad-hoc-Komitee der kanadischen katholischen Bischofskonferenz zum Kindesmißbrauch 1992 verfaßte – *From Pain to Hope* – und die Materialien, die sie für Diskussionsgruppen zusammenstellten – *Breach of Trust, Breach of Faith.*

24 Die Informationen über die Reaktion auf die Ausstrahlung der Sendung im katholischen Fernsehen Hollands lieferte der Produzent Stijn Fens.

25 Der allgemeinen Diskussion über sexuellen Kindesmißbrauch, Pädophilie und Ephebophilie liegen die Interviews der Autoren mit den führenden Experten des Landes auf diesem Gebiet zugrunde. Zu nennen sind: Dr. Gene Abel, Leiter des Institutes für behavioristische Medizin in Atlanta; Dr. Judith Becker, klinische Psychologin und Professorin für Psychiatrie an der medizinischen Fakultät der Universität von Arizona; Dr. Fred Berlin, Therapeut in Baltimore und Professor der medizinischen Fakultät der Johns-Hopkins-Universität; Anne Cohn Donnelly, Geschäftsführerin des nationalen Komitees für die Verhütung von Kindesmißbrauch; Dr. David Finkelhor, einer der Leiter des Labors für Familienforschung an der Universität von New

Hampshire; Dr. A. Nicholas Groth, Leiter des Gutachterbüros für Gerichtsmedizin in Orlando, Florida; Kenneth Lanning, leitender Ermittlungsbeamter des FBI, Quantico, Virginia; Dr. Robert Prentky und Gail Ryan vom Kempe Center in Denver, Colorado. Diese Diskussion basiert auch auf Artikeln und Forschungsarbeiten, die in einer Vielzahl von Zeitschriften und unter anderem in den folgenden Büchern veröffentlicht wurden: David Finkelhor, *Child Sexual Abuse* (The Free Press, New York 1984); David Finkelhor, *A Sourcebook on Child Sexual Abuse* (Sage, Newbury Park/Kal. 1986); John Crewdson, *By Silence Betrayed: Sexual Abuse of Children in America* (Little, Brown, Boston 1988); Mike Lew, *Victims No Longer* (Harper & Row, New York 1990); Ellen Bas und Laura Davis, *The Courage to Heal* (Harper & Row, New York 1988); Stephen Rossetti, *Slayer of the Soul* (Twenty-Third Publications, Mystic, Conn. 1990).

26 Das Zitat von Reverend Margaret Graham stammt aus dem Interview im August 1992.

27 Dr. Groth wurde aus dem Interview im Juni 1991 zitiert.

28 Dr. Berlin wurde aus dem Interview im Juni 1991 zitiert.

29 Das Zitat von Dr. Berlin stammt aus dem Interview im Juli 1992.

30 Die Meinungserhebung der *Los Angeles Times* wurde im Juli 1985 durchgeführt, und die Ergebnisse wurden später nicht nur in dieser Zeitung, sondern auch in wissenschaftlichen Zeitschriften veröffentlicht, u. a. in: *Child Sexual Abuse and Neglect* (1990).

3. Kapitel: Entwicklung

1 Der Gedanke, daß der Zölibat möglicherweise einen Magnet für Menschen, die sexuell unreif sind oder unter sexuellen Störungen oder Krankheiten leiden, bilden könnte, erwuchs bei den Autoren durch Interviews mit zahllosen Experten auf dem Gebiet des sexuellen Kindesmißbrauchs, darunter: Dr. Judith Becker, klinische Psychologin und Professorin für Psychiatrie an der medizi-

nischen Fakultät der Universität von Arizona; Walter Bera, Psychologe aus Minneapolis; Dr. Fred Berlin, Therapeut aus Baltimore und Professor für Medizin an der Johns-Hopkins-Universität; Dr. Fran Ferder, Nonne bei den Franziskanerinnen und Therapeutin bei der Erzdiözese Seattle; Dr. David Finkelhor, einer der Direktoren des Labors für Familienforschung an der Universität von New Hampshire; Dr. Glen Gabbard, Leiter der Menninger Clinic in Topeka, Kansas; Dr. John Gonsiorek, Therapeut aus Minneapolis; Dr. A. Nicholas Groth, Leiter der Gutachterstelle in Orlando, Florida; Mark Laaser, ehemaliger Pfarrer der Unitarier und Therapeut im Bezirk von St. Paul- Minneapolis; Kenneth Lanning, leitender Beamter des FBI in Quantico, Virginia; Dr. James Pedigo, Leiter des Programms für behinderte Berufstätige am Joseph-Peters-Institut in Philadelphia; Vater Kenneth Pierre, Priester und Psychotherapeut in Minneapolis, Minnesota; Richard Sipe, Psychotherapeut im Bezirk Baltimore und Autor des Buches *A Secret World: Sexuality and the Search for Celibacy* (Brunner/Mazel, New York 1990).

2 Das Zitat von Dr. John Money stammt aus einem Artikel über sexuellen Kindesmißbrauch in der katholischen Kirche, der am 30. Dezember 1987 in den *San José Mercury News* erschien.

3 Das Zitat von Dr. Glen Gabbard stammt aus einem Interview im Oktober 1992.

4 Das Zitat des Erzbischofs von Omaha, Nebraska, Daniel Sheehan, stammt aus einem Interview im August 1992.

5 Das Zitat von Bischof Kenneth Untener von Saginaw stammt aus einem Interview im September 1992 in Saginaw, Michigan.

6 Zitat und Anekdote stammen aus einem Interview mit Mark Laaser im September 1992 in Minneapolis.

7 Die Beobachtung, daß Priester nicht die gleiche psychosexuelle Entwicklung durchlaufen wie andere Männer, ist durch Aussagen und Forschungen der Experten auf dem Gebiet des sexuellen

Kindesmißbrauchs und der sexuellen Störungen, die in Anmerkung 1 genannt sind, erhärtet worden.

8 Die Beobachtungen über Erfahrungen im Seminar und mit dem Lebensstil von Priestern, sowie die mögliche Verbindung zu Unreife, sexueller Repression und Einsamkeit sind den Interviews mit den Experten entnommen worden, die bereits in diesem Kapitel zitiert wurden. Diese Beobachtungen entstammen auch Interviews mit folgenden Priestern und Ex-Priestern. Unter anderem sind zu nennen: Vater Kevin Clinton aus Mendota, Minnesota; Vater Victor Clore aus Detroit, Michigan; Bischof Thomas Gumbleton aus Detroit; Dr. John Allan Loftus, Priester und Psychotherapeut im Southdown Therapiezentrum in der Nähe von Toronto; Eugene Kennedy, Psychologe aus Chicago; Vater Anthony Kosnik vom Marygrove College in Detroit; Vater Richard McBrien, ehemaliger Leiter der theologischen Fakultät der Universität Notre Dame; Pasqual Otazu, ein ehemaliger Benediktinermönch aus Miami, Florida; Tim Unsworth, Autor des Buches *The Last Priests in America* (Crossroad, New York 1991); Bischof Kenneth Untener aus Saginaw, Michigan und Vater Tim Wozniak aus St. Paul Park, Minnesota. Die Beobachtungen gründen sich auch auf eine soziologische Untersuchung aus dem Jahr 1991, die von der nationalen Vereinigung der Priester unter dem Titel *Consultation on Priests' Morale: A Review of Research* herausgegeben wurde.

9 Der volle Titel des Kennedy-Reports lautet: *The Catholic Priest in the United States: Psychological Investigations* von *Eugene F. Kennedy* und *Victor J. Heckler* (United States Catholic Conference, Washington, D.C. 1972). Ergänzende Kommentare über die Ergebnisse des Reports und ihre Bedeutung für die Priesterschaft heute stammen aus den Interviews im August und September 1992 mit Eugene Kennedy und Dr. Sara Charles Kennedy in Chicago, Illinois, und St. Joseph, Michigan.

10 Das Zitat von Richard Sipe stammt aus dem Interview im Juli 1992 in Timonium, Maryland.

11 Das Zitat von Reverend Margaret Graham stammt aus einem Interview der Autoren mit Dr. Graham im August 1992.

12 Das Zitat von Vincent Bilotta stammt aus dem Artikel »Unholy Acts«, den der *New Yorker* am 7. Juni 1993 veröffentlichte.

13 Das Zitat von Dr. Nicholas Groth stammt aus einem Interview im September 1992.

14 Das Zitat von Dr. Judith Becker stammt aus dem Interview im September 1992.

15 Sipes Zahlenangaben stammen aus den Interviews mit ihm und aus seinem bereits oben zitierten Buch.

16 Die Annahme, daß Kinder gegenüber vertrauten Autoritätspersonen, zu denen besonders Priester zählen, viel verwundbarer sind, basiert auf Interviews mit folgenden Experten: Dr. Robin August, Psychotherapeut aus Miami, Florida (Juni 1992); Dr. David Finkelhor, Leiter des Labors für Familienforschung an der Universität von New Hampshire (Juli 1992); Gary Schoener, Psychotherapeut aus Minneapolis; Gail Ryan vom Kempe Center in Denver, Colorado (August 1992); Anne Cohn Donnelly, Geschäftsführerin des Vereins für die Verhütung von sexuellem Kindesmißbrauch (August 1992); Mic Hunter, Psychotherapeut aus St. Paul, Minnesota, und Autor des Buches: *Abused Boys: The Neglected Victims of Sexual Abuse* (Ballantine Books, New York 1990); Walter Bera, Psychotherapeut aus Minneapolis und Thom Harrigan, ein Psychotherapeut aus dem Bezirk Boston.

17 Schoeners Anekdote stammt aus einem Interview im September 1992 in Minneapolis, Minnesota.

18 Das Zitat von Gail Ryan Zitat stammt aus dem Interview im August 1992.

19 Mike Lew wurde aus einem Interview im September 1992 zitiert.

20 Die Zitate aus dem Selbsthilfebuch des protestantischen Pfarrers, der wegen Kindesmißbrauchs im Gefängnis saß, stammt aus einem Exemplar des Buches, das uns der Pfarrer selbst zur Verfügung stellte. Er bat uns, seinen Namen nicht zu nennen.

21 Allgemeine Beobachtungen über die Struktur und die Arbeitsweise der katholischen Kirche stammen aus unzähligen Quellen. Dazu gehören auch die folgenden Bücher: *A Church Divided* von Terry Sweeney (Prometheus, Buffalo 1992); *The Catholic Moment* von Richard John Neuhaus (Harper & Row, New York 1987); *Tomorrow's Catholics, Yesterday's Church* von Eugene Kennedy (Harper & Row, San Francisco 1988); *Report on the Church: Catholicism after Vatican II* von Richard P. McBrien (HarperCollins, New York 1992); und *Archbishop: Inside the Power Structure of the American Catholic Church* von Thomas J. Reese (Harper & Row, San Francisco 1989).

22 Überlegungen in bezug auf die Gründe, warum Bischöfe so kläglich auf Beschwerden über Kindesmißbrauch von Priestern reagierten, stammen aus Interviews, die die Autoren 1992 mit folgenden Bischöfen führten: Kardinal Joseph Bernardin, Bischof von Chicago; Matthew Clark, Bischof von Rochester, New York; Thomas Gumbleton, Bischof von Detroit; Thomas Kelly, Erzbischof von Louisville, Kentucky; Raymond Lessard, Bischof von Savannah, Georgia; Kardinal Roger Mahony, Bischof von Los Angeles; John McCarthy, Bischof von Austin, Texas; Daniel Pilarczyk, Erzbischof von Cincinnati; John Roach, Erzbischof von St. Paul-Minneapolis; Daniel Sheehan, Erzbischof von Omaha, Nebraska; Kenneth Untener, Bischof von Saginaw, Michigan; Rembert Weakland, Erzbischof von Milwaukee, Wisconsin.

23 Die Überlegungen zum Fehlverhalten von Bischöfen stammen auch aus Interviews, die 1992 mit einigen der bereits genannten Experten, mit Priestern, die selbst Kinder mißbraucht hatten, und/oder Kritikern der katholischen Kirche und der Kultur des Katholizismus geführt wurden.

24 Das Zitat von Greeley stammt aus einer Rede, die er im Oktober

1992 vor der ersten Jahreskonferenz des Vereins der Opfer von sexuellem Kindesmißbrauch durch Geistliche in Arlington Heights, Illinois, gehalten hat.

25 Beobachtungen über das Wesen der Hierarchie als Nährboden für Kindesmißbrauch stammen aus Interviews, die im September und Oktober 1992 mit Dr. Fran Ferder, Reverend Marie Fortune, einem Pfarrer der Unitarier und Geschäftsführer des Zentrums für die Prävention sexueller und häuslicher Gewalt, Mic Hunter, Mike Lew und Richard Sipe geführt wurden.

26 Sipes Zitat stammt aus einer Rede, die er vor Opfern des Kindesmißbrauchs durch Priester im Oktober 1992 in einem Vorort von Chicago hielt.

4. Kapitel: Lasset die Kinder zu mir kommen

1 Die Geschichte von Tim Martinez basiert auf Interviews im August 1992 in Albuquerque, New Mexico, mit Martinez, seiner Mutter Rose, seinem Vater Louis, seinem Anwalt Bruce Pasternack und dessen Ermittler Jerry Mazon. Sie enthält auch Informationen, die der Personalakte Siglers im Erzbistum Santa Fé entnommen sind, sowie Anmerkungen von Martinez, Sigler, Erzbischof Robert Sanchez und Vater Clarence Galli; Anzeigen, eidesstattliche Erklärungen, Zusammenfassungen und Aussagen befinden sich in der Akte des Falles John Doe I bis X gegen die römisch-katholische Kirche in Gestalt des Erzbistums Santa Fé, Inc., Jason E. Sigler, Bischof Arthur Tafoya und Clarence Galli; Zeitungsberichte wurden 1992 im *Albuquerque Journal* und in der *Albuquerque Tribune* veröffentlicht; der Verhaftungsbericht von Jason Sigler wegen des kriminellen Geschlechtsverkehrs mit anderen Jugendlichen (83-01690) stammt von der Polizei in Albuquerque, und der Antrag auf Vergleich in diesem Fall ist in den Akten des Bezirksgerichts Bernalillo County, New Mexico zu finden. Sigler, der kein katholischer Priester mehr ist, verweigerte jede Stellungnahme zu dieser Frage.

2 Schoeners Zitat stammt aus dem Interview im September 1992.

3 Die Geschichte der Bonnie Bonin gründet auf den Interviews im Juli 1992 mit Anthony Fontana und Bonnie Butaud Bonin in Lafayette, Louisiana; persönliche Briefe, Fotografien und andere private Dokumente wurden von Ms. Bonin zur Verfügung gestellt; der Briefwechsel zwischen Fontana und offiziellen Stellen des Bistums Lafayette und Reportagen wurden 1986 in der *Times of Acadiana*, der *Times-Picayune* (New Orleans) und dem *National Catholic Reporter* veröffentlicht. In einem kurzen Telefoninterview bestätigte Bonnies Mutter, Martha Butaud, Bonnies Bericht über die enge Beziehung ihrer Familie zu Engbers, bestritt aber, ihre Töchter »Huren« genannt zu haben. Sie sagte auch, daß sie sich nicht daran erinnern könne, daß Bonnie ihr jemals erzählt hätte, Engbers würde sie sexuell mißbrauchen. Kurz nachdem Bonin einen Prozeß gegen Engbers angestrengt hatte, kehrte der Priester in sein Heimatland Holland zurück. Er ist inzwischen verstorben. Der Prozeß hat nie stattgefunden.

4 Die Geschichte von Jennifer Kraskouskas basiert auf den Interviews im Juli 1992 mit Jennifer, Lynn, Jackie und Tony Kraskouskas in Gardner, Massachusetts. Sie wird ergänzt durch Reportagen, die im April 1990 in der Zeitung *Telegram & Gazette* (Worcester, Massachusetts) erschienen. Kelley, der noch inhaftiert war, als dieses Buch fertiggestellt wurde, reagierte nicht auf Bitten um ein Interview.

5 Die Geschichte von Ed Morris gründet auf den Interviews im Oktober 1992 mit Morris und seinem Anwalt Jeff Anderson in Chicago. Pinkowski ist inzwischen verstorben. Morris' Anklage wurde von den Gerichten in Pennsylvania abgelehnt, weil die Verjährungsfrist abgelaufen war. Die Revision wird im Augenblick vorbereitet.

5. Kapitel: Falsche Vorbilder

1 Vater Ned ist das Pseudonym eines Priesters und Kinderschänders, der unter der Bedingung, anonym zu bleiben, in Interviews einwilligte. Seine Geschichte basiert auf den Interviews im

August und September 1992 mit Vater Ned, Beamten seiner Diözese, mit Therapeuten, die ihn kennen und mit ihm gearbeitet haben, und mit seinen Freunden aus der Priesterschaft.

2 Allgemeine Beobachtungen darüber, wie Priester zum sexuellen Kindesmißbrauch kommen oder ihn rationalisieren, stammen aus Interviews mit den Experten, die bereits in den Anmerkungen zum dritten Kapitel zitiert sind. Die Beobachtungen entstammen auch den Interviews, die im Juli, August und September 1992 mit folgenden Therapeuten, die kinderschänderische Priester behandeln, geführt wurden: Dr. Canice Connors, Schwester Sheila McNiff und Vater Stephen Rossetti vom St. Luke Institute in Suitland, Maryland, und Dr. John Allan Loftus von Southdown in Aurora, Ontario, Kanada.

3 Vater Martin ist das Pseudonym eines Priesters und Kinderschänders, der unter der Bedingung, anonym zu bleiben, in Interviews einwilligte. Seine Geschichte basiert auf den Interviews im August und September 1992 mit ihm und seinem Therapeuten.

4 Die Beobachtungen von Dr. James Pedigo stammen aus dem Interview im August 1992.

5 Die Beobachtungen über Vater Mark Lehman stammen aus Interviews mit den folgenden Personen, von denen manche auf ihren Wunsch hin ein Pseudonym bekommen haben: Laura Reckart, Susan Lindley und Paula Anderson vom Büro der Staatsanwaltschaft in Maricopa County; Elizabeth Evarts und ihr Sohn J.P. Evarts; Patty Hanson (Pseudonym); Dawn Barton (Pseudonym) und ihrer Mutter; und Gemeindemitgliedern von St. Thomas Apostel – Dennis Desmond, Kathy Desmond und Nancy Richards. Details wurden auch den Polizeiakten (unter anderem dem Phoenix Police Department Report No. 09-086927) und Gerichtsakten des Falles Arizona gegen Mark Allen Lehman (CR-9100442 und CR-9105341) entnommen. Details über Vater Mark Lehmans sexuellen Lebenslauf stammen aus dem Risiko-Gutachten über Lehman, das im Februar 1991 von Robert Emerick und Dr. Tom Selby vom Gutachterteam für sexuelle Perversion

am Phoenix Memorial Hospital erstellt wurde. Lehman lehnte mehrere Bitten um ein Interview für dieses Buch ab.

6 Vater Charles ist das Pseudonym eines Priesters und Kinderschänders, der unter der Bedingung, anonym zu bleiben, in Interviews einwilligte. Seine Geschichte basiert auf den Interviews im Oktober 1992.

7 Die Kommentare von Vater Robert Kirsch stammen aus der Aussage, die er 1992 in dem Prozeß Sandra S. gegen Vater Robert Kirsch, die römisch-katholische Kirche im Erzbistum Santa Fé, Inc. und die Kirche St. Thomas Apostel in Abiquiu, New Mexico, machte. Vater Kirsch reagierte nicht auf Bitten um ein Interview zu diesem Fall.

8 Kommentare von und Beobachtungen über Schwester Georgene Stuppy entstammen ihren Aussagen, die sie im Mai und August 1991 bei dem Prozeß Jane C. Doe gegen Schwester Georgene Stuppy, Angehörige des dritten Ordens des heiligen Franziskus der Kongregation Unserer Frau von Lourdes, der Kirche Königin der Engel in Austin, Minnesota, und der Diözese von Winona, (Minnesota) machte. Dazu kommen noch Interviews im September und Oktober 1992 mit ihrem Opfer, das darum bat, anonym zu bleiben, und Auszüge aus persönlichen Briefen, die Stuppy an ihr Opfer schrieb. Der Fall wurde im Dezember 1992 außergerichtlich beigelegt. Schwester Stuppy lehnte es ab, zu diesem Fall interviewt zu werden, gab den Autoren gegenüber aber im Februar 1993 folgendes Statement ab: »Ich bestreite jede Anschuldigung, daß ich eine Straftat begangen hätte.«

9 Das Zitat von Kenneth Lanning stammt aus dem Interview im Juli 1992 in Quantico, Virginia.

10 Die Angaben zu Vater James Porter stammen aus den Quellen, die bereits in den Anmerkungen zum ersten Kapitel zitiert wurden.

11 Angaben zu Vater Paul Henry Leech stammen aus Polizeibefra-

gungen von Opfern und ihren Familien während des Prozesses Rhode Island gegen Paul Henry Leech (No. 84-2495). Leech wurde 1985 zu drei Jahren Gefängnis verurteilt und arbeitet nicht mehr als Priester. Er lehnte Bitten um ein Interview ab.

12 Einzelheiten über den Selbstmord des Benediktinermönchs wurden einem Artikel entnommen, der am 2. August 1986 in der Zeitung *San Diego Union and Tribune* erschien.

13 Details über den Selbstmord von Monsignore William Reinecke stammen aus Artikeln, die im August 1992 in der *Washington Times*, der *Washington Post* und dem *Virginian Pilot* erschienen, und aus Interviews mit Beamten der Polizei von Arlington County (Virginia).

6. Kapitel: Das Schweigen der Lämmer

1 Die Diskussion der Gründe, warum Kinder nach dem Mißbrauch darüber schweigen, basiert sowohl auf Interviews mit Dutzenden von Opfern als auch auf Interviews mit den folgenden Experten: Dr. Robin August, Psychotherapeut in Miami, Florida (Juni 1992); Dr. David Chadwick, Leiter des Kinderschutzzentrums in San Diego, Kalifornien (August 1992); Dr. David Finkelhor, Leiter des Labors für Familienforschung an der Universität von New Hampshire (Juli 1992); Dr. Dick Krugman, Kempe Zentrum in Denver, Colorado (August 1992); Gary Schoener, Psychotherapeut in Minneapolis; Gail Ryan, Kempe Zentrum in Denver, Colorado (August 1992); Anne Cohn Donnelly, Geschäftsführerin des Vereins für die Verhütung von sexuellem Kindesmißbrauch (August 1992); Mic Hunter, Psychotherapeut in St. Paul, Minnesota, und Autor des Buches *Abused Boys: The Neglected Victims of Sexual Abuse* (Ballantine Books, New York 1990); und Mike Lew, Psychotherapeut aus Boston und Autor des Buches *Victims No Longer: Men Recovering from Incest and Other Child Sexual Abuse* (Nevraumont, New York 1988). Der Bericht der Psychologen aus Lafayette ist in den *San José Mercury News* vom 30./31. Dezember 1987 zitiert worden.

2 Die Geschichte von Calvin Mire basiert auf den Interviews im Juli 1992 mit Mire, seinem Anwalt Tony Fontana aus Abbeville, Louisiana, und dem Anwalt J. Minos Simon aus Lafayette. Ergänzt wurde sie durch die ausführlichen Gerichtsakten der Zivil- und Strafprozesse gegen Gauthe und die Diözese Lafayette in den Jahren 1985 und 1986 ebenso wie durch Berichte, die im Jahr 1986 in folgenden Zeitungen erschienen: *Times of Acadiana*, *National Catholic Reporter*, *Times-Picayune* (New Orleans), *Providence Journal*, *Houston Post*, *Dallas Morning News* und *Daily Advertiser* (Lafayette, Louisiana) und *San José Mercury News*. Gauthe ist gegenwärtig im Gefängnis und reagierte nicht auf Bitten um ein Interview für dieses Buch.

3 Die Geschichte von Susan Sandoval basiert auf den Interviews im August 1992 in Albuquerque, New Mexico, mit Sandoval, ihrem Anwalt Bruce Pasternack und dem Privatdetektiv Jerry Mazon. Sie enthält auch Informationen aus der *Albuquerque Tribune* und dem *Albuquerque Journal* im Jahr 1992; den 1992 gemachten Aussagen von Robert Kirsch und Erzbischof Robert F. Sanchez in dem Prozeß: Sandra S. gegen Vater Robert J. Kirsch, die römisch-katholische Kirche im Erzbistum Santa Fé, Inc., und die Kirche St. Thomas Apostel in Abiquiu, New Mexico; die Briefe Kirschs an Sandoval und die Gutachten, die die Parakleten im Januar und Februar 1989 anfertigten. Kirsch reagierte nicht auf die Bitten um ein Interview zu diesem Fall. Sandovals Prozeß war im April 1993 noch nicht beendet.

4 Viele Forscher und Therapeuten trugen zu der Diskussion um die verdrängte Erinnerung bei. Dazu gehörte unter anderen auch Mike Lew, Psychotherapeut in dem Bezirk Boston. Informationen wurden auch aus dem Artikel »Opening the Doors to the Past:Decade of Delayed Disclosure of Memories of Years Gone By« von Lawrence Daly und J. Frank Pacifico entnommen, der im Dezember 1991 in *The Champion* erschien.

5 Die Geschichte von David Clohessy basiert auf den Interviews im August 1992 mit Clohessy und im Oktober 1992 mit seinem Anwalt Jeff Anderson. Sie wird ergänzt durch Reportagen, die in

den Jahren 1991 und 1992 in folgenden Zeitungen erschienen: *St. Louis Post Dispatch*, *Kansas City Star*, *The Missourian*, *The Catholic Missourian*, *Columbia Tribune*, *News and Tribune* (Jefferson City, Missouri). Vater Whiteley lehnte es ab, zu diesem Fall interviewt zu werden. Clohessys Prozeß ist noch nicht beendet und rief einen juristischen Streit über die Verfassungmäßigkeit des Gesetzes des Staates von Missouri bei der Verjährungsfrist von Fällen des sexuellen Kindesmißbrauchs wie diesen hervor. Clohessys Eltern bestätigten in einem Telefoninterview im April 1993 seine Angaben über die enge Beziehung seiner Familie zu Whiteley und Davids Entfremdung von seiner Familie, nachdem er den Priester angezeigt hatte. Aber sie bleiben bei der Darstellung, daß die Entfremdung seine Entscheidung gewesen ist, daß sie seine Beschuldigungen glauben und ihm helfen wollen. Clohessys Bruder, der Priester, meint auch, daß die Entfremdung ebenso seine Schuld ist wie die Davids. Er sagte in einem Telefoninterview im Juni 1993, daß er sich nicht genau daran erinnert, wieviel David ihm zuschreibt.

6 Die Geschichte von Cristine Clark basiert auf den Interviews im Juli 1992 mit Clark und ihrer Mutter in Chicago. Stefanich bekannte sich schuldig, wurde zu sechs Monaten Gefängnis verurteilt, saß seine Zeit ab und verließ die Priesterschaft. Der Bischof von Joliet, Joseph Imesch, lehnte jeden Kommentar zu dem Fall oder ihrer Beschuldigung, daß die Diözese Berichte über Stefanich vor dem Ende ihrer Beziehung mit ihm bekommen hat, ab.

7. Kapitel: Meidet die Aussätzigen

1 Amy Hanson und Dawn Barton sind Pseudonyme für zwei Beteiligte im Fall Lehman, die noch minderjährig sind. Alle anderen Mitglieder ihrer Familien, die diese Nachnamen tragen, haben auch Pseudonyme bekommen. Anna Ramos ist ebenfalls ein Pseudonym.

2 Der Bericht über die Ermittlungen und den Prozeß im Fall Vater Mark Lehman wurde aus Interviews rekonstruiert, die die Auto-

ren im Juni und Juli 1992 mit folgenden Personen – von denen manche auf ihren Wunsch anonym blieben – in Phoenix, Arizona, geführt haben: Laura Reckart, Susan Lindley und Paula Anderson vom Büro der Staatsanwaltschaft von Maricopa County; Detective Lou Marotta vom Police Department Phoenix; Elizabeth Evarts und ihr Sohn J. P. Evarts; Patty Hanson (Pseudonym); Dawn Barton (Pseudonym) und ihrer Mutter; Barbara Topf, Dennis Desmond, Kathy Desmond und Nancy Richards, alle Gemeindemitglieder von St. Thomas Apostel oder Freunde der Familien, die in den Fall gegen Vater Mark Lehman verwickelt waren; Ann Malone und Vater Robert Skagen. Sie wurde ebenfalls nach Polizeiakten (unter anderem Phoenix Police Department Report No. 09-086927) und Gerichtsakten des Prozesses Arizona gegen Mark Allen Lehman (CR-9100442 und CR-9105341) rekonstruiert. Das Risiko-Gutachten wurde von Robert Emerick und Dr. Tom Selby vom Gutachterteam für sexuelle Perversion am Phoenix Memorial Hospital im Februar 1991 erstellt. Charakterisierungen der Gemeinde St. Thomas Apostel stammen aus den oben erwähnten Interviews und von einem Besuch der Autoren in der Gemeinde im Juli 1992.

3 Bischof Thomas O'Brien lehnte durch Pressesprecher und einen Anwalt der Diözese wiederholte Bitten um ein Interview ab. Schwester Mary Louise Ante reagierte nicht auf wiederholte Bitten um ein Interview zu den Klagen, die gegen sie erhoben wurden. Vater Robert Skagen sagte in einem kurzen Telefoninterview im Juli 1992, daß er keinen Kommentar zu den Methoden, die die Pfarre während den Ermittlungen gegen Vater Mark Lehman anwandte, abgeben könnte, da ein Zivilprozeß gegen St. Thomas und das Bistum Phoenix noch nicht beendet wäre. Er sagte, die Diözese hätte ihn angewiesen, nicht über den Fall zu sprechen. Doch ein paar seiner Handlungen, die Kritik hervorriefen, hat Vater Skagen widerlegt. Er sagte, daß er deshalb mit der Familie des Priesters und seinen Anhängern vor Gericht erschienen sei, weil diese Leute ihn darum gebeten hätten, während die Opfer und ihre Familien das nicht getan hätten. Er sagte, die Diözese hätte ihm in der Seelsorge für die Opfer und ihre Familien Beschränkungen auferlegt. Er behauptete, Schwester Mary

Louise und er wären im Umgang mit Laura Reckart und Susan Lindley nicht unkooperativ gewesen, und charakterisierte die Haltung der beiden Frauen in den Verhören als feindselig. »Sie waren fürchterlich«, sagte er. »Man kann doch zumindest höflich sein, und das waren die beiden Frauen nicht. Ganz ehrlich – ich konnte nicht glauben, daß Profis so rüde sein konnten.« Er fügte hinzu, daß er sich nicht der Schwierigkeiten bewußt wäre, die Patty Hanson erlebt hatte, als sie Arbeit suchte. Er pries ihr musikalisches Talent und sagte, daß er sie sehr gelobt hätte, als man ihn einmal telefonisch bat, ihr ein Zeugnis auszustellen. Ann Malone, die per Telefon im Juli 1992 kontaktiert wurde, lehnte ein ausführliches Interview zu ihrer Unterstützung von Vater Mark Lehman ab. Sie behauptete, daß sie sich nicht an den Besuch der Polizei an dem Abend, als sie ein Abschiedsessen für den Priester gab, erinnern könne. Vater Mark Lehman, der gegen sein Urteil und die Gefängnisstrafe von zehn Jahren Berufung eingelegt hat, lehnte wiederholte Bitten um ein Interview zu diesem Fall, die ihm noch im Gefängnis vorgelegt wurden, ab. Sein Anwalt lehnte ebenfalls zu der Zeit, als Nachforschungen zu diesem Fall angestellt wurden, ein Interview ab. Bemerkungen zum Verfahren gegen Vater George Bredemann wurden Interviews mit Cindi Nannetti vom Büro der Staatsanwaltschaft von Maricopa County und mit der Familie zweier Brüder, die von Bredemann mißbraucht worden waren, entnommen. Zusätzliche Details über die Prozesse und die Verurteilungen sowohl von Vater Mark Lehman als auch von Vater George Bredemann wurden Artikeln entnommen, die in den Jahren 1990, 1991 und 1992 in der *Arizona Republic* und der *Phoenix Gazette* erschienen. Bredemann, der gegenwärtig eine fünfundvierzigjährige Haftstrafe in Arizona absitzt, lehnte es ab, zu Einzelheiten seines Falles interviewt zu werden.

4 Für Informationen zu den Quellen und Zitaten, die die Familie Gastal und ihren Prozeß gegen die Diözese Lafayette in Louisiana betreffen, wird auf die Anmerkungen zum zweiten Kapitel verwiesen.

5 Informationen über Pasternack basieren auf den Interviews der

Autoren mit ihm, seinem Ermittler Jerry Mazon und seinen Klienten Susan Sandoval und Tim Martinez. Weitere Informationen über die Angriffe auf ihn wurden der *Albuquerque Tribune* vom 23. Oktober 1992 entnommen. Für besondere Informationen über Sigler und Kirsch wird auf die erste Anmerkung in Kapitel 4 und die dritte Anmerkung in Kapitel 6 verwiesen.

8. Kapitel: Die Kreuzigung der Unschuld

1 Die Geschichte von Dennis Gaboury basiert auf den Interviews mit Gaboury selbst (Oktober–November 1992), mit Vic Gaboury (November 1992) und Beatrice Gaboury (November 1992). Sie wurde durch die Medienberichte über den Fall Porter (s. Anm. 1. Kapitel) ergänzt. Das Zitat von Gaboury stammt aus einem Brief, der am 1. November 1992 im *Sun Chronicle* (North Attleboro, Massachusetts) veröffentlicht wurde.

2 Die Informationen über die Schädigung stammen aus den Interviews mit Gail Ryan vom Kempe Center in Denver, Colorado, welches Opfer von sexuellem Mißbrauch betreut; Walter Berra, Therapeut in Minneapolis; Thom Harrigan, Therapeut im Großraum Boston; Dr. Gloria Malone, Psychotherapeutin in Phoenix; Dr. Gayle O'Callaghan, Psychotherapeutin in Baltimore; Dr. Frank Reichhold-Caruso, Psychotherapeut im Großraum Boston, und den Experten, die bereits weiter oben genannt wurden. Siehe auch: David Finkelhor et al., »Sexual Abuse and Its Relationship to Later Sexual Satisfaction, Marital Status, Religion and Attitudes«, *Journal of Interpersonal Violence 4:4* (Dezember 1989).

3 Die Zitate stammen aus den Interviews mit Dr. Alexander Zaphiris, Professor für Sozialarbeit an der Universität von Houston (September 1992); Mic Hunter, Psychotherapeut in St. Paul (September 1992); Reverend Marie Fortune, Geschäftsführerin des Zentrums für Verhütung häuslicher und sexueller Gewalt in Seattle, Washington (September 1992).

4 Die Geschichte des Christopher Schultz basiert auf Berichten, die am 23. Mai 1991 in der *Washington Times* erschienen.

5 Die Geschichte des Mannes aus Florida, der sich erhängte, stammt aus Carl Cannons Serie über sexuellen Kindesmißbrauch durch Priester, die am 30. Dezember 1987 in den *San José Mercury News* veröffentlicht wurde.

6 Die Geschichte des Opfers von Luddy basiert auf einer ausführlichen Reportage, die am 28. August 1991 in der *Pittsburgh Press* erschien, und kürzeren Artikeln, die in den Jahren 1991 und 1992 in der *Pittsburgh Press* und dem *Allentown Morning Call* erschienen. Nachdem es vier Jahre lang seinen Fall verfolgte und die Kirche alles tat, um Informationen über Luddy geheimzuhalten, gab das Opfer auf und ließ die Sache im August 1992 fallen.

7 Die Information über das Opfer von Porter stammt aus dem Interview mit Cheryl Bryant, die ebenfalls ein Opfer dieses Priesters ist.

8 Die Geschichte von Gregory Riedle basiert auf einem Artikel, der am 11. Oktober 1987 im *Allentown Morning Call* erschien.

9 Die Geschichte des Opfers aus Seattle stammt aus einem Interview mit Dr. Fran Ferder,einer Franziskanerin und Psychotherapeutin, die in Seattle mit Opfern von sexuellem Kindesmißbrauch arbeitet, und aus dem *Seattle Post-Intelligencer* vom 27. Juni 1988.

10 Die Geschichte des Opfers aus San Diego basiert auf dem Interview mit dem Opfer.

11 Das Zitat von Mire stammt ebenso wie die Informationen über die Ehen der anderen Jungen, die mit ihm zusammen mißbraucht worden waren, aus einem Interview im Juli 1992 mit Mire in Lafayette, Louisiana.

12 Informationen über den Zustand der Ehen der Opfer Porters stammen aus Interviews mit achtzehn Mitgliedern dieser Gruppe, deren Basis in North Attleboro, Massachusetts, ist.

13 Es gibt keine genauen Angaben darüber, wie hoch der Prozent-

satz von mißbrauchten Kindern ist, die als Erwachsene selbst Kinder mißbrauchen. Die verfügbaren Statistiken über den Prozentsatz der Kinderschänder, die als Kinder mißbraucht worden sind, sind sehr fragwürdig. Nicholas Groth gab 1979 in einer Studie an, daß 32 Prozent einer Gruppe von 106 Kinderschändern angaben, als Kinder mißbraucht worden zu sein. Forscher im Behandlungszentrum von Bridgewater, Massachusetts, fanden heraus, daß 57 Prozent der dort behandelten Kinderschänder als Kinder mißbraucht worden waren. Einen vollständigen Überblick über die Literatur bekommt man bei David Finkelhor, *A Sourcebook on Child Sexual Abuse* (Sage, Newbury Park, Kalif. 1986).

14 Die Information über David Clohessy stammt aus dem Interview im August 1992.

15 Das Zitat stammt aus dem Interview der Autoren mit Thom Harrigan, Psychotherapeut im Großraum Boston, vom September 1992.

16 Der Brief des Mädchens aus Phoenix stammt aus den Gerichtsakten des Prozesses gegen Vater Mark Lehman, der von 1990–92 geführt wurde.

17 Das Zitat des Therapeuten stammt aus dem Interview der Autoren mit dem Therapeuten des männlichen Opfers.

18 Die Informationen über den Selbstmord stammen aus einem Bericht im *Toronto Star* vom 11. Februar 1990.

19 Die Geschichte der Familie Kraskouskas basiert auf Interviews, die im Juli 1992 in Gardner, Massachusetts mit Jennifer, Lynn, Tony und Jackie Kraskouskas geführt wurden. Die zitierte Anzeige wurde am 17. April 1990 in der Zeitung *Telegram & Gazette* veröffentlicht. Bischof Timothy Harrington reagierte nicht auf wiederholte Bitten um ein Interview.

20 Die Geschichte von Miguel Chinchilla basiert auf Interviews mit Miguel Chinchilla selbst, seiner Mutter Rita, seinem Bruder Igna-

cio und Gerald LaCerra, dem Kanzler des Erzbistums Miami. LaCerra wollte keinen Kommentar zur Schuld oder Unschuld von Vater Castellanos abgeben. Als er über die Treffen zwischen Miguel und Vertretern der Diözese sprach, schien der einzige Streitpunkt zwischen Miguel und LaCerra das Filmen der ersten Treffen gewesen zu sein. Vater Castellanos verweigerte jedes Interview und sagte nur im Februar 1993, daß Chinchillas Anschuldigungen »völlig unbegründet sind. Die ganze Sache ist absurd.«

9. Kapitel: Kardinalfehler

1 Die Adamson-Chronologie – und alle Anekdoten, Details und Zitate, die dazugehören – ist aus Artikeln, die zwischen Dezember 1988 und Januar 1991 in der *Minneapolis Star Tribune* und der *St. Paul Pioneer Press* erschienen, rekonstruiert. Die Informationen in der Chronologie wurden durch Interviews im Oktober und November 1992 mit dem Anwalt Jeffrey Anderson auf den neuesten Stand gebracht. Adamson wurde nie der Prozeß gemacht. Die meisten Zivilklagen gegen ihn wurden durch außergerichtliche Vergleiche geregelt. Die Höhe der Entschädigungssummen ist unbekannt. Ein Fall gelangte vor ein Geschworenengericht, die dem Opfer 3,5 Millionen Dollar zusprach. Der Richter reduzierte später die Summe.

2 Die Geschichte von Vater Carmelo Baltazar basiert auf Artikeln, die in den Jahren 1985 bis 1988 im *Idaho Statesman* erschienen, und auf einem Bericht, der am 30. Dezember 1987 in den *San José Mercury News* veröffentlicht wurde. 1985 wurde Baltazar zu sieben Jahren Gefängnis verurteilt, nachdem er sich schuldig bekannt hatte.

3 Die Information über den Fall Calabrese stammt aus dem *Orlando Sentinel* (Oktober 1992) und aus dem Interview mit dem Bezirksstaatsanwalt von Dutchess County, William Grady. Grady stellte den Autoren eine Kopie seines Briefes an Erzbischof O'Connor zur Verfügung. Weder O'Connor noch Grady werden die Antwort des Erzbischofs der Öffentlichkeit zugänglich machen.

4 Information über den Fall Authenreith wurde Artikeln entnommen, die am 30.–31. Dezember 1987 in den *San José Mercury News* erschienen. Authenreith wurde nie ein Strafprozeß gemacht, aber die Familien bekamen von Zivilgerichten insgesamt 3 Millionen Dollar Entschädigung zugesprochen.

5 Informationen über den Fall Garcia-Rubio wurden Artikeln entnommen, die am 13., 22. und 25. November 1988 und am 6. März 1989 im *Miami Herald* erschienen.

6 Informationen über den Fall O'Connell wurden Artikeln entnommen, die im *Providence Journal* erschienen, insbesondere vom 6. Juni 1983, 24. Juni 1986, 30. Juli 1989 und 7. September 1989. Informationen wurden außerdem den Polizeiakten und den Gerichtsakten des Falles Der Staat Rhode Island gegen William O'Connell (No. 85-1065-A und 1066-A) entnommen. Dazu kommen noch Interviews mit einem Gemeindemitglied von O'Connells Kirchspiel (Juli 1992) und mit Vater Jude McGeough (August 1992). O'Connell wurde zu einem Jahr Gefängnis und zwei Jahren Therapie in einer geschlossenen Anstalt verurteilt.

7 James Seritellas Kommentar wurde den Autoren von Vater Thomas Doyle mitgeteilt, der dem Treffen beiwohnte. Es wurde ebenfalls mehrmals gedruckt.

8 Allgemeine Beobachtungen, wie die Bischöfe auf Beschwerden über sexuellen Kindesmißbrauch und die Prozesse reagierten, entstammen Dutzenden von Interviews mit Opfern und ihren Familien; mit Staatsanwälten, die Anklage gegen Priester erhoben; Anwälten, die Zivilklagen gegen Priester anstrengten; und Therapeuten und anderen Experten, die von den Diözesen konsultiert wurden. Details stammen aus Zeitungsartikeln und Gerichtsakten zu mehr als zweihundert Fällen.

9 Bischof Gelineaus Reaktion auf den 14-Millionen-Dollar-Prozeß, der sich aus dem Fall O'Connell ergab, wird ausführlich in einem Artikel beschrieben, der am 7. September 1989 im *Providence Journal* erschien.

10 Die Schilderung von Vater Thomas Doyle und der Entstehung des Doyle-Peterson-Mouton-Reports wurde aus Interviews mit Doyle (Grissom Air Force Base im Juli 1992), mit Judy Trosson, die den Report tippte, und mit Ray Mouton (beide im Juli 1992) rekonstruiert.

11 Die Zitate aus dem Report sind einem Exemplar desselben entnommen, das von den Verfassern zur Verfügung gestellt wurde.

12 Beobachtungen über die Wirkung und das Schicksal des Reports stammen aus Interviews (Juni bis November 1992) mit Doyle, Mouton, einigen der Bischöfe, die in den Anmerkungen zum 3. Kapitel genannt wurden, und Mark Chopko, dem Berater der amerikanischen Bischofskonferenz.

13 Das Mouton-Zitat stammt aus dem Interview im Juli 1992.

14 Informationen über die Persönlichkeit, das demographische Profil und die Art und Weise, wie amerikanische Bischöfe Beschwerden über sexuellen Kindesmißbrauch aufnahmen und verarbeiteten, stammen aus Interviews mit den zwölf Bischöfen, die bereits in den Anmerkungen zum 3. Kapitel genannt wurden; mit Therapeuten, die in den Anmerkungen zum 3. Kapitel und zum 5. Kapitel genannt wurden und die im ganzen Land Priester und ihre Opfer untersucht haben; mit Priestern aus Diözesen des ganzen Landes; und aus Büchern, die bereits in den Anmerkungen zum 3. Kapitel zitiert sind. Die Informationen entstammen auch Interviews mit folgenden Personen (Juni bis November 1992): Eugene Kennedy, Psychologe und katholischer Gelehrter, Chicago, Illinois; Vater Richard McBrien, ehemaliger Leiter der theologischen Fakultät der Universität Notre Dame; und Vater Charles Curran, Professor an der Southern Methodist University.

15 Das Zitat von Kardinal Joseph Bernardin stammt aus dem Interview im August 1992 mit ihm in Chicago, Illinois.

16 Das Zitat von Bischof Kenneth Untener stammt aus dem Interview im September 1992 mit Untener in Saginaw, Michigan.

17 Die Anekdote vom Besuch des Erzbischofs Rembert Weakland in einem Nonnenkloster in den sechziger Jahren stammt aus dem Interview mit Weakland im September 1992.

18 Das Zitat von Erzbischof John Roach stammt aus dem Interview im September 1992.

19 Das Zitat von Erzbischof Daniel Sheehan stammt aus dem Interview im August 1992.

20 Das Zitat von Bischof Thomas Gumbleton stammt aus dem Interview im August 1992.

21 Das Zitat von Erzbischof Daniel Pilarczyk stammt aus dem Interview im Oktober 1992.

22 Die Anekdote von Vater Bernard Bush entstammt dem Interview im August 1992.

23 Das Zitat von Eugene Kennedy stammt aus den Interviews im August und September 1992 mit ihm in Chicago, Illinois, und St. Joseph, Michigan.

24 Daß es keine landesweite Koordination gab, wurde bestätigt in dem Interview mit Mark Chopko, Berater der amerikanischen Bischofskonferenz, im Juli 1992, in Washington, D.C.

25 Informationen über Roms Interesselosigkeit und die fehlende Kooperation bei der Lösung des Problems um den sexuellen Kindesmißbrauch wurden vorrangig den Interviews mit den oben zitierten Bischöfen entnommen.

26 Das Zitat von Bischof Kenneth Untener stammt aus dem Interview, das die Autoren im September 1992 in Saginaw, Michigan, mit ihm führten.

27 Die Zitate von Vater Stephen Rossetti entstammen dem Interview im Juli 1992 in Chestnut Hill, Massachusetts.

28 Details über Kardinal Joseph Bernardins Kommission und deren Bericht wurden dem Interview mit ihm im August 1992 in Chicago, Artikeln, die von Oktober 1991 bis November 1992 in der *Chicago Tribune*, der *Chicago Sun-Times*, der *New York Times* und *USA Today* erschienen, und einer Kopie des Kommissions-Berichts, der im Juni 1992 erschien, entnommen.

29 Details über die Sitzung der amerikanischen Bischofskonferenz im Juni 1992 stammen aus: Interviews mit Reportern, die davon berichteten, Zeitungsartikeln aus dem ganzen Land über die Sitzung, dem Interview im Juli 1992 mit Dr. Fred Berlin in Baltimore, dem Interview mit Erzbischof Daniel Pilarczyk im Oktober 1992 und Pilarczyks Presseerklärung nach der Konferenz.

30 Details über die Sitzung der amerikanischen Bischofskonferenz im November 1992 – und besonders über das Treffen zwischen Opfern und Bischöfen – entstammen: der persönlichen Teilnahme der Autoren an der Konferenz und ihre Berichterstattung darüber; dem darauffolgenden Interview mit Kardinal Roger Mahony; und aus den Interviews während und nach der Konferenz mit den Reportern David Crumm von der *Detroit Free Press* und Patricia Edmonds von *USA Today*. Quellen sind ebenso die Interviews während und nach der Konferenz mit jedem Mitglied der Gruppe, die sich mit den Bischöfen traf: Fran Battaglia, North Attleboro, Massachusetts; Barbara Blaine, Chicago, Illinois; Cheryl Bryant, Sandwich, Massachusetts; Pat Burns, Arlington, Virginia; David Clohessy, St. Louis, Missouri; Frank Fitzpatrick, Cranston, Rhode Island; Dennis Gaboury, Baltimore; und Ed Morris, Philadelphia.

31 Informationen über die Politik des Bistums Cleveland wurden einem Interview im August 1992 mit Santiago Feliciano entnommen .

32 Die Bemerkung des Bischofs aus dem mittleren Westen über die »kleine Lolita« wurde den Autoren von dem Reporter mitgeteilt, der mit dem Bischof sprach. Der Reporter möchte anonym bleiben.

33 Der Bericht über Bischof John McCarthys Handhabung des Falles von 1987 und seine Zitate zu diesem Fall entstammen dem Interview mit ihm im August 1992.

10. Kapitel: Die Verschwörung des Schweigens

1 Die Geschichte mit dem Vertreter des Vatikan, der fragte: »Können Sie nicht einfach mit den Richtern reden?« machte 1992 in Kirchenkreisen die Runde und wurde auch bei der amerikanischen Bischofskonferenz im November 1992 in Washington, D.C., bei der Sitzung hinter verschlossenen Türen erzählt.

2 Der Abschnitt über Costello basiert auf dem Interview, das die Autoren im Juli 1992 mit ihm führten, und auf den Gerichtsakten der Fälle McCutcheon und Chleboski. McCutcheon wurde 1986 zu fünfundzwanzig Jahren Gefängnis verurteilt. Das Urteil wurde mit der Bedingung, daß er sich in eine geschlossene Anstalt begab, zur Bewährung ausgesetzt. Chleboski wurde sowohl in Virginia als auch in Maryland vor Gericht gestellt, für schuldig befunden und in Virginia zu zweiundzwanzig Jahren und in Maryland zu acht Jahren Gefängnis verurteilt. Der erwähnte Artikel aus der *Washington Post* erschien am 28. Februar 1991. Interdonato sagte in einem Interview im Januar 1993, daß er sich nicht an das Gespräch erinnern könne, das Costello beschrieb.

3 Das Zitat von Dworin und die Geschichte von Aguilar Rivera basieren auf den Interviews im Juli 1992 mit Dworin und seinem Partner Gary Lyon in Los Angeles und auf den Reportagen, die von Februar bis Juni 1988 in der *Los Angeles Times* erschienen. Aguilar Rivera wurde des sexuellen Mißbrauchs an zehn Ministranten angeklagt. Er ist flüchtig, und man vermutet ihn in Mexiko.

4 Die Geschichte von Detective Rodriguez' Ermittlungen gegen Vater Salazar basiert auf einem Interview mit Kenneth Wullschlager, dem stellvertretenden Bezirksstaatsanwalt von Los Angeles. Hintergrundinformationen über den Fall Salazar stammen aus den Artikeln, die im Dezember 1986 in der *Los Angeles*

Times, den *San José Mercury News* und den *Los Angeles Daily News* erschienen. Salazar bekannte sich des Mißbrauchs an einem dreizehn- und einem vierzehnjährigen Jungen schuldig und wurde 1988 zu sechs Jahren Gefängnis verurteilt.

5 Die Diskussion um den Aufruhr wegen Maday stammt aus Berichten, die im Frühjahr 1992 in der *Chicago Tribune* und der *Chicago Sun-Times* erschienen. Das Zitat von Greeley stammt aus seinem Leitartikel in der *Chicago Sun-Times* vom 14. Juni 1992.

6 Die Geschichte von Vater Simms basiert auf Berichten, die von März 1988 bis März 1989 in der *Baltimore Sun*, dem *Montgomery County Journal* (Maryland) und in *Capital* (Annapolis, Maryland) erschienen. Der Generalstaatsanwalt von Maryland ließ die Anklage gegen Simms 1985 fallen. 1989 wurde ein außergerichtlicher Vergleich erzielt. Die Entschädigungssumme ist unbekannt. Anfang 1993 arbeitete Simms beim Kanzler des Erzbistums Baltimore.

7 Die Geschichte von Dino Cinel wurde in ganz Louisiana von allen Zeitungen aufgegriffen, besonders von der *Times-Picayune.* Aber der ausführlichste Bericht wurde im Dezember 1991 in *Vanity Fair* (»Unholy Alliances«) veröffentlicht. Dieser Abschnitt basiert auf den Berichten, die in der *Times-Picayune* (Mai 1991 – September 1992) und in *Vanity Fair* erschienen, und auf dem Interview mit Gary Raymond, dem Privatdetektiv, der mit dem Fall befaßt war.

8 Die Geschichte der Ermittlungen gegen Vater Leech basiert in erster Linie auf dem Interview im Juli 1992 mit Craven in Rhode Island. Sie wird ergänzt durch Zeitungsausschnitte aus dem *Providence Journal* (Oktober 1985).

9 Der Report über die 190 geistlichen Kinderschänder wurde von Annie Laurie Gaylor von der »Freedom from Religion Foundation« (Madison, Wisconsin) verfaßt.

10 Die Informationen über den Fall Bredemann – und die beiden anderen Fälle, die zum Vergleich herangezogen wurden – stammen aus der *Mesa Tribune* (23. Juli 1989), der *Arizona Republic* und der *Phoenix Gazette* (beide Juli 1989).

11 Die Informationen über den Fall O'Sullivan stammen aus dem *Boston Globe* (November 1984). 1984 bekannte sich O'Sullivan schuldig und bekam fünf Jahre auf Bewährung mit der Auflage, eine Therapie in einer geschlossenen Anstalt zu machen und der Familie seines Opfers 1.500 Dollar zu zahlen.

12 Informationen über den Fall Weaver sind der *Courier-Post* aus Cherry Hill, New Jersey, entnommen (März 1987).

13 Informationen über Bruder Andrew Hewitt stammen aus dem *Star Ledger* aus Newark (April 1989).

14 Informationen über den Fall Andersen basieren auf den Interviews im September 1992 mit Richter Cardenas, im Juli 1992 mit Staatsanwalt Mike Koski und im Juli 1992 mit dem Ermittler Don Howell sowie den Briefen, Berichten und anderen Dokumenten in der Gerichtsakte des Falles. Andersen reagierte nicht auf wiederholte Bitten um ein Interview zu diesem Fall.

15 Informationen über den Fall Henry basieren auf dem Interview mit der Staatsanwältin Cynthia Ulfig und den Gerichtsakten des Falles.

16 Informationen über den Fall McLaughlin basieren auf Berichten im *News Herald* und dem *Columbus Dispatch* (Juli 1989). McLauglin wurde zu achtzehn Monaten Gefängnis verurteilt.

17 Informationen über die MacRae-Story basieren auf Berichten des *Keene Sentinel*, der *Journal Tribune* (Biddeford, Maine) und des *Boston Globe* (November 1988). 1988 bekannte sich MacRae schuldig, einen Jungen für Sex bezahlt zu haben, und wurde zu einem Jahr Gefängnis verurteilt. Die Strafe wurde ausgesetzt und MacRae in eine geschlossene Anstalt eingewiesen.

18 Informationen über den Fall Ernesto Garcia-Rubio wurden Berichten im *Miami Herald* (Nov. 1988/März 1989) entnommen.

19 Informationen über die Noe-Guzman-Story stammen aus dem *Houston Chronicle* vom 1. Oktober 1992. Noe Guzman bekannte sich der Körperverletzung des Mädchens schuldig und wurde zu zehn Jahren Gefängnis verurteilt.

20 Das Zitat von Cannon stammt aus einem Interview mit ihm im September 1992.

21 Die Zahl über den Verlust an Anzeigeneinnahmen stammt aus einem Interview mit Richard Baudoin im Juli 1992 in Lafayette, Louisiana.

22 Die Story von der *Pittsburgh Post-Gazette* und das Zitat stammen aus dem Interview mit Eleanor Bergholz im August 1992.

23 Goeders Statement stand am 11. Oktober 1990 in der *Chicago Tribune.*

24 Laws Kommentar wurde am 24. und 25. Mai 1992 im *Boston Globe* und im *Boston Herald* gedruckt.

25 Informationen über die Situation beim *Providence Journal* basieren auf den Interviews mit zwei Angestellten der Zeitung, die anonym bleiben wollten. Als man ihn fragte, warum das *Journal* die Story so herunterspielte, sagte Herausgeber Philip Kukielski in einem Interview im März 1993, daß man nur die »übliche Vorsicht« bei einer Anschuldigung, die noch nicht durch eine Zivil- oder Strafrechtsklage offiziell geworden wäre, walten lassen würde. Kukielski meinte, die Angst der Zeitung, daß die Anschuldigungen falsch sein könnten, würde bei vielen sensationellen Stories, die schwer zu recherchieren wären, auftreten. Er sagte aber, das *Journal* wäre vielleicht deshalb noch vorsichtiger als sonst gewesen, weil der Beschuldigte ein Geistlicher wäre. »Hier mußte offenbar die Reputation geschützt werden«, meinte er. »Schließlich handelte es sich um einen Menschen, der religiös lebte.«

26 Das Zitat stammt aus dem Interview vom August 1992.

27 Das Zitat entstammt dem Interview vom September 1992.

28 Das Zitat wurde dem Interview vom Juli 1992 entnommen.

29 Die Information über Valcour entstammt der *Houston Post* vom 2. August 1992. Das Zitat von Feiermann wurde einem Interview entnommen, das am 5. Juli 1987 in den *Rocky Mountain News* stand. Das Zitat von Pedigo entstammt dem Interview im August 1992.

30 Das Zitat entstammt dem Interview vom Juli 1992.

31 Das Zitat stammt aus dem Interview vom August 1992.

32 Das Zitat stammt aus dem Interview vom September 1992.

33 Die Informationen über das Bistum Crookston wurden dem *Boston Globe*, der *Star Tribune* (Minneapolis), und der *St. Paul Pioneer Press* im Juli 1992 entnommen. Die Informationen über die Urteilsverkündung Andersens stammen aus dem Interview mit Richter Cardenas.

34 Feiermans jüngste Einschätzung der Rückfallquote wurde gegenüber dem *Boston Globe* für einen Artikel gemacht, der am 16. Juli 1992 veröffentlicht wurde. Er sagte damals, daß nur zwei oder drei Absolventen des Programms in New Mexico sich jemals wieder »unangemessen« benommen hätten.

35 Das Zitat von Sipe entstammt der gleichen Quelle wie Anmerkung 30.

36 Das Zitat von Loftus entstammt der gleichen Quelle wie Anmerkung 31.

37 Der Brief aus dem Jahr 1986 wurde in die Gerichtsakte von Andersen in Orange County, Kalifornien, aufgenommen.

38 Informationen über den Fall Porter – Porters Aufenthalt in New Mexico eingeschlossen – wurden dem *Boston Globe*, dem *Providence Journal*, dem *Boston Herald*, dem *St. Louis Dispatch* und der *Associated Press* von Mai bis Dezember 1992 entnommen. Informationen stammen auch von Bruce Pasternack aus Albuquerque und sind Bestandteil einer Klageschrift, die er für vier Klienten gegen die Parakleten aufsetzte. Informationen über den Fall Perrault wurden dem Autor ebenfalls von Bruce Pasternack in einem Interview im August 1992 mitgeteilt. Weitere Informationen wurden Zeitungsausschnitten aus dem *Albuquerque Journal* und der *Albuquerque Tribune* der Monate November und Dezember 1992 entnommen. Informationen über Siglers Aufenthalt im Zentrum der Parakleten stammen aus Siglers Personalakte beim Erzbistum Santa Fé, von Martinez, Sigler, Erzbischof Robert Sanchez und Vater Clarence Galli. Anzeigen, eidesstattliche Erklärungen, Aussagen und Vorgänge sind in der Gerichtsakte John Does I bis X gegen das Erzbistum Santa Fé Inc., Jason E. Sigler, Bischof Arthur Tafoya und Clarence Galli und in Zeitungsberichten, die 1992 im *Albuquerque Journal* und der *Albuquerque Tribune* erschienen, zu finden.

39 Die Information über das Programm der Parakleten gegen Ende der achtziger Jahre wurde Materialien entnommen, die der Orden Richtern, Therapeuten und Bischöfen zukommen ließ. Informationen über die Bewegungsfreiheit von Priestern, die sich freiwillig und nicht durch Gerichtsbeschluß im Zentrum aufhielten, stammen von einem »Gast« des Zentrums, der anonym bleiben möchte.

40 Der Brief der Parakleten wurde im September 1992 im *Jemez Jonker* abgedruckt und auf die Tür des General Store der Stadt geklebt.

41 Informationen über den Fall Fredette sind dem *Boston Globe* (August–September 1992) entnommen.

42 Informationen über das Heck-Urteil sind dem *Boston Globe* vom 2. August 1991 entnommen.

43 Informationen über den Streit zwischen O'Malley und Bernardin stammen aus der *Chicago Tribune* und der *Chicago Sun-Times* (September 1992).

44 Die Statistiken über Zeitungsartikel wurden von den Autoren mittels Computerprogrammen zusammengetragen. Die Information über die Reaktion auf die Berichterstattung des *Globe* stammt aus einer Kolumne des Ombudsmannes der Zeitung, die am 10. August 1992 erschien.

45 Das Zitat von Erzbischof Pilarczyk stammt aus einem Interview im Oktober 1992.

11. Kapitel: Bittere Früchte

1 Die Anekdote von dem Priester auf der Straße in einem Vorort stammt aus einem Interview mit Vater William P. Fay, Dekan des Colleges für Kunst und Wissenschaft am St. John's Seminar in Brighton, Massachusetts (Juli 1992).

2 Die Geschichte von der desillusionierten Frau aus Phoenix stammt aus einem Interview im Juli 1992 mit Nancy Richards aus Phoenix, Arizona. Sie ist ein ehemaliges Mitglied der Gemeinde St. Thomas Apostel, in der Vater Mark Lehman als Pfarrer arbeitete, bevor er 1991 wegen sexuellen Kindesmißbrauchs verurteilt wurde.

3 Details über Kardinal Bernardins Pressekonferenz wurden Artikeln folgender Zeitungen entnommen: *Chicago Tribune*, *Chicago Sun-Times*, *New York Times*. Details über den persönlichen Effekt der Krise um den sexuellen Kindesmißbrauch auf Bernardin und den Aufwand an Arbeitszeit, den er für der Lösung von Problemen, die diese Krise aufwirft, hat, wurden einem Interview mit Bernardin im August 1992 entnommen. Die Annahme, daß Klagen wegen sexuellen Kindesmißbrauchs seine Diözese Millionen von Dollar gekostet haben, beruht auf der Kenntnis des Autors von Entschädigungssummen zwischen 400.000 und 500.000 Dollar, die einige Kläger per Gerichtsurteil zugesprochen beka-

men. Einzelheiten über die Witzelei der Priester, daß keine Rente mehr für sie da sein wird, basieren auf den Interviews mit Priestern und ihren Freunden in Chicago und Umgebung. Manche der Priester wollten anonym bleiben.

4 Die beschriebene Karikatur wurde das erste Mal am 28. Juli 1992 in der *Arizona Republic* veröffentlicht und nach einem Sturm böser Leserbriefe am 8. August 1992 noch einmal gedruckt.

5 Andrew Greeleys Kommentare zum Thema sind unter anderem in der *New York Times* und in *Vanity Fair* erschienen. Bei seiner Grußbotschaft an die Teilnehmer der ersten Jahreskonferenz des Vereins der Opfer von sexuellem Kindesmißbrauch durch Priester (VOCAL) im Oktober 1992 bezeichnete er den sexuellen Kindesmißbrauch durch Priester als die ernsteste Krise der katholischen Kirche seit der Reformation.

6 Die Bemerkungen der Bischöfe über die Krise um den sexuellen Kindesmißbrauch, ihre Reaktion darauf und ihre Einschätzung sowohl ihrer Dimensionen als auch ihres Effekts auf die katholische Kirche stammen in erster Linie aus den Interviews mit den zwölf Bischöfen, die in den Anmerkungen zum 3. Kapitel genannt sind. Auch Priester wurden zu diesem Thema befragt. Ebenso Mark Chopko, Berater der amerikanischen Bischofskonferenz, und Vater Thomas Doyle, Mitverfasser des 1985 erschienenen Reports zu diesem Thema. Zeitungsartikel aus den Jahren 1985 bis 1992 wurden ebenfalls durchgesehen. Die Ausführungen wurden durch die Autoren ergänzt, die an der amerikanischen Bischofskonferenz im November 1992 in Washington, D.C., teilnahmen.

7 Die Annahme, daß die Kosten für einen Prozeß leicht auf 100.000 bis 500.000 Dollar steigen, basiert auf den Interviews mit den Opfern von Priestern, die geklagt und Prozesse mit einem Vergleich beendet haben. Vergleichssummen, die an die Öffentlichkeit drangen, haben ihren Weg in unzählige Publikationen gefunden. Dazu gehören der *National Catholic Reporter* und die *San José Mercury News*. Auch ein Interview mit Jeffrey Anderson, dem Anwalt aus St. Paul, war hilfreich.

8 Die Charakterisierung, daß die katholische Kirche anfälliger für Prozesse ist, basiert auf zwei Interviews der Autoren mit Anwälten, die Erfahrung auf dem Gebiet der Straftaten von Geistlichen haben: Robert W. McMenamin aus Portland, Oregon, und Jeffrey Anderson aus St. Paul, Minnesota. Diese Annahme basiert ebenso auf vielen Artikeln über sexuellen Kindesmißbrauch durch Priester, darunter auch Berichte im *National Law Journal.*

9 Siehe Anmerkungen zum 2. Kapitel bezüglich Details über die Vergleichssummen und andere Zahlen des Falles Gauthe. Die Zahl von 20 Millionen stammt aus »Unholy Alliances«, *Vanity Fair*, Dezember 1991.

10 Zahlen aus dem Doyle-Peterson-Mouton-Report stammen aus einer Kopie, die die Verfasser zur Verfügung stellten. Angaben zum Zustandekommen dieser Zahlen stammen aus dem Text des Reports und den Interviews, die die Autoren von Juli bis Oktober 1992 mit Vater Thomas Doyle führten.

11 Die Annahme, daß man keinesfalls wissen kann, wieviel der sexuelle Kindesmißbrauch von Priestern die Kirche bis jetzt gekostet hat, gründet auf den Interviews von Juni bis November 1992 mit Anwälten, die die Kirche verklagten, mit Bischöfen verschiedener Diözesen und mit Mark Chopko, dem Berater der amerikanischen Bischofskonferenz. Diese Annahme basiert ebenso auf Interviews von Juni bis November 1992 mit den Kirchenkritikern und -beobachtern, die Schätzungen anbieten, und einer kritischen Überprüfung der Fehler in ihren Methoden. Ihre Schätzungen sind in den Jahren 1988 bis 1992 im Fernsehen, in Zeitungen und Illustrierten veröffentlicht worden.

12 Die Höhe der Vergleichssummen für die Fälle in Orlando, Florida, und Springfield, Illinois, ist Artikeln in den *San José Mercury News* vom 30. und 31. Dezember 1987 entnommen.

13 Die Annahme, daß die meisten Vergleichssummen geheim bleiben, basiert auf der Überprüfung von mehr als zweihundert bekannten Fällen durch die Autoren.

14 Die Annahme, daß die Kirche keine Aufzeichnungen über ihre Verluste durch den sexuellen Kindesmißbrauch besitzt, basiert auf den Interviews im Juli und November 1992 mit Mark Chopko in Washington, D.C.

15 Die Zahl der Prozesse, die Jeffrey Anderson angestrengt hat, stammt aus dem Interview, das im Dezember 1992 mit Anderson geführt wurde.

16 Informationen über Versicherungen basieren auf den Interviews von Juni bis November 1992 mit Bischöfen von zwölf Diözesen, Vater Bernard Bush, einem kalifornischen Priester, der im ganzen Land Diözesen geholfen hat, Richtlinien aufzustellen, die den Erfordernissen der Versicherungsgesellschaften entsprechen, Mark Chopko, Robert McMenamin und Jim Wojczynski, geschäftsführender Vizepräsident der Dienstleistungsprogramme der Katholischen Konferenz von Michigan.

17 Chopkos Beobachtungen sind den Interviews mit ihm im Juli und im November 1992 entnommen.

18 Die Zahlen für das Erzbistum Los Angeles stammen aus einem Artikel in der *Los Angeles Times* vom 14. Juni 1992.

19 Die Vergleichssumme, die die Diözese von Fall River den Opfern von Vater James Porter zahlte, wurde im Dezember 1992 im *Boston Herald* veröffentlicht. Die Autoren haben die Zahl nachgeprüft.

20 Beschreibungen, wie die Krise um den sexuellen Kindesmißbrauch durch Priester unschuldige Priester in Mitleidenschaft zog, basiert auf Interviews von Juni bis November 1992 unter anderem mit folgenden Priestern, Bischöfen und Freunden von Priestern: Vater Jeremiah Boland, Chicago; Vater Kevin Clinton, Mendota, Minnesota; Vater Victor Clore, Detroit; Vater John Dooher, Boston; Vater William P. Fay, Brighton, Massachusetts; Martin Hegarty, Chicago; Vater Bill Kelly, Hingham, Massachusetts; Erzbischof Thomas Kelly, Louisville, Kentucky; Kardinal

Roger Mahony, Los Angeles; Vater Thomas McCarthy, Youngstown, Ohio (der gegenwärtige Präsident des Priesterrates der USA); Vater Thomas McDonnell, Boston; Vater Jude McGeough, Providence, Rhode Island; Erzbischof Daniel E. Sheehan, Omaha, Nebraska; Tim Unsworth, Chicago; Bischof Kenneth Untener, Saginaw, Michigan; Vater Armand Ventre, Providence, Rhode Island; und Vater Tim Wozniak, St. Paul Park, Minnesota.

21 Die Beschreibungen von Veränderungen in der Priesterschaft nach Vatikan II basiert auf Büchern, die bereits in den Anmerkungen zum 3. Kapitel angegeben sind. Ebenso auch auf Interviews mit Priestern und Bischöfen, a. a. O., und mit den folgenden Experten: Eugene Kennedy, katholischer Gelehrter und Psychologe in Chicago, und Vater Richard McBrien, ehemaliger Leiter der theologischen Fakultät an der Universität Notre Dame. Hilfreich war auch eine Forschungsstudie, die 1991 von der nationalen Vereinigung der Priesterräte herausgegeben wurde. Der Titel: *Consultation on Priests Morale: A Review of Research.*

22 Zahlen über die Einschreibungen in Priesterseminare stammen aus dem Interview im Dezember 1992 mit Vater Robert Wister, dem geschäftsführenden Direktor der Seminarabteilung der nationalen Vereinigung für katholische Bildung, in Washington, D.C.

23 Die rückläufige Anzahl der Priester – Thema einer großen Debatte zum Teil deshalb, weil nicht jeder die Definition »aktiver Priester« akzeptiert – wurde in ungezählten Publikationen veröffentlicht, darunter auch: Tim Unsworth, *The Last Priests in America* (Crossroad, New York 1991); und in der Literatur, die die nationale Vereinigung der Priesterräte vertreibt.

24 Die Beschreibung der Rekrutierungstaktiken wurden einer Vielzahl von Artikeln über dieses Thema entnommen, die in Zeitungen und Illustrierten veröffentlicht wurden. Darunter befinden sich auch die *Chicago Tribune* und das *Wall Street Journal.*

25 Die Beschreibung der Art und Weise, wie die Priesterknappheit

das Leben der einzelnen Priester veränderte, stammt aus Quellen, die bereits weiter oben zitiert sind.

26 Anekdoten über Priester im Bezirk Boston-Providence, die entweder zur Zielscheibe von boshaften Kommentaren über Priester als Pädophile wurden oder sie unfreiwillig belauschten, entstammen dem Interview im Juli 1982 mit Vater William Fay, Dekan des Colleges für Kunst und Wissenschaft am St. John's Seminar in Brighton, Massachusetts.

27 Die Anekdote über Vater Jude McGeough stammt aus dem Interview mit McGeough im August 1992.

28 Die Anekdote über den Chicagoer Priester stammt aus einem Interview im August 1992 mit Tim Unsworth. Er ist Autor von *The Last Priests in America*, a. a. O.

29 Das Zitat von Vater Dominic Grassi entstammt dem Interview, das die Autoren im September 1992 mit Grassi in Chicago führten.

30 Der Bericht über Vater Dominic Grassis Herkunft, Familie, Karriere und die Veränderungen im Ruf der Priesterschaft, deren Augenzeuge er besonders nach Einsetzen der Krise um den sexuellen Kindesmißbrauch war, basiert auf dem Interview im September 1992 mit Grassi in Chicago. Text und Ziel des Hirtenbriefes, den er und andere Priester von der Kanzel verlasen, sind »The Cardinal's Commission on Clerical Sexual Misconduct with Minors« entnommen, den der Kardinal von Chicago, Joseph Bernardin, im Juni 1992 herausgab. Die Bezeichnung »Oktober-Massaker« wurde Interviews mit anderen Priestern aus Chicago entnommen.

31 Die Zahl von dreiundfünfzigtausend Priestern wurde aufgerundet aus dem 1992 Official Catholic Directory (P. J. Kernedy & Sons, New Providence, N. J., 1992) entnommen.

32 Die Aussage, daß Priester das Problem des sexuellen Kindesmißbrauchs als ihre größte Sorge bezeichnen, stammt aus dem

Interview im August 1992 mit Vater Thomas McCarthy, Präsident der nationalen Vereinigung der Priesterräte, und aus Materialien, die den Autoren von der Konferenz übermittelt wurden.

33 Das Zitat von Vater Kevin Clinton aus Mendota, Minnesota, stammt aus den Interviews im August und September 1992 mit Clinton.

34 Das Zitat von Rossetti und die Resultate seiner Erhebung sind der September- und Oktoberausgabe 1992 der katholischen Illustrierten *Today's Parish* entnommen.

35 Die Geschichte von Gerardo Gamez ist einem Artikel entnommen, der am 29. September 1992 in der *Houston Post* erschien. Der Priester bekannte sich schuldig und wurde zu zehn Jahren Gefängnis und zur Zahlung einer Geldstrafe von 10.000 Dollar verurteilt.

36 Die Umfrage des *Boston Globe* wurde am 26. Juli 1992 veröffentlicht.

37 Das Zitat von Eugene Kennedy wurde den Interviews im August und September 1992 mit ihm in Chicago, Illinois, und St. Joseph, Michigan, entnommen.

38 Die Anekdote und das Zitat von Erzbischof Thomas Kelly stammen aus dem Interview mit Kelly im Oktober 1992. Die Beschreibung der Sendung *Prime Time Live* basiert auf dem Sehen der Sendung durch die Autoren im Juli 1992.

39 Die Charakterisierung der Sorge der amerikanischen Bischöfe wegen der Krise um den sexuellen Kindesmißbrauch entstammt den bereits zitierten Interviews mit Bischöfen 12 verschiedener Diözesen und dem Besuch der amerikanischen Bischofskonferenz im November 1992 durch die Autoren.

40 Erzbischof Robert Sanchez' Einschätzung, daß 30–40 Prozent seiner Zeit Ende 1992 dem Handling von Beschwerden wegen sexu-

ellen Kindesmißbrauchs geopfert wurden, entstammt einem Gespräch bei einem Journalistenempfang während der amerikanischen Bischofskonferenz im November 1992.

41 Erzbischof John Roachs Annahme, daß Bischöfe innerhalb von fünf Minuten auf sexuellen Kindesmißbrauch zu sprechen kommen, wurde dem Interview mit Roach vom September 1992 entnommen.

42 Das Zitat von Bischof Kenneth Untener stammt aus dem Interview im September 1992 mit Untener in Saginaw, Michigan.

43 Der Witz über den Priester und den Küster wurde den Autoren von unzähligen Personen erzählt – Staatsanwälte und Opfer eingeschlossen –, während sie von Juni 1992 bis November 1992 als Reporter arbeiteten.

12. Kapitel: Kreuzweg

1 Siehe Fiores Kolummnen in *The Wanderer* (St. Paul, Minnesota) 1991–1992 und das Interview der Autoren mit ihm. Fiore ist ein nicht in Klausur lebender Dominikaner, der in Madison, Wisconsin, lebt.

2 Siehe Jason Berry, *Lead Us Not Into Temptation* (Doubleday, New York 1992). Berry hat unzählige Artikel über sexuellen Kindesmißbrauch durch Priester für Zeitungen geschrieben. Obwohl er ständig behauptet, er würde Homosexualität und Pädophilie nicht verwechseln, beschäftigt sich ein großer Teil von Berrys Buch – dessen Untertitel *Catholic Priests and the Sexual Abuse of Children* lautet – mit der steigenden Zahl homosexueller Priester und einer Diskussion des angeblich schwulen Lebensstils. In einem Artikel vom 17. September 1989 in der *Washington Post* schreibt er bezeichnenderweise: »Homosexualität ist Bestandteil dieser dunklen geistigen Verwirrung.«

3 Doyles Kommentar stammt aus dem Interview im Oktober 1992.

4 Das Zitat von Schwester Michaels stammt aus dem *Toronto Star* vom 2. Juli 1989, die anderen aus dem *Toronto Star* vom 15. Dezember 1990. Der Report der kanadischen Bischöfe ist der Schrift *From Pain to Hope* entnommen, die im Juni 1992 von der kanadischen Bischofskonferenz herausgegeben wurde. Sie gaben auch Materialien für Studiengruppen unter dem Titel *Breach of Trust, Breach of Faith* heraus.

5 Das Zitat von Sipe wurde seinem Vortrag vor der ersten Jahreskonferenz von VOCAL in Arlington Heights, Illinois, im Oktober 1992 entnommen.

6 Sorgsamere Überwachung wird in allen Diözesen des Landes beständig gefordert. Bemerkungen über die Effektivität wurden Interviews mit den Experten, die in den Anmerkungen zum 3. Kapitel genannt sind, entnommen. Besonders zu nennen sind: Dr. Judith Becker, Dr. Fred Berlin und Dr. Nicholas Groth. Das Zitat von Schoener stammt aus dem Interview im September 1992.

7 David Finkelhor, *A Sourcebook on Child Sexual Abuse*, a. a .O., sichtet die Literatur über die Persönlichkeitsmerkmale von Kinderschändern und liefert Informationen über die Studien, die die These stützen, daß diese Merkmale allen Kinderschändern gemeinsam sind.

8 In nahezu jeder Diskussion mit heterosexuellen Opfern und ihren Bekannten ebenso wie mit Bischöfen taucht die Verbindung zwischen Homosexualität und sexuellem Kindesmißbrauch irgendwann im Gespräch auf - obwohl alle Experten immer wieder betonen, daß Homosexualität irrelevant ist. Der Vater eines Opfers aus Chicago ist davon überzeugt, daß hochrangige Homosexuelle in seinem Erzbistum Kinderschänder schützen, und beendete ein Interview mit der schneidenden Bemerkung, daß das Problem nur deshalb ständig größer würde, weil »die Priesterseminare zu Schwulenpalästen« verkommen wären.

9 Bezüglich des Sexualkundeunterrichts für Seminaristen empfiehlt

zum Beispiel Kardinal Bernardins Kommission zur Untersuchung sexuellen Mißbrauchs von Minderjährigen durch den Klerus (Juni 1992) die Einrichtung von »akademischen Kursen und Komponenten in den Ausbildungsprogrammen, die sich ausführlicher mit der sexuellen Entwicklung sowohl von moralischem als auch abweichendem Verhalten befassen«. In ihrer Erklärung dieser Empfehlung rufen sie nach Diskussionen darüber, wie man zölibatär leben und wie man die sexuellen Triebe beherrschen kann, aber auch, wie die Entwicklung einer emotionalen Bindung zu einem Kind in einem »Bereitmachen« münden kann. Erste Berührungen führen zum Zeigen von Pornographie und schließlich zum Geschlechtsverkehr. Kosniks Zitat stammt aus einem Interview mit ihm im September 1992 in Detroit.

10 Das Zitat von Mic Hunter stammt aus einem Interview im September 1992.

11 Das Ratzinger-Zitat stammt aus dem *Ratzinger-Report*, einer Sammlung von Interviews, die der Kardinal dem italienischen Journalisten Vittorio Messori gab (1985 erschienen). Ratzinger wird in vielen Kreisen als einer der einflußreichsten Männer im Vatikan betrachtet.

12 Die Bemühungen der Bischöfe um die Macht, selbst Priester, die Kinder mißbrauchten, in den Laienstand zurückversetzen zu dürfen, wurden von den Bischöfen Untener, McCarthy (Austin) und Pilarczyk den Autoren bestätigt. Im November 1992 kehrte der Erzbischof von Philadelphia, Kardinal Anthony Bevilacqua, kurz nachdem das Thema in Klausur auf der amerikanischen Bischofskonferenz erneut besprochen worden war, nach Rom zurück, um den Bemühungen eine Lobby zu verschaffen.

13 Das Zitat von Pilarczyk stammt aus dem Interview im Oktober 1992. Der Oktober war sein letzter Monat als Leiter der amerikanischen Bischofskonferenz.

14 Weaklands Kommentar und die Zitate stammen aus dem Interview im September 1992.

15 Über das *Universal Press Syndicate* erschien McBriens Kolumne in vielen Zeitungen des Landes. Das angefügte Zitat stammt aus dem Interview, das die Autoren im August 1992 mit ihm führten.

16 Informationen über den Ursprung des Zölibats wurden einer Vielzahl von Büchern entnommen. Besonders empfohlen seien hier: William Bassett und Peter Huizing, ed., *Celibacy in the Church* (Herder and Herder, New York 1972); Vern Bullough und J. Brundage, *Sexual Practices in the Medieval Church* (Prometheus, Buffalo 1982); Henry Lea, *History of Sacerdotal Celibacy in the Christian Church* (University Books, New Hyde Park, N. J., 1966); Uta Ranke-Heinemann, *Eunuchs for the Kingdom of Heaven* (Doubleday, New York 1990) – dt.: *Eunuchen für das Himmelreich;* E. Schillebeeckx, *Celibacy* (Sheed & Ward, New York 1968); siehe auch den entsprechenden Abschnitt in: Richard Sipe, *A Secret World: Sexuality and the Search for Celibacy* (Brunner/Mazel, New York 1990).

17 Das Zitat von Mike Lew stammt aus dem Interview im September 1992.

18 Diese Bekanntmachung des Vatikan, die man auch als Treueeid bezeichnet, wurde am 25. Februar 1989 im *L'Osservatore Romano*, der offiziellen Zeitung des Vatikan, veröffentlicht.

19 Das Konzil von Trient fand von 1545 bis 1563 statt.

20 Rede des Papstes am 10. September 1987 in Miami.

Epilog: Die Kraft und die Herrlichkeit

1 Das Profil Jeanne Millers, der Bericht über ihren Prozeß und den Aufstieg zur Stimme der Opfer basieren in erster Linie auf den ausführlichen Interviews im Juli, August und September 1992 mit ihr in Chicago und Umgebung. Das Profil und der Bericht werden ergänzt durch Forschungsunterlagen, schriftlich niedergelegte Erinnerungen, Briefe und Dokumente, die uns von Jeanne Miller zur Verfügung gestellt wurden, sowie durch Interviews mit

Jeanne Millers Lebensgefährten, Andy Kagan, und mit einigen von Jeanne Millers Kampfgefährten wie Richard Sipe, Vater Thomas Doyle und anderen, und durch Artikel in verschiedenen Publikationen (am häufigsten wurde die *Chicago Tribune* verwendet).

2 Beschreibungen von Vorfällen bei der ersten Jahreskonferenz von VOCAL / *The Linkup* stammen von den Autoren, die an der Konferenz im Oktober 1992 selbst teilgenommen haben.

3 Die Beschreibung der Reaktion von Vater Walter Somerville und Marilyn Steffel auf die erste Beschwerde Jeanne Millers über Vater Robert Mayer sind einem Artikel in der *Chicago Tribune* vom 6. Januar 1993 entnommen.

4 Einzelheiten über Vater Walter Somervilles Treffen mit Kardinal Bernardin und Kardinal Bernardins Bemerkungen während dieses Treffens, die Jeanne Miller beschreibt, wurden von Vater Somerville in einem kurzen Telefoninterview im Februar 1992 bestätigt. Kardinal Bernardin lehnte es ab, sich zum Fall Mayer zu äußern.

5 Jeanne Millers Telefongespräche an einem Nachmittag im Juni fanden in Anwesenheit der Autoren statt.

6 Jeannes Magisterarbeit trägt den Titel: »Pedophilia in the Priesthood: A Church in Crisis«. Sie wurde 1988 verlegt und dann 1991 in revidierter Fassung als Manifest für VOCAL / *The Linkup* neu aufgelegt.

7 Über die Verhaftung Vater Robert Mayers und seine spätere Verurteilung wurde in den Jahren 1991 bis 1993 in den Zeitungen *Chicago Tribune* und *Chicago Sun-Times* sowie von der Presseagentur *Associated Press* berichtet. Vater Mayer und seine Anwälte bestreiten weiterhin jede Straftat, die ihm von Jeanne Miller und den anderen beteiligten Familien in diesem Fall zur Last gelegt wurde. Die Beschuldigungen, die vor 1991 gegen ihn erhoben wurden, führten nie zu einem Prozeß gegen Mayer.

8 Einzelheiten zu Jeanne Millers Treffen und ihrem Briefwechsel mit Kardinal Bernardin – und seinem Entschluß, nicht zur VOCAL-Konferenz zu kommen – stammen aus Interviews mit Jeanne Miller und Aufzeichnungen in ihren Akten. Bernardins Sinneswandel bezüglich der VOCAL-Konferenz wurde auch in einer Kolumne in der *Chicago Tribune* vom 16. Oktober 1992 beschrieben. Kardinal Bernardin sagte in einem Telefoninterview im April 1993, daß er keinen Kommentar zu Beschuldigungen gegen Vater Mayer vor dem Vorfall mit Jeanne Millers Sohn oder die Reaktion auf Jeanne Millers Beschuldigungen abgeben könne, weil er erst einige Wochen nach dem Vorfall in Chicago eingetroffen wäre. Er sagte auch, daß er nicht damit befaßt gewesen wäre, mit den Eltern von St. Edna zu sprechen, das hätten andere Vertreter der Diözese getan. »Mir wurde versichert, daß alles anständig geregelt würde«, erinnerte er sich. »Im nachhinein betrachtet, war das möglicherweise nicht so.« Bezüglich der Auffassung Jeanne Millers und anderer Parteien, daß Kardinal Bernardin sich geweigert hatte, den Kontakt Vater Mayers zu Kindern zu verbieten oder einzuschränken oder Vater Mayer in eine Therapie einzuweisen, sagte der Kardinal: »Das kann ich nicht beantworten. Es wurde sicherlich einiges unternommen. Manches unterlag der Vertraulichkeit. Ich möchte eines betonen: Damals hatten wir nicht das Umfeld, wie wir es heute haben. Vielleicht ist die Sache nicht so gut gehandhabt worden, wie sie hätte gehandhabt werden können.« Er bestätigte, daß Vater Mayer ihm gegenüber wiederholt jede Straftat geleugnet hätte. Er sagte, er könne sich nicht an Einzelheiten des letzten Treffens vor der Vergleichsregelung erinnern, bei dem er Jeanne Miller angeblich gesagt haben soll: »Vertrauen Sie uns.« Er erinnert sich nicht, diese Bemerkung gemacht zu haben. Er bestätigt alle weiteren Details über seine Treffen und das Verhältnis zu Jeanne Miller. Er sagte, er hätte die VOCAL-Konferenz deshalb nicht besucht, weil er die Absicht gehabt hätte, es als Augenblick der Seelsorge zu betrachten, und Angst bekommen hätte, es würde Streit und Verbitterung geben. Er sagte, in seinem Brief habe er klargestellt, daß Jeanne Miller ihn jederzeit in anderen Belangen kontaktieren könne. Bis zum April 1993 hat sie das nicht getan. Ein Vertreter des Erzbistums, der an dem Elterntreffen, das

Jeanne Miller beschrieb, teilnahm, sagte in einem Telefoninterview im März 1993, daß er sich an keine der besonderen Bemerkungen, die er oder ein anderer Kirchenvertreter gemacht hätte, erinnern könnte, weil das Treffen bereits zehn Jahre zurückläge. Er fügte hinzu, daß Vertreter des Erzbistums beharrlich versucht hätten, den verletzten Familien zu helfen, aber nichts gegen Vater Mayer unternehmen konnten, weil Jeanne Miller und andere Eltern nicht wünschten, daß ihre Kinder direkt von Vertretern des Erzbistums befragt wurden.

REGISTER